21世纪公共管理学系列教材 Textbooks of Public Management and Administration in 21st Century

撰稿人 王 辉 王秋敏 王 涵
刘 伟 刘厚金 刘淑妍
李海亮 杨 寅 黄 萍

公共行政学

（第三版）

主编 杨 寅 副主编 王 辉

Introduction to Public Administration

北京大学出版社
PEKING UNIVERSITY PRESS

图书在版编目(CIP)数据

公共行政学/杨寅主编. —3 版. —北京:北京大学出版社,2013.8
(21 世纪公共管理学系列教材)
ISBN 978 -7 -301 -22856 -2

Ⅰ.①公… Ⅱ.①杨… Ⅲ.①行政学-高等学校-教材 Ⅳ.①D035

中国版本图书馆 CIP 数据核字(2013)第 162509 号

书　　名:公共行政学(第三版)
著作责任者:杨　寅　主编
责 任 编 辑:周　菲　杨立范
标 准 书 号:ISBN 978 -7 -301 -22856 -2/D·3378
出 版 发 行:北京大学出版社
地　　址:北京市海淀区成府路 205 号　100871
网　　址:http://www.pup.cn
新 浪 微 博:@北京大学出版社
电 子 信 箱:law@pup.pku.edu.cn
电　　话:邮购部 62752015　发行部 62750672　编辑部 62752027
出版部 62754962
印 刷 者:北京虎彩文化传播有限公司
经 销 者:新华书店
730 毫米×980 毫米　16 开本　22.25 印张　423 千字
2005 年 1 月第 1 版　2009 年 6 月第 2 版
2013 年 8 月第 3 版　2018 年 7 月第 3 次印刷
定　　价:39.00 元

主 编 简 介

杨寅：男，澳大利亚墨尔本大学法学博士，2002—2003年美国Fulbright高级访问学者；现任上海政法学院教授、上海司法研究所所长。主要从事公共行政和中外公法制度的教学与研究；参与五十余部法律与地方性法规的立法咨询活动；在《中国行政管理》、《中国法学》等中外学术刊物上发表中英文论文八十余篇；著有《中国行政程序法治化》（中国政法大学出版社2001年版）、《中国行政诉讼制度研究》（人民法院出版社2003年版）等，主编《公共行政与社区发展》（浙江人民出版社2004年版）、《公共服务政府与行政程序构建》（法律出版社2006年版）、《行政决策程序、监督与责任制度》（中国法制出版社2011年版）等。

副主编简介

王辉：女，中国行政管理学会理事，中国行政管理学会教学研究会常务理事，安徽大学MPA中心主任，安徽大学管理学院副院长、教授，主要从事公共行政的教学与研究，重点是公共行政学的基本理论和地方政府管理，主编《公共行政学》（安徽大学出版社2001年版）等，参编著作5部，在《中国行政管理》等刊物上发表论文七十余篇。

前　言

无论是在西方国家,还是在中国,当代公共行政学都是一个发展非常迅速、应用前景十分宽广的知识范畴;同时,由于公共行政领域强烈的实践性特征,使得该学科的学科界限与学术系统也处在不断的发展变化之中。从学科名称上看,我国的公共行政学是从20世纪80年代初的行政管理学逐步演变而来;最近以来,又受到公共管理与公共管理学这样一类表达方式的影响,加之,近年大量西方有关公共行政的著述的译入和我国政府行政实践的发展,国内的公共行政学面临着诸多发展挑战与契机。在此背景下,本书在充分参考国内现有教材的基础上,利用国外的一手资料,将公共行政领域的新近理论成果和中国公共行政的实际紧密结合起来,同时,突出依法行政理念和我国行政法治最近发展的概貌。在教材框架方面,本书与国内同类教材不同的是,以公共行政基本理论、公共行政的内容和行政法治与监督作为三个支撑点构造全书,以彰显本教材的新颖性和当代中国公共行政实践的自身逻辑性。

《公共行政学》教材的初始筹划与编写历时一年,于2004年9月完成,而后付梓出版。此本教材是三省一市五所高等院校长年从事公共行政教学、研究的人员共同劳动的结晶。在教材编写过程中,尽管编写人员的学术风格、知识体系有别,对公共行政问题的也有着不同的学术倾向与见地。但是,在经过充分的酝酿与互相交流之后,编写组成员之间对公共行政一系列问题达成了基本一致,形成了诸多共识。本书的最初编写大纲由杨寅草拟,经过讨论后定稿,然后,由编写组成员分头撰写,最后,由杨寅统校、编排全书。本教材的各章节的编写人员与单位如下:

第一章　公共行政学基本理论　杨寅(上海政法学院)

第二章　行政职能与行政环境　王秋敏(甘肃政法学院)

第三章　行政组织与体制　刘厚金(华东政法大学)

第四章　行政领导　杨寅(第一节、第四节);刘淑妍(同济大学,第二节、第三节)

第五章　人事行政　王辉(安徽大学)

第六章　公共财政　刘伟(华东政法大学)

第七章　机关管理　刘淑妍

第八章　行政绩效　黄萍(华东政法大学)

第九章　行政决策、实施与监督　王辉

第十章　公共危机管理　王涵(上海政法学院)

第十一章　行政法治　黄萍(第一节);李海亮(福建行政学院,第二节)

第十二章　行政法治监督　李海亮

《公共行政学》教材编写组

2013 年 4 月

第三版序

2009年本教材再版之后，继续受到多方青睐。鉴于近年来，我国政府管理实践和行政法治建设方面的最新发展与要求，在《公共行政学》第二版的基础上，本版教材新增一章《公共危机管理》作为第十章。同时，在原第十章《行政法治》(第三版第十一章)的第二节，依据2011年颁布的《中华人民共和国行政强制法》的规定，新增了行政强制的内容。另外，还对第二版教材第三章《行政组织与体制》中有关行政体制改革的内容，作了补充、更新。特此说明，识之为序。

《公共行政学》教材编写组

2013年4月

再 版 序

自2005年首版以来,承蒙多方的赏识与支持,本教材销量良好,已连续三度印刷。鉴于我国公共行政实践在近年的快速发展以及《中华人民共和国公务员法》的出台,教材编写组有针对性地对第一版书中第三章行政组织与体制、第五章人事行政的内容作了改写与更新,并对书中的一些细微疏漏进行了修订。谨此为再版之序,恳请指正。

《公共行政学》教材编写组

2009年3月

目　　录

第一编　公共行政学基本理论

第二编　公共行政学的内容

第三编 行政法治与监督

第一编　公共行政学基本理论

第一章　公共行政学基本理论

第一节　公共行政概述

一、行政与公共行政的语义

（一）行政的含义

界定行政是讨论公共行政的逻辑起点。关于什么是行政，中外存在各种不同类型的学说。早在中国古代的《左传》中就有“行其政事”、“行其政令”的表达方式；《史记·周本纪》有“周公、召公二相行政”的记载；而唐朝的《唐六典》标志着“典以范政”、“律以正行”传统的出现，即将政权的统治活动与国民的个人活动区分规范的社会治理模式。在马克思看来，“行政是指国家的组织活动”。[①] 概括说来，不管是中国古代对“行政”一语的运用，还是马克思主义的“行政”观，行政都可以理解为对国家事务的管理活动。需要指出的是，现代国家以来，人们通常所用的行政的概念是国家权力分立背景下的产物，即行政是国家立法权（the legislature）、司法权（the judiciary）之外的另一项权力与功能。立法是一种公意的表达与形成，而行政（the executive 或者 the administration）则表现为对通过代议制而形成的公意的执行以及对国家法律规则的实施这两类活动，司法则是对社会纷争的居间裁断机制。作为一种国家权力的形式或职能，行政的主体是政府，政府的行政活动具有明显的公共性特征。因此，在一般意义上，行政也可以理解为公共行政。

---

① 《马克思恩格斯全集》第1卷，人民出版社1956年版，第479页。

(二) 行政与公共行政

在概念使用上,行政与公共行政是什么关系呢?两者之间是否存在一些不同呢?这就涉及到对公共行政这一概念的认识问题。要界定看似普通的"公共行政"这一概念,其实是一件甚为复杂的任务①,因为,在任何一个现代国家,由于学科视角的不同、时代的不同以及价值倾向的不同,人们对"公共"与"行政"这两个子概念的理解都是存在分歧的。"行政"在拉丁文中为 administrare,英文中,"行政"通常表达为 administration,以上这两个外文词在各自的语境中都具有管理的含义,而管理也可以同私领域或者企业的组织运作相联系。因此,在表达企业与私领域以外的组织管理活动时,administration 之前必须要加上 public 或 public sector 这样的限定词。英文与法文这种语言上的特点与中文不同,中文里的"行政"一词,一般就是指公共活动或者说政府活动,过去人们所说的行政管理学研究的也就是政府的组织与活动及其规律。② 而当人们把外文语境中的 public administration 直接翻译为中文时,公共行政这样的表达方式就随之出现。在这样的背景下,行政、行政管理、政府管理与公共行政没有必然的不同。

需要指出的是,在我国,除了从中外文的替换上分析公共行政这一概念之外,还必须强调行政、行政管理、政府管理与公共行政这些概念在表述含义方面的不同。首先,如果将"行政"理解为国家的一项组织管理活动,行政的历史同政府与国家的历史一样长;如果将"行政"理解为一项以国家权力的分立为背景,以执行公共意志为己任,以满足公众需求为要义的话,"行政"即具有公共性质的行政的历史则很短,是现代国家产生后才出现的。其次,在我国,将行政管理或政府管理替换为公共行政反映了人们对政府活动性质的认识出现了变化,从过去强调政府单方面的强权、权威与管理过渡为服务与管理并重,服务比管理的色彩更加鲜明。第三,在当代社会,行政管理与政府管理的主体是单一的,即政府;而公共行政的主体是多元化的,除了政府之外,还有非政府组织(Non-Government Organization, NGO)、非赢利组织(Non-Profit Organization, NPO)所进行的公共活动。

除此之外,最近以来,人们还借鉴国外的概念提出了公共管理的表达方式,主张用公共管理替代公共行政。由于 public administration 一语本来就存在公共行政和公共管理两种翻译方式,所以,人们会认为,公共行政和公共管理之间的互相替代使用没有什么大的问题。从学术理念上说,用公共管理替代公共行政

---

① John Greenwood & David Wilson, *Public Administration in Britain Today*, London: Unwin Hyman Ltd., 1984, p.1.

② 参见黄达强、刘怡昌主编:《行政学》,中国人民大学出版社 1988 年版,第 4—5 页;唐代望编著:《现代行政管理学教程》,湖南科学技术出版社 1988 年版,第 2—5 页;李文利主编:《行政管理学》,警官教育出版社 1994 年版,第 4—8 页;孙荣、徐红编著:《行政学原理》,复旦大学出版社 2001 年版,第 5—6 页。

反映了人们观念上的变化,尤其是最近数十年来,西方国家公共行政领域受到“管理主义”(Managerialism)或者说“新公共管理”(New Public Management)的思想的巨大影响。许多学者认为,公共管理这一表达方式越来越流行,应该由它替代公共行政,主要理由如下:第一,公共行政太多地关注了公共政策层面的问题,而较少地强调管理(management)的问题。第二,公共行政过多强调的是顶端公共机构的意志,而对于公共机构中专门部门中的一些管理专家的意愿反映不够。第三,同公共行政不同的是,公共管理强调公共服务的有效运作,追求效率、责任、目标实现等技术层面的问题,与此有关的领域是公共管理特别关注的领域,例如预算与财务管理、人力资源管理以及信息技术等。①

其实,从发展历史看,在西方国家,一方面 public administration(公共行政)几乎一直都在受到管理主义的侵袭;另一方面 public administration 自成为一门独立的学科门类以来一直都是 public administration,public administration 很难真正地被替代为 public management(公共管理)。其根本原因在于,公共管理与公共行政存在不同,首先,“管理”不能替换“行政”的全部本质,如政府的公共服务职能;其次,公共管理关注的核心是秩序与效率,而公共行政除了这两点之外,还必须注意其他目标如政府责任、政府法治等。

二、公共行政的概念与特征

公共行政是指政府依法以一定的组织形式行使行政权力,管理公共事务,提供公共服务的活动。以此概念为起点,公共行政具有如下特点:

1. 主体的特定性

尽管对公共行政内涵与外延的界定难于一致,但是,可以肯定的是,公共行政研究的永恒核心是政府。政府是公共行政领域的最主要主体与关注对象。什么是政府呢?首先,从国家的外部关系上看,政府是构成一个现代国家必不可少的要件,政府是一国主权的集中反映形式,是近似于主权国家的一个概念。其次,从国家内部权力关系上看,政府是国家权力的一种组织形态,是一种国家机关,即行政机关,与之对应的概念是立法机关或司法机关。公共行政研究领域所言的政府是指第二种行政机关意义上的政府。国家司法机关和立法机关都不属于公共行政的主体范畴。

需要指出的是,在我国,严格法律意义上的政府同行政机关之间并不完全相同,除中央人民政府即国务院外,地方省、自治区范围内的人民政府有四级,即省区级人民政府、市(盟、州)级人民政府、县(旗)级人民政府和乡(镇)级人民政

① Mary Guy, "Public Management", in Jay Shafritz ed., Defining Public Administration, Westview Press, 2000, pp. 162—163.

府;而中央直辖市范围内的人民政府有三级,即市、区、县(镇)三级人民政府。从中央到地方的各级人民政府皆为国家行政机关,但国家行政机关却不以各级人民政府为限,各级政府中依法对外有独立活动能力的职能部门、各级人民政府依据宪法、组织法的派出机关也都是国家行政机关。另外,公共行政的主体以政府或国家行政机关为最基本形式,但却不以此为限,政府可以依法将公共权力、公共事务授权或委托给国家行政机关以外的社会组织来行使、处理。

2. 公共性

公共性是公共行政的重要特征。现代行政活动的公共性质可以从四个方面得以说明:第一,政府所拥有的行政权力是一种基于宪政和政治契约而存在的公共权力,此种权力要依法行使,不得滥用。在公共行政活动中,除非出于与公共利益有关的原因,遵照法律,并以国家的名义,否则,不能使用强力对公民的人身与财产进行任何限制或克减。第二,公共行政组织的存在通常以一定的地域为基础,基于契约共同体的考虑,每一个该地域内的居民在公共利益、公共服务面前都是平等的自治个体。第三,在原则上,具有公共性质的行政活动应当由非赢利组织来进行,这些组织的资金要么来自政府的固定预算,要么源自其他公共资金渠道,如捐赠。第四,公共行政存在和发展的基本理由是社会公共需求及其变化发展。换句话说,政府存在的目的是为了维护公共秩序、满足公共需求、实现公共利益。为了实现这些目的,政府既可以直接提供公共产品,例如,公共绿地、城市街灯等;也可以通过间接的手段与方式对社会与市场进行管理、调控,如货币与价格政策;还可以依法运用行政权力进行强制性管制,如市场监管措施、行政处罚等。

3. 合法性

公共行政的合法性包括以下几个方面的内容:第一,公共行政的主体应当合法。从国家行政机关的组织到公务员,从国家行政机关到其以外的授权组织,公共行政的组织形式应当有法律依据,如我国的《公务员法》、《国务院组织法》、《地方各级人民政府组织法》等。第二,各级国家行政机关的资产、在公共行政活动方面的财政预算与审计等要依法进行,如我国的《预算法》等。第三,各级国家行政机关在公共行政活动中的职权、程序应当符合法律的要求,如我国的《行政处罚法》、《行政许可法》等。第四,公共行政活动中所产生的行政争议应当依法解决,合法权益受到公共行政活动侵害的应当在法律上有救济的渠道,对公民个人受损的利益,政府应当依法予以赔偿或补偿,如我国的《国家赔偿法》以及《宪法》修正案中所规定的政府补偿制度。

需要指出的是,公共行政的合法性有着一定的限度,在任何一个国家,法律都不可能规制到政府活动的所有领域与空间。实践中,在政府的宏观调控、公共政策、政府内部的机关管理等许多领域,法律都是难以触及的。“法律之下的行政”是法治行政的应有之义,但“无法律则无行政”却与各国公共行政的现实相去甚远。真正可行的理念应当是,在公共行政领域,政府任何对公民的人身与财产权利构成或必然构成限制与克减的活动都必须要有法律依据并按照法律程序来进行,公民受到的任何现实的损害都应当能够在法律上得到救济。公共行政的合法性是保证与监督公共行政具有责任性的基础。

4. 变动性

公共行政的根本目标是如何在最大化地实现社会资源配置效率的基础上,不断地满足公共需求、实现公共利益。在任何一个国家和地区,公共需求与公共利益的变动性都是绝对的,相对于两者的绝对变动性而言,对政府职能的界限如何,即政府应当做什么这一问题就不存在绝对正确的答案。对于一项具体的公共事务,例如职业中介、公共安全、社会救助等,政府是应当有所为,还是应当不为;是应当完全由政府组织参与,还是应当适当或完全利用市场或其他社会组织的力量;是凭借公的方式,还是利用私的手段;是强制还是协商等等,都需要因时因地根据公共需求的情况,从资源配置的优化程度与效率的高低来作出判断。公共行政的变动性意味着政府在公共事务的处理方面的实际策略与手段是,在政府与社会、市场之间,在公与私之间,在政府意志与个人自愿之间,统筹考虑,合理搭配,灵活运作,适时调整。

三、公共行政的作用与界限

（一）公共行政的作用

在现代社会生活中,公共行政的作用几乎无处不在,英国有句名言,从摇篮到坟墓,人们皆需同政府打交道。换而言之,公共行政的范围十分宽广,一个现代人终身可以不是立法机关、司法机关工作的直接对象或者活动参与人,但却不可能不接触公共行政领域。公共行政关系到一个国家、一个地区公共需求的满足程度,关系到一定范围内生产力水平的发展、经济与社会的进步、环境的改善和公众生活质量的提高,涉及政治、经济、文化、社会与自然环境各个领域。具体来说,公共行政的作用可以概括为以下方面:

(1) 社会管理作用。社会管理作用就是指以政府为最主要主体的公共行政组织通过运用国家行政权力,发挥其权威性、强制性的监控管理能力,以便协调处理好各种社会关系、社会矛盾与利益,维持社会的正常运行,包括保证国家行政管理规范与公共政策的切实执行,维护社会公共秩序,消除社会歧视与不公,维持社会的公平与稳定等。例如,公安部门对社会治安的管理;卫生行政部门对公共卫生的管理;劳动与社会保障行政部门对企业必须遵守的最低工资标准与劳动安全标准的检查与监督;文化行政部门对有碍社会传统与风俗活动的查禁等。

(2) 市场监督与调控作用。除社会外,市场是政府关注的另一基本范畴。由于市场机制在调节经济过程中存在着难以克服的缺陷,如微观性、短期性、盲目性和滞后性等,因此,任何一个现代国家,政府都必须要对市场进行一定的监管与调控。一方面,政府要对市场的发展动态进行宏观预测,要把市场体制下不能或难以有效配置的资源管起来;另一方面,要在尊重市场规律的前提下,主动引导产业结构与经济结构的调整,并通过制定产业政策对市场作出导向,必要时还要利用税收、价格与货币政策调控市场;最后,政府还需要对市场运转过程中出现的消极性问题进行监督、治理,如打击假冒伪劣,克服市场垄断,反对不正当竞争等。

(3) 公共指导与服务作用。公共指导就是指政府在意识形态、价值观念、生活习俗、行为方式等方面对公众所发挥的引导作用。例如,政府在公众中对科学、文化思想、历史传统、国家法律规范、卫生习惯的宣传与普及。需要指出的是,作为一项公共行政的作用方式,公共指导对公众不应当是强制性的,而应当是自愿或自发的。政府任何对公众的人身、财产与信仰带有直接强制性的公共行政方式都必须通过法律的方式予以表现,应当具有法律的依据并按照法律的程序来进行。

公共服务作用是指政府依靠公共财政在提供公共产品,兴办公共事业、提供公共设施方面所体现出的功能,其目的是为了服务公众,维护社会的正常运行与长远发展。例如,为社会提供基础性的、普遍性的公共产品——国防安全、义务教育、公共医疗与卫生防疫、自然灾害的预防与克服、生态平衡的保护等。需要指出的是,相对于公共需求的绝对无限性来说,以公共财政为支撑的公共服务的有限性也是绝对的。因此,在现代福利国家理念下,公共服务的一个基本出发点是:除了基础性与普遍性的公共产品外,公共服务的基本策略应当是扶弱济贫,而不是不分贫富、强弱在全体社会成员中均摊公共服务的福祉,更不能扶强弃弱。例如,政府在发展贫困地区、帮助弱势群体方面的扶持性政策,社会救济、社会保障与社会福利方面对失业人员、失去劳动能力的人员的倾斜性规定等。

(二) 公共行政的界限

公共行政的作用在日常生活中几乎无处不在,与此同时,它也应当有着一定的界限。所谓公共行政的界限就是讨论公共行政的范围问题。

(1) 公共行政与私人活动的界限。公共行政的作用当然只应当存在于公共领域而不能是私人领域,私人领域不属于公共行政的范围。私人领域有两种:一是市场机制发挥作用的领域;二是社会自治机制发挥作用的领域。在现代市场经济理论看来,市场在配置社会资源方面有着基础性的作用。市场机制的作用对国民经济的调节是第一位的,而政府对市场的干预必须是有限的、辅助性的,政府不能替代市场的作用。同时,以个人自治为单元的社会也有着自治的能力,社会自治机制是对市场机制与以政府为主的公共行政机制的重要补充，是后两种机制解决不了的问题的第三种解决方式。政府不能提供私人产品，但是非政府组织和私人却可以通过合作的方式同政府一起提供部分公共产品，此时的公共产品可以称为混合性的公共产品；在必要的情况下，非政府组织和私人甚至可以完全替代政府组织提供公共产品，这种情况可以称为公务的私管理方式。

（2）公共行政同国家立法权力、司法权力的差别。公共行政的最主要主体是政府，政府是公意与国家法律规范的实施组织，因此，在许多情况下，公共行政过程在本质上是国家行政组织行使国家行政权力的过程。国家行政组织所行使的国家行政权力在很多方面同国家的另外两种基本权力——立权法与司法权不同。立法权的本质是一种议事和制定规则的国家权力，其追求的基本目标是实现对全体国民最广泛、最充分的民主性和代表性；司法权的本质是一种对各种社会争议居间裁判的国家权力，其追求的基本目标是要实现对国家法律规范适用的准确性与公正性。相比之下，国家行政权力运作所追求的基本目标则是如何实现执行国家意志和规范的效率。作为国家的三种最基本职能，国家立法权、行政权和司法权之间必须要有适当的分工和界限，三者之间既不能用一方完全替代其他任何一方，也不能按照同样的原理与模式设计单一的制度适用于三种类型的权力领域。

（3）公共行政与政治统治的不同。在很大程度上，公共行政是一种国家行政权力运作的过程，正因为如此，公共行政从产生之始就同政治活动与政治统治紧密联系。在现代政党制国家，执政党的政治统治与政治活动往往决定并影响着公共行政的性质与方向。反之，稳定的政治统治只有建立在有效的公共治理基础之上才能得以维系，而离开了良好的公共行政，有效的公共治理则不可能存在。与此同时，也应当看到，公共行政与政治统治之间也存在着不同。政治是对社会利益的权威性分配，是上层建筑中各种权力主体为维护自身利益，表达自身意愿的活动以及由此而结成的特定的群体关系。政治统治所关注的基本点是如何稳定地实现特定利益群体的利益与意愿。而国家权力意义上的公共行政则是政府以及政府以外的公共组织为满足社会公共需求而进行的管理与服务活动，这种活动的目标是为了维护公共秩序、满足公共需求，其本质是对经过政治过程所形成的国家意志与国家政策的执行。正因为如此，在用人制度、决策过程以及组织结构等方面政治统治与公共行政都不尽相同。

四、公共行政的基本原则

在现代，由于每个国家的政治体制、法律传统、历史文化的不同，所以，人们对公共行政内涵的理解存在一定程度的差异；与此同时，也应该看到，不同国家的政府、同一国家不同层级的政府在进行公共行政活动时都会遵守一些普遍性的规律与要求,这些普遍规律与要求可以理解为公共行政的基本原则。公共行政的基本原则不仅意味着其可以适用于不同层次、不同类型政府的公共行政活动,还意味着这些原则可以适用于公共行政活动的所有领域与全部过程。这样的原则包括有效原则、服务原则和法治原则。

(一) 有效原则

(1) 公共行政的有效原则是指公共行政活动要追求效率与效果的统一。所谓效率是说公共行政活动所取得的效益同其所消耗的人力、物力、财力和时间之间的比例关系。追求效率就是说在预算一定的情况下,公共行政应当尽其可能地用较少的成本和资源实现有效的公共管理,提供优质的公共服务。所谓效果是同公共行政活动的质量紧密联系在一起的。有效的公共行政不仅是指效率(投入与产出之比)的优化,还必须关注提供公共产品后的效果如何。概括地说,效果一方面是指公共行政对象对公共行政活动的满意度如何;另一方面也是指本行政单位实施一项公共行政活动的质量同具有可比性的其他行政单位从事同类(样)活动的质量比较的结果如何。也就是说,公共行政主体必须在公共行政活动中树立对比衡量的"标尺"意识,以最高的标准、最优的质量要求自己,以不断提高公共行政的有效性。

(2) 公共行政的有效原则还意味着公共行政活动需要关注经济、社会、环境的协调发展。公共行政活动不仅应当关注经济规模的扩大、经济总量的增长和经济指数的提高,还必须关注社会的发展和环境的改善,要努力实现三者的统一。公共行政的外部关系的基本结构是政府——市场——社会——环境四方关系。应该认识到,经济因素的扩大、增长或提高的同时,既不能必然带来市场体系的完善、市场秩序的稳定和经济结构的合理,也不能当然说明社会治理结构、社会的自我发育与社会公平机制的进一步优化与发展,也不能说明自然环境同步得到改善。相反,实践中,在资源、技术条件有限,公共需求无限的情况下,纯粹、片面、过分地强调经济发展导致的后果往往是政府对市场的过分行政干预,是社会公平秩序的紊乱,是对自然资源的滥采、滥用,对自然环境的乱破坏,其后果是使一个地区的可持续发展能力被削弱。

(二) 服务原则

公共行政的核心功能是满足公共需求,公共行政必须要为纳税人服务,为公众服务。现代的政府是公共政府,公共行政的资金来源是公共财政收入,主要是源于纳税人的税收,因此,政府要为纳税人和公众提供全面的公共产品,做好各项服务。公共行政活动的首要特征不是对公众的控制式管理,不是管制,而是民主式、服务式的管理。即使是特殊情况下的控制式管理,例如政府为应对重大公共危机而采取的应急措施或紧急状态措施,其在本质上是为了恢复或维护公共秩序,最终还是为公众服务。因为,保持稳定的公共秩序本身既是一项基本的公共需求，也是政府的一项基本责任。

从服务的对象上看，公共行政不仅要为个体性的公众服务，还要为市场服务，为群体性的公众——社会服务。为此，作为公共行政最主要主体的政府要充分尊重市场在配置社会资源中的基础性作用，要以服务为宗旨，对市场做有限的、宏观的调控活动，进行以维护公平交易秩序为内容的管理活动。凡是通过市场可以解决的领域与问题，政府不直接参与其中。同样，政府在进行公共行政的过程中，也要充分重视社会自身的发育，重视社会自治力量的发展，如各种不同类型的行业组织、非赢利组织、自愿者组织等，要为这些组织与力量的存在与发展创造有利的外部条件、提供具体的物质支持，以体现服务原则。

公共行政活动要贯彻服务原则，政府要成为公共服务型政府必须要做到以下几个方面：公众至上、透明公开、程序便民、绩效导向、诚实信用。公众至上是指政府要把最有效地满足公众需求作为公共行政活动的第一要务来对待，切实维护公众的各种权益。透明公开是指政府的公共行政活动要以公开为原则，不公开为例外，从政府制定各项规范、政策，到政府实施规范与政策的具体公共行政活动及相关结果，除涉及个人隐私、商业秘密和国家机密外，都应当公开。程序便民是指政府对公共产品的提供要最大化地简化手续，方便公众，相关收费要合理。绩效导向是指政府在给公众提供服务的过程中要尽其所能地追求质量最好、成本最低以提高内部绩效，同时，还要把不断提高公众的满意度作为衡量外部绩效的基本参照系来对待。诚实信用是指政府在公共行政活动中要恪守诚信原则，对通过合同、公告、制定规范等各种方式作出的承诺要全面、及时、准确地履行，以体现诚信政府形象。

（三）法治原则

在现代国家，公共行政活动同法律紧密相关，法治原则是公共行政领域必须遵循的一项基本原则。从法治国家的基本理念上说，作为一项国家权力的公共行政权来源于公众与国家之间的政治契约并以一个国家的宪政制度为依托。法治行政与依法行政已经成为构建现代法治国家的基础，现代的公共政府应当是法治政府，无论是公共行政的有效性、还是其服务性最终都需要依靠法治作为保障。例如，公共行政服务原则所要求的公众至上、透明公开、程序便民、绩效导向、诚实信用等在现实中就需要法律化、制度化。从国家宪政制度上说，立法机关制定各种法律为公共行政活动提供依据与界限，司法机关通过行使司法审查权来监督公共行政在法律的范围内存在、运作。具体来说，公共行政的法治原则涉及以下三方面的内容。

（1）公共行政的主体必须是依法设立的组织机构，这些主体在机构、人员、编制等方面要具有合法性，尤其是政府更应当如此。（2）公共行政主体的职权、活动方式与运作程序必须要依法进行。只要一项具体的公共行政活动对公民的合法权益构成必然或现实的限制与克减，该活动就应当具有法律的依据。(3) 法治原则之下的公共行政意味着在法律上公共行政必须是受监督的领域，公共行政主体对其违法或严重不当的活动必须承担相关的法律责任，对因公共利益或公共秩序的需要而采取的损害公民利益的活动要承担补偿的责任。对公共行政主体的违法行为，公众可以依法寻求救济，有权机关可以撤销该行为。对于政府来说，法治原则还意味着政府必须是责任政府，政府对违法或严重不当的行为不仅要承担机关组织责任，特殊情况下，还要追究行政首长或相关工作人员的个人责任。

第二节 公共行政学的产生与发展

一、公共行政学的形成

(一) 公共行政学的产生背景

与其他社会科学一样，公共行政学的出现有着特定的社会背景，是适应社会发展的需要而产生的。公共行政学产生于西方国家，它最初是从工业化初期开始的，这一时期是指从 18 世纪 80 年代至 19 世纪 70 年代末将近一个世纪的时间。在本质上，这一时期是公共行政学出现的酝酿阶段，在这一阶段，王权与君主权力至上的封建思想开始被否定，现代的分权与法治思想逐步成型，西方国家的宪政结构开始确立，政府管理以立法、行政、司法三种权力的分工制约为基本特征，从而形成了后来西方国家公共行政的制度根基。在本阶段，机器大工业采取工厂组织形式，自由竞争的市场经济占主导地位。公共行政奉行“管得最少的政府就是最好的政府”的原则，政府只提供法律制度、公共秩序的维护等最基本的公共产品。

在公共行政学的酝酿时期，最有影响力的理论思想有二。一为以自由市场为基础的“守夜警察”的政府理论；另一个为法治国家(the rule of law)理论与分权学说(the theory of separation of powers)。前一种理论的代表学者为亚当·斯密，他在 1776 年出版的《国民财富的性质和原因的研究》一书中提出，政府或国家的职能主要有三种：一是保护本国社会的安全，使之不受其他国家的暴行与侵略，即国防的职能；二是保护人民，不使社会中任何人受其他人的欺侮或压迫，也就是政府的执法与司法职能；三是建立并维持某些公共机关和公共工程。后一种学说以法国人孟德斯鸠的《论法的精神》、英国人洛克的《政府论》以及美国建国之初的相关宪政法治著述为代表，如汉密尔顿的《联邦党人文集》。

从 19 世纪 80 年代至 20 世纪初，欧美主要西方国家相继完成了工业革命。随着各西方国家工业的迅速发展和交通条件的显著改善，人口不断集中，城市不断扩大，国内外交往日益频繁。与此相适应，政府的职能增加了，管理责任加重了，管理方式复杂了。这样一来，整个社会愈来愈强烈地要求政府管理实现科学化。同时，由于政府职能的扩大，各国政府的机构规模和人员数量迅速增加，行政成本急速增长。一组数字表明：1841 年英国公务员数为 1.7 万，法国为 9 万，美国为 2.3 万，至 1881 年，英国的公务员数增长到 8.1 万，法国增长到近 38 万，美国增长为 10.7 万。[①] 行政人员数量的增加不仅意味着行政成本的提高，冗杂的公务员还往往同行政腐败、不负责任、能力低下等政府的消极特征联系在一起。在这样的情况下，要在行政组织、行政人员、行政成本等方面实现优化管理、提高政府效率，必然要求一种专门研究政府管理科学化的学科门类。另外，工业革命完成后，社会化大生产的迅猛发展对工商企业管理提出了新的要求。企业主为了获得更大的利润，为了适应新的生产方式的需要，在剧烈的市场竞争中不断发展，必须要合理地对企业的人、财、物、事加以配置和管理，以追求高效率，于是科学管理的思想应运而生。科学管理所取得的实效启发了人们运用其思想与方法来改善政府管理。现实社会的需要与客观的历史背景推动了公共行政学作为独立一门学科的出现。

（二）公共行政学的出现

从词语使用上看，“行政学”最早是由德国学者史坦因在其 1865 年撰写的《行政学》一书中提出的。但是，该书中所使用的“行政学”概念主要是同行政法有关而不是现代意义上的公共行政学。作为一门独立的学科，现代公共行政学最早出现在美国。公共行政学产生的标志是，1887 年美国人威尔逊（Woodrow Wilson，曾任普林斯顿大学校长和美国第 28 届总统）在《政治学季刊》（Political Science Quarterly）上发表了一篇题为《行政学之研究》（the Study of Administration）的文章。文章认为，行政学与政治学应当区分开，行政学研究的深层意义是实现民主和效率，为此，应当建立一门有关行政的学科。根据此篇文章，人们一般将威尔逊认定为行政学的奠基人。[②] 在行政学与政治学分野时期的另两位代表人物为古德诺（Goodnow）和怀特（White）。古德诺（曾任霍普金斯大学校长）于 1900 年发表了《政治与行政》（Politics and Administration）一书，他把国家的行政功能与政治功能加以区分，认为行政是国家意志的执行，政治是国家意志的形成。此后，美国另一位行政学学者怀特于 1926 年出版了《公共行政学导论》（Introduction to the Study of Public Administration）一书。《公共行政学导论》

① 引自黄达强、刘怡昌主编：《行政学》，中国人民大学出版社 1988 年版，第 10 页。

② 在美国行政学届也有人对威尔逊的开创者地位提出异议，认为他只是划分行政学与政治学的第一人，并非行政学学科意义上的鼻祖。见 Paul Riper, The American Administrative State: Wilson & Founders, in Ralph Chandler ed., A Centennial History of the American Administrative State, New York, London: The Free Press, 1981, pp. 8—9。

是美国大学公共行政学的第一本教科书,该书论述了行政学的重要性,讲求行政效率的必要性以及对行政活动作为一门学科加以研究的可能性,涉及到行政组织、人事、财务和行政规范四个方面的内容。

从1887年到1926年,美国行政学界将这一段称为行政学与政治学分野(The Politics/Administration Dichotomy)时期。换句话说,在很大程度上,公共行政学在美国的最早出现其实就是其独立于政治学的过程,在此之前只有政治学而无公共行政学。从学术观点上看,在主张公共行政学独立于政治学这一点上,古德诺同威尔逊保持了相同的观点,而怀特更是在两人的基础上勾画出现代公共行政学的基本轮廓,现代公共行政学开始出现。1910年,由欧洲的行政法学者组织的"国际行政科学协会"在欧洲成立,后来美国学者也开始加入该组织。

二、西方公共行政学的发展

在经历了与政治学的分野之后,公共行政学进入了全面发展时期。就发展历史来看,公共行政学(尤其是美国的公共行政学)可以分为以下几个阶段。

(一)公共行政学基本原则的确立期(1927—1937年)

这一阶段的标志是,美国公共行政学学者威罗福比(Willoughby)在1927年出版了《公共行政的原则》(The Principles of Public Administration)一书。威罗福比在书中不仅同怀特一样讨论了公共行政的一般原理,还对公共行政的基本原则进行了阐述。

除了公共行政学自身的发展之外,这一阶段公共行政学演进的一大特点就是该学科开始受到管理学观念与方法(科学管理、企业管理、组织管理理论)的影响。这其中有三位著名学者被人们称为古典管理理论的先驱。一位是被誉为"科学管理之父"的美国人泰勒(Taylor);另一位是被誉为欧洲第一位管理大师与"管理理论之父"的法国人法约尔(Fayol);第三位是被誉为"组织理论之父"的德国人韦伯(Weber)。

泰勒于1911年写成《科学管理的原则》(The Principles of Scientific Management)一书,该书被认为是管理学诞生的标志。泰勒的科学管理理论主要包括以下内容。第一,劳动方法的标准化,建立科学的作业方法取代凭经验办事的方法。第二,员工培训的科学化,即按实际的作业标准、方法对员工进行培训,以使其掌握最好的工作方法。第三,推行鼓励性的计件工资报酬制度。第四,将计划性的管理职能与执行、操作职能分开。第五,将劳资双方的注意力从对现有的利益分配转移到扩大现有的利益。泰勒认为以上制度本身并不是科学管理而只是科学管理的附件,其科学管理思想开创了一个以追求效率为核心的现代管理新时代。[①]

---

① 〔美〕斯图尔特·克雷纳:《管理必读50种》,覃果等译,海南出版社1999年版,第238—242页。

法约尔早在1908年就提出了经营管理的思想,1916年其名著《工业管理与一般管理》一书以法文出版。法约尔认为,在所有企事业单位中,无论其规模大小,无论其从事的是工业或商业,政治或宗教或其他,管理的作用举足轻重。管理的过程就是预想、计划、组织、指挥、协调和控制的过程,它必须遵守14项基本原则,包括分工、权力、责任、纪律、命令、一致、统一指挥、公先于私、报酬、集权、等级、秩序、公正、主动与集体精神。法约尔还认为组织的效率不仅取决于管理层级的合理度,还取决于组织的一些内在要素,例如选人与发挥员工之所长。1930年,《工业管理与一般管理》(Industrial and General Management)一书的英文版在美国出版并对公共行政学产生较大影响。[①]

韦伯在管理学领域的声誉源于其"科层制"理论。1922年韦伯的著作《经济与社会》(Wirtschaft und Gesellschaft)出版,在该书第六章,韦伯专门对官僚制进行了论述。[②] 韦伯也因此被视为是第一位较为系统地论述官僚制度特征的学者,"官僚"概念表示的是一种以管理为目标的社会组织的特定形式。韦伯不相信领导天赋,而强调官僚机制的作用,他认为,一个组织只有遵从规章,摆脱个人主义的影响,才能长期生存。韦伯指出效率最高的组织如同一部机器,其特点是:有着严格的规则、控制与等级制度,起推动作用的是大小官僚。这样的组织模式可以称为"理性—规则模式",与之对立的是"领导天赋模式"和家族代代相传式的"传统模式"。"理性—规则模式"与20世纪初期西欧工业社会的新兴管理方式是相统一的,在本质上所追求的是基于规范与理性的组织权威而非天赋式的个人领导权威。韦伯的这种理论被相应地称为理性组织理论或者科层组织理论。

在这一阶段,公共行政学运用科学管理的思想与方法,以研究政府效率和节省开支为目的,以政治与行政的分离为指导思想,以发挥行政部门的功能为重点,主张组织系统化、协调化,要权责分明;同时,工作方式和程序要合理化,工作内容要标准化。另外,组织的层次、等级与规范化特征也开始被人们所强调。

(二) 公共行政学的挑战与成长期(1938—1970年)

公共行政学的挑战期是指在这一时期,由于行为科学的兴起,人们对科学管理思想中的经济人与机械员工的观念提出了质疑。因为,人除了具有经济人的特征外,还是一种社会人,具有社会性的需要,要求受到尊重与欢迎,追求成长与

---

① 〔美〕斯图尔特·克雷纳:《管理必读50种》,覃果等译,海南出版社1999年版,第70—74页。

② 我国公共行政学与管理学界一般都将韦伯发表《官僚制》的时间通说为1911年。笔者将其更改为1922年主要参考了美国公共行政学学者的著述。见J. M. Shafritz, A. C. Hyde, Classics of Public Administration, Moore Publishing Company, 1978, pp. 21—23。同时,笔者又专请德国国家行政学院(Speyer)公共行政与公法首席Pitschas教授帮助核实韦伯此作品的出版细节。经查,《官僚制》并非独立著述,出版时间也非1911年。韦伯有关官僚组织的论述是在其《经济与社会》一书的第3部分第6章。该书于1921—1922年首版(Auflage/First Edition)。

发展。作为管理者不仅要懂得机械流程式的管理思想,更要努力地去创造能够使员工发挥天赋与潜能的环境与氛围。比较有代表性的理论有以哈佛大学梅奥(Myao)为首的霍桑学派所倡导的“人群关系理论”,麻省理工学院麦格雷戈(McGregor)的“公共人事管理理论”,马斯洛(Maslow)的“人的多层需求理论”等。霍桑学派认为管理必须集中于对人的行为、人际关系与工作环境的研究,要激发人的积极性;麦格雷戈在其1960年出版的《企业中的人性方面》(The Human Side of Enterprise)一书中对人的本性进行了积极的肯定,其理论结果是,人是愿意工作的,人会自动寻求职责并具有想像力;马斯洛的主要理论贡献是他在其著作《人的激励理论》中阐述了人具有由低到高的5种需求,依次为:生理需要、安全的需要、社交的需要、受到尊重的需要和自我实现的需要。

挑战期的第二层含义是指,这一时期,公共行政学界对政治与公共行政的两分观点提出了质疑,尤其是1947年至1970年这一段时间被称为附属于政治学的公共行政学时期(public administration as political science)。也就是说,学者们试图将公共行政学重新视为是附属于政治学的学科,在理念方面开始重新寻找公共行政学与政治学之间的联系。代表学者是沃尔多(Waldo)和西蒙(Simon)。沃尔多在1948年《行政领域》(The Administrative State)中对政治学与公共行政学的二分法提出了批评,认为公共行政不可能脱离政治。除此之外,利林撒尔(Lilienthal)、安伯碧(Appleby)、塞兹尼克(Selznick)等学者对二分法也提出了反对意见。

需要一提的是,美国一些公共行政学者还将此阶段中的1956年至1970年这一时期称为附属于管理学的公共行政学时期(public administration as management)。其背景是,20世纪50年代中后期至70年代,管理学在美国盛极一时,被形容为“海啸”(groundswell),从而对公共行政学的发展产生巨大影响与冲击,公共行政学一度被视为是管理学的附属学科。代表性的学者是马赫(March)、西蒙、西尔特(Cyert)和汤普森(Thompson)。马赫与西蒙在1958年出版了《组织》一书(Organizations);1963年,马赫与西尔特出版了《公司行为理论》(A Behavioral Theory of the Firm);1967年,汤普森出版了《运行的组织》(Organizations in Action)。在这些著作中,公共行政在诸多方面被人们从管理学的角度加以分析,公共行政在本质上被诠释为一种管理之学,同企业、公司之间的管理存在许多相通之处。就实践来看,继康奈尔大学成立“商业与公共管理学院”(The School of Business and Public Administration)之后,加州大学、耶鲁大学等相继于20世纪60年代中期之后成立了包含商业与公共行政于一体的管理学院,管理学硕士学位(Masters of Management)或商业管理硕士学位(Masters of Business Administration,MBA)随之变得广为流行。

在挑战与成长期,公共行政的理论在新旧学说的交锋中得以发展,1939年在美国首次成立了专门性的研究公共行政的全国性组织——“全美公共行政学研究会”(The American Society of Public Administration, ASPA);同时,公共行政学开始重视对实际案例的研究,最为有名的是哈佛大学公共行政研究院(The Graduate School of Public Administration)。美国公共行政学的发展也激发了其他西方国家研究公共行政学的兴趣,各发达国家在此领域的研究方兴未艾。在这一阶段,法国(1946 年)、德国(1950 年)、英国(1970 年)都分别创建了专门的国家行政学院或文官学院。与此相对应的是,新的公共行政学说派别纷纷出现,除了与行为理论有关的多种学说之外,还出现了系统组织理论、行政生态理论、行政决策理论、政策科学理论和行政责任理论等。

(1) 系统组织理论注重研究行政活动与外部环境、外在系统之间的关系,以及行政系统内部各个部分之间的关系,主张要随着环境的变化来选择管理方式与组织方式。美国的巴纳德(Barnard)是系统组织理论的代表,他是最早将组织看成是一个社会系统的理论家。巴纳德于 1938 年出版了《经理的职能》(the Functions of the Executive),他从新的角度对组织理论进行了阐述,认为组织是一个协作的系统,包含着协作的意愿、共同的目标和信息联系三方面的要素。巴纳德也是非正式组织和均衡理论的提出者,他主张个体和组织的行为是直接或间接联系、相互依赖的,组织要不断地向个人提供激励,以使个人做出贡献与回报,从而使组织和员工之间保持一种均衡,组织管理需要维持这样一种均衡。

(2) 至 20 世纪 60 年代,系统组织理论又引发出生态行政理论,里格斯(Riggs)是这一理论的代表。里格斯的思想集中反映在他于 1961 年出版的《行政生态学》(The Ecology of public Administration)一书中。里格斯认为行政生态要探讨的是各国具体国情如何影响并塑造该国行政;反过来,公共行政又如何影响社会的发展和变迁。为此,他勾画出三大行政模式,即农业社会、过渡社会(又称融合型、衍射型社会)和工业社会,并从经济、社会、沟通网络、符号系统和政治框架五个方面分析公共行政与它们的关系。

(3) 决策理论的代表是美国的西蒙和林德布鲁姆(Lindblom)。西蒙于 1947 年出版了《行政行为:行政组织决定程序研究》(Administrative Behavior: A Study of Decision-Making Process in Administrative Organization)一书。该书开创了对决策的研究。西蒙认为决策是行政的核心,在很大程度上,管理就是决策,对组织的高层领导来说尤为如此。西蒙不仅反对政治与公共行政的二分理论,也不同意传统的静态决策模式,倡导以动态为核心的行政理论。林德布鲁姆于 1959 年发表了一篇题为《渐进决策学》(The Science of “Muddling Through”)的文章,该文对政府决策过程的理性模型进行了分析。林德布鲁姆认为,政策制定不取决于制定者的意愿,而是具体的事情和环境,政策方面的大起大落不可取,因为,这样会危及社会的稳定。这些思想在其 1968 年的著述《决策过程》(The

Policy-Making Process)中再次得以体现,据此,人们将他认定为政策分析的创始人。

(4) 西蒙和林德布鲁姆的理论都涉及到政策研究,但政策科学理论产生的标志却是美国学者拉斯维尔(Lasswell)与伦纳(Lerner)合作于1951年编辑出版的《政策科学:范围与方法的新近发展》(The Policy Sciences: Recent Developments in Scope and Method)。在该书第一章中,拉斯维尔明确指出政策取向(policy orientation)研究的重要性,并且认为社会科学家应从政策过程与政策内容两个方面来探索问题。拉斯维尔首先提出了"政策科学"的概念,以此为基础,1962年库恩(Kuhn)出版了其名著《科学革命的结构》(The Structure of Scientific Revolutions),该著述为政策研究成为科学提供了规范。

(5) 在这一阶段还出现了以荷林(Herring)为代表的行政责任理论。对行政责任的认识最早体现在荷林于1936年出版的《公共行政与公共利益》(Public Administration and the Public Interest)一书中,该书关于行政自主权对行政权力的影响,官员责任、道义与公共利益的分析对行政伦理观的确立具有重要意义。

(三) 公共行政学的独立与成熟期(1970年之后)

伴随着20世纪60年代以后世界范围的第三次科学技术的大发展和以系统论、信息论、控制论为内容的运筹学的应用,公共行政学在经过挑战与发展期之后进入到一个新的发展时期。这一时期大致开始于1970年,在这一年,"全美公共事务与公共行政学院协会"(The National Association of Schools of Public Affairs and Administration, NASPAA)成立,该组织是美国最权威的有关公共行政研究的组织。美国公共行政学界将其1970年以后的时期称为公共行政学的独立成熟期(public administration as public administration)。也就是说,越来越多的学者认为公共行政学应当是一门独立的学科,它同政治学、管理学、经济学、社会学、心理学、政策分析紧密联系,但又具有自己独有的学科领域与属性。这一阶段也可以理解为当代公共行政学时期。在这一时期,由于信息传播的加快、新学科与跨学科研究的加强以及人们对政府观念的更新,与公共行政有关的新的学说、理论纷呈,主要包括以下种类:

(1) 公共选择理论。公共选择(public choice)理论兴起于20世纪六七十年代,至八九十年代达到顶峰,并对公共行政学和许多西方国家当代政府改革运动产生了基础性影响。以布坎南(Buchanan)为首的公共选择理论家从经济学的角度分析公共行政活动。该理论的出发点是,人是理性的自利者,其行为动机是自私的,并希望获得自身利益的最大化,由此而推导出的政府必然存在自我膨胀的趋势与低效率的弊病。所以,政府无论采用何种民主的形式都不是问题的核心,关键是要强调选择的自由、相互交易和合作的自由,为此需将政府的功能与活动最大限度地推向市场。除布坎南之外,其他公共选择理论的代表性学者还有:阿罗(Arrow)、图洛克(Tullock)、科斯(Course)、尼斯坎南(Niskanen)、奥尔森(Olson)等。

(2) 民营化理论。公共部门民营化(privatization)是20世纪80年代以来新公共管理理论(new public management)的基本主张之一。民营化不仅意味着公共部门的私有化,同时还意味着政府可以利用私人的手段与方式完成公共任务,政府的许多功能可以通过市场的测试而承包(contracting out)出去,在此意义上,民营化理论又派生出公私合作理论(Public and Private Partnership, PPP),即强调政府与非政府组织、私人部门的合作。从20世纪80年代初开始,西方国家的私有化运动已经脱离了政治意识形态的争辩,而越来越被公共行政学者们看成为政策选择或管理决策。

最初对私有化大肆渲染的学者为萨瓦斯(Savas),他在20世纪80年代写了一系列有关私有化的文章,代表作为1987年出版的《私有化:政府改进的关键》(Privatization: the Key to Better Government)一书。摩(Moe) 1987年在《公共行政学评论》第47期上发表了文章《探索私有化的极限》(Exploring the Limits of Privatization),该文对采用私有方式达到公共目的进行了有见地和基于法律的评价。另一部有影响的著作是多纳惠(Donahue)于1989年出版的《私有化决策:公共目的,私有方式》(The Privatization Decision: Public Ends, Private Means)一书。多纳惠宣称,私有化带来的益处是:尽管私有化对于校正公共部门的缺陷并非灵丹妙药,但私有部门的确给公共项目带来更有效率和更负责任的真正机会;私有化的坏消息是:政治压力可能导致私有部门能干得更好的事让公共部门干,由公共部门干更适合的事反而让私有部门去做。

(3) 质量管理理论。最初的全方位质量管理(Total Quality Management, TQM)源于私有企业部门,但经过美国专门性的《公共生产力与管理评论》(Public Productivity and Management Review, PPMR)杂志二十多年的努力探索与讨论,至20世纪90年代,人们认识到TQM对于公共部门业绩与质量的改善具有重要价值。该杂志提供了丰富的案例以及公共机构如何改善、引入、调整并保持连续的质量改进的理论性评论。其资深主编霍哲(Holzer)教授在1995年《生产力与质量管理》(Productivity and Quality Management)一文中评论了质量管理以及质量管理对于公共部门管理的启迪。实际上,20世纪90年代,TQM已经成为公共管理的基本方法。TQM的核心特征是统计评估、顾客信息反馈、雇员参与质量改善、供应商合作、强化团队。许多公共行政学者认为,作为企业经理"管理常识"的这些TQM的手段和方法,不仅应当适用于工商企业,在很大程度上也可以适合于公共服务部门,应当成为公共管理的基础理念。发生于美国20世纪90年代的质量管理运动对公共行政领域带来了巨大影响,并为美国乃至其他西方国家政府提供了内在改革的动力。

(4)法律与善治理论。法律与善治理论是20世纪80年代兴起的一种公共行政理论。该理论认为,公共行政的根本要求是最大限度地反映公共利益。善治就是政府与公民,政府与非政府力量对公共生活的合作管理,以实现公共利益的最大化,并通过公共政策最大限度地协调政府同各种非政府部门之间的利益冲突。为此,必须通过有效的制度安排强调政府的合法性、责任与道德性,实现公众对公共政策制定与实施过程的参与和监督。

代表性学者为罗森布鲁姆(Rosenbloom),他在1986年的《公共行政:对公共部门管理、政治与法律的理解》(Public Administration: Understanding Management, Politics, and Law in the Public Sector)一书中对现代公共行政学概念中管理模式的垄断地位提出了挑战。罗森布鲁姆认为,传统的管理理论与政府部门相联,政治理论与立法部门相联,法律理论与司法部门相联。这种割裂研究不尽合理,因为其对政府同时有行政、立法、司法决策权的情况讨论不够。罗氏比较了对公共行政学采用管理的、政治的和法律的研究方法,表明每一种方法都有不同的价值、起源和结构。其他代表性学者与著作有库柏(Cooper)于1988年出版的第一部将公共行政与法律结合研究的教科书——《公法与公共行政学》(Public Law and Public Administration),该书深刻分析了政府活动的规则和法律基础以及公共行政学的框架。另一部著作是洛尔(Rohr)于1986年出版的《运行宪法:行政部门的合法性》(To Run A Constitution: The Legitimacy of Administrative State),该书涉及宪法的形成、字面意义上的行政国和行动中的行政国三块内容。

公共行政学法律分支的繁荣还体现在对政府责任与道德的研究方面,如弗雷西曼(Fleishman)、理伯曼(Liebman)与摩尔(Moore)于1981出版的《公共责任》(Public Duties);弗兰齐(French)于1983年出版的《政府中的道德》(Ethics in Government);汤普逊(Thompson)于1987年出版的著作《政治道德与公共机构》(Political Ethics and Public Office)、1985年发表的《行政道德的可能性》(The Possibility of Administrative Ethics)等。

(5)执行与绩效理论。与政策制定相伴产生的是政策执行研究的兴起。美国的普雷斯曼(Pressman)和韦达斯基(Wildavsky)在其1973年出版的《执行》(Implementation)一书中,倡导政策执行研究的重心应当是行政项目而不是行政机构,是项目执行的结果而不是项目执行的过程。对项目执行结果的关注导致公共行政学开始将"绩效"作为一个关注的焦点。从理论的关联性上看,绩效理念是质量管理、企业化政府理论的必然产物,也是责任与善治政府思想的一个构成因素。就美国的实践来看,对政府部门的组织评估始于20世纪60年代,其最早的雏形称为"项目、计划与预算系统"(the Program, Planning and Budgeting System, PPBS),该系统首先在美国国防部适用;20世纪70年代,PPBS被进一步改进为政府"目标管理系统"(Management By Objective, MBO)与"零点预算系统”(Zero-Base-Budgeting, ZBB);20世纪80年代,尤其是里根时代,MBO系统进一步演变;1990年,美国参议员罗斯(William Roth)提出《政府绩效评估法案》。克林顿上台伊始,就于1993年成立了由副总统戈尔牵头的“美国业绩评论委员会”(即National Performance Review, NPR)。该委员会1993年提供了一份题为《从重视过程到重视结果:创造一个花钱少、工作好的政府》的报告;同年,《政府绩效评估法》(Government Performance and Results Act)在美国国会通过,从而使政府的绩效评估纳入法治轨道。

(6) 重塑政府理论。重塑政府理论来自于美国学者奥斯本(Osbrne)和盖布勒(Gaebler)于1992年出版的《改革政府——企业精神如何改造着公营部门》(Reinventing Government: how the entrepreneurial spirit is transforming the public sector)一书。该理论主张运用企业家精神改革政府(corporatising government),政府应该起“掌舵”而不是“划桨”作用,应将主要精力放在制定发展战略和指引航向上,而不是具体操作。应该将社会服务和管理的权力下放给社区、家庭等各种非政府组织,使公众实现自我管理和自我服务。为此,政府必须克服垄断并高度重视公私合作。与此同时,在政府内部应该鼓励竞争,建立灵活的人事管理制度,要将选择、竞争和市场化的激励因素引进公共系统。在此意义上,重塑政府理论同公共选择理论、民营化理论与公私合作理论、质量管理理论以及绩效理论都紧密相关,甚至可以视为是后几种理论的综合再生。

在本质上,重塑政府理论是力图将分权思想、效率与市场化理念最大化地应用于公共行政领域,尽管美国理论界对奥斯本和盖布勒的著作有很多批评,但该书实际上成为美国克林顿政府改革的实践指南。在1993年至1998年的5年时间里,美国联邦政府精简了35万雇员,占联邦雇员的16%,甚至在进入21世纪后,这场以权力下放、规章制度精简、市场导向、注重绩效为价值取向的政府再造运动仍在持续。重塑政府理论的影响力不仅影响了美国与其他一些西方国家的政府改革运动,如加拿大、荷兰等,还扩展至一些新兴工业化国家和发展中国家,如韩国、菲律宾等。

(7) 女权主义的组织思想。与组织和管理有关的女性观点对公共行政学也产生了深刻影响。在美国,至1990年,妇女在公共部门中的比例达到60%。妇女参与公共事务存在两大问题:一是工资偏低;二是所谓的“天花板效应”——即高层管理阶层的妇女比例偏低。女权主义组织分析家安克尔(Acker)在1992年发表的《性别组织理论》(Gendering Organizational Theory)一文中认为[①],男性长期对组织的控制导致了组织理论的男性化。首先,男女分工产生了男女不同

① Joan Acker, “Gendering Organizational Theory”, in A. J. Mills and P. Tancred ed., Gendering Organizational Analysis, Newbury Park: Sage, 1992.

的工作类型；其次，创立了男性组织标志和形象；再次，男女的关系是领导与被领导的关系；最后，由于组织内男女分工和机会不均，不同性别应有不同行为和态度的观点逐渐成为心理和思维定势。公共行政学的女权主义理论家斯蒂夫（Stivers）在1993年出版的《公共行政中的性别形象：合法性与行政部门》（Gender Images in Public Administration：Legitimacy and the Administrative State）一书中认为，只要行政领域被看成与性别无关，妇女就将面对两种选择，即要么接受男性行政标志，要么接受官僚体制中靠边站的地位。

三、中国公共行政学的发展

（一）中国传统的行政文化

如果将行政理解为一种对国家事务的管理活动，那么，中国历史上有关国家管理行政的文化积淀是非常丰厚的。先秦时期孔子的《论语》、《尚书》、商鞅的《商君书》、韩非子的《五蠹篇》、孙子的《孙子兵法》、唐代吴兢的《贞观政要》、宋代司马光的《资治通鉴》等都可以视为是有关政府管理的论著。在中国古代政府管理实践中，还出现了"文景之治"、"贞观之治"、"康乾盛世"等封建管理的辉煌时期；出现的著名的行政改革有先秦的商鞅变法运动，宋代王安石涉及财政、军事、科举的改革，明代张居正"尊主权、课吏治、信赏罚、一号令"与用人唯才、裁减冗官的改革等。除此之外，还有《周礼》、《秦律》、《汉律》、《唐六典》、《元典章》、《明清会典》等规范政府管理的封建法典。

由于中国古代有关行政之学是以皇权至上、社会等级、专制管理、封建礼俗为社会背景，因此，它们同现代以来的公共行政学在许多方面相去甚远。同时，也应该看到的是，中国古代的许多管理思想充满着管理智慧，同今天的政府管理理念有相通之处，甚至有着可借鉴意义。例如，古代科举制度与现代文官制度中的考任制度；"民为邦本，本固邦宁"（《尚书》）的人本主义态度；"足国之道，节用裕民，而善藏其余"和"节用以礼，裕民以政"（《荀子·富国》）的财政管理思想；"选贤与能，讲信修睦"（《礼记·礼运》）的人事管理与诚信行政的理念；"用兵之道，以计为道"（《孙子兵法》）的决策与计划管理的观念等等。

（二）我国近现代的公共行政学

尽管中国古代有着丰富的政府管理思想，但是将政府行政作为一门独立的学科来对待则是近代以后西学东渐的结果。19世纪末20世纪初，当时的一些学者开始注意国外对行政学的研究。如梁启超在《论译书》中就提出，"我国公卿要学习行政学"，此后外国的一些有关行政学的著作被翻译出版，如英国的《列国计岁政要·首一卷》（麦丁富得力）、日本的《行政学总论》（蜡山政遂）、《行政法撮要》（美浓部达吉）等。从20世纪30年代开始，中国学者开始撰写与行政有关的著述。例如，罗隆基的《我们要什么样的政治制度》、《专家政治》等论文,提出了行政管理科学化的主张;龚祥瑞与楼邦彦合著的《欧美吏员制度》也属于政府管理的范畴。1934年成立了中国的“行政效率研究会”并出版《行政效率》半月刊和一些丛书。1935年上海商务出版社出版了张金鉴的《行政学之理论与实践》,此书可以视为是我国有关行政学的第一部专著;后来还出版了江康黎的《行政学原理》;翻译出版了怀特的《行政学导论》等。这些专著被列入当时的大学教材,代表了当时国内行政学的研究成就。

(三)新中国的公共行政学

1949年新中国建立后,我国的一些大学和干部学校曾设置过行政组织与管理方面的课程,1953年以后由于受“左”倾思想的影响,行政学与许多人文科学一样被取消。

1978年以后,经过政治思想上的拨乱反正,我国进入改革开放时代,行政学的研究逐步得到恢复和加强。在最初,行政学是作为政治学的一个分支发展起来的,1979年邓小平在理论工作务虚会上指出,“政治学、法学、社会学以及世界政治的研究,我们过去多年忽视了,现在需要赶快补课”。① 1980年中国政治学会在北京成立,恢复了政治学学科。1981年在昆明召开了全国政治学会和政治学规划会议,对中国行政体制改革的有关问题进行了研讨,并把行政体制改革问题作为政治学研究的重要内容。1982年开始的中国政府机构改革使行政学的研究引起了社会的高度重视。同年,中国政治学会在上海复旦大学举办全国政治学讲习班,其中,就专门开设了行政管理、市政学课程。1983年中国政治学会在济南召开了政治行政体制改革研讨班,也举办了行政学讲座。1984年8月,国务院办公厅和劳动人事部在吉林市召开了全国“行政科学研讨会”,100多名学术界和政府部门代表参加了会议。此次会议发表了《行政管理学研讨会纪要》,专门就行政学的研究意义、学科体系、内容和主要课题以及该学科的发展方向等问题进行了研讨;会议还明确了发展中国行政科学的必要性,建议成立中国行政管理学会,筹建国家行政学院。1984年9月,国务院办公厅下发了专门文件,要求各省、直辖市、自治区政府要高度重视行政管理学的研究,开创研究行政管理的新局面。

此后,行政学得以迅速发展。1985年,夏书章教授主编的《行政管理学》由山西人民出版社出版,该书在行政学研究中断二十多年后,首次对行政学的主要内容和体系进行了系统的阐述,被视为是行政学恢复的学术标志之一。1986年,我国高等学校的政治学一级学科中设置了行政(行政管理)学二级学科,一些高等院校开始恢复行政管理本科层次的课程设置并创办行政学系、所,其中开设较早的院校有中国人民大学行政学研究所、北京大学政治学与行政管理系、复

① 《邓小平文选》第2卷,人民出版社1993年版,第180页。

旦大学行政学专业等。1988 年,中国人民大学率先开始招收行政学硕士研究生。同年 10 月中国行政管理学会于北京正式成立,国家人事部成立了中国行政管理学研究所。中国行政管理学会的成立标志着行政学作为独立学科的地位得到确认。随后,全国各地方陆续成立了省级的独立行政学会,有关行政学的文章和著作日益增多。

1993 年我国进行了新的政府机构改革,同年又出台了《国家公务员暂行条例》;1994 年国家行政学院成立,地方行政学院也随后相继挂牌,这一切为中国行政学的进一步发展提供了契机,行政学的研究进入了一个新阶段。

1997 年,我国首次在研究生教育中增设公共管理一级学科,原属于政治学的行政管理学同教育管理、社会保障、土地资源管理、社会医学与卫生事业管理等一样,成为公共管理的二级学科。此后,又在本科教育中增设公共事业管理学科。1998 年中国人民大学、中山大学、复旦大学成为首批具有行政管理学博士学位授予权的 3 所高校。为了进一步促进我国行政学的教学、研究与人才培养并使其与国际学术惯例接轨,2001 年全国首批 24 所高校获准招收公共管理硕士(MPA)研究生,MPA 属于职业背景教育,强调案例教学、实务教学,论文以调研报告、案例分析报告、项目规划和公共问题对策研究等为主要形式,侧重公共管理能力的培养与训练。由此,我国行政学的公共性与管理性特征得到空前彰显,行政学的发展进入到新的阶段,其学科称谓也由最初的行政管理学转变为公共行政学。

第三节 公共行政学的学科范畴

一、公共行政学的研究对象与范围

公共行政学是一门实践性很强的学科,由于各国学术发展的脉络与面对的实际问题不尽相同,公共行政学在研究的对象与内容方面差异较大。即使是同一国家的不同历史时期,公共行政学的学科范畴也难尽一致。尽管如此,各种不同类型的公共行政学研究也存在基本的一致,那就是以政府或国家行政组织为研究核心,即使是对非政府问题的研究也是为了从另外一种角度界定、深化对政府组织与功能的研究,例如行政环境、非政府组织、对政府的司法监督等。

(1) 公共行政学需要关注行政体制与组织。行政体制的核心问题是界定行政的边界问题,这不仅涉及在一定的行政环境条件下,国家行政功能同司法功能与立法功能之间,以及其同社会功能与市场功能之间的范围问题,也涉及到各级各类行政组织之间的职权划分。除了功能界定与职权划分之外,行政体制还涉及行政组织与机构的设置问题,包括行政组织原理与规律、行政编制与人员、行政领导(静态性)这些内部性问题。从逻辑上说,只有在清楚界定政府体制(职权与功能),即政府该做什么、可以做什么的基础上,才可以去讨论配置何种规模、层次与数量的组织和机构去行使、实现这些职权与功能的问题。

(2) 公共行政学要研究在一定行政体制条件下,行政组织如何依靠公共资源,运用各种手段对社会事务进行管理和提供服务。这其中既涉及以行政运作过程为特征的行政决策、行政执行与监督的问题;也涉及基础性公共资源——公共财政问题;还涉及到与决策主体和方法有关的行政领导(动态性),与执行的主体和效率有关的人事行政、行政方法、行政心理问题以及与监督的内容和效果有关的行政绩效问题。另外,与行政决策、行政执行都有紧密关系的机关事务管理与行政信息也是公共行政学必须探讨的问题。

(3) 公共行政不仅是行政组织依靠公共资源,运用各种手段对社会事务进行管理和提供服务的活动,在很大程度上,它还是行政组织凭借与运用国家行政权力的一种管理与服务活动。在现代法治国家,国家行政权的运行必须遵守法律的要求,符合法治的精神。也就是说,公共行政活动不仅要追求有效性,也必须关注合法性,否则,不仅会偏离民意与公共利益的要求,也会受到各种形式的法治化监督,现代的公共行政应当是有效行政与法治行政的统一。法治行政应当包括从合法到合理、组织到行为、从实体到程序、从主动依法到被依法监督四个层面上的问题。

综上所述,公共行政学是研究在一定环境与制度背景下,国家行政组织如何对社会公共事务进行有效管理,提供有效服务的一门学科。公共行政学探讨的中心是公共行政的规律与有效性问题。鉴于此,本书的逻辑结构与主要内容如下。第一编,公共行政学的基本理论,包括:绪论(公共行政学的概念、发展概况与学科范畴);行政职能(政府职能与行政环境)。第二编,公共行政学的内容,包括:行政体制与组织;行政领导;人事行政;公共财政;机关管理;行政绩效;行政决策与实施。公共危机管理。第三编,行政法治,包括:行政法治的基本理念;行政行为法;行政法治监督。

二、学习、研究公共行政学的意义与方法

(一) 学习和研究公共行政学的意义

从本质上说,公共行政学是有关政府管理与服务有效性的一门学科。在过去的很长时间里,由于人们将管理理解为一种单纯经验的积累而忽略了其科学性、规律性、规范性的特点。今天,从管理先进的国家的经验来看,公共行政学已经得到了空前的重视,随着我国政府行政观念的更新,社会公众民主与法治意识的提高,学习和研究公共行政学有着重要的现实意义,具体包括以下几个方面。

(1) 学习和研究公共行政学有利于正确、有效地发挥政府职能。现代政府

是公共政府,也是有限政府,政府应当做什么、可以做什么是一个需要不断探索、不断调整、不断总结的范畴,涉及到政府与社会,政府与市场,政府与公民多方关系的定位与整合。通过学习和研究公共行政学才可能认识到问题的本质,准确地处理实践中的矛盾与问题。

(2) 学习和研究公共行政学有助于提高国家行政机关工作人员的素质,更好地适应现代政府有效管理与服务的需要。现代社会的发展已经使公共行政成为一门专业,各级国家行政机关工作人员在很大程度上也需要走向职业化。所以,学习和研究公共行政学对于加强政府公务员在政府管理理论、原则、方法等方面的培养,改善行政风气,提高公共行政的水平具有重要意义。

(3) 中国的各项社会改革仍在继续,其中,政府的角色与功能有着举足轻重的作用,同时,改革与社会发展也给行政体制、政府活动的目标、价值取向与方法不断带来挑战。通过学习和研究公共行政学有助于建立一套有中国特色的政府管理制度,为转型时期一些涉及公共行政的改革提供理论指导和学术支撑。

(4) 学习和研究公共行政学对其他相关人文学科的研究具有一定的学术意义,可以为更新这些学科的研究方法,丰富这些学科的研究素材提供帮助,例如,政治学、社会学、法学、经济学等。

(二) 公共行政学的学习和研究方法

公共行政学不仅具有一般的理论与原理,同时也是一门实践性、应用性很强,并不断发展变化的学科,所以,学习与研究公共行政学可以运用多种多样的方法,例如,法律分析方法、政策分析方法、效率测量方法、心理分析方法等等,但最为基本的方法有以下三种。

(1) 理论推导法。它要求在学习与研究公共行政领域的问题时要善于理解、掌握相关概念、理论与原则,并善于做相关的概念与理论推导。这是一种经常使用的方法,涉及的是“应当是什么”或者“应当如何”这样的问题。在运用此方法时,需要注意的是,先验的概念、理论往往是在一种既定前提下的理论演绎,其科学性取决于前提的周延性和理论概括的全面性;同时,对一种社会问题的研究往往需要借助多种理论,从不同的角度进行分析。为此,需要在学好公共行政学基本理论的基础上,拓宽知识结构,寻求跨学科的研究思路与方法。

(2) 案例分析方法。案例分析可以为学习和研究公共行政学提供拟真的情景,具有生动、直观的特点,容易启发思路;案例的积累有助于把握公共行政实践个案的不同属性与特征。与理论分析法不同的是,案例分析不是单纯地从概念到概念,从理论到理论,它强调公共行政的特殊性,注重将具体理论应用于具体的公共行政实践,其本质是一种归纳与实证的方法。针对案例的研究结果在解决具体问题方面往往具有较强的针对性。需要注意的是,在进行案例收集之后,不仅要注意解决个案问题,更要善于在众多案例中发现共性问题,并提炼出具有一定价值与思想内涵的理论。

(3) 比较分析方法。在公共行政学中，比较分析之所以能够作为一种学习与研究方法而存在，是因为不同文化、不同国别、不同时期的政府在所面对的公共事务与解决方案方面有着共同性，因此，相关理论、原理的科学性，解决问题方法的有效性就可以加以比较并适当借鉴。比较分析可以拓展视野，开阔思路，其目的是辨明异同，判断优劣，取长补短，最终寻求适合我国国情的最优化的行政体制与方式。在运用比较分析法时最需要注意的是，既不能断章取义、支离破碎地分析、借鉴不同国家、不同时期、不同文化背景下政府的管理制度与方法，也不能只比较、借鉴这些制度与方法，而忽略了其产生、存在的背景与土壤。

三、公共行政学的学科地位

作为一门以政府管理与服务的规律与有效性为基本研究对象的学科，当代公共行政学一方面在学科对象与学术方法方面已经逐步走向成熟具有了独立特征，另一方面它同其他许多社会科学门类有着紧密的关联。这些学科主要包括政治学、经济学、管理学、行政法学等。

(1) 公共行政学与政治学。无论是在从公共行政学的最早起源，还是从其在中国的发展情况来看，此门学科在产生之始都是作为政治学的一个分支而存在的。政治学通常以政党制度、国家权力与政治权威为研究对象，而公共行政学以政府的组织与功能为基础性研究对象。一个国家的政府组织与功能在很大程度上同该国的政党制度、政治体制与社会治理模式是不可分割的。现实中的公共行政必然是在一定的政治制度下运作的，政府的许多实践活动同政党(尤其是执政党)的意愿也是紧密联系的，甚至是对后者的完整表达，比如政府决策行为。在此意义上，可以将政府理解为就是一种政治实体，政府活动也可以理解为一种政治现象。与此同时，公共行政学同政治学也存在不同。公共行政学关注政治现象是因为后者是前者存在、运作的环境条件之一。但是公共行政学却不像政治学那样以政治现象为学科核心问题，其核心问题是如何在技术层面具体地实现政府管理与服务的有效性，如机关事务管理、行政执法等。

(2) 公共行政学与经济学。公共行政学的核心话题是政府管理与服务的有效性，而经济学的中心议题是如何提高对社会资源的配置效率问题，在此意义上两者存在目标上的一致。所以，经济学的许多方法、理念可以被借鉴到公共行政领域并加以适用推广，如各种统计与数学模型。从学科范畴上看，公共行政学的一项重要研究内容是对政府职能中经济职能的探讨，即研究政府对社会经济秩序进行管理与对公共产品的提供。而经济学尤其是其中的宏观经济学或国民经济管理学也是以政府对国家经济生活的有效干预为研究使命。具体地说，公共财政、政府与市场的关系、政府的经济管理方法等都是公共行政学与(宏观)经济学共同的研究领域。正因为上述两个方面的缘由，公共行政学在发展过程中，尤其是当代公共行政学才有必要且可能从经济学中吸收新的理论与方法；与此同时，政府经济学也已经作为一种新兴交叉学科而出现。影响当代西方国家政府改革运动的绝大多数学说，不管是新管理主义、公共选择理论，还是重塑政府与民营化理论无不是同经济学联系在一起的。

需要提出的是，经济学可以作为当代公共行政学的基础性理论铺垫来对待，但是却不能被奉为惟一性的或绝对至上的追求目标。一方面，经济学所言的社会资源配置中的效率与公共行政学所追求的有效性并不完全等同。效率是单纯的投入与产出之比，而有效则涵盖了效率与其之外的效果，比如，可持续性（自然环境）、制度满足（合法性）与公众的满意度（公共利益与社会心理）这些因素，就是经济效率以外公共行政学同样不能舍弃的关注目标。另一方面，公共行政学所关注的许多行政内部性问题同经济学也不具有直接的联系，如行政领导、秘书工作等。总之，公共行政学同经济学密切相关，但又是一门完全独立的学科。

（3）公共行政学与管理学。在很大程度上，公共行政学是一种管理科学。在学科称谓方面，在我国公共行政学的前身就是行政管理学。从学科研究目标上看，不断提高管理的有效性既是公共行政学也是其他管理学（主要指工商企业管理）的价值取向。在具体研究内容方面，组织、人事、领导、决策与执行、绩效、机关事务等既是公共行政学也是管理学必须探讨的问题；公共行政学与管理学在使用的术语与概念方面也存在相通之处。正因为这样，从公共行政学的发展历程来说，管理学是同公共行政学联系最紧密的一个学科，公共行政学就是在不断吸收、借鉴管理学的理论、方法的基础上发展起来的。例如，质量管理、绩效、顾客与服务提供商关系等被应用于当代西方国家政府改革的理论都是从管理学中借鉴而来。

公共行政学与管理学的根本不同在于，前者所研究的对象具有显著的公共性，也就是说，公共行政学所研究的公共组织与其功能，在资金来源、适用领域、是否以国家权力为凭借、是否直接追求赢利以及与法律制度的关联性等方面，同非公共管理领域的组织功能存在明显差别。虽然，在当代社会实践中，随着市场化的加深和公私界限的模糊，公共与非公共，公共管理与非公共管理的区分会变得复杂而细腻，但是，用管理学完全替代公共行政学是行不通的。

值得一提的是，公共行政学与公共管理学之间的关系问题。可以说，公共行政学是一门研究如何有效地管理公共事务的学科，是公共管理的一种具体门类。但是，管理意义上的公共行政学是以政府管理为研究对象的，而公共管理学除研究政府的管理问题之外还会涉及各种非政府组织、社会力量的管理问题。另外，公共行政学是有关政府组织与活动的系统之学，它不仅从管理角度研究政府及其有效性，还会从责任的角度来研究政府的合法性及相关监督制度，而公共管理学一般不涉及后一类问题。概括地说，公共行政学是有关政府有效性的学术系统，是综合之学；而公共管理往往是从公共事务的一个具体领域出发加以概括的，如公共卫生管理、教育管理、环境管理等，是事务之学。

（4）公共行政学与行政法学。在现代法治国家，公共行政学与行政法学又存在着较强的学科关联，两者都是以政府为中心研究对象的学科。一方面，公共行政的存在、运作必然是在一定的制度环境条件下进行的，而法律，尤其是行政法是制度环境的重要组成因素，现代的行政必须是法治行政；同时，行政法律手段也是公共行政中的一项重要方法与策略，如行政许可法、行政处罚法等。因此，公共行政学必须要关注同政府组织与活动有关的基本法律框架与相关理念。另一方面，行政法学研究必须同公共行政的实际紧密结合，关注公共行政实践中的突出问题。只有这样，行政法学研究才会与实践保持同步，不断拥有新素材，行政法学的相关理论也才能得到不断丰富发展，更好地为行政法治实践服务。与此同时，公共行政学与行政法学也存在差别。前者关注的核心为政府管理与服务的有效性，即如何不断提高管理效率，如何更好地满足公共需求；而行政法学则是以如何规范政府权力，克服违法与不良行政行为，保护公众的合法权益为主旨。

除了上述学科之外，公共行政学同公共政策学、社会学、历史学、地理学、环境学、心理学等诸多学科领域都存在不同程度的联系。公共行政学研究行政决策，在这一点上，它同公共政策学密切联系。公共行政学在对行政环境的研究方面必然涉及诸如人口条件、道德与伦理条件、宗教背景、历史文化传统等领域的问题，因此，它同社会学、历史学必然存在一定的联系。同时，公共行政学研究中的许多问题同地域特征、地理与环境条件也是密不可分的，例如，行政区划、行政层级的确定与调整，行政决策的作出等，所以，公共行政学同地理学与环境学也有着相当强的联系。另外，公共行政学中对行政领导、人事行政领域的研究还会同心理学存在联系。

第二章　行政职能与行政环境

行政职能,或称政府职能,是对政府公共行政活动总内容的全面概括,它反映了政府在管理国家、社会生活中所起的作用。政府角色、政府作用、政府应该做什么指的都是政府职能的界定。而行政环境的变化则是政府职能转变和重新确立的前提。就我国而言,行政环境的最大变化就是我国目前正处在社会主义市场经济的发展和完善时期,党和政府提出要在21世纪一二十年代建立起比较完善的市场经济。那么,在转型时期,政府如何扮演自己的角色,更好的发挥自己的作用,已经不仅仅是一个理论问题,更是一个急需解决的现实问题。

第一节　行政职能概述

一、行政职能的含义、特征和地位

(一) 行政职能的含义

所谓行政职能,是指在国家职能系统中,相对于国家立法职能、司法职能而言的,指政府依法管理国家、社会生活诸领域的功能和作用。主要涉及到政府应该管什么,怎么管,发挥什么作用的问题。

行政职能是国家职能的具体执行和体现。国家基本职能之一是政治统治,它是国家本质的表现和阶级统治的必然要求,失去了政治统治的职能,统治阶级的地位和利益就不能得到维护和实现。政治统治一般是以执行某种社会职能为基础,而且它只有在执行了该种社会职能时才能持续下去。因此,国家职能是政治统治和社会管理职能的统一,偏废任何一方都是行不通的。公共行政作为国家权力的一种执行活动,必然要履行上述要求,以维护国家的政治统治,管理好社会事物为己任。

(二) 行政职能的特征

1. 服务性

现代政府是由人民大众产生的,政府的本质是为人民服务。用现代经济学的理论来说,人民和政府的关系是委托人和代理人的关系,政府的服务是人民或纳税人出钱购买的,政府为人民提供高质量的产品和高质量的服务是政府应尽的义务,政府应该实现人民利益的最大化。如果政府只是追逐自己的私利,扭曲了行政职能,势必会退化成腐败而享有特权、与社会大众对立的利益集团。因此,服务性既是行政职能的基本特征,又是对行政职能的必然要求。

2. 系统性

行政职能是一个完整、有机的系统,它是由行政活动的各个方面的职能组合而成的。从行政管理过程来看,行政计划、组织、协调、控制等,构成一个完整的职能系统;从行政管理的对象来看,政治、经济、文化、社会构成另外一个完整的系统;从行政管理的层次来看,中央和地方又构成一个完整的职能系统。这些职能相互联系,相互配合,相互渗透,构成了一个有机的职能系统。

3. 动态性

在不同的国家、同一国家的不同历史阶段,行政职能的内容、职能侧重点和职能的实现方式都在不断的变化和发展。这种变化由两方面决定:一方面是国家性质的变化必然引起行政职能的变化;另一方面行政职能又要根据国家形势和任务的变化而变化。归根结底,行政职能的变化是由行政环境的变化决定的。行政职能的动态性是行政职能转变的内在动因。

(三) 行政职能的地位和作用

在整个行政系统中,行政职能具有非常重要的地位和作用。具体地说,其地位和作用表现在以下几个方面:

(1) 行政职能是国家行政管理的性质、方向、目标的直接体现。一个国家行政管理的性质、要实现的目标都是通过其职能表现出来的。因此,通过对行政职能的了解,不仅可以掌握政府应该做什么和不应该做什么,更重要的是可以认识一个国家的性质和要实现的基本目标。

(2) 行政职能是建立行政组织的重要依据。行政职能和行政组织的关系可以从两方面来理解。从行政职能角度说,行政职能必须通过相应的行政组织来实现,行政组织就是行政职能的载体和相应的物质承担者,离开了这一载体,行政职能就无法实现。另一方面,行政组织的设置并不是任意的、随心所欲的,行政职能是建立行政组织的基本依据。行政职能的内容和分类在一定程度上决定着行政组织的设置、规模、层次、数量和运行方式。行政职能是一个完整的职能体系,因此,行政组织也应是一个有机的体系。

行政职能是行政组织合理化的重要依据,这就决定了行政组织的变革也必须以行政职能的转变为基础。我国过去曾进行多次行政机构改革,精简机构和人员,缩小组织规模等等,但由于忽视了机构的改革应以职能的转变为基础,在没有转换政府职能的情况下,实行精简结构,结果是机构数目减了又增,人员裁了又添,在"精简——膨胀——再精简——再膨胀"的恶性循环中转圈。历史的经验说明,机构改革必须从行政职能的转变入手,根据行政职能的变化来确定机构的改革。

(3) 行政职能是行政运行机制科学化、程序化的依据。现代化的公共行政活动要求行政的运行过程科学化、程序化。实现行政运行机制科学化、程序化，必须体现公共行政活动过程自身的内在规律，而行政职能正是公共行政过程自身内在规律的概括和反映。行政运行实际上就是行政职能的实现过程。行政计划、组织、协调、控制等项职能的依次行使就构成了行政运行的全过程。每项行政职能都可以理解为政府公共行政过程的一个重要环节，各项行政职能之间相互制约的关系，反映为各个行政管理环节的先后顺序及有机联系。按照行政职能合理的组织过程，就能实现政府管理的程序化、有序化。

二、行政职能的分类和内容

（一）行政职能的基本类型

目前，国内通行的划分方法是将政府职能分为基本职能和运行职能。

1. 行政的基本职能

行政的基本职能集中体现了政府在国家社会中的整体作用，包括政府管理的基本内容，并且为所有政府机关所共有的职能。这些职能是其他职能的基础。政府的基本职能可以概括为政治职能、经济职能、文化职能和社会职能。

2. 行政的运行职能

行政的运行职能也称行政管理的程序性职能，它反映了政府管理社会公共事务的程序、方式和方法。这些规律程序反映了管理活动本身固有的规律。由于人们对这一规律的认识存在一些差异，因此，对运行职能的概括也有一些区别。法约尔提出了五项职能，古立克提出了七项职能，在这里将其概括为决策、组织、协调和控制四项职能。

（二）行政的基本职能

1. 政治职能

政治职能是通过国家强制机构来行使约束、控制和镇压被统治阶级的职能，其目的是维护有利于统治阶级的社会秩序。政府的政治职能集中反映了行政管理鲜明的阶级性。政治职能包括下列主要内容：

（1）专政职能。具体表现为两个方面：保卫国家安全，即维护国家的独立和主权完整，保卫国防安全，防御外来侵略；维护社会秩序，即维护有利于统治阶级的社会秩序，镇压叛国和颠覆政府的活动，制裁危害社会治安、扰乱社会秩序的行为，惩办与改造犯罪分子；等等。

（2）民主建设职能。这类职能在不同性质、不同类型的国家中所发挥的作用有很大的区别。在我国，建设高度的社会主义民主，推动政治文明建设，是我国现代化建设的一个重要目标和任务，也是社会主义制度优越性的体现。同时，社会主义民主建设与社会主义法制建设紧密联系。民主是法制的基础，法制是民主的体现和保障。为了加强社会主义民主建设，必须同时加强社会主义法制建设,以保证社会主义民主的制度化、法律化。

2. 经济职能

这是行政的最基本的一项职能。不管国家性质、社会制度如何,任何现代国家都以不同的方式并在不同程度上运用这一职能。行政的经济职能,是通过行政机关管理经济的部门来实现的。当代资本主义国家政府的经济职能,随着国家垄断资本主义的发展,有了较大的扩充。社会主义国家为了迅速发展生产力,提高人民生活水平,增强综合国力,在激烈的全球竞争中站稳脚跟,其经济职能已经成为政府最主要、最基本的职能。如何正确认识和发挥我国政府的经济职能,是当前公共行政学研究的重要课题。

3. 文化职能

这是指国家行政机关通过文化管理机构对社会文化事业实施指导和管理,提供服务。广义的文化事业一般包括科学、教育、文化、卫生、体育等方面。现代各国政府越来越重视教育和科学,把制定科教发展战略当作一项重要任务,通过创办各类学校,普及教育,培养各类专门人才,提高科学研究水平和国民文化素质。从长远的角度看,行政文化职能发挥如何,将深刻影响一个国家和社会未来的发展前程。当前,我国各级政府的文化职能是要紧密结合现代化建设和改革开放的实际,把握转型时期的社会特点,大力加强和改进意识形态领域里的各种工作,不懈地向国民开展爱国主义、集体主义和自力更生、艰苦奋斗的思想教育,抵制和反对不利于祖国统一和国家稳定思想的影响;采取各种措施改革当前教育和科学文化体制中不合理的地方,促进文化事业的繁荣发展,为我国现代化建设提供强大的精神和智力支持。

4. 社会职能

这是指政府动员全社会力量对社会公共生活领域进行管理的职能,它主要是通过各专门机构对社会保障、福利救济等社会公益事业实施管理来实现的,社会职能一般包括以下几方面内容:

(1) 制订社会保障的有关法律制度,完善社会保障体系,筹集、管理和发放社会保障基金;

(2) 大力保护和合理利用各种自然资源,努力开展对环境污染的综合治理,加强对生态环境的保护,实现社会的可持续发展;

(3) 控制人口增长,使之与经济、社会的发展相协调;

(4) 加强社区建设,提高人民群众和社会组织的自我服务和自我管理能力。这些职能对于保持社会稳定、繁荣和发展,实现社会公正具有十分重要的意义。

(三) 行政的运行职能

1. 决策职能

这是行政管理过程的首要职能,包括目标和计划在内。行政机关进行管理,提供服务,首先必须根据客观环境,进行科学预测,确定行政目标和任务,并制订实现目标的方案、步骤和方法等。决策职能发挥的好坏,直接关系到行政管理的整体效能,为了实现行政决策的科学化、民主化,必须建立、健全民主决策、民主监督的程序和制度,建立、健全决策的跟踪、反馈和责任追究制度。

2. 组织职能

任何管理目标和任务都要通过一定的组织机构和具体的组织、指挥活动才能完成,所以组织是一项重要的行政职能。组织职能主要包括三项:(1) 对机构的设置、调整和有效运用,搞好编制管理;(2) 对组织内部的职权划分和人员的选拔、调配、培训和考核;(3) 对具体行政工作的指挥督导。

3. 协调职能

这是行政管理过程必不可少的一项重要职能,主要包括协调以下几方面的关系:行政组织之间、组织与个人之间、个人与个人之间;各项行政职能之间;行政组织与其他组织以及公众之间。要实现行政协调职能,必须做到以下三点:

(1) 建立、健全行政沟通渠道,发展和完善行政沟通机制,取得系统内组织之间、人员之间的相互了解和信任,形成良好的人际关系,产生强大的整体效力;

(2) 在行政沟通的基础上,通过各种政策、制度和具体措施,明确职责分工,划分权力范围,避免事权冲突、工作矛盾,减少、克服相互间的不和谐;

(3) 开展各种政府公关活动,树立良好的政府形象,取得社会公众的信任和支持。

4. 控制职能

这是指按照计划标准,衡量计划完成情况并纠正计划执行中的偏差,以确保计划目标的实现。做好控制工作,必须具备两个基本前提:一是要有计划和标准;二是有健全的组织结构和得力的控制手段。行政控制的内容包括两个方面,一方面是通过收集、加工、分析有关行政过程的各种信息,对行政活动的数量、时间、质量等因素给予控制。另一方面是了解、掌握活动中的人事、组织、财务、方法等,并对各种行政行为给予控制。行政控制贯穿于行政管理的每一个环节。

行政的基本职能和运行职能是相辅相成的,前者界定了管理的客体,后者则是指怎么管理这些客体。前者回答管什么的问题,后者回答怎么管的问题。总之,两者都回答政府究竟做什么的问题。政府的基本职能比政府的运行职能更重要。因为政府的基本职能决定了政府在社会中究竟扮演什么角色,究竟起什么作用,它制约着政府在公共领域活动的正当性与效率。所以,在本章中,对政府的运行职能只做简要的概述,下面论述的内容主要是政府的基本职能。

第二节　行政环境与行政职能

一、行政环境与行政职能的关系

（一）行政环境的含义

行政环境是指直接作用或影响行政管理主体及其活动过程、活动方式，并为行政系统反作用所影响的外部要素的总和。这些外部要素，既有物质的，如经济发展水平、物质设备等；也有精神的，如价值观念、道德风尚等；既有社会的，如政治制度、民族关系等；也有自然的，如地理环境、气候条件、自然资源等；既有国内环境，如一个国家内部的政治制度、经济制度、文化制度，人口、民族、历史传统等，也有国外环境，如国际关系等。以上各个方面共同构成了政府公共行政活动的外部环境，影响和制约着政府职能的确立与变革，并因自己的变化而使行政系统处于不断发展变化的动态过程中。当然，行政环境的不同组成部分对行政系统的作用是不相同的，有直接作用，也有间接作用；或起决定性的，或起一般性的；或暂时性的，或经常性的；或突发性的，或渐进性的。无论在方向、力度还是时效上，行政环境各部分对行政系统的作用都不是，也不可能是同等的，均衡的，始终如一的。与行政环境关系较密切的外部环境包括以下几个方面：

1. 政治环境

政治环境是行政环境中较为重要的部分。所有的行政系统都在不同程度上受政治环境的影响。政府的行为必须依据政治环境所确定的规则来实施。政治环境的基本要素包括政治体制、政党制度、政治形势和立法制度等。(1) 政治体制确立了政府在社会生活中的地位和作用。我国是议行合一的共和政体，党不再直接管理国家事务，人民代表大会是国家的权力机关，只对国家重大问题提出决定或决策，制订国家法律，在这样的条件下，国家事务的管理主要由政府承担。由此决定了政府的根本职能就是实现对国家和社会事务的管理。同时，国家政体确立的权力体系给予政府机关或多或少的影响力和约束性。(2) 政党制度决定着行政活动的政治方向、政治目标和行政的地位。我国是一党制，共产党是国家的执政党，政府活动必须坚持和服从党的领导，而不是坚持政治中立；另一方面，还要正确处理与执政党的关系，充分发挥自己的作用。(3) 政治形势决定了行政管理在当前的主要任务。我国目前的政治形势决定了政府的主要任务是推进改革和发展民主。

2. 经济环境

经济环境对于政府的行为有着重要的决定作用，它包括作用于行政系统的物质技术和经济制度。具体来说，经济环境对行政系统的影响表现在以下几个方面:(1) 经济体制决定了政府的基本职能和行为方式。在计划经济体制下,行政组织能够在更大范围内干预社会,而且较多地采用行政命令手段;而在市场经济下,政府只能在有限范围内干预社会生活,主要采用经济手段和法律手段。(2) 经济利益决定行政行为的目标。在私有制条件下,经济趋向多元化,政府的目标和作用在于弥补市场缺陷,保护私有利益。而在公有制下,广大人民群众的根本利益一致,政府的目标是提供人民群众所需要的公共产品,维护公共利益和公共秩序。(3) 经济实力为政府提供了权力能量。经济实力越强,政府对社会生活的影响也就越大。(4) 物质技术水平的高低以及拥有量的多寡直接影响公共行政活动的效率和水平。

3. 文化环境

文化环境是决定行政组织行为方式的又一重要因素。相对于政治环境和经济环境而言,文化环境对行政组织的影响比较间接,但影响时间更长。文化环境的基本要素包括:知识、价值、意识形态、行为规范、道德传统等方面。其对行政系统的影响主要表现在以下几个方面:(1) 知识水平决定了政府工作人员处理问题的方式和技巧,而行政职能履行的好坏直接取决于公务员素质的高低。(2) 价值左右着行政组织对待社会事务的态度,例如,公平和效率的争论对行政管理发展的影响。(3) 意识形态使行政组织的政治和经济利益目标更加鲜明。(4) 行为规范决定了政府如何与其他社会组织以及公民个人打交道。(5) 道德传统使行政组织能够不依靠强制力而自愿扮演既定社会角色,发挥角色功能。

4. 人口、民族、历史等社会环境因素

人口问题与社会的各个领域存在着相互依赖,相互制约的密切关系。人口增长太快、太多或人口减少太快、太多,都会给社会造成不同的困难,给国家的发展形成威胁。人口猛增会给土地、资源、经济、环境、交通、住房、教育、就业、社会治安等方面带来难以估量的影响。对人口问题的忽视,会使政府行政活动受到严重的冲击。

民族问题也是一个不可忽视的因素。它要求政府必须正确处理民族矛盾,尤其对民族语言、风俗习惯、宗教信仰等敏感问题应谨慎处理。民族的共同心理素质对一个民族具有特殊的感召力,是政治运动的重要条件,也是影响政治决策的重要因素。充分考虑各个时期民族心理素质的特点和表现,考虑各民族地区的特点和发展趋向,是实现政府管理科学化,使各民族之间的行政管理具有各自的特色所不可忽视的。如果对民族问题不能正确对待,不认真贯彻有效的民族政策,保障各民族的独立利益,民族矛盾就易激化,就会给行政管理带来更大、更多的难题。

历史作为社会环境的一种因素,对行政管理也起着一定的作用。各国政府管理是随着各自国家历史发展而发展的。由于各国历史发展有不同的特点,形成不同的传统,给各国的行政体制、观念、方式带来不同的影响。例如,英国封建体制不仅时间长,而且较完善,君主政治深入于国民。因此建立资产阶级政权后,仍保留了封建君主制的传统,形成君主立宪制的体制。美国历史上无专制君主的传统,开国初期便确立了共和制,故政府管理上表现出民主的精神。中国长期的封建社会历史,在组织体制、传统社会文化等方面对我国政府管理都有很大影响,使得家长制、人治等现象在公共行政领域依然存在。

5. 自然环境

自然环境是指环绕和影响行政活动主体的一切自然因素的总和。它包括地域环境、资源环境和气候环境三大因素。自然环境是人类生存的基础和创造文明的自然前提,是人类社会生活的有机组成部分。人类社会同其所处的自然环境相互影响,相互作用,构成一个不可分割的有机统一体。自然环境给人类提供生产和生活的基本条件,由人类构成的社会和行政管理活动又能改造和创造自然环境。

自然环境给社会物质资料生产和人类的生活提供必不可少的条件。自然环境是人类生存的摇篮。人类从起源开始,就一刻也离不开他们生产和生活的自然环境。最初的人类同自然形成的关系是一种简单的依赖关系。随着人类的进步,才逐步增强了改造自然的能力。所以,经济的发展,社会的进步,不仅依赖于科技的进步,还取决于自然环境的支持能力。在当今世界科学技术高度发展、社会管理日益发达的情况下,一个国家或一个民族征服自然、控制自然、利用自然的力量大大增强,它不仅能使本国或本民族的社会经济达到高速发展,并且使洪水、海啸、台风、火山、地震等灾害给人类造成的损失逐步减小。所以,政府管理必须把改善自然环境作为一项重要任务,在尊重自然环境规律的基础上,充分利用现代科学成果,积极开发和利用自然资源,为社会发展和人类生存创造更好的环境。需要明确的是,自然环境的差异,会造成各个地区、各个国家、各个民族的物质生产方式和文化类型的差异。因此,政府的决策和行为要根据不同的自然环境,制定不同的产业政策,既要发展经济,又要保护环境,以实现社会经济的可持续发展。

6. 国际环境

国际环境是一个国家同世界各国、各地区之间的政治、经济、文化、自然地理等方面的关系。当今世界,任何一国的政府管理都不可能不受国际环境的影响。这是世界科学技术重大进步,社会生产力巨大发展,人类精神文明不断提高的必然趋势及其结果。例如,在国际经济环境方面,国际分工和国际交换正向深度和广度发展,形成全球化浪潮。一国要融入世界经济,参加国际竞争,其政府管理体制就必然受到深远影响。加入 WTO(世界贸易组织)的国家,在享受世贸组织成员权利的同时,也要接受 WTO 规则,建设和完善符合 WTO 规则的政府管理体制。我国的政府管理体制,包括法律法规,在加入 WTO 前很多方面就不符 WTO 的要求。加入 WTO 后就需要进行体制改革和职能转变,清理不符合要求的法律法规,这对政府管理的方方面面都产生了重大影响。在国际自然环境方面,无论是局部的自然生态失衡,还是全球性的自然生态问题,都需要各国政府相互协作,采取统一措施,以共同保护人类生存的环境。在政治、文化方面的国际化、全球化也都在诸多方面给当代各国政府的管理活动带来了巨大影响。世界眼光、全球意识已经成为许多国家政府的追求目标。

(二) 行政环境与行政职能的辩证关系

(1) 行政环境决定、制约着政府职能,是政府职能确立或转变的基本条件。行政环境决定、影响和制约政府职能的目标、内容及其履行方式。可以说,有什么样的行政环境就会造就什么样的政府职能。所以,对政府职能不能简单的作出好与坏、先进与落后的评价,只要适应环境,政府职能就是适宜的。

(2) 行政职能在适应行政环境的同时,能够能动地利用和改造环境。行政管理不仅必须利用行政环境所提供的政治、经济、技术、自然、文化等条件,对其所面临的公共问题确立相应的职责范围和管理方式,还必须通过对行政环境的再认识、再思考、再总结,采取积极的措施去调整和改变不符合公共行政要求的行政环境,使行政环境沿着积极、健康的方向发展。

二、现代市场经济中的政府角色

本章前言已经提到,当前中国行政环境的最大特点就是中国处于经济转型时期,市场经济要求政府扮演一个和计划经济条件下完全不同的角色。虽然,我国的政体和西方发达资本主义不同,但作为一种资源配置手段,市场经济有其内在规律性。因此,我国建设市场经济具有后发优势,可以借鉴西方发达国家市场经济发展的经验和教训,正确处理政府与市场、政府与企业的关系。下面从市场经济中政府干预的理论与实践入手,讨论市场经济条件下政府的基本职能。

(一) 政府干预阶段

“政府应该做什么”这个问题可以说是政治哲学中人们反复争论的古老话题。从根本上说,政府应该在多大程度上介入国家、社会事务体现了意识形态的差异。在争论中存在一个连续统一体,在其他条件相同的情况下,极右观点赞成政府极少进行干预,而极“左”观点则支持政府对经济进行全面干预。右派主张应该让个人为自身利益作出经济决策,而左派则坚持只有集体行动和国家所有权以及国家干预才能解决因自由市场而带来的社会问题和不平等。争论就经常发生在这个统一体的两端之间的某个位置。在以往两个世纪的不同时间里,政府的介入程度总是像钟摆一样在两极之间反复摇摆。总的说来,西方社会在这段时期内经历了政府干预的三个不同阶段。

1. 自由放任的社会阶段

18 世纪的后期，这是重商主义的最后阶段，那时的政府总是不厌其烦地介入经济生活中的具体细节，政府在社会生活中承担的角色是广泛的和无孔不入的。换句话说，在社会中，政治权力支配着经济。为了反对这种政府活动倾向，亚当·斯密于 1776 年写了《国民财富的性质和原因的研究》一书。他在书中指出，政府应大幅度弱化其角色。亚当·斯密设想了一个相对于当时政府而言所扮演的角色更小的政府。其首要职责是防卫职责，即"政府具有保护其社会免受其他社会暴力和侵犯的职责"。第二项职责是建立法律制度，这一方面是防卫职责在国内的延伸；另一方面则由于一个社会必须保护自己免受不守规则者之害，即"尽可能地保护每一个社会成员免受社会中其他成员的压迫和不公的职责"。此外政府还有一种市场角色，亚当·斯密倡导的自由市场体系需要一套法律制度以保障合同的实施并保护财产权，否则的话，市场将无法运行。第三种职责是政府出于对整体社会利益的考虑，可向社会提供某种商品。这种商品向任何收益者征收费用都是困难的，也就是现代所说的"公共物品"，基础设施就属于这种类型。除了这些最低限度的职能外，斯密认为政府的适当角色就是远离经济生活。"自由放任"一词意味着应禁止政府干预商业活动。

亚当·斯密的理论基础是：经济生活要比政治生活重要得多。经济体制自我完善的动因比政治及政府更为重要。政府应该仅作为市场的推进者，政府干预是不轻易采取的终极手段。这种观点实际上成了当时西方各国的基本政策主张。

2. 福利国家的出现

19 世纪，西方各国尤其是英国，出现了一系列创建亚当·斯密及其追随者所主张的小政府的尝试。然而，在维多利亚时代的英国，社会整体生活标准虽然有了很大的提高，但也产生了一些不良的副作用，包括剥削童工、住房紧张以及较差的公共卫生条件。19 世纪末期开始出现了"福利国家"论，它通过重新确定国家对其公民福利所负有的责任，来减轻过激的资本主义所带来的危害。

人们一般认为福利国家起源于 19 世纪 80 年代的德国。虽然当时的首相俾斯麦是个典型的保守派，但他认识到扩大福利对选举而言是有利的，同时也能使当时的德国免受由于社会主义运动而面临的一场政治和社会危机。俾斯麦说：任何拥有养老金，可望老有所养者相对于那些一无所有者更容易满足和更容易处理。到了 20 世纪 30 年代，世界性的经济大萧条，更使人们清楚地认识到了市场机制本身的局限性。当时的经济学家认为市场并非十全十美，存在着市场失灵，其主要表现为：公共产品的生产和供给、外部性问题、自然垄断的存在、信息不完全等等。这些问题无法通过市场本身来解决，因此，需要政府干预。所以，市场失灵是政府干预的动因。凯恩斯主义的兴起标志着政府的角色开始扩大。此时,政府不仅要履行传统的职能,而且要对社会的平衡、稳定和长远发展负有责任。

许多欧洲国家在进入20世纪时开始出现实质上的福利计划。但由于自由放任思想的顽固性,第一个福利计划在第一次世界大战前才开始在英国实施,而美国则一直到20世纪30年代的罗斯福时代才开始出现。第二次世界大战后,大多数欧洲国家都实施了更为详细周到的福利政策,以便为其公民提供"从摇篮到坟墓"的保障。政府提供广泛的失业救济、全民享有的医疗计划、教育资助以及为弱势群体提供社会扶助。

对于普通公民而言,福利政策无疑具有优越性。在选票支持下,政府管理的范围和规模在20世纪70年代和80年代初期以前一直保持稳定增长。

3. 新古典主义

虽然福利主义保证了第二次世界大战后资本主义经济近三十年的持续繁荣,但是人们对福利国家并非没有异议。它试图重新将政治置于经济之上,强烈反对自由放任的经济体系。而且它本身存在着问题。人们逐步发现,如同市场有缺陷、市场会失灵一样,政府的干预也是有缺陷的,政府同样会失败。市场解决不好的问题,政府也不一定解决得很好,而且政府干预的代价更高、更可怕。特别是20世纪70年代西方国家普遍出现的以低经济增长、通货膨胀、财政赤字、高失业率为特征的滞胀现象更使人们清楚地认识到这一点。在此背景下,新古典主义流派开始在经济学领域占据统治地位并公然声称反对福利国家。新古典主义主张要回到以亚当·斯密的理论为基础的更具活力的经济社会。

今天,在西方国家的各级政府、政策顾问以及主要的官僚机构之间,新古典主义学说已占据了主导地位。其主要观点认为私人市场是有效的并且是能够自我调节的,能够有市场提供的商品和服务就应由市场提供。该理论以"理性经济人"为假设,主张市场力量的角色最大化,相应地,政府的干预应该最小化。20世纪70年代末,英美等国政府开始以该理论为指导推行改革,并由此引发了一场世界范围内的经久不息的"新公共管理"运动。到目前为止,可以说,政府已日益摆脱了大半个世纪的规模较大的、具有明显集体主义色彩的政府角色,开始向"大社会,小政府"的方向转变。

综上所述,政府的角色在历史的长河中时盛时衰,在连续统一体的两端之间来回反复。当前,对政府角色争论不休的两方是:一方极力主张维持政府部门的地位,至少在他们看重的福利国家的计划和相关领域内应是如此。而另一方则要求公共活动回归私营部门。但无论如何,不断扩大政府角色的观点已不再流行。

根据20世纪90年代西方各国所进行最小化政府的实验来看,一个关于政府角色的实效主义的新时代正在萌发。人们不在单纯地坚持最好的政府就是规模最小的政府,而把政府看做是一个重要的、强有力的机构,它可以扮演扶助私营部门的角色,而不是作为私营部门的竞争对手而存在。在政府与市场的关系上,人们也逐渐认识到,无论是政府还是市场,都不是完善的,它们都有缺陷,都会失灵。因此,在市场经济的条件下,考虑到市场失灵,必须重视政府的作用,让政府在弥补市场缺陷和纠正市场失灵,并且是在自己的能力范围之内起到应有的作用,即让政府在保持经济总量平衡,提供公共物品,消除外在效应,进行收入和财富的再分配等方面发挥应有的作用。考虑到政府干预行为的局限性及政府失灵,必须让市场在资源配置和私人物品的生产和供给上起到基础作用,政府只能是补充市场机制,而不是取代这种机制;政府应根据市场经济发展的不同阶段以及现实经济运行情况,确定好干预的内容、范围及手段。

总结日本及东亚的经济发展,其基本经验是:(1) 政府不要急于干预经济,而要尽量让市场自行运作,直到确实需要政府介入为止;(2) 政府的干预行为应尽量从被动转为主动,防止和避免市场机制的作用条件遭到较大的破坏;(3) 政府不应靠主观臆测而应根据经济规律实施简易透明和公正的干预措施。总而言之,市场经济若要正常运行和发展,就需要政府对市场运行过程进行适度地干预和调控,但干预和调控的政府行为是以市场机制自身的存在并充分发挥对社会资源配置的调节功能为基础的。

（二）市场经济下政府的基本职能

有些事政府可以做得很好,而有些事情却做得很差。政府究竟应该做什么,不应该做什么,这已经成为世界范围内政府变革的焦点问题。人们对此依然存在着激烈的争论。今天,即使是最狂热的市场经济学家也会为政府留有一席之地,当然其对政府与市场之间界限的划分与政治中的左派人士相去甚远。但是,仅仅依靠市场失灵理论的解释似乎也无法为政府的角色下一个定论。市场做不好的事情,政府也不一定能做好。例如,市场机制的自发作用会导致一定的经济波动,造成社会资源配置的效率降低和一定的资源损失。与此同时,许多研究我国经济波动和经济周期的学者都从不同的角度指出,政府的管理失误和计划失误是我国经济增长周期波动的重要原因。

世界银行在其 1997 年的世界发展报告中指出。“每一个政府的核心使命”包括了五项最基本的责任,即:(1) 确定法律基础;(2) 保持一个未被破坏的政策环境,包括保持宏观经济的稳定;(3) 投资于基本的社会服务和社会基础设施;(4) 保护弱势群体;(5) 保护环境。这些角色并不是那些最小化政府的必然角色,而是保证市场运行的必然选择,它包含了对政府的积极作用的肯定,这与人们 20 世纪 70、80 年代所持的仅仅强调政府最小化的简单观点是不同的。

美国经济学家安德森提出了另一组相对较为实用的政府角色,他研究了七项被他称之为一般角色的政府的基本职能，其中几项是市场失灵的例子，但他从这些例子的研究中提出了政府更为广泛的角色。这些职能具体如下：

1. 提供经济基础

这是指政府为现代资本主义体系的正常运转提供所必需的制度、规则和安排。包括对财产权的确认和保护，合同的执行，为货币、度量衡、公司章程、破产、专利、版权提供标准，以及维护法律、秩序和关税体制。现代社会经济与政治因素紧密联系，离开了政治体制为经济生活制订的游戏规则，经济体制根本无法运行。合同具有法律约束力，是由于政府为其制定法律并最终由国家强制力予以保障。可能除了关税制度以外，人们对于将以上几项作为政府的角色似乎并无异议，因为关税是出于保护本国产业而向某类进口商品征收额外的追加款项，但这种做法是否为明智之举，是否具有经济上的正当性，而且自由贸易是否将会更为有利，这些问题目前都尚待解决。

2. 提供各种公共商品和服务

一些有益于社会整体的公共商品对个人而言很难根据其使用的数量而付费。一旦将它提供给某个人，就等于是向整个社会提供。这些商品包括国防、道路和桥梁、航行救援、防洪、清理下水道、交通管理系统以及其他基础设施。公共商品因为其应用的广泛性、不可分割性以及非排他性，使得以价格为核心的市场不能使其生产和供给达到最优，只能由政府部门承担责任。但政府干预并不意味着政府直接生产和供应。这些项目可由私营部门提供，但由政府来设计一套行政体系来征收过路费、过桥费、航运费和排污费等费用。

3. 协调与解决团体冲突

政府得以存在的一个基本原因是需要它缓和与解决社会中的冲突，维护正义、秩序和稳定。包括在经济上保护弱者、抑制强者的行动。政府可以通过制定儿童劳动法、最低工资法和劳工补偿计划等以平等取代剥削。

4. 维护竞争

竞争在私营部门并不是总能持续进行的，因此经常需要政府干预以确保竞争的真正实现。离开政府的控制，自由企业制度的优越性将无从体现。不受限制的竞争可能反而会导致对竞争的破坏，而竞争者也完全可能会由于合并或者串谋而结束竞争。一个真正的竞争性的市场"并非是天然不可改变的"，并且它并不总是能够维系自身的存在。由于存在一些私人势力，他们或是对受到约束感到恼怒，或是拒绝服从竞争规则的控制，或是渴望将竞争的计划职能纳入自己的手中，因而很容易使竞争遭到破坏。如果缺乏适度的管制，一些公司就会发展成为卡特尔集团，对其他企业进入该产业进行限制，并自行制定商品价格。企业抱怨政府干预过多实际上是一个悖论，政府的行为——包括制定证券交易法、公司法、公平交易与价格仲裁法、反垄断法和消费者保护措施——对维持和增进私营部门的竞争是必不可少的。

5. 保护自然资源

仅仅依靠市场竞争性力量来防止资源浪费、保护自然环境不被恶化并确保后代的利益不致受损是远远不够的。市场活动对环境造成的破坏是经济学教科书中外在性和市场失灵的例证。只有政府才能缓解这种对环境的破坏。例如,汽车对环境造成污染,政府的行动是制定某些管制性标准,具体包括:为汽车和卡车的制造制定规则、设定污染指标、禁止机动车辆在某区域内行驶,以及对不符合一系列标准的车辆进行年检等等。当然,这些行为的实施则是以政府的强制性权力为基础的。因此,现在有许多学者对政府的管制提出批评,美国著名经济学家科斯设想了一种将外部性内在化,通过市场机制解决外部性问题的办法,但实际实行起来存在不少问题。

6. 为个人提供获得商品和服务的最低条件

市场运作时会产生某些残酷的或社会难以接受的结果——贫困、失业及营养不良等,还有一部分人则会由于疾病、年迈、没有文化或其他原因而被排除在市场经济之外。除了最极端的经济理性主义者之外,所有的人都一致认为减少贫困是政府的合理角色,但在政府扶持的程度、总体成本,以及可能存在社会成本的某些特殊计划等问题上则常常难以达成一致,尽管人们对提供某些福利项目有很大的争议,但一般都将其看做是政府的合理角色。

7. 保持经济稳定

商业性经济周期总是上下波动的,暴涨之后是暴跌,政府可以通过制定财政预算、货币政策以及工资和物价的调控等政府行为予以缓和。虽然政府行为并不完善,甚至有时是错误的,但社会依然认为政府必须对国家经济负责,而且社会还普遍对政府抱有期望,认为它应该并试图解决任何问题。

安德森认为政府的以上几项职能具有普遍性,同时,还认为,政府的以上七项主要职能所勾勒出的政府角色的轮廓与政府在20世纪70年代中期的职能相去不远。但也发生了某些变化,有些原由政府处理或管辖的事务如今已变得不再重要了。那些当初最基本的政府职责今天仍是美国政府的义务所在。它们持续的历史之长,获得的政治支持之广,以及人们对其存在的普遍认同都充分说明了这些职能的确是最基本的职能。

这是一组比较标准的政府职能,并适用于绝大多数国家。有些职能出自于市场失灵的存在,例如,提供商品、保护环境;有些则与市场失灵无关。这组职能的界定存在的问题是不能明确政府在特定情况下到底应该怎么做。例如,尽管出于公共健康的原因,政府有正当理由关注供水问题,但这并不必然意味着政府应该亲自去供水。可以允许私营部门在政府管制下提供这些商品。所以说即使政府的干预具有正当性,但并不能因此就把公共政策的制定以及政府最终采用什么具体的手段进行干预当作是可有可无的小事。

第三节 中国政府职能的转变

一、我国政府职能转变的必要性

前面已经谈到,职能的转变是以行政环境的变迁为依据的,尤其是经济环境的变化,对作为上层建筑的政府职能的影响更为重要。下面就来讨论目前的行政环境下,我国政府职能转变的必要性。

(一) 推进政府职能转变是完善社会主义市场经济体制的内在要求

党的十四大确定了我国经济体制改革的目标是建立社会主义市场经济体制,党的十六届三中全会通过的《关于完善社会主义市场经济体制若干问题的决定》指出,要更大程度地发挥市场在资源配置中的基础性作用,增强企业的竞争力。市场经济的本质要求就是要充分发挥市场机制这只"无形的手"的作用,企业和个人作为经济活动的主体,自主和自觉地在参与生产、流通和消费过程。然而,正如前面所讲过的,市场并不是万能的,也会出现所谓"市场失灵"现象。因此,在市场经济条件下,就需要发挥政府这只"有形的手"的作用,对市场进行有效调控和监管,纠正"市场失灵",为经济社会发展创造良好的环境,包括健全的法律体系、公正的执法程序、正确的发展规划、良好的公共设施、必要的社会福利等。

然而,与现代市场经济相比,政府职能转变尚未完全到位。政府在很多方面不同程度地存在"越位"、"缺位"、"错位"等现象。一方面,政府仍然管了许多不该管的、做了许多不该做的事情。政府往往习惯于直接干预经济、社会发展中的微观事务,导致政企不分、政事不分、政社不分,使企业和社会缺乏应有的活力。近年来,国务院和地方各级政府积极推进行政审批制度改革,取消了一大批行政审批项目,2004 年 7 月 1 日《行政许可法》正式实施,但行政审批制度中长期存在的审批项目过多、过滥、程序繁琐、责任脱钩、监管不力等问题还需要狠抓落实。另一方面,一些政府该管的又没有管或者没有管好,制假、售假、侵犯知识产权的现象还在一定范围内存在,社会管理和公共服务职能明显滞后。而且,大家都知道我国经济体制的转型是由政府自上而下推动的,政府在改革中的确起到了重大的作用,促进了经济的发展,但是因为政府主要使用政策对体制改革进行调整,这种行政行为也带来了一系列的问题。例如,由于政府在资源配置中的作用过大,反而影响了市场的顺利发展,同时在一定程度上引发了"寻租",因为这种配置行为为"设租"创造了条件。而且政策的制订又往往是不透明、不公平的,起码是缺乏相对方充分参与而制订的,也容易被政府滥用成为创租的工具。

“政策之治”的行为过多，相应的延缓了法治的发展，而市场经济必然是法治经济。

目前，政府职能转变不到位已成为完善我国社会主义市场经济体制一个重要制约因素。政府职能不转变，就不可能真正发挥市场的资源配置基础性作用。政府职能不突破，其他改革也很难突破。因此，要完善社会主义市场经济体制，必须切实推进政府职能转变。

（二）推进政府职能转变是适应经济全球化和我国加入世贸组织的迫切要求

伴随着经济全球化进程加快，世界范围内的国际竞争日趋激烈，要在全球化的激烈竞争中站稳脚跟，关键是要建立一个得力政府，一个求真务实、具有强烈责任感的政府；一个放眼全球、精干高效、运转灵活、提供良好服务的政府。对于发展中国家而言，强有力的行政系统若措施得当，有助于实现赶超战略。面对经济全球化的浪潮，政府管理必须适应开放经济，接轨世界、特别是在加入世贸组织以后，这一任务尤为紧迫。世贸组织一系列规则又被称为“国际行政法典”，可以说大都是针对政府的。世贸组织规则要求各成员国政府对所有成员国的企业一视同仁，加强对知识产权的保护，将有效实施的现行贸易政策法规公布于众，而且要求地方政府颁布的法规不应与中央政府颁布的有关政策法规有任何抵触。与这些要求相比，现存很多做法还不适应。比如，政策的可预见性和法规的透明度不高，政府的运作方式还不够规范，搞“暗箱”行政在一些地方屡见不鲜；又例如在税收以及其他方面，政府对不同所有制企业还实行差别政策，没有一视同仁；有些法律法规与世贸组织规则和国际惯例不相适应；对知识产权的保护还需加强；行政性的部门垄断、行业垄断和行政壁垒较为突出等。同时，经济全球化还要求我国政府通过制度创新和制度供给，迅速发育和扩大市场，推动经济全球化的形成。此外，经济全球化需要行政发展，以强化政府维护本国政治稳定和经济安全的职责。

因此，只有加快政府职能转变，提高政府管理与服务的效率，营造良好的发展环境，才能更好地适应经济全球化和加入世贸组织的新形势，更好地融入世界经济、参与国际竞争。

（三）推进政府职能转变是树立和落实科学发展观的必然要求

党的十六届三中全会通过的《关于完善社会主义市场经济体制若干问题的决定》指出：坚持以人为本，树立全面、协调、可持续的发展观，促进经济社会和人的全面发展。“以人为本”就是要把人民的利益作为一切工作的出发点和落脚点，不断满足公众多方面需求和实现人的全面发展；保持协调发展是科学发展观的基本原则，就是要在发展中实现速度、结构、质量和效益的有机统一，促进发展的良性循环。当前要重视解决城乡差距、地区差距拉大等问题。促进全面发展是科学发展观的主要目的,就是要推动经济和社会的均衡发展,形成经济和社会相互促进、全面发展的格局。总之,实现可持续发展,就是要在发展经济的同时,充分考虑环境、资源和生态的承受能力,保持人与自然的和谐发展。

改革开放以来,我国经济社会发展取得了巨大成就,但在全面建设小康社会的新阶段,还有一些方面与科学发展观的要求不相适应。(1) 经济发展迅速,社会发展相对滞后。2003 年我国国内生产总值达到 11.5 万亿元,总量居世界第六位;但社会发展程度在世界还是处于较低水平。如世界卫生组织《2000 年世界卫生报告》,对全世界 91 个国家和地区的医疗卫生状况排名,中国排在第 188 位。(2) 城乡差距、区域差距逐步拉大。1978 年城市居民人均可支配收入是农民人均纯收入的 2.4 倍,2003 年达到 3.2 倍。1991 年东、中、西部 GDP 总量之比是 2.7:1.3:1,2003 年进一步扩大为 3.4:1.4:1。(3) 经济社会发展与人口、资源、环境之间的矛盾比较突出。我国单位 GDP 的能耗是日本的 10 倍,水耗是发达国家平均水平的 10 倍以上;全国七大水系,有一半的河段严重污染,生态环境总体恶化的趋势尚未扭转。

树立和落实科学发展观,要求各级政府把握全局、统筹兼顾,提高行政能力和领导水平。要正确处理当前与长远、局部与全局、政府与市场的关系;正确把握宏观调控各目标的关系及政策调控的方向、重点和力度;全面履行政府的职能,树立正确的政绩观;制定统筹兼顾的政策和规划。要用科学发展观指导各项工作,进一步推进政府职能转变,发挥政府在统筹兼顾、促进全面、协调和可持续发展中的调控和引导作用。

二、政府职能转变的基本趋势

行政职能的转变,既包括行政职能内容的转变,即行政职能侧重点的变化,也包括实现行政职能的方式、方法的转变。我国行政职能转变的基本趋势就包括这两个方面。

第一,从行政职能的内容来看,其基本趋势有以下几点:

(1) 就政治领域而言,政府的政治职能向培育、发展社会主义民主和法治的方向转变。(2) 就整个社会公共事务的管理而言,政府职能从以经济职能为主向以经济和其他社会事务管理并重的方向发展。(3) 就经济领域而言,政府的经济职能必须从对微观经济生活过多的干预转向对全社会经济活动的宏观管理。

第二,从行政管理的方式方法来看,行政职能的实现方式由计划经济体制下的直接管理和行政指令向方式方法的间接化、实现方式的民主化和手段的法律化、信息化方向转变。

三、当前政府承担的主要职能

党的十六大和十六届三中全会为政府职能转变指明了方向，提出了明确的要求。十六大报告提出了“完善政府的经济调节、市场监管、社会管理和公共服务的职能”的观念。十六届三中全会通过的《关于完善社会主义市场经济体制若干问题的决定》指出，“切实把政府经济管理职能转到主要为市场主体服务和创造良好的发展环境上来”，“完善政府社会管理和公共服务职能”。按照十六大和十六届三中全会的精神，在社会主义市场经济条件下，政府必须全面、正确地履行经济调节、市场监管、社会管理和公共服务等四大职能；党的十七大、十八大报告再次体现了这一精神。

（一）经济调节职能

经济调节就是对社会总需求和总供给进行总量调控，并促进经济结构调整和优化，保持经济持续、快速、协调、健康发展。经济调节主要运用经济手段和法律手段，同时通过制定规划和政策指导、发布信息以及规范市场准入，引导和调控经济运行；而不是靠行政审批管理经济，不是政府直接干预企业生产经营活动。长期以来，政府比较重视经济发展，在经济调节方面积累了一定经验，但仍习惯于运用行政手段，习惯于直接管理。今后，要进一步转变经济调节方式。

（1）完善国家宏观调控体系。市场机制越发展，对加强和改善宏观调控的要求就越高。促进经济增长，增加就业，稳定物价，保持国际收支平衡是宏观调控的基本目标。促进经济增长，就是要保持经济较快增长，这是社会财富增加和综合国力增强的重要标志，是社会发展和人民生活水平的物质基础，是宏观调控的首要目标。增加就业，就是要实施积极的就业政策，广开就业门路，努力把失业率控制在社会可承受的限度内。稳定物价，就是要保持商品与服务价格总水平基本稳定，既要防止通货膨胀，又要防止通货紧缩。国际收支平衡，就是包括经营项目、资本项目和金融交易在内的国际收支保持基本平衡。这四大宏观调控的重点会有所不同，要根据实际情况，把握好宏观调控的方向、重点和力度。

需要明确的是，各国市场经济发展的经验以及当代经济学理论都说明，一个国家的宏观经济政策要同时达成这几个目标是困难的。因为这些目标往往是相互冲突的，尤其在经济高速发展时期，如何保持宏观经济的稳定是政府面临的严峻问题。因此，在体制转轨时期，要进一步健全国家计划和财政政策、货币政策等相互配合的宏观调控体系，完善财政政策的有效实施方式，健全货币政策的传导机制，健全经济运行监测体系。

（2）研究制度统筹兼顾的政策和规划。要按照科学发展观的要求，合理调整与完善相关政策，包括财政、税收、投资、分配等有利于促进全面、协调、可持续发展的政策措施。各级政府要加强国民经济和社会发展的中长期规划的研究和制定,提出重大的发展战略、基本任务,制订产业政策,优化产业结构,加大教育投资和科技投资,促进国民经济和社会全面发展,实现经济增长与人口、资源、环境相协调。同时加强对涉外经济的调控和管理,建立风险防范机制,确保国家安全。

(3) 加强区域发展协调和指导。促进区域协调发展,是我国现代化建设中的一个重大战略问题。要加强协调和指导,促进城乡和区域协调发展。积极推进西部大开发,振兴东北地区等老工业基地,促进中部地区崛起,鼓励东部地区加快发展。通过规划引导、宏观调控、政策配套等措施,实现东中西互动、优势互补、相互促进、共同发展。

(二) 市场监管职能

市场监管就是政府依法对市场主体及其行为进行监督和管理,维护公平竞争的市场秩序。在社会转型时期,秩序的稀缺是一个一般规律。各国的经济发展也证明了这一点,如欧洲国家在18世纪和19世纪用了很长时间才形成了较为完善的市场经济秩序。在我国,近年来,政府积极加强市场监管,保护各种市场主体的权益、维护市场经济秩序。应该说,当前我国市场经济秩序总体上是健康有序的,但一些领域中的市场经济秩序还比较混乱。例如假、冒、伪、劣产品的泛滥,不正当竞争严重、信用短缺都是秩序稀缺的不同表现。必须继续加强市场监管,切实维护市场秩序,防范经济风险。

(1) 建设统一、开放、竞争有序的现代市场体系。加快建设全国统一市场,是完善社会主义市场经济体制的重要任务。要大力推进市场对内对外开放,加快要素价格市场化,促进商品和各种要素在全国范围自由流动和充分竞争。要废止妨碍公平竞争、设置行政壁垒、排斥外地产品和服务的各种分割市场的规定,打破行业垄断和地区封锁。要积极发展独立公正、规范运作的专业化市场中介机构,按市场化原则规范和发展各类行业协会、商会等自律性组织。要完善产权法律制度,规范和理顺产权关系,保护各类产权权益。

(2) 维护和规范市场经济秩序。要理顺政府各部门职能,明确职责分工,避免因职能交叉造成管理上的重复或疏漏,影响市场经济秩序。要完善行政执法、行业自律、舆论监督、群众参与相结合的市场监管体系。要健全产品质量监管机制,严厉打击制假售假、商业欺诈等违法行为。要形成以道德为支撑、产权为基础、法律为保障的社会信用制度,进一步增强全社会的信用意识。

(三) 社会管理职能

社会管理就是通过制定社会政策和法规,依法管理和规范社会组织、社会事务,化解社会矛盾,调节收入分配,维护社会公正、社会秩序和社会稳定。长期以来,我国经济、社会发展存在“一条腿长、一条腿短”的问题,政府未能把经济与社会发展放到同等重要位置。当代公共行政实践给人们的启示是,政府要更加注重社会管理职能，把更多的财力和物力用在社会发展和公共服务上，用在维持社会秩序、保证人民安居乐业上。

（1）完善社会管理体制与机制。充分调动公众的积极性，发挥城乡社区自我管理、自我服务的功能，这是保持良好社会秩序的根本措施。要完善村民自治，健全村党组织领导的充满活力的村民自治机制。要完善城市居民自治，建设管理有序、文明祥和的新型社区。

（2）加强社会事务管理。维护社会稳定，是推进改革开放的必然要求。要妥善协调不同利益关系，特别是要及时解决改革和建设中的新问题，保证在全社会实现公平和正义。要建立和健全处理新形势下人民内部矛盾的有效机制，严肃查办严重损害群众利益问题的案件，切实维护和实现人民群众的根本利益。要全力维护社会安全秩序，加强社会治安综合治理，保障人民群众生命财产安全。

（3）建立健全社会公共安全机制。这是提高应对突发事件和风险能力、维护国家安全和稳定发展的重要举措。要加强危机管理，建立预警机制，提前识别危机，对可能发生的危机与后果进行事先估计，做好应急准备。要健全快速反应机制，增强处理危机事件的能力，协调各方面及时果断处理突发性事件，避免引发社会矛盾。通过建立健全各种突发事件应急机制，提高政府应对公共危机的能力。

（四）公共服务职能

公共服务就是提供公共产品和服务，包括加强城乡公共设施建设，发展社会就业、社会保障服务和教育、科技、文化、卫生、体育等公共事业，发布公共信息等，为社会公众生活和参与社会经济、政治、文化活动提供保障和创造条件，努力建设服务型政府。长期以来，政府积极为社会提供公共产品，但随着经济社会发展和人民生活水平的不断提高，对公共产品的需求在量和质上要求越来越高。今后，要更加重视政府的公共服务职能，把政府工作的重点、政策支持的重点、财务投入重点进一步向社会事业发展倾斜、向基础设施和公共设施建设倾斜，向生态建设和环境保护倾斜，向扩大就业、完善社保体系、改善困难群众生活倾斜。

（1）完善就业服务体系和社会保障体系。这是社会稳定和国家长治久安的重要保证。要把经济增长与扩大就业结合起来，把产业结构调整与就业结构调整结合起来，把解决就业问题放到更加突出的位置。要实施积极的就业政策，加强职业教育和技能培训，特别要帮助特殊困难群体就业；要坚持社会统筹和个人账户相结合，完善城镇职工基本养老保险制度、医疗保险制度和城市居民最低生活保障制度，多渠道筹集和积累社会保障基金，发展城乡社会救济和社会福利事业；积极鼓励有条件的地方，探索建立农村养老、医疗保险和最低生活保障制度。

（2）发展教育卫生文体等社会事业。这是落实科学发展观的重要体现。切实把教育放在优先发展的地位，用更大的精力、更多的财力加快教育事业发展，构建现代国民教育体系和终身教育体系，提高政府公共教育服务水平。要加强对文化建设、基础科学研究和技术开发领域的财政支持，加快国家科技创新体系建设；要建立与社会主义市场经济体制相适应的卫生医疗体系，逐步把公共医疗对象扩大到所有的城乡居民，使人人享有基本的医疗保健。当前特别要把发展农村义务教育和改善农村医疗条件，作为我国社会事业发展的重点。

(3) 加强生态环境保护和公共基础设施建设。良好的生态环境、健全的基础设施是一个社会赖以生存和发展的基本条件。要全面推进生态环境建设，完善保护生态环境的政策法规体系，建立环境与发展综合决策机制，从根本上促进经济、社会与环境协调发展。要继续加大水利、交通、能源等基础设施建设的力度，尤其要加快农村基础设施建设，为经济社会健康稳定发展奠定坚实的基础。

四、当前转变政府职能的主要任务

政府职能的转变是一项系统工程，具有长期性、艰巨性，影响面广，牵一发而动全身，不可能一蹴而就。在现阶段，政府要做好以下工作：

(一) 推进政府管理创新

实现政府管理创新，既要立足我国国情和总结已有的实践经验，又要借鉴国外政府管理的成功做法。当前重点要在政府管理思想、管理方式和管理机制上实现创新。

(1) 树立以人为本的政府管理思想。行为的改变首先要求思想上的转变，树立正确的管理思想，对改进政府工作至关重要。按照科学发展观的要求，政府必须促进经济、社会和人的全面发展。反映到管理思想上，就要始终坚持以人为本，将人民群众的根本利益放在第一位。无论政府采取什么措施，履行何种职能，其最终目的是要全面提高人民群众的物质生活、文化生活和健康水平。政府改革的一个基本趋向就是由管制型政府向服务型政府转变。

(2) 创新电子政务等政府管理方式。实行电子政务，利用信息技术重塑政府的组织与管理，在管理方式上实现由人工管理向电子化管理转变，有利于提高政府管理的行政效能和透明度，也有利于提高政府公共服务的质量和水平。近年来，我国电子政务蓬勃发展，但总体上仍处在初始阶段，还不能适应形势发展的需要。要按照“统筹规划、资源共享、面向公众、保障安全”的要求，加强电子政务建设。同时，结合推进政务公开，推动各级政府公开决策程序、服务内容和办事方法，使更多的人民群众能通过网络得到更广泛便捷的信息和服务。

(3) 完善科学民主决策的政府管理机制。这是推进政府管理创新的重要环节，也是做好政府工作的前提。近两年，国务院组织各方面专家，先后进行了水资源利用、油气资源开发、林业发展战略等重大战略问题的研究，取得了较好的成效。今后，要进一步完善公众参与、专家论证和政府决策相结合的决策机制。

健全重大问题集体决策制度和专家咨询制度,实行社会听证制度,建立决策责任制度,做到所有重大决策,都在深入调查研究、广泛听取各方面意见、进行充分论证的基础上,由集体讨论决定,从而保证决策的科学性和正确性,不断提高领导水平和执政能力。

(二) 加快实行政企分开

实行政企分开是政府职能转变的根本要求。也是当前我国政府职能转变的关键环节。目前要抓好以下两点:

(1) 深化企业制度改革,完善国有资产管理体制。继续推进政府管理职能和国有资产出资人职能分开,实行所有权和经营权分离,确保企业作为市场主体和法人实体应享有的各项权利,并承担国有资产保值、增值的责任。研究建立国有资本经营预算制度和企业经营业绩考核体系,进一步落实国有资产经营责任。推进国有企业的股份制改造,完善产权结构和法人治理结构,发展混合所有制经济,逐渐使股份制成为公有制的主要实现形式。同时,进一步推进投资体制改革,按照"谁投资、谁决策、谁受益、谁承担风险"的原则,真正确立企业的投资主体地位,合理界定政府投资职能,健全投资宏观调控体系,逐渐形成市场引导投资、企业自主决策、银行独立审核、融资方式多样、中介服务规范、宏观调控有效的新型投资体制。

(2) 深化行政审批制度改革。这是转变政府管理职能的重要举措。要严格按照《行政许可法》的要求,进一步深化行政审批制度改革。对不符合政企分开、政事分开原则,不符合我国加入世界贸易组织所做的承诺和世贸规则、妨碍市场开放和公平竞争以及实际上难以有效发挥作用的行政审批,要依法予以取消。对能用市场机制代替的行政审批,要通过市场机制来运作;对能够由中介组织完成的事项,要逐步转为中介服务。今后,国家只审批关系经济安全、影响环境资源、涉及整体布局和政府投资的项目,以及限制类项目,其他项目由审批制改为备案制,由投资主体自行决策,依法办理有关手续。对必须审批的项目,也要合理划分中央和地方权限,扩大大型企业集团投资决策权,完善咨询论证制度,减少审批环节。

(三) 全面推行依法行政

依法行政的水平和能力,是衡量政府工作的重要标准,是对各级政府贯彻依法治国方略、提高行政管理水平的基本要求。坚持依法行政,执法是关键,监督是保障。

(1) 加强政府立法工作。立法可以使政府在一项公共事物中的角色和责任更加清晰,可以有效地防止行政越位干预,并且在追究责任时有据可查。近年来,在各级政府的重视下,立法工作不断加强。仅 2003 年,国务院就制定了 28 项行政法规,提出了 5 项法律草案,对促进改革开放、加强社会管理和保障人民权益,已经并将发挥重要作用。今后,要进一步提高政府的立法质量,把握立法时机,做到“当时而立法”,在完善经济立法的同时,要更加重视社会管理和公共服务方面的立法。要通过严格执行《立法法》、《行政法规制定程序条例》和《行政规章制定程序条例》,进一步完善立法工作程序和方法,尤其要注重通过听证会、论证会、公示等多种方式,吸取人民群众和各界的意见,使法律法规充分反映民意,具有施行的广泛群众基础;努力改进立法工作技术,提高法律、法规的可操作性,确保立法真正解决实际问题。

(2) 规范行政执法行为。“法贵在行”,行政执法是依法行政的关键环节,也是需要加强和改进的薄弱环节。目前,一些地方和部门行政执法层次过多、权责脱节、多头执法的问题比较突出,执法不严、违法不究、乱罚款的行为屡禁不止。必须下决心从体制上予以解决。要加快建立权责明确、行为规范、监督有效、保障有力的执法体制,推进综合执法,整合行政执法资源,适当合并面向公众的行政处罚、行政许可、行政强制措施等行政执法权。完善行政执法程序,实行行政执法责任制、过错追究制和评议考核制,建立相应的奖惩制度。督促执法人员严格执法、公正执法、文明执法。

(3) 完善行政监督制度。行政监督是民主监督的一个重要方面。通过加强对法规、规章和规范性文件的备案审查工作,加强对行政机关抽象行政行为的监督;严格执行行政赔偿制度,切实做好行政复议,建立健全对不当和违法决定的申诉、检举制度等;完善行政系统内部监督,及时发现、纠正违法行政行为,做到有权必有责、用权受监督、侵权要赔偿。

(四) 大力发展非政府组织,增强社会自我管理能力

1978 年以前,我国处于计划经济时期,政府与社会的关系体现为政府权利高度集中的政社不分的管理模式。政府与社会之间只有由垂直的行政命令结成的关系。政府用强制性的行政手段对社会进行全面管理,不仅导致政府机构臃肿,人浮于事,效率低下,同时使得社会的主动性、积极性和创造性受到遏制,并使社会组织缺乏自我保护和自我管理的能力。改革开放以后,我国进入有史以来最为深刻也最为广泛的变革时期。市场经济体制的建立客观上要求政府做到该管的且能管的要管好,该管但管不好的要将权力下放给非政府组织。非政府组织在理论界被称为政府与企业之外的第三部门,它介于政府与企业之间,起到了沟通协调、承上启下、扩大政府功能的作用。我国的事业单位、各种行业协会、中介组织和基层自治组织都属于非政府组织。目前,政府职能的转变和某些职能的弱化为非政府组织的发展提供了空间。非政府组织发展的成熟程度和社会自我管理能力的发育程度直接制约着政府职能的转变。要从根本上改变我国政府包揽社会事务过多的状态,首先必须转变社会能力过于弱小的现状,让社会尽快成熟起来。

（1）改革事业单位管理体制。目前，事业单位虽然名义上与行政机构脱钩，但还是有不少事业单位带有明显的行政色彩，与行政部门之间存在利益关系，成为行政改革的一大障碍。必须推进事业单位分类管理和改革，加快事业单位体制改革步伐。对行政执行类事业单位要精简压缩，对社会公益性事业单位要积极发展，对服务中介性事业单位要加快走向市场的步伐，对生产经营性事业单位要全面改制转企。

（2）发展和规范各种行业协会和中介机构。目前，有些行业协会和中介机构存在着只顾收费或充当政府部门附属物的问题，要按照在规范中发展、在发展中规范的原则，加以引导。既要扶持和鼓励，使社会中介机构成为承担政府服务的具体组织者和运行者，使行业协会成为政府产业政策的切入点；又要加大规范和监管力度，真正实现政府部门与行业协会、中介机构的完全脱钩。

第二编　公共行政学的内容

第三章　行政组织与体制

第一节　行 政 组 织

一、组织理论

现代社会是高度组织化的社会，人们在政治、经济、教育、军事、文化等方面的社会性活动都是通过一定的组织形式完成的。组织是人类社会的细胞和特殊标志，是人类社会活动最基本的形式。“组织”(organization)一词在中国古代，指用丝麻织成布帛；在英语中来源于“器官”(organ)，指具有特定功能的自成系统的细胞结构。后来，被引入人类社会管理中的组织是指人们为达到一定的目的组成的具有特定结构和行为方式的人的集合体。组织的含义包括组织目标、组织环境、组织结构、组织行为、组织制度、组织文化六个方面。

(1) 组织目标：就是人们结成组织的目的，是组织行为的归宿和基准，为全体组织成员所认同，共同的目标是组织成员组织起来的凝聚力。

(2) 组织环境：就是指直接或间接作用或影响组织本身及其行为过程、活动方式的外部要素的总和。

(3) 组织结构：是指组织内部的职能分工、层次划分、幅度确立、组织编制等形成的静态的组织形式。

(4) 组织行为：是指组织中的各个成员之间的相互行为以及组织作为一个整体的行为方式。从动态的角度看，任何一个组织本身也是一个活动体。

(5) 组织制度：就是指确保组织功能正常运转、权力有效实施和人员协调高效的各种规章制度的总和。

(6) 组织文化：就是指组织内部成员共同认可的、可以通过符号手段来沟通的一整套的价值观体系。

综上所述，可以认为，组织是由一系列相互依赖、相互作用、按一定结构和程序组成的，为完成特定目标，有一定制度保障而建立的，随内外环境的变化而不断发展的一个复杂而开放的社会系统。

组织在现代社会管理中具有极其重要的作用，历来受到世界各国政府、知识界、工商界的普遍重视。彼得·德鲁克曾经指出："社会已经成为一个组织的社会。在这个社会里，不是全部也是大多数社会任务是在一个组织里和由一个组织完成的。"①这充分表明了组织在现代社会管理中的重要作用。一般组织在现代社会管理中具有以下三个功能：一是聚合功能，即将人力、物力、财力、信息、技术等资源加以汇聚整合，形成一种比原有资源功能更强的合力；二是转化功能，即通过组织内部的运作机制将汇聚整合的资源转化为社会需求的新资源和新能量；三是实现功能，即通过新资源和新能量满足社会管理、实现社会发展的需求。对组织的现代研究是从20世纪初叶开始的。由于研究的角度和方法不同，形成了不同的组织理论。

（一）古典组织理论

古典组织理论主要是从静态结构的角度研究组织，认为组织是由许多不同的部分所共同构成的完整统一体，强调组织的层级结构、权责系统、统一目标、适当人员配置等。古典组织理论的代表人物主要有泰勒、古利克、威罗福比、韦伯、法约尔、厄威克等。其中，德国社会学家韦伯的科层制官僚组织理论最具有影响力，他运用理想模型的方法来辨识官僚组织的结构、过程以及行为。简单地说，韦伯理论中的官僚制具有以下结构性特征：

（1）管辖权、职位和任务的专业化，即根据组织要完成的目标进行劳动分工和权威分配。（2）通过层级化的权威协调专业化职位的活动，并整合其管辖权威。在最理性的官僚组织中，组织是由单一权威所领导的。（3）官僚制组织通常存在一套系统的管理规则和程序来规范和约束其组织成员的行为，以实现组织的合理性、合法性、稳定性和连续性。（4）官僚组织中采取非人格化的管理方式，公务活动与私人活动有明确界限，公务活动中不得参杂个人情感、偏好等非理性因素。（5）官僚制组织中，一切重要的决定和命令都要形成正规的决策文书，记录在案、用毕归档，使组织独立于个人之外而存在。（6）存在一种职业阶梯结构，个体成员通过不同的职业和层级逐步晋升。晋升的依据是功绩与年资。（7）长期稳定的官僚结构。不论成员的进入或退出流动，官僚结构维持不变。社会依赖于官僚制的功能发挥，如果官僚制遭到破坏，社会便会出现混乱。（8）一般来说，官僚制都是大型组织。

---

① 〔美〕彼得·德鲁克：《后资本主义社会》，张星岩译，上海译文出版社1998年版，第52页。

韦伯的官僚制是以普鲁士的官僚政治为背景,以法律有无上权威的信仰为基础建立起来的理论,它以组织形式和法规制度对行政效率的影响作为研究的重点。韦伯认为,以这些原则所设立的科层制官僚组织是最理想的组织形态。这一组织理论的创立,为后来西方文官制度的建立奠定了理论基础。

(二) 行为科学组织理论

行为科学组织理论是从动态行为过程,也就是从组织成员的心理及交互行为的角度来研究组织,强调组织中人的因素以及非正式组织的作用。这一理论重视组织中人力资源的开发和利用,重视组织成员的心理满足、交往行为和意见沟通等对组织的影响,认为组织是为达到一定目标而行动的人的活动体。行为科学组织理论的代表人物有梅奥、罗特里兹伯格、赫茨伯格、麦格雷戈、巴纳德、西蒙等。其中,最具代表性的是巴纳德的行政组织理论。概括地讲,巴纳德的行政组织理论包含以下内容:

(1) 认为组织是由人的行为构成的动态发展的内外相互协作的系统,维持和加强组织的各种协作关系是组织工作的核心内容之一。(2) 强调组织作为一个系统,不论哪一级别的组织,都包含着三种基本的要素,即协作的意愿、共同的目标和信息交流。(3) 对非正式组织的概念、功能、后果进行了分析和界定,认为非正式组织是"一种没有固定形态的、密度经常变化的集合体","是不确定的和没有固定结构的,没有确定的分支机构"。① (4) 强调为了组织的生存和发展,关键在于要使组织成员获得一种贡献与满足的平衡。组织要动用经济诱因和非经济诱因保持组织对内和对外两方面的平衡。(5) 从组织成员是否接受一项命令、指示或建议角度去看待权威,强调"一个命令之是否有权威决定于接受命令的人,而不决定于'权威者'或发命令的人"②。(6) 组织中的决策分为个人决策和组织决策,前者出于个人动机,后者出于组织意图的非人格的决策,组织决策存在目标与环境两个客观要素。(7) 在一个正式的组织中,管理人员"建立和维持信息交流体系、促成组织成员提供必要的服务以及规定组织的目标"③,最为关键。

巴纳德以系统观念为依据,提出具有开创性的行政组织理论,在公共行政学乃至整个管理科学发展史上占有十分重要的地位,产生了深远的影响。

(三) 系统权变组织理论

系统权变组织理论着重于组织整体的研究,注重从组织受社会环境影响的输入方面和组织影响生活环境的输出方面,以及组织影响社会环境后所产生后

① 〔美〕巴纳德:《经理人员的职能》,孙耀君等译,中国社会科学出版社 1997 年版,第 92 页。
② 同上书,第 129 页。
③ 丁煌:《西方行政学说史》,武汉大学出版社 2004 年版,第 161—163 页。

果的反馈方面,进行从静态到动态、从微观到宏观的研究。该理论的主要代表人物有卢桑斯、伍德沃德、劳伦斯、菲德勒、豪斯等。这一理论认为,静态结构只重视“效率”、“技术”、“组织结构与层次”;动态行为角度只重视“行为与心理”、“人际关系”、非正式组织“。这两种角度都简化了对组织的分析,实际上是把组织看做一个封闭的系统。

(1) 系统组织理论强调应该用系统论的范畴、原理和方法,全面分析和研究组织的管理活动、内部结构、成员的相互作用以及情感与外部环境的关系,建立起系统模型,更精确地对组织进行分析。(2) 权变组织理论认为组织不仅有静态的结构、动态的过程,而且还是一个有机的生长体。组织不是一成不变的,随着组织内外环境的变化,组织要不断进行修正、变革与发展,从而采取相应的组织结构和领导方式。(3) 系统权变组织理论强调组织的动态平衡,即组织必须在稳定性与持续性、适应性与革新性、静止性与动态性之间保持一个动态平衡。

系统权变组织理论的基本要点是把组织看成开放组织体系,看成是信息的输入、转变和输出的不断循环运动的过程,在其中高度重视信息的储存、反馈和调整,充分反映组织体系内外部因素的多元性。

(四) 组织文化理论

组织文化理论作为一种新的现代组织管理理论,主张利用非经济手段对人进行管理,发挥组织人所具有的内在超越价值,使组织管理开始从行为管理(技术的或心理的)走向综合的文化管理。组织文化理论主要有企业组织文化和行政组织文化两个研究维度,企业组织文化研究的代表人物有威廉·大内、托马斯·彼得斯、罗伯特·沃特曼、迪尔、肯尼迪、帕斯卡尔、爱索斯等,行政组织文化研究的代表人物有华莱士·沃克、唐纳德·沃里克、迈克尔·利普斯基等。无论是企业组织文化研究还是行政组织文化研究都强调文化的比较,试图突破组织的空间限制,形成一种整合的、综合性的组织管理方式。

(1) 行政组织文化的转型是行政组织变化的必要条件,行政组织文化由意识形态、仪式、虚构的观念和知识组成,行政组织文化的转型必须考虑到组织的历史。(2) 文化既是分析组织外部环境的一个重要因素,也是分析内部环境的重要因素,内部环境对行政组织的等级结构和规则施加的压力产生于目标、文化和内部结构。(3) 任务特征与社会文化共同决定了行政组织的行为方式和价值体系,并由此决定了行政组织文化的特征,而行政组织文化对行政组织行为和行政组织绩效具有诱导和强化的作用。

正如托马斯·沃森所强调:“一个组织的基本哲学思想对组织的作用比技

术资源、经济资源、组织机构、创新和抓住时机的作用更大。”①行政组织的行为与绩效难以单独从组织结构、组织行为以及系统权变的角度进行解释，行政组织文化理论超越了空间限制，对传统组织理论提出挑战，提出了一种整体的组织文化管理范式，弥补了传统组织理论和组织心理学研究的某些不足。

综上所述，古典组织理论、行为组织理论和系统权变组织理论和组织文化理论，都是以组织本身为对象而进行的研究。所不同的是，古典组织理论以组织内部的组织形式和法规制度对行政效率的影响为研究的重点；行为组织理论则侧重研究组织成员及组织本身的行为对行政效率的影响。这两种组织理论都忽视了环境对组织的影响与制约。而系统权变组织理论，不仅着重组织整体的研究；更重视在组织与社会环境之间输入、输出以及反馈方面进行静态与动态相结合、微观与宏观相结合的研究。组织文化理论则试图超越组织空间限制，寻求一种整体的组织文化管理范式。

二、行政组织的含义与特征

（一）行政组织的含义

行政组织是国家行政职能的承担者。任何行政活动都要靠行政组织系统来推行。因此，行政组织始终是公共行政领域最基本的问题之一。但是，迄今为止，行政学界关于行政组织并没有形成一个公认的定义，许多研究者根据自己的理解对行政组织作过各种各样的解释，比较有代表性的主要有四种。

（1）广义与狭义的理解。从广义上说，行政组织是泛指一切具有计划、组织、指挥、协调、控制等行政功能的组织机构，它既包括国家行政部门的组织，也包括国家立法、司法等部门中的履行行政职能的组织，同时也包括政府部门以外的企业、事业及社会团体中管理行政事务的机构。狭义的行政组织是指为执行国家的行政管理事务所结成的有系统的组织机构，即依照国家宪法和法律的规定，在一定的权限内执行各种公共事务的机构的总称，即政府机构。

（2）静态与动态的理解。从静态上说，行政组织是指国家为执行行政管理任务依法组建的行政机关体系。从动态上说，则是指行政机关为完成行政管理任务而进行的组织活动和运行过程。

（3）生态与心态的理解。从生态的角度讲，行政组织是一个有机的生命体和发展体，是随着内外环境的变化而不断调整和不断使用的开放系统。从心态的角度讲，即从心理和精神的领域去理解行政组织，“行政组织是其内部工作人

① 〔美〕托马斯·彼得斯、罗伯特·沃特曼：《追求卓越》，龙向东等译，中央编译出版社 2000 年版，第 14 页。

员对权责观念的认识、感情交流与思想沟通所形成的一种集体意识”①。

(4) 政治统治与社会治理的理解。从政治统治方面来说,行政组织是国家政治生活中统治阶级维护自己的利益、推行本阶级意志的组织工具。从社会治理方面来说,行政组织则是国家为实现社会管理和服务的目的,通过一定的法律程序所建立和规定的,有着一定行政目标、人员设置、权责分配、结构形态、财务制度的行政机构体系,其组织行为受国家强力保障。

综上所述,行政组织应具有广义与狭义之分,包含静态与动态、生态与心态的层面,体现政治统治与社会治理的属性,它是一种特殊的社会组织,组织和结构按特定的形式结合起来,并依法对国家事务和社会事务进行管理,为公众提供服务。

(二) 行政组织的特征

行政组织的法律地位和与之相一致的公共行政管理的广泛性及其对国家和社会公众所承担的责任,决定了行政组织除了具备社会组织的一般特征,如系统性、整体性、目的性、适应性、层次性之外,还应具有自身的一些有别于其他社会组织的特征。

(1) 政治统治性,即考察行政组织同国家政治制度的联系。行政组织是国家组织的重要组成部分,代表国家行使行政权力,体现国家意志。而国家的阶级属性决定了行政组织必然也具有阶级属性,并通过具体的公共行政过程和活动得以体现。可以说,阶级性是行政组织的最本质特征。我国国家行政组织的阶级性,集中表现为以工人阶级为领导的、以工农联盟为基础的,有最广大人民群众参加的人民民主专政。行政组织的效率高低,直接关系到民众的利害,关系到国势的兴衰和政局的稳定。社会主义制度的优越性,也应体现在政府行政组织具有的优越性上,要求建设一个富有效率的政府组织体系。

(2) 社会管理性。行政组织除了承担政治统治职能外,还承担着管理社会公共事务的职能。统治阶级为了维护政治统治,稳定社会秩序,必须管理社会公共事务。在现代社会,各国政府干预社会事务的范围和程度不断增强。政府设置大量行政组织干预和管理经济、科技、文化、教育、社会保障、环境保护等社会公共事务。

(3) 公共服务性。任何现代国家的行政组织都是服务性的,它产生于社会,又要服务于社会,施益于社会公众。行政组织要适应和服务于社会经济的稳定与发展,为执行宪法和法律服务,为社会公众的利益服务。特别是我国社会主义国家的行政组织及其国家公务员,更要把有效地为社会公众提供公共物品与公共服务,满足最广大人民群众的利益作为基本目标。公共服务性是行政组织的

---

① 岳正仁主编:《中国行政管理学》,内蒙古人民出版社 1986 年版,第 41 页。

基本属性。

（4）法治性。行政组织是国家权力的执行机关，其拥有的权力和承担的责任是由宪法和法律明确规定的，它的设立也必须具有法律的依据，否则就会动摇其存在的基础，得不到民众的支持。一方面，行政组织的组织宗旨、人员编制、机关设置、财政预算等都必须符合宪法和法律的规定；另一方面，行政组织必须坚持依法行政的原则，在宪法和法律所赋予的权限内行使国家行政管理职能，即使是行政裁量行为也必须符合合理、合法性原则。行政组织必须接受国家和社会的法治化监督，无权、越权、滥用权力以及不作为的行为，都要承担相应的法律责任。

（5）权威性。行政组织的权威性来自于合法性。行政组织代表国家行使行政管理职权，而国家行政权力的内容和范围是由宪法和法律规定的。权威性以人类社会发展过程中的强力和契约关系为基础，并以宪法、法律和国家武装力量为后盾。因此，行政组织从其法权地位出发，在权力范围内有权制定行政管理法规，有权行使行政自由裁量权，处理社会公共事务。

三、行政组织的构成要素与类型

（一）行政组织的构成要素

行政组织是对人、才、物和信息进行制度组合，以发挥有效功能，达到一定行政目标的组织。行政组织是由多种要素共同构成的，不断优化各个构成要素及其之间的结构关系，才能形成有效的行政组织。行政组织的构成要素主要包括目标要素、人员要素、结构要素、信息要素、制度要素、物质要素、精神要素、环境要素八项。

（1）目标要素。行政组织首先要有明确清晰的职能目标。确定总目标，按层级进行分解，以此确定所属各个组织的分目标，构成行政组织的“目标网络”。目标要素是行政组织的灵魂，是行政组织经过成员的努力所要达到的一种期望状态。共同的目标是行政组织赖以产生和发展的基础和前提。

（2）人员要素。行政人员是行政组织中的主角，是行政组织的核心和公共行政的主体。没有行政人员，行政组织不可能存在。任何合理的行政组织，如果缺少具有一定素质和结构的行政人员是不可能体现行政组织的优越性的。行政人员的素质结构，是行政组织最为重要的能动要素。

（3）结构要素。结构是行政组织的实体，也是行使行政权力的载体和表现形式。机构设置和职位分类是行政组织的核心，是决定行政绩效的关键。作为系统的行政组织要形成一个权力和地位的分层分科体系，纵向分层与横向分科两者有机结合形成一个组织的组织结构。行政组织就是靠组织结构来协调组织各种活动的。行政组织内部要实行科学的职位分类，科学合理地确定职位、职数、职级、职责等，明确每个行政人员的职责，实现组织内部行政人员的合理有效配置。

（4）信息要素。行政信息是行政组织这一有机体生存发展并保持活力的“血液”。行政信息反映整个行政管理活动的各种资料、情报、数据、指令、密码、符号、文字、语言、讯号等所包含的内容。在行政管理活动过程中，行政组织不断产生各种行政信息，并通过信息的接收、传递和处理，反映和沟通各方面行政情况的变化，借以控制和管理政府的行政事务，实现各管理环节之间及时有效的联系，从而顺利完成各项公共行政任务。

（5）制度要素。有效的行政组织，必须有健全的规章制度和法律规范，以保证行政组织依法办事，推进行政法治的进程。行政法治的完善程度，标志着行政组织健全的程度。同时，行政组织在动态上体现为组织行为的活动过程。在这种活动过程中必须有一系列行政人员共同遵守的活动章程或准则，以便于采取协调一致的有效组织行动。

（6）物质要素。行政组织同其他组织一样，必须具有必备的物质条件，如经费、物资、场所、设备等。这是行政组织为实现目标而开展组织活动的物质手段。财物是行政组织的物质条件，经费是物质要素的核心。

（7）精神要素。精神要素包括良好的人际关系、行政人员的协作和配合愿望、团结友好的组织气氛、工作的主动性和积极性。共同的信念、责任和利益是行政组织成员价值观念整合的基础，这关系到行政组织的和谐与稳定，关系到组织成员的工作状态与进取精神，进而关系到组织有效运转的能力和进步发展的活力。这些要素也是行政组织所必备的构成要素，可以使行政组织富有活力、高效运转，并有利于实现行政目标，完成行政任务。

（8）环境要素。行政组织的环境要素是指直接或间接作用或影响行政组织本身及其行为过程、活动方式的外部要素的总和。环境要素包括政治、经济、社会、文化、自然、国际等方面，它们共同构成行政组织的外部环境要素、境况，影响制约着公共行政主体的思想观念、方式方法等，并处于不断发展变化的动态过程之中。

（二）行政组织的类型

公共行政运作的过程是由各种各样的具有不同职权和功能的行政组织来进行的。根据不同的标准与角度，可以把行政组织划分为不同的类型。按功能划分，可分为领导组织、业务组织、幕僚组织和顾问组织；按行政程序划分，可分为决策组织、执行组织、监督组织、信息组织和咨询组织；按行政层级划分，可分为中央行政组织、地方行政组织、派出组织和分支组织。总之，行政组织以其行政功能、工作性质、工作内容和所发挥的作用不同，大体可分为领导机关、职能机关、辅助机关、直属机关和派出机关等五种类型。

(1) 领导机关。领导机关又称首脑机关、中枢机关,是中央政府和地方各级政府的指挥中枢和决策监督中心。各级政府的领导机关是行政组织的中枢,主要任务是统辖全局,制定行政组织的目标规划和政策方针,并对所辖区域内的公共行政事务进行统一协调、指挥和领导,因此,领导机关是政府效能的关键。

(2) 职能机关。职能机关又称本部机关、运作机构或实作机构,是在领导机关直接领导下,负责组织和管理某一专业方面行政事务的机关。职能机关是领导机关的重要组成部分,是根据工作需要并依据有关组织法而设立的。在中国,国务院所属的职能机关有部、委、办、直属机构等机关,各地方政府设有厅、局、处、科等。职能机关的职能是对上受领导机关的指挥、领导和监督,执行领导机关的各种具体指示、方针和政策;对下组织、协调和指导下属行政机关的工作,发挥公共行政职能。

(3) 辅助机关。辅助机关又称幕僚机关、办公机关、咨询机关、参谋机关或智囊机关等,是为领导机关和职能机关实现行政目标而在行政组织内部承担辅助性业务工作的机关。辅助机关的功能主要是为领导机关和职能机关搜集信息、提供咨询、协调沟通各方面的关系,管理日常事务等。它在整个行政组织中必不可少,其状态直接影响着中枢机关效能的发挥。尤其是随着知识信息时代的到来,现代行政对咨询的依赖程度逐步加深。但是,它的责任与权限是有限的,它仅是辅助机关而非职能机关,是参谋机关而非领导机关。

(4) 直属机关。直属机关是对中央政府直属行政组织的一种称呼,是根据《国务院组织法》设立的主管某些专门业务的行政机构。这些专门业务不便划归各部、各委员会管理,根据工作需要,又有必要设立专门机构进行管理,因此设立直属机构承担管理任务。直属机构的法律地位略低于各部、委,一般称为局,为副部级,如国家统计局、国家环境保护局、海关总署等。在未来发展中,为更好地理清行政组织中的"条块"关系,更好地发挥行政组织的功能,大部制改革推进直属机关的归并与整合将是不可避免的。

(5) 派出机关。派出机关是指国家行政机关依法根据业务管理需要在所辖区域内设立的分支机关或代表机关。派出机关有权代表国家行政机关执行某种特定的任务或处理整体性社会事务,如我国省政府下设的地区行政公署。派出机关不构成一级政府,其职权是委派机关职权的延伸,受到派出它的那一级行政机关较强的约束。派出机关的主要职责是检查并监督下级国家行政机关贯彻执行上级国家行政机关的指导和决定,向派出它的行政机关汇报辖区内行政机关及其公共行政事务的情况。在我国,派出机关主要有四类:一是省、自治区、人民政府设立的派出机关——行政公署;二是县、自治县人民政府设立的派出机关——区公所;三是市辖区、不设区的市人民政府设立的派出机关——街道办事处;四是中央人民政府及有关部、委、署、行的派出机关,如香港新华社、中国人民银行在各省的分行、外交部派出在国外的使领馆、审计署派驻各省的审计机构等。

第二节　行 政 机 关

一、行政机关的概念、特征与结构

（一）行政机关的概念

行政机关是指依照宪法和有关法律的规定建立的，行使国家行政管理权、组织管理国家行政事务的机关。行政机关也叫国家行政机关，是国家机构的重要组成部分。我国的行政机关由国家权力机关产生，是国家权力机关的执行机关，也是行政事务的管理机关。它对权力机关负责，接受权力机关的监督。

界定行政机关的概念具有重要意义。首先，行政机关是享有国家行政权的机关，能以自己的名义实施行政管理，并有独立的资格和能力承担其行为的后果。能否以自己的名义实施行政行为，反映其是否享有独立的法律人格，不具备这一法律人格的机构或组织，不是我国行政法意义上的行政机关。其次，行政机关是依法成立的组织。它有一定的机构和人员，有一定的组织规则和工作程序。再次，行政机关是享有国家行政权的组织。享有国家行政权使行政机关与立法机关、司法机关等其他国家机关区分开来。最后，行政机关享有行政权，这使它与企事业单位或社会团体区别开来。企事业单位和社会团体不享有国家权力，更谈不上享有国家行政权力。企事业单位和社会团体可以是法人，可以具有独立的法律人格，它可以在国家机关委托或授权下，管理某一部分或门类的国家行政事务。但是，必须强调的是，这是基于国家机关的委托或授权的结果，而不是社会团体本身的职权。

行政机关与行政组织是既有联系又有区别的两个概念。有机关必有其组织结构，从这个意义上说，行政机关也是行政组织。但是，公共行政学研究的行政组织，有时是指一切行政机关、行政机构的综合，是行政机构体系的总称，既包括纵的联系，又包括横的结合在内；有时则指各个行政机关本身的构成。通常所称的“行政机关”是指构成各个行政机关组织结构的本体。行政机关与行政机构也是既有联系又有区别的两个概念。从法理上讲，构成各行政机关的内部各单位称为行政机构；而综合各行政单位的整体才能称为行政机关。行政法上讲的行政机关必须具有机关法人的资格，即必须具有独立的名称、完整的编制及明确的职责；可以对外行文，能独立行使行政职权，承担法律责任。

（二）行政机关的特征

（1）国家行政机关是具有国家强制性质的行政组织。行政机关以国家强制力为后盾，与其他社会组织相比，国家行政机关具有高度的权威性。对国家行政机关依法在其管辖范围内的管理活动，任何组织或公民都需服从。

(2) 国家行政机关是具有较强执行色彩的组织。在我国的宪政体制下，行政机关是权力机关的执行机关。行政机关可在其职权范围内制定规范性文件或采取具体行政措施等，均是属于执行性行为。但这种从属于权力机关、执行权力机关意志的性质并不妨碍国家行政机关的相对独立性。国家行政机关在法定范围内享有广泛的自由裁量权，是独立的组织系统，其目的均是为保证其有效地完成管理国家事务的任务。

(3) 为了顺利实现国家行政管理与公共服务的职能，国家行政机关必须按一定的层次和结构组织起来，并且按照科学方法依法进行活动。

(三) 行政机关的结构

国家行政机构的结构是指构成国家行政机关各要素的排列组合方式。研究行政机关的结构，可根据所研究问题的需要从不同角度加以选定。这里着重研究它的层次结构与部门结构。

行政机关的层次结构与部门结构，亦称纵向结构与横向结构。从静态的观点看，构成行政组织的基本元素或细胞是工作职位和工作人员。若干职位和人员适当组合，组成一个工作单位；若干工作单位适当组合，组成一个工作部门或工作机关；若干工作部门或工作机关适当组合，组成一级政府。各级政府上下之间，每级政府各组成部门上下之间，构成领导与服从的主从关系，这种排列组合方式便是行政组织的纵向结构；同级政府相互之间和每级政府各组成部门之间，构成为协调的平行关系，这种排列组合方式便是行政机关的横向结构。

1. 行政机关的纵向结构

决定纵向结构形式的有两个重要因素：一是管理层次；一是管理幅度。所谓管理层次是指纵向结构的等级层次，有多少等级层次，就有多少管理层次。如我国行政机关分为国务院（中央人民政府）、省级人民政府、县级人民政府、乡（基层）人民政府四个层次。管理幅度，又称为管理跨度，是指一级行政机关或者是一个领导人直接领导和指挥的下级单位或人员的数目。如我国每级政府机关又有若干管理幅度层次，如国务院有部（委）、司（局）、处（室）等层次；省级人民政府设有厅（局）、处（室）、科的层次。

一般地说，管理层次多，管理幅度就小；反之，管理层次少，管理幅度就大。凡是管理层次少，管理幅度大的行政机关，权力分散，分权较多则控制较少，有利于因地制宜，便于发挥下级组织的积极性；但同时上级领导对下属的控制也就被削弱了。而层次多，管理幅度小的行政机关，权力比较集中，便于上级控制，但是却影响下级组织发挥积极性。

研究行政机关的纵向结构，主要任务在于适应国家政治、经济和文化发展变化的客观需要，寻求和建立适当的管理层次和管理幅度，使纵向结构日益合理化、科学化，最大限度地发挥其管理功能。

2. 行政机关的横向结构

由于国家行政机关按照不同的标准，可以有多种不同的分类，如按职权分为一般权限机关与专门权限机关，按行政管理环节分为决策机关、执行机关、监督机关、咨询机关等。就使得行政机关可以有若干种平行关系，因此，研究行政机关横向结构的角度可以是多种多样的。其任务在于从国家的实际情况和需要出发，对行政机关进行适当的调整和改革，使其日益合理化、科学化，使行政机关协调、健康地发展。

3. 网络技术对行政机关横向结构与纵向结构的冲击

网络技术的发展从两个维度对行政机关的结构产生重要影响。网络技术的发展打破了行政机关结构构建所依赖的物质基础，使行政机关权力运作与信息传达超越时空限制，为行政机关纵向层级的压缩和横向幅度的扩展提供了技术可能；从网络技术的价值性维度而言，网络技术的发展受社会价值的引导，社会价值要求行政机关高效、廉洁、服务，而要实现这一目标则要求行政机关进行层级精简与部门归并。因此，网络技术的发展不仅只是技术上为行政机关的结构优化提供可能，而且还为行政机关结构优化提供了目标导向与社会压力。最近十几年，电子政务的推广、扁平化结构的蔓延和省直管县改革的推进等在很大程度上都是受网络技术的冲击而对行政机关结构进行的适时调整。

二、行政机关设置的基本原则

（一）行政机关设置的发展趋势

国家行政机关的设置一般涉及两个方面的关键因素：一是管理的实际需要，二是现代公共行政的功能。

（1）按照行政管理事务的实际需要，不同历史时期和不同性质的国家对行政管理的实际需要和具体内容有相当大的差异。总的趋势是，随着经济的发展和社会的进步，国家行政管理的内容日益增多，范围不断扩大。现代国家与传统国家相比，行政机关及其人员大量增多。即使运用先进技术进行管理的发达国家，行政机构与人员的不断增加仍不可避免，这是一个全球性的趋势。为此，各国都把“精干”作为行政机关设置的一个基本原则，社会主义国家进而称其为精简原则，试图克服机构重叠、臃肿、人浮于事的现象，进而增进行政机关的绩效。

（2）从现代公共行政的功能来看，随着社会主义市场经济的逐步完善和科学技术的飞速发展，公共行政从决策、执行混而为一的单一功能向决策、执行、咨询、监督等健全完善的多功能发展。否则，国家行政机关就无法担负对庞大的现代社会系统进行组织、指挥、控制和协调，就会影响行政效率的发挥。因此，科学设置机构就成了行政机关设置的重要原则。

（二）行政机关设置的基本原则

我国行政机关的设置原则，尚无明确规定，根据宪法对国家机关设置的规定以及公共行政学原理，应当遵循以下原则。

1. 适应需要原则

适应需要，即适应经济和社会发展的需要。检验行政机关设置是否合理和科学的标准之一，就是看它是否能有利于经济和社会的发展。设置行政机关，并不意味着数目越少越好，也不是说只减不增，需要的机关或机构还是应当增设，薄弱的机关或机构应当加强。经济和社会发展的结果，必然使行政机关有增有减，无论是增还是减，都必须符合经济和社会发展的需要。在行政机关的设置上，应当及时发现经济和社会中新的因素和新的需要，结合实际，与时俱进，迅速作出反应。

2. 精简原则

通俗地说，精简原则意味着要用尽可能少的人办最多、最好的事。精简原则与适应经济和社会发展原则并不抵触，而是相互促进又相互制约的。经济与社会发展使管理机构和行政工作人员有不断增加的趋势，但现代行政管理又要求机构职责分明，重叠的机构应当予以撤销，业务相近的机构应当合并，要做到层次简化、人员精干，要因事择人，不因人设事。随着经济体制改革的深入，政府机构改革的展开，政府职能的转变，需要裁减行政机关。在目前政府机构中，相当普遍地存在“三多一少”的状况，即非业务机构多、非业务人员多、非业务官员多、真正顶用的业务人员少。这是机构臃肿的一个关键问题，应当采取精简合并等手段，逐步予以解决。

3. 高效率原则

高效率是现代化对社会生活各个方面的普遍要求，而对行政机关则有更为特殊的意义。设置行政机关，必须把高效率作为重要原则。行政上的高效率，是指用最少的时间来完成最多的工作，以最少的消耗获得最大的效益。是否达到行政上的高效率，要看三个标准，就是节约、迅速和有效性。所谓节约，指行政管理活动的人力、财力、物力的消耗要低。迅速，指在管理中处理事情时间短，速度快。有效性，指行政工作的实绩，即取得实际效果。在行政机关的设置上，要达到行政高效率，采取的措施应是多方面的。如行政机关设置要从实际出发，机构的数量和规模要适当，机构管理的层次和幅度要优化，工作人员的配备要合理，工作程序要科学，行政机构在决策、执行、监督、信息沟通诸环节要协调、通畅等。

4. 依法设置原则

行政机关肩负着管理国家行政事务的职能，它本身成立的合法与否，将直接影响其地位和作用。依法设置行政机关是指必须依照法定程序，由有权设置、变更和撤销的机关,在其职权范围内设置、变更和撤销行政机关和机构,否则是不合法的,因而也是无效的。要真正做到行政机关的依法设置,就必须建立健全有关行政组织的法律规范。新中国成立以来,设置行政机关的一条重要教训,就是不依据法律规定,往往仅凭长官意志,个人拍板随意设置行政机关,任意设置工作岗位,如副职过多,这些是造成机构变动频繁和臃肿重叠的重要原因。

第三节　行政体制

一、行政体制的含义与作用

(一) 行政体制的概念

所谓行政体制,是相对于立法体制、司法体制而言,指管理国家行政事务的行政系统中的组织设置、职权划分与运行等各种关系模式的总称。它属上层建筑的范畴,是国家政治体制不可分割的重要组成部分,它由国家基本的政治制度所决定,受经济制度、历史文化传统等因素的制约。

任何行政管理活动总是在一定的政治环境中和行政体制下进行的。因此,深入理解和研究行政体制是行政改革内在的必然要求。各级各类行政机关职权的划分和职能的设置是行政体制的核心。任何行政体制的设计、建立与改革、完善,都是着眼于行政职权的划分和职能的设置。当今各国行政机关,尽管其社会制度及国家制度不同,但是一般都依法享有行政方针政策的决定,行政法规和行政规章的制定,行政业务的指导和监督,行政人员的考核以及有关国家公务员的任免等各项行政职权。这些行政职权如何科学地划分,是各国行政体制改革和发展中永远而常新的课题。在我国,当前主要是行政机关内部横向、纵向的行政职权的合理划分,涉及行政机关与非行政机关之间职权范围的科学划分及其职能的设置。以往的教训表明,职责不清,必然造成机构庞大臃肿、相互扯皮、效率低下,基层和民众的积极性难以充分调动。

各级各类行政机构的设置是行政体制的载体和表现形式。如果没有一定的行政机构的设置,行政人员就无以存在,行政职能就不能发挥,整个行政体制也就不复存在。在我国经济体制改革已经取得重大成就的今天,行政机构设置上时常存在重叠又不完备的现象,特别是管理经济的行政部门,相同或相近职能的机构设置得过多,而有的职能又没有相应的机构承担;专业管理部门和综合部门内部的专业机构设置得过多,而实行宏观调节控制的综合管理部门又不足。这样的行政机构配置,既造成部门间分工过细,左右牵制,部门内小而全,发展畸形,又造成信息失真、宏观失控、决策失误。因此,行政机构的科学设置,是确定各种行政机关之间制度化的最终体现,关系到国家行政目标的实现。

根据不同标准,从不同的角度,行政体制可以被划分为多种不同的类型。如从行政权力的阶级利益和经济基础而言,一般可分为资本主义行政体制和社会主义行政体制。从行政生态学的角度而言,则将其分为农业型行政体制、工业型行政体制和过渡型行政体制三种类型。从国家经济发展程度而论,可以分为发达行政体制、发展行政体制和欠发达行政体制三种类型。就实行政权力过程及其社会效果来说,可以划分为僵化行政体制、潜力行政体制以及混合型行政体制。了解行政体制的多种划分,是为了全方位地对行政体制进行研究、比较,吸收其先进的因素,为我国行政体制改革创新提供有益借鉴,以使我国行政体制日臻完善。

(二)行政体制的作用

作为政治体制不可分割的重要组成部分,行政体制对行政系统乃至整个社会都有重要的作用。优良的行政体制能够提高行政管理的效能,增加行政资源的作为,进而促进社会的发展与进步。

(1)科学的行政体制有助于更好地发展社会生产力和促进社会主义市场经济的完善。科学的行政体制作为上层建筑的范畴,首要的含义是适应社会经济的发展要求,在合理确定职能的基础上,科学地设置职能齐全、运转灵便、富有效率、充满活力的各级各类行政机构。随着经济体制和行政体制改革的深入发展,科学的行政管理机构在职能转变和分解的基础上正逐步健全和完善。科学合理界定政府的经济职能,实行政企分开,进一步推动社会主义市场经济的完善,有助于促进经济发展和社会进步。

(2)科学合理的行政体制有助于克服官僚主义、增强行政管理的生机和活力,降低行政成本、提高行政效率。科学合理的行政体制就是对行政机关及其行政人员的行政职权的明确而科学合理的划分。行政体制中的职权配置是行政管理过程中的根本性问题。通过权力下放,划清各级各类行政机关的职责范围,层层建立行政责任制和实绩考核制,这是克服官僚主义的有效途径,也是增强行政管理活力、提高行政绩效的治本措施。

(3)科学合理的行政体制有助于造就更多优秀的行政管理人才,锻炼出一支高素质的公务员队伍。科学合理的行政体制,其中一项重要的内容就是对行政人员依法进行科学的分类管理,为年轻有为优秀的行政管理人才脱颖而出创造良好的环境。行政绩效的提高,活力的增强,乃至整个行政机构的高效化、廉洁化,都取决于公务员的个体素质以及整体结构的合理配置。优良的行政人员的素质及合理的行政人员的整体结构,既是科学合理的行政体制的一个标志,又是其发挥作用的前提。凡是行政体制比较健全,特别是行政人员管理制度体现了注重实绩、鼓励竞争、民主监督、公开监督等原则的,优秀行政管理人才就容易脱颖而出。

(4) 科学合理的行政体制有助于维护社会公平,保证社会的长期稳定。科学合理的行政体制就是要理顺社会各方面的关系,调动各方面的积极性,保障弱势群体的利益,努力实现社会公平和正义,维护广大民众的利益,以保证全社会的安定团结。行政体制在运行过程中要逐步消除不安定的社会因素,实现国家的稳定和繁荣,必须靠加快和深化改革。

二、行政体制的相关概念

(一) 行政权力体制

所谓行政权力体制,是指一个国家的行政机关与该国的其他国家机关、政党组织、群众团体等之间的权力分配关系及其制度的总称。这里的中心内容,是指国家行政机关在该国政治体制中所拥有的职权范围、所占有的权力地位。行政权力体制是行政体制的首要内容,通常应由宪法和法律作出明确规定,以利于各司其职,各尽其责。根据世界各国行政权力体制的发展历史与现实,归纳起来,现代民主国家的行政权力体制的常见类型主要有三权分立制和议行合一制。

1. 三权分立制

三权分立制是指国家的立法、行政、司法三种权力分别由议会、内阁(或总统)和法院掌握,各自独立行使职权,同时又相互制衡的权力体制。三权分立制度是根据近代分权学说建立起来的。三权分立制度首先在美国建立实行,后为绝大多数的西方国家所效仿,是西方国家的国家机关组织活动的基本制度。但因各国国情不同而有不同的形式。

三权分立制在反对封建势力复辟、建立资本主义民主制度的斗争中发挥过重要作用。但是,这个制度在实践中和理论上逐渐受到巨大冲击。由于政党政治的发展和影响,国家机关之间分权与制衡关系已经表现为执政党内部的权力分配与协作关系,以及各政党之间为争夺权力而进行的斗争与妥协的关系。由于行政权力不断扩大,而立法、司法两权对行政权的牵制力量相应削弱,三权之间的平衡关系受到了极大的冲击。尽管如此,三权分立制迄今仍然是资本主义国家机关进行组织与活动的一项基本制度。

2. 议行合一制

议行合一制是指立法权与行政权属于同一个最高权力机关,或者行政机关从属于立法机关,仅是立法机关的执行部门的政体形式和政权活动原则。议行合一制的理论依据是国家的一切权力属于人民。国家权力机关是代表人民的机关,它的权力是至高的、统一的、不可分割的。它比三权分立制更能体现人民意志在政治生活中的作用。议行合一制的基本特征是:(1) 由人民直接或间接选举的代表机关统一行使国家权力;(2) 国家行政机构和其他国家机关均由人民代表机关产生,各自对其负责并受其监督。国家权力机关在国家机构体系中处于最高地位，不与国家行政机关、审判机关和检察机关分权，不受它们制约，只对人民负责，受人民监督。

（二）政府首脑体制

政府首脑体制是指最高行政权力的代表者与其实际承担者之间权力关系的制度。也就是说，不同政体的各国，国家元首与政府首脑之间的最高行政权力的配置关系。根据世界各国国家元首与政府首脑的职位担任者的关系及人数状况，可以划分为三种类型：

1. 一元制

一元制，亦称单头制，是指一个国家的国家元首与政府首脑由一人兼任的制度。最典型的是美国的总统制，国家元首与政府首脑的职位权力集中于总统一身。一元制容易造成国家权力的滥用和个人专断，但是好处在于职责专一，处事果断迅速，行政效率较高。特别在国家与社会处于紧急状态之时，客观情势要求当机立断、反应迅速，其优点更为凸显。

2. 二元制

二元制，亦称双头制，是指一个国家的国家元首与政府首脑，分别由不同的个人担任的制度。采用此制的有现代的君主立宪制的国家，既保留世袭的国家元首，如英国、荷兰的国王、卢森堡的大公、日本的天皇等，又另设执掌实权的政府首脑，如设内阁首相、政府总理等。共和内阁制的国家也采用二元制，即由选举产生并有一定任期，一般称为总统者担任国家元首，而由议会产生并对议会负责的政府及其首脑，执掌着国家行政实权，如德国、印度的总统与政府总理。这样，国家元首与政府首脑从行政权力的执掌而言，形成一虚一实的二元体制。

3. 多元制

多元制，亦称多头制，是指一个国家的国家元首与政府首脑，分别由不同的个人或两人以上的集体担任的制度。如欧洲最古老的共和国圣马力诺采用多头制的政府首脑体制，即每半年由国家最高立法机关从议员中选出两人为执政官，他们的权力相等，既是国家元首又是政府首脑。又如，瑞士也实行多元制政府首脑体制，即由瑞士联邦议会选出 7 名委员组成最高行政机关联邦委员会，并且还从中每年选出 2 人为联邦总统、副总统，兼任联邦委员会主席、副主席。但无论是总统还是副总统，都与其他委员一样，也只有一个投票权，都是平等地集体行使国家元首职责和最高行政权力。多元制政府首脑体制有助于避免国家权力滥用和个人专权的危险，有助于政策的连续性和国家行政管理的稳定性，也有助于发挥集体的智慧。其缺点是，没有明确的职责相配合，容易使整个集体陷于软弱无力的状态。

（三）中央政府体制

中央政府体制是指一个国家代表统治阶级统一领导全国和地方行政工作的

最高行政机关的职权划分、活动方式和组织结构形式等制度的总称。它是行政体制的核心部分,它直接影响着行政效率,关系着整个国家行政系统的运行状况,乃至决定着国家经济和社会的发展。中央政府体制,由于各国的政权性质不同以及历史发展条件不同,因而类型各不相同。依据中央政府的组织形式,可以将世界上现代国家的中央政府体制,划分为以下列几种类型:

1. 内阁制

内阁制,又称作责任内阁制或议会内阁制,最早起源于18世纪初期的英国,后来为许多西方国家普遍采用的中央政府组织形式。如日本、联邦德国,加拿大、印度、斯里兰卡等国均采用此制。内阁制的主要特点是:第一,由议会中占多数席位的一个政党或政党联盟的领袖,受国家元首的委托,单独或联合组阁,该政党领袖经国家元首任命为内阁首脑,一般称内阁总理或首相。第二,内阁总理或首相是国家实际权力的中心,不仅是所属政党的领袖,而且是议会(或众议院)的领袖,更是政府首脑。第三,内阁代表国家元首行使行政全权,向议会负责,受其监督,若议会通过对内阁的不信任案,则内阁应辞职,或提请国家元首解散议会,重新选出议会,以决定内阁的去留。第四,内阁是整个国家行政机关的枢纽和决策中心,其组成人员由内阁总理或首相挑选,一般从本执政党内选择地位重要的人物入阁,并担任外交、财政、内政、国务等部长或大臣职务。内阁决策以首相的意见为准,最后决议也不投票表决,当内阁成员不同意首相意见而又不愿放弃时,首相有权免去其职务,或接受其辞职。

2. 总统制

总统制最早起源于美国,后来为许多国家普遍采用的中央政府的一种组织形式,如墨西哥、巴西、智利、印度尼西亚、巴基斯坦、菲律宾等国家。总统制的主要特点是:(1) 由选民普遍选举产生的总统,既是国家元首,又是政府有脑,对所有选民负责,不对议会或国会负责,议会或国会除可以对总统依法行使弹劾权外,不能以不信任票迫使总统辞职,而总统也不能解散议会或国会。(2) 总统是国家实际权力的中心,行政权完全属于总统,拥有任免政府部长、驻外大使等高级官员之权,有对外缔约权、统帅武装部队并掌握最高军事指挥权,有发布行政命令权、签署法案权等。总统行使其职权要依法受立法机关、司法机关的监督和制约。(3) 由总统组织和领导内阁。在美国,按照惯例,各部部长都是内阁成员,内阁会议不定期,成员也不固定,由总统决定。内阁本身不是决策机关,仅是总统的集体顾问或办事机构,向总统个人负责,内阁成员不能同时兼任国会议员。

3. 委员会制

委员会制最早起源于19世纪中期的瑞士,至今仍沿用这种独具特色的中央政府的组织形式。它集内阁制和总统制的特点于一身,其主要特点是:(1) 国家最高行政权力由联邦议会产生的联邦委员会集体执掌,一切重要决议都要经过集体讨论,以少数服从多数的原则通过,包括总统、副总统或主席、副主席在内的所有委员地位完全平等,职权完全相同。(2)联邦委员会是联邦议会的执行机关,必须服从联邦议会所决定的政策,无权否决或退还联邦议会通过的法律和决议,更不得解散联邦议会,而联邦议会也不能因与其意见不合,而迫使联邦委员会辞职。(3)联邦委员会委员的出任由政党推荐,但本人不一定就是该政党的领袖,并且一旦当选,就不以该政党身份参与领导工作,其言行原则上不受该政党约束,只对联邦委员会集体负责。

4. 国务院制

国务院制是由新中国成立初期的中央人民政府政务院演变而来,并于1954年正式确立为中央人民政府的组织形式。我国国务院制的特点是:第一,国务院由每届全国人民代表大会第一次会议组织产生,是我国最高国家权力机关的执行机关,也是我国最高行政机关,对全国人民代表大会及其常委会负责并报告工作。第二,国务院组成人员主要包括总理、副总理若干人、国务委员若干人、各部部长、各委员会主任、审计长和秘书长等。其中的总理由党中央以法定程序予以推荐,由国家主席提名,经全国人大以全体代表过半数通过决定,由国家主席任命。其他国务院组成人员,均由党中央推荐、总理提名,由全国人大以全体代表过半数通过决定,由国家主席任命。第三,实行总理负责制,国务院总理负责领导国务院的工作,副总理和国务委员协助其工作。由总理召集和主持国务院全体会议、国务院常务会议,国务院工作中的重大问题,必须经全体会议或常务会议讨论。

(四)行政区划体制

行政区划体制是指国家为实现有效管理依据一定的原则,将全国划分为若干层次的区域单位,并建立相应的各级各类行政机关的一种制度体系。任何国家行政区域的划分总要符合统治阶级的根本利益和社会管理的需要,同时顾及政治、经济、文化、民族、地理、人口、国防、历史传统等多方面的因素。现代世界各国行政区域划分主要根据以下原则。

(1)政治原则。促使国家机关密切联系民众,便利民众管理国家,实现当家作主的民主权利。

(2)经济原则。根据不同地区的经济特点进行划分,使之有利于生产力的发展和社会经济的繁荣。

(3)民族原则。根据少数民族的居住状况和其他特点进行划分,使之有利于各民族的团结和发展。此外还要考虑历史传统、人口分布、地理环境和国防需要等条件,以科学、合理地确定行政区划。

(4)精简、统一、效能原则。行政区划的设计和划分应该有利于提高行政效率,尽量精简机构、减少行政层级,使政令有效统一。

行政区划虽因国家本质不同而具有鲜明的阶级性,但它同时也是一个动态的历史范畴,具有历史延续性。中国自秦代建立统一国家并实行郡县制以来,历代行政区划虽有变更,但变化并不太大。另外,在同一个政权下,由于政治、经济、民族等情况的变化,在不同时期的行政区划也会有所调整和变更。新中国成立以来,我国行政区划经过多次调整和曲折反复,其主要目标是为了适应乡镇区域乃至全国的经济发展。

我国现行宪法规定:中国行政区域按三级划分:全国分为省、自治区、直辖市;省、自治区分为自治州、县、自治县、市;县、自治县分为乡、民族乡、镇。直辖市和省辖市分为区、县、市。自治州分为县、自治县(内蒙古为旗、自治旗)、市。目前,中国设有省级行政区 31 个,其中 4 个直辖市、23 个省、5 个自治区。此外,宪法还规定,国家在必要时可以设立特别行政区。我国政府分别于 1997 年 7 月 1 日和 1999 年 12 月 20 日恢复了对香港、澳门行使主权并设立了香港、澳门特别行政区。它们是按照"一国两制"而建立的享有高度自治权的地方行政区域,直属于中央人民政府,这是我国现阶段行政区划的一个新特点。

我国行政区划调整办理程序根据行政层级的不同而有所区别。涉及两个乡镇的行政区划调整事项,须经双方的政府和人大同意,由县级民政部门对调整事项进行审核,经县级人民政府同意后,以县级政府名义向市(州)人民政府上报调整请示。市(州)人民政府接到请示后,转本级民政部门审核并提出具体意见,若同意,则以市(州)人民政府的名义报省人民政府。省人民政府接到请示后转省民政厅审核,省民政厅提出意见,经省政府批准后,由省民政厅代省政府下达同意调整的批复文件。市(州)人民政府接到批复文件后,按行政管理程序逐级办理落实区划调整事项。

县级行政区划调整的办理程序大致与乡镇行政区划调整的办理程序相似,只是省人民政府接到请示后转省民政厅审核,令其提出具体意见,若同意后还需以省人民政府的名义报国务院,若国务院或民政部同意批复后,省人民政府再按行政程序逐级办理。

第四节 行政体制改革

一、中国现有行政体制的主要问题

改革开放以来,党和国家为建立一个办事高效、运转协调、行为规范的行政管理体制不断进行改革,从 1982 年到 2008 年先后经历了六次较大的以机构改革为重点的行政体制改革。为适应经济体制改革和完善社会主义市场经济的需要,我国行政体制改革不断深化,在推动经济和社会发展中发挥了积极作用。行政体制改革的成就主要体现在四个方面。

首先,行政体制改革推进了民主政治改革和建设的进程。其次,行政体制改革解放和发展了中国的社会生产力,促进了社会主义市场经济的发展和完善。再次,行政体制改革促进了政府职能的转变,提高了政府管理水平和行政效率。最后,行政体制改革更新了人们的观念,提高了公务员素质,扩大了公民参与,增强了公众对政府的信任度。

尽管近三十年的行政体制改革取得了巨大的成就,但是,我国行政体制改革还处于进展时期,所取得的成就也是初步的和阶段性的,一些深层次问题仍然未能得到根本解决,存在的问题主要表现在以下方面。

(1)政府职能正在转变,远未到位,行政审批和对企业的行政干预仍然过多,政企关系有待进一步规范。适应市场经济发展,下放权力,转变政府职能,是我国行政体制改革的重点。到2002年底,我国经济的市场化程度已经达到较高水平,但政府职能转变却相对滞后。如:政府随意干预经济主体的微观经济行为;不少政府机关和工作人员仍习惯于计划经济的管理办法,依法行政水平不高;行政垄断,地方保护,对不同经济主体实行区别对待政策,阻碍了市场经济秩序的完善,严重违背了WTO的市场开放和公平竞争原则;政府管理透明度低,往往通过内部行为来管理经济社会事务。这种情况,不仅难以发挥市场在资源配置中的基础性作用,阻碍市场经济发展和社会进步,而且不能形成科学决策体制,容易造成责任不清和决策失误,也是产生政策走样、权钱交易、政府腐败的制度原因。

(2)政府机构总量仍然偏多,职责交叉重复现象仍然存在,行政执法体制中的多层执法、多头执法、执法扰民现象严重。政府机构庞大,人员臃肿,是我国行政体制的一大顽症,历次机构改革虽然精简幅度较大,但与市场经济发展的要求仍有较大差距。发达国家内阁组成部门一般维持在16个左右,最多的也不超过20个。改革开放以来,我国政府虽然经过六次机构改革,但是在最近2008年的改革之后,国务院组成部门仍保留28个,再加上特设机构、直属机构、行使行政管理权的直属事业单位、办事机构和国务院办公厅,总数达78个,这个数字还不包括28个正部级的国务院议事协调机构和临时机构。机构总量较多,制约了政府职能的转变,也难以杜绝官僚主义和腐败现象。特别是有些政府部门职责交叉,职能重复,导致行政执法中多层执法、多头执法,甚至争权夺利或推诿扯皮,造成了行政管理体制的紊乱。

2013年3月,全国人民代表大会批准、国务院公布了《机构改革和职能转变方案》,启动了第七次政府机构改革。此次改革将国务院正部级机构减少4个,其中组成部门减少2个,副部级机构增减相抵数量不变。改革后,除国务院办公厅外,国务院设置组成部门25个。此次改革的核心为政府职能转变。在国务院职能转变方面,要求:减少和下放投资审批事项;减少和下放生产经营活动审批事项;减少资质资格许可和认定;减少专项转移支付和收费;减少部门职责交叉和分散;改革工商登记制度;改革社会组织管理制度;改善和加强宏观管理;加强基础性制度建设;加强依法行政。

(3) 中央与地方的职权划分需要进一步科学化、规范化,中央及省以下垂直管理机构与地方政府的关系没有理顺,条块矛盾突出。在计划经济时期的中央高度集权的管理体制弊端很多,已经不适应社会主义市场经济的需要。我国行政体制改革的核心内容之一,就是改革中央高度集权的管理体制。近三十年来,这一改革在经济领域成效比较明显,其他领域则不尽如人意。一些长期存在的问题,至今仍未得到根本解决:第一,中央在某些方面权力过于集中,地方缺乏应有的管理自主权;第二,中央与地方权限划分不规范,法治化程度不高;第三,中央与地方关系的运行缺乏应有的制度化和程序化,非制度化、非程序化和体制外的运行比较严重;第四,中央与地方的某些权限划分是在改革开放初期确定的,现在已经时过境迁,但没有及时进行调整;第五,地方权力下放不均等,导致地方与地方之间的不平等、不公正,对市场经济发展和民主政治建设都产生了负面影响;第六,某些部门实行垂直管理以后,与地方政府的关系缺乏明确的法律规定,使许多垂直机构与地方政府的矛盾不断。

(4) 政府与企业、事业、中介组织以第三部门等其他社会主体的关系尚未明确,有待进一步理顺。行政体制改革,需要理顺政府内部的各种权责关系。而政府内部关系的理顺是以政府外部关系的理顺为前提的,政府与经济主体、政治主体和社会主体的关系不理顺,政府职能和权力边界就很难界定清晰。我国在行政体制改革中,一直比较注重调整政企关系,采取各种措施,促进政企分开。尽管这项改革也不到位,许多地方的政企关系仍然没有实现政企分开,但这方面的改革毕竟在积极探索,不断向前推进。比较而言,政府与政治主体和社会主体关系的调整进展不大。第一,要正确处理现代化建设时期的党政关系,克服党政不分、以党代政的弊端。实行党政分开,是邓小平政治体制改革和行政体制改革的重要思想。在邓小平这一思想指导下,我国曾在政治体制改革中,对如何正确处理现代化建设时期的党政关系,进行了一系列理论与实践上的探索。但在行政体制改革中,却很少触及这一问题,致使行政体制改革在这一方面进展不大。第二,在政事关系、政社关系方面,政府在行政体制改革中进行了一些探索。例如,推动应用开发型科研院所和地质勘探、勘察设计单位改企转制,参与市场竞争;推进新闻出版、广播电影电视等事业单位管理体制改革,组建了中国广播电视集团和出版集团,盘活存量资产,优化资源配置,发展集约经营;推动经济监证类社会中介机构与主管部门或挂靠单位在人员、财务、业务、名称等方面彻底脱钩;等等。但从整个社会来看,事业单位、社会中介组织还没有充分发挥有效的作用,迄今仍没有实现政事、政社分开,这方面的改革任务仍很繁重。第三,在政府与公民关系上,许多地方已经进行了一些改革试验,这对于实现公民政治参与的制度化和程序化,对于政治文明和政府文明建设,都具有重要意义。但这些改革和试验还都是初步的,与行政民主化的要求,还有一定差距。

(5) 行政法治建设尚需强化、落实。依法治国基本方略的中心内容,就是依法行政。而要做到依法行政,就必须加强行政法治化建设。近些年,我国对行政法治建设比较重视,但在某些方面,仍然不能完全适应发展的需要。例如,《国家机构编制法》、《国家机构职能法》以及新《国家公务员法》的相关配套法规必须尽快出台,各级政府组织法中的某些条款亟待修改。必须通过行政法治建设,促进政府组织和行为的规范化、法治化,进一步巩固改革开放以来我国行政改革的有益成果,逐步深化行政管理体制改革。

二、行政体制改革的发展趋势与具体思路

1. 行政体制改革的发展趋势

21 世纪初期的行政环境决定和影响了我国行政体制改革的发展趋势。(1) 社会主义市场经济的发展对行政体制改革提出了新的要求,行政体制改革与经济体制改革需要配套进行。社会主义市场经济体制的基本框架已初步确立。(2) 经济全球化和科学技术的发展,特别是加入 WTO,对中国政府的公共政策和公共服务提出了新的挑战。一方面,必须按照世贸组织的规则办事,使公共政策的制定与之相衔接;另一方面,必须按照世贸组织的游戏规则,逐步改变公共服务的垄断现象,开放公共服务市场,引入竞争机制,提高公共服务的质量和效益。(3) 民主政治建设的进程对提高政府管理的效率、实现公开化以及廉政建设提出了更高要求。随着市场经济的发展和民主政治建设的进程加快,公民的参与意识、竞争意识、公平意识和责任感不断增强,对政府管理的要求也越来越高。(4) 网络技术的迅速发展与网络空间的迅速膨胀对行政组织结构、权力运行方式、政府信任水平、官员行政素质、组织信息公开、政府职能转变等都提出了较高要求。在人人拥有"麦克风"的网络时代,政府行政体制改革的试错成本越来越高,这对行政体制改革的前期理论准备和经验积累提出了更高要求。

近几次的行政体制改革构成了一个由表及里、由浅入深、由易到难、相互衔接的渐进进程,大体呈现以下发展趋势:一是从以精简机构人员为重点转向以科学配置政府职能为核心;二是从主导经济发展转向注重社会管理;三是从管制转向服务;四是从结构调整转向机制构建。总之,为适应社会经济发展的新形势,我国行政体制改革的总目标应是:建立与社会主义民主政治相配套、与社会主义市场经济体制相适应的,具有中国特色的社会主义行政管理体制。

党的十六大确立了我国深化行政体制改革的基本框架,决定了行政体制改革的发展趋势。十六大报告指出:进一步转变政府职能,改进管理方式,推行电子政务,提高行政效率,降低行政成本,形成行为规范、运转协调、公正透明、廉洁高效的行政管理体制。依法规范中央和地方的职能和权限,正确处理中央垂直管理部门和地方政府的关系。按照精简、统一、效能的原则和决策、执行、监督相协调的要求,继续推进政府机构改革,科学规范部门职能,合理设置机构,优化人员结构,实现机构和编制的法定化,切实解决层次过多、职能交叉、人员臃肿、权责脱节和多冲多头执法等问题。按照政事分开原则,改革事业单位管理体制。同时,报告还指出,要改革完善机制,推进决策的科学化、民主化;深化干部人事制度改革,努力形成广纳群贤、人尽其才、能上能下、充满活力的用人机制;加强对权力的制约和监督。建立结构合理、配置科学、程序严密、制约有效的权力运行机制。

党的十七大报告坚持科学发展观,与时俱进地提出加快行政管理体制改革,建设服务型政府的策略方针。十七大报告指出:行政管理体制改革是深化改革的重要环节,要抓紧制定行政管理体制改革总体方案;着力转变职能、理顺关系、优化结构、提高效能,形成权责一致、分工合理、决策科学、执行顺畅、监督有力的行政管理体制;健全政府职责体系,完善公共服务体系,推行电子政务,强化社会管理和公共服务;加快推进政企分开、政资分开、政事分开、政府与市场中介组织分开,规范行政行为,加强行政执法部门建设,减少和规范行政审批,减少政府对微观经济运行的干预,规范垂直管理部门和地方政府的关系;加大机构整合力度,探索实行职能有机统一的大部门体制,健全部门间协调配合机制;精简和规范各类议事协调机构及其办事机构,减少行政层次,降低行政成本,着力解决机构重叠、职责交叉、政出多门问题;统筹党委、政府和人大、政协机构设置,减少领导职数,严格控制编制,加快推进事业单位分类改革。

党的十八大报告确定了深化行政体制改革的一些新方向和新趋势。十八大报告指出:行政体制改革是推动上层建筑适应经济基础的必然要求,要按照建立中国特色社会主义行政体制目标,深入推进政企分开、政资分开、政事分开、政社分开,建设职能科学、结构优化、廉洁高效、人民满意的服务型政府;深化行政审批制度改革,继续简政放权,推动政府职能向创造良好发展环境、提供优质公共服务、维护社会公平正义转变;稳步推进大部门制改革,健全部门职责体系;优化行政层级和行政区划设置,有条件的地方可探索省直接管理县(市)改革,深化乡镇行政体制改革;创新行政管理方式,提高政府公信力和执行力,推进政府绩效管理;严格控制机构编制,减少领导职数,降低行政成本;推进事业单位分类改革;完善体制改革协调机制,统筹规划和协调重大改革。

2013 年的国务院政府工作报告指出,未来我国要切实加强政府自身建设,进一步深化行政体制改革。初步建立职能统一的大部门体制框架,始终把实行科学民主决策、坚持依法行政、推进政务公开、健全监督制度、加强廉政建设作为政府工作的基本准则。在规范行政权力运行,建设服务政府、责任政府、法治政府和廉洁政府方面,不断采取新举措。

2. 行政体制改革的具体思路

行政管理体制改革是深化改革的重要环节,是政治体制改革的重要内容,也是完善社会主义市场经济体制的必然要求。中国经济、政治和社会环境正在发生深刻的变化,加入 WTO 和全面建设小康社会,对行政体制改革提出了新的更高的要求。为适应这一新形势,必须加大力度,继续深化行政体制改革。首先,对我国行政体制改革的重大理论问题和实践问题进行深入系统的研究,既为改革提供具体的理论指导,又可以提出可资借鉴的参考方案。领导层和决策者要高度重视理论研究,多听听专家学者们的意见,这对于科学规划、整体指导行政改革,具有不可忽视的作用。其次,要使改革适应发展的需要,必须制定科学的改革战略,使行政体制改革与经济体制改革和政治体制改革相互促进,相互协调,统筹兼顾,整体推进。再次,应注重行政体制改革的顶层设计。自上而下地对我国行政体制改革的蓝图进行系统的规划和设计有利于我国行政体制改革少走弯路、减少阵痛。最后,要明确和完善行政体制改革的目标和重点。在新的社会历史条件下,我国行政体制改革的目标应与社会主义市场经济体制相适应,与民主政治相配套,既符合国际规则与国际惯例,又兼顾中国实际的公共行政体制。

2013 年的国务院政府工作报告提出,要深化行政管理体制改革,按照建立中国特色社会主义行政体制目标,坚持转变政府职能,深入推进政企分开、政资分开、政事分开、政社分开,建设职能科学、结构优化、廉洁高效、人民满意的服务型政府。尤其是随着我国经济快速发展,行政体制的深化改革将推动上层建筑适应经济基础,保障社会、经济和文化协调、稳步发展。这反映了在社会经济发展的新阶段政府管理体制改革的正确路径选择。

在行政体制改革的目标和发展趋势的引导下,深化行政体制改革必须确立如下具体思路:

(1) 正确处理党委与政府的关系。要在坚持党的领导的前提下,改善党的领导,改革和完善党的领导方式和执政方式,将党的领导纳入社会主义民主法治轨道。同时建立从国务院到地方各级政府自上而下强有力的政府工作系统,加强和改善宏观调控,保持宏观经济稳定,促进经济结构的战略性调整,保障国家经济安全,充分发挥政府系统应该发挥的作用。

(2) 加大政府职能转变力度。这是深化行政管理体制改革的核心。健全政府职责体系,全面正确履行政府职能,努力建设服务型政府。要按照市场经济发展规律和 WTO 规则的要求,在认真分析我国国情和充分借鉴市场经济发达国家有益经验的基础上,根据《行政许可法》的规定明确各级政府职能,加快政府审批制度改革,大幅度减少行政性审批,依法监督各级政府认真履行自己的职责。在此基础上,改进政府管理方式,推行电子政务,提高行政效率,降低政府成本。在加强和改善经济调节、市场监管的同时,更加注重社会管理和公共服务,注重改革社会组织管理体制和社会管理创新,注重维护社会公正和社会秩序,促进基本公共服务均等化。

(3) 继续推进政府机构改革,科学规范部门职能,合理设置机构,优化人员结构,实现机构和编制的法定化,切实解决层次过多、职能交叉、人员臃肿、权责脱节和多层多头执法等问题。要继续深化和推进"大部制"行政改革,促进行政职能整合,提高公共服务质量。对一些职能相近或职能重叠的部门通过"大部制"改革整合为一个效率更高效、职能更明确、流程更顺畅、运转更协调、运作更规范、服务更妥帖的行政部门。要打破部门壁垒、推动部门协调、减少行政编制、调整行政层级、继续精简放权,科学、合理地推动交通、能源、卫生等部门的归并与整合。

(4) 依法规范中央与地方的职能和权限,加快财政体制改革步伐。建立和完善中央与地方的合理分权体制,理顺垂直部门与地方政府的关系,建立和完善公共财政体制。

(5) 正确处理政企、政事、政社关系。要按照社会主义市场经济发展的要求,实行政企、政事、政社分开,切实扩大并依法保障企事业单位和社会团体的管理自主权。逐步推进事业单位的社会化、市场化,减少政府部门办理的有关中介事务,创造统一、规范、公平竞争的市场环境和秩序。

(6) 培育和发展社会中介组织。重视发挥行业协会、商会和其他社会组织的作用。培育和发展社会中介组织,依法规范社会中介组织的行为,减少政府部门办理的有关中介事务,正确发挥社会中介组织在市场经济发展中的作用。

(7) 继续深化干部人事制度,改革完善公务员制度,造就高素质的专业化国家行政人员队伍,将激励竞争机制进一步引入到对行政人员的人事管理中。提高公务员的政治素质和行政能力,从而有效地提高行政效率。

(8) 改革和完善行政首长负责制,依法明确行政首长的职责权限,既要充分发挥行政首长负责制的作用,又要防止和克服行政首长的家长制现象。

(9) 改革和完善行政监督体制,加强对公共权力的监督和制约,防止和克服滥用权力现象。坚持用制度管权、管事、管人。加强行政权力监督,规范行政许可行为。强化政府层级监督,充分发挥监察、审计等专门监督的作用。自觉接受社会各个方面的监督。推行行政问责制度和政府绩效管理制度。切实加强公务员队伍建设。严肃法纪政纪,坚决改变有令不行、有禁不止的现象。大力推行政务公开，健全政府信息发布制度，完善各类公开办事制度，提高政府工作透明度，创造条件让人民更有效地监督政府。

(10) 推进行政省直管县(市)改革，精简行政层级、提高行政效率。在推行财政省直管县的同时注重行政省直管县的推动；注重省直管县的权力运行与职能转变，把握改革的力度与进度，因地制宜、适时进取；根据各地的经济状况和历史特点分批次、循序渐进、梯次推进，不可一刀切、不分差异、急功近利；注重配套措施的完善和跟进，行政人事制度、职称制度、薪资制度、财政制度等应随改革而适时调整。

(11) 完善科学民主决策机制，完善行政决策程序、绩效考核和行政问责制度。要围绕科学决策、民主决策，设计、落实、规范包括公示、听证、专家咨询等在内的行政决策程序制度。建立全面、科学的政绩考核指标体系，绩效指标设定应注重经济发展与环境保护、效率与公平、全面与重点的协调。推行行政问责制，尤其要加大在医药卫生、食品药品、环境质量、安全生产等重大民生和公共安全领域的问责力度，克服权责不清的弊病，提升政府管理和公共服务的质量。

(12) 加强政府廉政建设，加大反腐败的力度。要把反腐倡廉建设放在更加突出的位置，旗帜鲜明地反对腐败。坚持标本兼治、综合治理、惩防并举、注重预防的方针，扎实推进惩治和预防腐败体系建设。特别要解决权力过分集中和缺乏制约的问题。从根本上加强制度建设，规范财政转移支付、土地和矿产资源开发、政府采购、国有资产转让等公共资源管理。加大专项治理力度，重点解决环境保护、食品药品安全、安全生产、土地征收征用和房屋拆迁等方面群众反映强烈的问题，坚决纠正损害群众利益的不正之风。大力提倡艰苦奋斗，坚决制止奢侈浪费。加大反腐败的力度，严肃查处各类违法违纪案件，深入开展治理商业贿赂，依法严惩腐败分子。

(13) 推进事业单位分类改革，推动公益事业更好更快发展，不断满足人民群众日益增长的公益服务需求。要坚持分类指导、分业推进、分级组织、分布实施的工作方针，注意把握节奏，加强统筹，做到条块结合、上下结合、条件成熟的可率先改革，暂不具备条件的允许过渡，不搞“一刀切”。

第四章　行 政 领 导

对行政领导的讨论是公共行政学中的重要话题。在公共行政组织系统中，行政领导处于中心地位，是全部行政活动的发起者与策动者，行政领导的素质、产生、结构、权责与方法对于行政活动的有效进行至关重要。

第一节　行政领导概述

一、领导的含义与性质

（一）领导与领导权威

1. 什么是领导

领导作为一种社会活动，是伴随着人类社会的产生而产生的。自人类各种不同类型的组织需要管理以来，也就有了对领导的研究。《孙子兵法》中就有"将者，智信仁勇严也"的提法，即作为领导者应当智多识广，言行有信，爱护下属，果断处事，赏罚分明，这些是对领导方法与风格的要求。《说文解字》中对领导的解释是"领者项也，导者引也"，这种解释是对领导的静态和人格化解释，即将领导解释为一种"项引"职能的人群。在封建时代或者专制国度，领导同严格的等级制、身份制、种族制、宗教制是联系在一起的，人们对领导性质的解释与理解比较单一。领导是神秘、应然而高贵的群体，领导者与被领导者之间是自上而下单纯的从属关系。

真正将领导作为一种科学加以研究是近现代以来的事情。由于现代社会分工的细化，社会组织形态也呈现出多元化的特点。与此相适应，领导就可以分为政治领导、经济与企业领导、科技领导、行政领导等。领导不仅是可以引领下属的群体，领导也是一种社会活动。

从静态的领导者来看，领导不是超然、天生的特殊群体，不应当用社会等级的眼光来划分全体公众。美国学者贝尼斯（Bennis）和纳纽斯（Nanus）在其名著《领导者：掌管的策略》（The Strategies for Taking Charge）一书中对90位美国社会各领域的出色领导者进行研究后表明：领导者没有统一的长相、气质与风格，领导对所有的人都是开放的。从动态的领导活动来看，领导其实是一种行为结构，领导者与被领导者之间因此可以理解为一种社会分工与互动关系。在一定社会群体范围内，一些人怀着某种动机，抱着某种目的，动员制度的、政治的、心理的和其他各方面的力量,激发跟随者的欲望,使他们参加到实现目标的工作中并实现目标,对这一过程的实施就是领导活动。

2. 领导与权威

领导者是如何取得领导地位,又如何能拥有一批追随者呢?其根本在于领导要拥有一种或数种权威,也就是说,权威是领导者领导的力量来源。如何赢得权威呢?一般说来,权威的来源有五种:一是回报的权威,即领导者可以给追随者以回报,从而获得权威;二是强制的权威,即领导通过对下属施加强制而获得权威;三是合法的权威,也就是说,领导者是通过合法的程序拥有领导地位与权力的;四是心理承认的权威,即下属对领导者的某种先天或后天的特征有所偏好而愿意追随领导;五是专业性的权威,即领导者在某一方面拥有专业智能而被下属所尊崇。

(二) 领导理论

近、现代以来,随着人们对领导研究的加深和视角的拓宽,出现了各种类型的领导理论。

1. 特质理论

特质理论认为领导者是组织活动的中心。领导就是领导者以权力为基础,凭借个人的人格与素质去指导下属实现领导者的意图和目标。也就是说,领导工作的绩效主要取决于领导者所具有的某种特殊素质。这种理论忽视被领导者的作用,忽视领导体制和领导环境的作用,强调的是领导者个性化的素质与魅力,甚至是先天性的一些个性特征,主张领导者素质的完美无缺、领导风格的尽善尽美。

2. 行为理论

行为理论认为任何领导活动都是在领导者与被领导者的互动中实现活动目标,提高工作绩效的。领导工作的成功虽然取决于领导者的一些特质,更取决于领导者的领导艺术与风格。只有具备卓越的领导风格,通过科学、合理的领导行为,行政领导者才能够最大限度地激发被领导者的工作积极性与潜能。行为理论反对过分强调领导者的个性特征,领导者不是先天的,出色的领导者也不是先天的,而是在工作实践中训练、磨合而成的。

3. 权变理论

权变理论可以视为是行为理论的分支理论,它认为领导是一个动态的过程,领导的艺术与风格没有惟一正确的答案。领导过程其实是领导者个人的素质与风格、被领导者的素质与风格同领导环境与体制之间的函数,领导工作的绩效决定于上述三个方面的共同作用。为此,领导者要因人、因事、因地、因时去选择合适的领导方法与领导艺术。

4. 目标理论

目标理论强调的既不是领导者的先天素质,也不是后天的领导风格,而是关注如何寻求和实现一个符合特定群体需要的共同目标。领导就是在特定的群体中领导者说服该群体中尽可能多的人在一定程度上放弃个人利益,发挥群体力量,追求共同目标的过程。为此,领导者在群体中的道德倾向应当是中立的,领导工作绩效的核心是共同目标的群体说服力。

5. 权力与资源理论

权力与资源理论强调领导工作成功的关键是领导者所拥有权力的大小和可支配资源的多少。领导者的权力与资源既有正式、法定的职权与公共资源,也涉及法定职权与公共资源以外的基于个人专长、能力、资历、人际关系等因素而存在的个人影响力和调动法定公共资源以外资源的能力。出色的领导应当关注上述两个方面的权力与资源。

6. 结构关系理论

结构关系理论认为,领导是在一定组织结构或人际关系结构中所进行的一种特殊活动,这一结构要么是以权力、规则为基础而构成的正式结构,要么是以人际关系、性别、心理与情感纽带为基础而构成的非正式结构。

7. 性别理论

性别理论认为对领导权力的认识、领导与下属的关系模式、领导结构、领导体制与环境、领导话语与方法等与领导有关的许多方面同性别都是有关联的。在男性传统占支配地位的环境里,人们对女性与权力的关系、女性成为领导的社会机制、领导观念等诸多方面都存在一定程度的偏见。

二、行政领导

(一) 行政领导的概念与特点

1. 行政领导的定义

行政领导是领导的一种具体类型,是指为实现公共行政目标,国家行政机关的各级领导者根据法定职权而进行的决策、指挥、控制、协调、检查、调研等多种形式的组织管理活动。行政领导是各级行政领导者及其领导活动的总和,是静态与动态领导的合成,是行政领导者、群体目标、被领导者同领导体制与环境四个方面相互作用的过程。

2. 行政领导的特点

由于行政领导活动存在于国家行政系统之中,它在性质、内容与形式方面有以下特点:

(1) 法定性。行政领导的产生、职位分类、职权与责任都要有相关的法律规范予以规定,如宪法、行政组织法、公务员法、编制法等。为此,行政领导必须在法定范围内、按法定程序行使职权,同时要依照法律规范的规定承担一定的职责,接受一定的监督。

(2) 政治性。行政领导是拥有组织和指挥权力的国家行政机关工作人员，在行政决策、领导目标与方向等许多方面，行政领导同政党、议会、公众意志等政治现象之间存在紧密联系。

(3) 权威性。行政领导的职权、地位、职务待遇受法律规范的认可和保障，具有法律意义上的权威性与强制性，行政下属、被领导者或者公众应当遵从。与此同时，行政领导的权威还可以来源于法律以外的个性化特征，如阅历、智能素质、领导风格等。

(4) 等级性。同行政机关一样，行政领导也是以严格的权力分层，即科层制作为其存在形式的。对公务员(包括行政领导)进行职位的分类与分级更是成为现代公务员制度的中心内容。

(5) 协同性。除权力色彩之外，行政领导还是一种结构关系活动，有赖于下属和公众的支持和认同，是领导者与被领导者的互动、协作，只有双方有效协同起来，才能顺利、有效地完成各项行政事务。

(二) 行政领导的作用

无论是静态的行政领导(者)还是动态的行政领导活动在国家行政系统中都居于首脑的地位，它不仅是行政组织的核心，也是行政运作的指挥中枢，在政府管理与服务的各个领域与全过程中，行政领导都发挥着中心作用。尤其是，今天的政府管理事务日益复杂化、专业化，加上“集权”与“唯上”的中国行政传统，行政领导的作用与地位显得尤为突出，决定着政府的风气与绩效，左右着国家社会经济的发展、政治秩序的安定和国力的强弱。具体来说，行政领导的作用可以归纳为以下几个方面：

(1) 决策导向作用。行政领导的首要作用是决策决断，也就是解决“干什么”、“怎样干”和“谁去干”的策划与谋略问题。行政领导是行政管理与服务的中枢，行政领导的决策过程往往决定了具体工作的目标以及人、财、物的调动方向，被领导者也是通过行政领导的决策知悉该做什么、为什么做。

(2) 指挥激励作用。决策制定后就是推动决策的实施与执行，为此行政领导不仅要制定具体的实施计划，还要把相关的人、财、物配置起来，在积极宣传、激励的基础上，激发被领导者的工作积极性、主动性与创造性，不遗余力地去完成决策任务，实现决策目标。

(3) 协调督促作用。在许多情况下，为有效完成行政任务，行政领导需要在领导与被领导者之间、不同工作部门之间做沟通与协调工作，以协调部门关系、人际关系、利益关系，为顺利实现工作目标创造条件。与此同时，行政领导还要及时、全面、客观地检查下属部门和工作人员的执行与实施情况，督促其按时、按质、按量地完成各项任务。

(4) 评判导向作用。在执行行政决策、完成行政任务过程中或之后，行政领导需要对下属工作部门与工作人员的工作业绩进行评估,以总结工作经验,提高工作绩效。同时,行政领导需要在客观总结的基础上,表扬、奖励先进的工作部门与人员,并将这项工作同行政工作人员的晋升相联系,从而对其他部门和工作人员起到正确导向作用。

(5) 个人示范作用。在行政组织活动中,行政领导往往是其下属的关注中心。从决策阶段的智慧与胆识到执行与实施阶段的方法与魄力,从领导作风的严格度、公正度到个人风格与品德的魅力度、高尚度,对被领导者都会起到示范作用,甚至会影响到其所领导的整个行政单位的风气。

三、行政领导素质

领导素质是指在先天心理与生理特征的基础上,通过后天学习和实践而逐渐形成的领导者所具备的内在和外在要素的合成,是领导者在道德、品格、知识、情操、能力、身体条件等方面综合特征的反映。行政领导素质是指行政领导者能够有效履行领导职责、行使行政权力所应具备的各种素质条件的总和。行政领导素质要件不仅有固定的特点,更有与时俱进的要求;不仅有超越文化的共性特征,也有具体文化类型下的个性要求。在我国新的历史条件和行政环境背景下,行政领导是完成各种公共行政任务,实现公共利益和国家全面发展的中枢。为此,行政领导者不仅要同其他类型领导一样,具有宽广的视野与知识结构、把握全局的战略头脑、科学果断的决策能力、勇于开拓的进取精神、统筹协调的组织才干、脚踏实地的工作作风,还应当具有鲜明的政治立场、坚定的爱国信念、真心为民的施政情怀。具体来说,行政领导的素质可以概括为政治素质、精神素质、智能素质和身体素质四个方面。

1. 政治素质

中国古代对"官德"就甚为关注,如《资治通鉴》中有"德者,才之帅也"的表达。唐太宗主张"君天下者,惟正身修德而已"。"德"被强调为官员素质的第一要义,官德指的其实就是官员的政治素质。在现代行政背景下,政治素质应当是一个综合概念,它不仅是指行政领导者作为某种政党成员应当具有坚定的政治立场与政治目标,以及认真贯彻、执行执政党和上级政府的路线、方针、政策的工作态度;还应当指行政领导者必须具有强烈的爱国热情,清正廉洁为官的信念,奉公守法的工作习惯,实事求是的工作作风,讲整体、识大局的工作境界,诚实信用的基本品行,追求绩效、以民为本的工作责任感。缺少了良好的政治素质,行政领导的其他才能不管有多突出,于事、于民、于国都难有裨益。

2. 精神素质

精神素质指的是行政领导的气质条件,包括风度仪表、举止谈吐、开拓胆识、自信心、果敢度、仁和度、应变能力、恒心与毅力等等。在很大程度上,领导的本质是影响力,精神素质是领导品位与性情的外在体现,因此,它是合格与成功的行政领导者必须强调的素质类型。行政领导不仅要具备优良的政治素质和业务能力,还要在精神层面发挥示范、激励、凝聚和协调作用。

3. 智能素质

智能素质包括两方面:一是指知识素质,二是指能力素质。(1) 知识素质。行政领导者在知识结构方面应当追求知识的广度与深度的结合,专门知识与综合知识的结合。具体地说,第一要通晓、熟悉与自己所负责单位有关的专业知识;第二,具备一定程度的管理知识,如人事管理、机关管理、财务管理等;第三,具备与领导职位相关的政治理论知识和法律知识;第四,具备一定程度的综合知识,包括科学技术知识、文化、历史与哲学知识等。(2) 能力素质。能力是知识和智慧的综合体现,行政领导必须具有优良的组织与管理能力,包括思考能力、判断能力、预测能力、应变能力、组织能力、交际能力、创新能力、识才能力等。

4. 身体素质

现代公共行政事务不仅具有复杂性,还具有多变性与突发性的特点,同时,公共行政的价值也出现了以人为本、以民为本、强调服务和有效性的特点,因此行政领导必须具有健康的身体素质。身体素质的健康不仅是指生理上的健康,还应当强调心理健康的重要性。一个心理发育不健全,不符合心理健康标准的人无法成为合格的行政领导者。另外,由于正常人的思考、判断能力,尤其是反应能力与创新能力到了一定的年龄就会出现下降,甚至是衰退,因此,必须强调对行政领导者的最高年龄限制。

第二节 行政领导的产生和结构

一、行政领导的培养和选拔

(一) 行政领导产生的方式

(1) 选举制。即行政领导由被领导者或被领导者的代表选举产生。这是一种在古希腊、古罗马就曾经实行过的选拔人才的方式,一直沿革到今天,只不过时代不同,方式、方法及其本质都存在相应的差别。

在当代,实行选举制应解决好以下几个问题:第一,要明确选举范围,什么样的行政领导者由选举产生,什么样的领导者不能选举产生,应该做专门研究,并且作出法律规定。一般说来,主管首长如果由选举产生,则其所属主要工作机构就不宜再由选举产生。否则上级,下级都对选民负责,就容易导致指挥失灵。第二,不要把某些机关用人时的民意测验,与真正法定的选举混为一谈。第三,凡实行选举的职务,要做到名副其实,有关候选人的提出、数目,对候选人的介绍、讨论和投票，都要使选举人能够真正的自由表达意志，避免流于形式。第四，领导者要依据选举结果产生。

(2) 任命制，又称委任制。即行政领导者由上级领导者或上级机关根据个人或少数人的意志和标准任命产生。任命制是各国普遍使用的，是历史最悠久的传统选拔方式。目前，在各国实行任命制的实际过程中，上级往往要受到许多资格和手续方面的限制，并非能够随心所欲地行使任命权。在任命问题上，最值得研究的是有任命权的领导者(包括个体领导者和群体领导者)应该掌握和实际掌握多大的人事权。领导者没有适当的人事权，就难以在岗位上发挥其主导作用。人事权太大，又容易产生任人唯亲、压制民主等种种弊端。为此，要建立相应的保障制度，兴利除弊。

(3) 考任制。行政领导者由专门的机构根据统一的、客观的标准，通过考试择优产生。考任制本来是我国古代最先发明的选拔官员的一种方式，现已被世界各国所采用。当然，现代考任制和我国古代的考任制有本质的差别，但是我国古代的经验还是有重大借鉴意义的。

在实行考任制时应注意要把考任制中的考试与一般大、中专院校的入学考试区分开，考试范围要适当加大，不仅要考书本知识，还要考查专业和实际工作能力。

(4) 聘任制。临时聘用一些外部人员担任非常设性的行政领导职务。聘任制实施的范围越来越广，其优点是便于吸收外来人才，也有利于原来默默无闻的人才脱颖而出，给本部门带来先进的管理经验、方法和手段，使本部门的领导层能够及时更新，始终保持活力。在实际运用中，应注意防止短期行为及忽视使用本部门人才的弊端。

(二) 我国行政领导的选拔过程

我国领导方式的产生基本上与上述描述的行政领导产生方式相同，只是在具体内容的操作上稍微有所差别。接下来主要介绍我国行政领导的产生过程。

(1) 选任制是指由国家权力机关通过民主选举方式产生政府领导人员担任领导职务的制度。选任制视野开阔，能较为充分地体现民主，主要适用于各级政府组成人员的产生，不适用非政府组成人员，不适宜专业行政领导者的产生。

在我国，实行由各级人大或者县以上各级人大常委会，通过选举产生或者决定任命各级人民政府领导人员的制度。

凡一级政府（如国务院即中央人民政府、省政府、县政府等）、一届政府的领导人员（国务院的组成人员包括总理和其他组成人员），均由该级、该届人大第一次会议选举产生，而不是由选民直接选举产生的。

凡县以上各级政府主要领导人员的任职（二人以下），在该级人大闭会期间由该级人大常委会决定任命。如省人大常委会有权任命副省长，有权接受省长辞职和从副职领导人员中决定代省长，但却无权任命省长。

(2) 委任制亦称任命制，是指任免机关依法在其任免权限内确定符合职务资格条件的人选，委派担任一定领导职务的制度。这种选拔方式的优点是权力集中、责任明确、指挥统一、行动迅速，但选人视野窄小，易受人为因素的影响。

在我国，实行由本级人大常委会、本级政府、上级主管部门、派出的政府机关或部门依法委派人员担任领导职务的制度。主要有：

国务院各部委的副职领导（如国家人事部副部长等），直属机构、办事机构等的正副职领导，由国务院常务会议决定任命；县以上地方各级人民政府秘书长、厅长、主任、局长、科长等领导职务，由本级人大常委会根据本级人民政府首长提名决定任命，并报上一级人民政府备案。

县以上各级人民政府及其部门的派出机关（机构），其领导人员由派出的机关及其部门决定任命。如国家审计署驻有关国务院部、委和省、市的派出审计局、特派办，其审计局正、副局长、正副特派员，由国家审计署决定任命，同时应征求所驻部门的地方党政机关的意见。

(3) 考任制是指由用人单位在符合规定条件的基础上，通过公开、平等、竞争、考试和严格的考核，招收担任政府部门职务人员的制度。考任制需要充分体现公平的原则，广开才路，在竞争的基础上择优录用，以有效防止任人唯亲。考试除采用笔试外，还可以采用公开的情景模拟、角色扮演和对策探讨等形式。

行政领导者的考任，实行公开考试与严格考核并举，既对报考者的知识水平进行笔试和面试，也对其政治思想、道德品质、业务能力、工作实绩等作出公正的评价。

(4) 聘任制是指由用人单位采取招聘、竞聘方式，通过与应聘人员签订合同、协议等，来选聘某些人员在一定任期内担任一定行政领导职务的制度。聘任制主要用于专业技术职务和基层行政职务的产生，而不适用于高层行政领导者。聘任制的优点是：有利于双向选择（用人单位择人，应聘者个人择职）和实现能上能下、能进能出的新陈代谢机制。

（三）行政领导的职务升降

1. 行政领导职务晋升的原则

(1) 坚持德才兼备、任人唯贤，注重工作实绩和群众公认的原则。对晋升不同层次职务的，如晋升较高层次领导职务的，其德、才、实绩等还应有更具体的高标准（如决策、组织领导能力等）。

(2) 在国家规定的职务名称序列和职数限额内进行，不能突破，否则无效。

(3) 应逐级升降。个别德才表现和工作实绩特别突出的，可以越一级晋升领导职务，但是必须按照规定报有关部门同意。

(4) 坚持公开、平等、竞争、择优的原则。

2. 行政领导职务升降的人员范围

属行政领导职务升降范围的人员有两类:即各级人民政府组成人员和担任领导职务的非政府组成人员。两类都是国家公务员,但前一类各级人民政府组成人员领导职务的升降,是通过同级人大和常委会;后一类非政府组成人员领导职务的升降,是通过国家行政机关自身。因此,必须分清这两类不同领导职务的范围,并有清晰而具体的了解。

(1) 县级以上各级人民政府组成人员。具体包括以下人员:

国务院组成人员,由总理、副总理若干人,国务委员若干人,各部部长,各委员会主任,行长,审计长,秘书长组成。

省级人民政府组成人员,分别由省长、副省长,自治区主席、副主席,市长、副市长和秘书长、厅长、局长、委员会主任组成。

自治州、设区的市人民政府组成人员,分别由市长、副市长,州长、副州长和秘书长、局长、委员会主任组成。

县、自治县、不设区的市、市辖区的人民政府组成人员,分别由县长、副县长,市长、副市长,区长、副区长和局长、科长组成。

乡、镇人民政府组成人员,分别由乡长、副乡长,镇长、副镇长组成。

(2) 各级国家行政机关中非政府组成人员。具体包括以下人员:

在中央国家行政机关中,有副部长、司长、副司长、处长、副处长。

在省级国家行政机关中,有正副科长、正副处长、副厅(局)长、副主任。

在自治州、设区的市的国家行政机关中,有正副科长、副处长、副主任。

在县、自治县、不设区的市、市辖区的国家行政机关中,有副科长、副主任。

实行垂直管理的各级行政机关中,如海关、国税、民航、邮电、铁路等系统,以及实行省以下垂直管理的,如地、市、县工商系统和质量技术监督系统,其担任领导职务人员的职务升降,由实行垂直管理的行政机关按照管理权限实施。如邵阳市工商行政管理分局担任领导职务人员的升降,由湖南省工商行政管理局负责。

地方政府各级人事部门行政领导的职务升降由各级地方人民政府实施。

实行双重领导管理体制的国家行政机关行政领导,若是以地方管理为主,地方政府在对行政领导进行职务升降时,要征求中央国家行政机关的意见;若是以中央国家行政机关管理为主,中央国家行政机关在对其行政领导人员进行职务升降时,要征求地方政府的意见。

派出机关行政领导人员的职务升降由派出机关任命,如街道办事处是区政府的派出机关,其办事处主任、副主任的升降由区人民政府负责。

各级国家行政机关中,担任非领导职务人员的升降(其中副主任科员、主任科员、助理调研员、调研员、助理巡视员、巡视员)由所在部门按照管理权限及前述同级职务（乡、科长级副职到厅、司级正职）的相关规定进行。

由上可见，职务级别相同的领导人员的职务升降，有的由政府行政系统自身负责，有的由同级人大和常委会负责。如中央国家行政机关的正司（厅、局）级领导职务和巡视员职务，其职务升降适用国家公务员职务升降制度；而同为正厅（局）级的省级人民政府组成人员的厅（局）长、委员会主任等职务，则由本级人大选举决定或罢免，人大闭会期间，由人大常委会决定或罢免。

3. 行政领导职务晋升的资格条件

行政领导职务晋升意味着职责的加重和待遇的提高。除应具备基本条件（具有胜任工作的政策理论水平和组织领导能力）外，还必须符合以下硬性规定的资格条件：

（1）年度考核中定为称职以上等次。在近两年年度考核为优秀或近三年年度考核确定为称职以上。

（2）下一级任职年限。晋升科、处级正职，应分别任下一级职务两年以上；晋升科、处、司、部级副职，应分别任下一级职务三年以上。其中越级提拔的，不受此年限限制。

（3）工龄及基层工作经历。晋升处级副职以上领导职务，一般应具有五年以上工龄和两年以上基层工作经历；晋升县级以上人民政府工作部门副职和国务院各工作部门司级副职，应具有在下一级两个以上工作部门任职的经历；晋升地（市）级以上政府机关处级以上职务的，需有三年以上基层工作经历。

（4）文化程度。晋升科级正副职，应具有高中、中专以上文化；晋升副处级到正司级职务，应具有大专以上文化；晋升副部级职务，应具有大学本科以上文化程度。

（5）身体健康，能坚持正常工作。

（6）符合任职回避的规定。

（7）按照管理权限由有关机关根据具体职位需要规定的其他条件。

需要注意的是，我国非领导职务的国家公务员职务晋升的条件与领导职务晋升的资格条件在以上几方面是相同的，其中晋升副主任科员，主任科员职务，应分别任下一级职务三年以上；晋升助理调研员、调研员职务，应分别任下一级职务四年以上；晋升助理巡视员、巡视员职务应分别任下一级职务五年以上。

4. 行政领导职务晋升的程序

职务晋升的程序主要有：公布职位空缺与任职条件，民主推荐预选对象；对预选对象进行资格审查，产生考察对象；对考察对象进行全面审查；择优提出拟晋升人选；按照管理权限由有关机关领导集体研究决定，并依法任免。

5. 竞争上岗的程序

竞争上岗是一种以公开、平等、竞争、择优为主要特征的职务晋升方式,分为公开面向社会竞争上岗和在部门或单位内实行竞争上岗。竞争上岗已被社会公认最具有活力和成效的“阳光”工程之一,它有八个具体步骤。

(1) 公布职位。通过一定形式宣传竞争上岗的目的和意义,公布竞争职位、任职条件以及竞争上岗的程序、办法等。

(2) 公开报名。由符合竞争上岗条件的国家公务员个人报名或采取个人报名、群众举荐、组织推荐相结合的办法报名。

(3) 资格审查。按照干部管理权限,依据竞争上岗的条件,由组织人事部门对报名者进行资格审查,主要是对报名者是否符合拟任职务资格条件进行审查。审查合格的进入下一程序,不合格的不能继续参加竞争上岗。

(4) 考试。组织资格审查,合格者进行考试。考试的主要内容是履行竞争职位所必备的基本知识和能力。

(5) 演讲答辩。考试成绩合格者,在一定范围内进行演讲,介绍自己的工作经历、德才情况和做好竞争职位工作的设想,就有关问题进行答辩,借以展示竞争者的才华和水平。

(6) 民主测评。在一定范围内对考试成绩合格者进行民主测评,充分听取群众意见,得不到多数人的拥护的,不能选拔任用。

(7) 组织考察。根据竞争人员考试和演讲答辩成绩以及民主测评结果,按考察对象人数多于拟任职务人数的原则,择优确定考察对象进行考察。考察内容包括德、能、勤、绩、廉、学。

(8) 决定任命。按照干部管理权限,由党委(党组)领导集体讨论决定合格人员的任用,其中需报上级备案、审批的按有关规定办理。

二、行政领导结构

行政领导结构是指在国家行政系统中各种领导的总和与构成;也可以指某个具体领导班子的结构,包括领导成员的人数、分工,各类领导人员的组合情况等。行政领导结构形式种类繁多,划分的角度与方法也是多种多样的。比如,从职权范围的大小不同,可以分为中央行政领导结构与地方行政领导结构;从管理的层次不同,可以划分为决策层结构、管理层结构、执行层结构;从职权与业务性质的不同,可以分为一般权限部门的行政领导结构与专门权限部门的行政领导结构等。从成员总体构成角度来看,一个科学化的行政领导班子的结构,应该是多功能的、协调的群体结构,应是不同的政治结构、民族背景、年龄、知识、性格、经验等的有机组合。这种组合,愈是在高层次的领导集团中,其必要性显得更加突出、重要。高层次领导责任重大、工作复杂、范围宽广,个人的聪明才智难能统揽一切,必须凭借集体的力量共同赴任。具体的行政领导结构组成包括八个方面。

1. 政治结构

行政领导是一个国家、地区和单位大政方针的决策者或者一个部门工作的指挥者,由于处于特殊的地位,肩负特别的重任,其政治素质直接影响到国家的长治久安和整个社会生活。因此,政治结构的构成状况是良好行政领导结构组成首要关注的内容。由于社会利益结构的划分,会出现各种利益集团的代表,他们以政党的形式活跃于政治社会。政党政治是当前政治社会的主要特征,也是构成政治权力核心的重要组成部分,通过各种党派的相互结合,实现权力和利益的平衡,达到行政领导结构的稳定。在行政领导的政治结构中最主要的表现是不同政党派别的有效构成。

2. 民族结构

行政领导的民族特征也是影响行政领导结构的一项重要内容。由于社会存在不同的民族,因此,尊重各自不同的民族习惯,认同各自的民族特色,在实践中能够体现一定的民族风格,对于社会的稳定发展有着非常重要的作用。所以,在行政领导的构成中需要强调一定的民族背景。不同民族背景的行政领导者在具体决策与管理中,能够依托各自的民族特色,有的放矢地提出适合民族发展的对策内容,对于稳定和发展社会整体利益非常有益。

3. 性别结构

心理学研究表明,不同性别的个体智力、能力、体力等是有区别的。男性长于思考,逻辑思维能力强、有魄力和决断力,由于身体构造上的不同导致男性的力气明显比女性大;女性则心思细腻、善于想像,有持久的耐性,但却容易迟疑。在工作中不同性别的搭配,不仅可以在技能上实现有效合作,也可以发挥各自的优势,形成互补,同时由于性别上的差异,还可以一定程度上缓和竞争的压力,避免内部资源的消耗。

4. 年龄结构

对于一个人说来,尤其是对一个行政领导班子的成员来说,年龄不仅仅是经历岁月的标志,更重要的是包含着不同的阅历、经验与特点。年轻人有活力,对新生事物比较敏感,敢想敢为;年长者深谋远虑,实践经验丰富,善于应付复杂的局面。中年人年富力强,具有承前启后的作用。因此,一个科学、合理的行政领导班子的年龄结构,应该呈阶梯形结构。即由适当比例的老、中、青行政人员组成。其比例视单位情况而定。阶梯形年龄结构的领导班子,不但可以取长补短,发挥整体功能,而且有利于新老干部的交替,从而使领导班子的新陈代谢顺理成章、有条不紊地进行下去,以保障行政领导活动的稳定性与连续性。

5. 体质结构

由于行政领导工作是一项不仅需要足够心智，而且消耗大量体力的工作，因此，行政领导者还应具有强健的体魄，充沛的精力。众所周知，良好的身体和心理素质是人才健康成长的物质基础，也是领导者做好领导工作的最基本条件。在现代领导活动中，领导者不论是深入实际、调查研究、处理问题，还是阅读文件、参加会议，都要付出很大的精力和体力，有时遇到意外和紧急情况，还要夜以继日，连续奋战，没有健全的体魄和充沛的精力是不行的。行政领导者良好的身体结构，绝不是个人的私事，而是社会的财富。为了应付日常的繁重工作，每个领导者都必须积极参加力所能及的体育锻炼，并在工作中注意劳逸结合，以保持健全的体魄和旺盛的精力来做好领导工作。

6. 气质结构

气质是一个人的脾气、性格的外在表现。行政领导班子的气质结构主要是指行政领导者由于性格、作风与思维方式、工作态度上的不同，根据互补原则而组成合理的搭配结构。人的行为是千姿百态的，由于先天的生物基因的关系与后天的锤炼，即使做同一件事情，为实现一个共同目标，不同人工作的表现形式也会出现差异。比如，有人魄力很大但粗枝大叶；有人虽谨小慎微但能深思熟虑；有人敢作敢为但目中无人；有人虽有自知之明但缺乏力争上游的精神；有人敏感而求创新，但却欲速而不达；有人持重而求稳妥但却墨守成规等。行政领导班子由不同气质结构的人组成，进行协调合作、取长补短，就会形成一个功能完善、高效合理的群体结构。

7. 知识结构

行政领导者的知识化、专业化已经愈来愈被人们所重视。对一个行政领导班子来说，还要注意选拔具有较高的文化知识与专业知识的人才，并且要注意在知识结构的组合上能做到互相补充，以使整个行政领导班子具有综合的业务领导能力，这是现代行政领导班子知识结构科学化的要求。知识结构包含理论与实践意义上的文化知识与专业知识两个方面。在现阶段，一般说来，我国对行政领导在学历上提出的要求是，中层以上的干部（尤其是省级以上单位）应具备大专以上的文化程度，以及从事本部工作必备的专业知识。越是高层次的行政领导，对其学历要求应相应提高。当然，一定的学历是一定的文化程度与有关专业知识的反映，不能简单地在学历与文化程度上划等号，更不能在学历与工作能力上划等号。

理想的行政领导班子，应由不同知识结构的若干领导者组成，有精通自然科学的，也有精通社会科学的；有精通工业、农业、交通运输的，也有精通科学、文化、教育、卫生的；有精通政治、思想教育的，也有精通经济工作的。当然，根据工作性质不同，管理方式不同，行政领导班子的专业结构，“通才”与“专才”的比例,应有相应的变化。

8. 能力结构

能力是知识的发挥和运用。能否胜任行政领导工作,不仅是知识多寡的问题,更主要的是看其能否将知识转化为实践工作能力。能力的获得一方面依赖于专业的知识学习,另一个方面是在实践中经验的总结。不同的经历造就了不同的领导风格和领导方式。能力要素总体上是指行政领导者要有洞察力、预见力、决断力、推动力、应变力、信息获取能力、知识综合能力、利益整合能力、组织协调能力等。这些能力的达成单凭一个行政领导者来完全满足是不大可能的,需要发挥行政领导成员的各自力量,打造优良的团队精神,重视不同领导的经验特征和能力特征,充分发挥行政领导的整体优势。

第三节 行政领导的职位、职权和职责

一、行政领导职位

(一) 行政领导职位

1. 职位的概念

职位是行政组织的基本单位和行政领导的工作岗位,它是行政领导者获得职权、承担职责的依据。行政领导的职位是权力机关或人事行政部门根据有关法律或规定,按程序选举或任命行政领导者担任的职务和承担的相关责任。

2. 职位概念的几个要点

第一,职位由职务、职权与责任三个要素组成。第二,职位是由权力机关或人事行政部门依法设置的。第三,职位有适当的工作量和职责范围。第四,职位有相应的职权,即职位是行政领导者行使职权、履行职责的前提。

3. 职位的特点

职位受社会政治、经济发展状况制约,通常有以下特点:(1) 职位是以"事"为中心确定的,而不是以"人"为中心确定的,即按政事需要设置职位,而非因人设位。换而言之,职位是由工作性质、范围、内容等因素决定的。(2) 职位的数量有限。其数量由行政机构的规模、任务及经费等因素决定。职位数量的确定一般应以最低数量为原则,否则会导致人浮于事,助长官僚主义。(3) 职位具有相对的稳定性,不因领导者的变动而变动。(4) 行政领导者的职位由权力机关或人事主管部门依据职能和职权的分配确定,按法定程序任免。不得根据个人意志和需要,任意设置行政领导职位,或任意废除,改变法定的领导职位。

4. 职位的划分类型

凡根据政事需要,按法定程序确定的职位,为合法职位;非工作需要,不经过

法律确认,随意确定的职位,为非法职位;按负责的幅度,职位可以是专任的,也可以是兼任的;按完成任务的时间,可以是常设的,也可以是临时的或暂设的;依职位是否已授予个人,可以将职位分为实授职位和实缺职位,实授职位是指该职位已经授予一定人员担任,实缺职位是指该职位还未授予一定人员担任。为保证行政工作的正常进行,实现最优行政效能,行政机构中的一切行政领导职位必须是合法的和实授的,并且应尽量减少暂设和兼任职位。

(二)行政领导的职务序列

依法担任领导职务的国家公务员,即各级国家行政机关的行政领导者个人,共有10个领导职务等次。中央国家行政机关的领导职务,为八个等次,最低为副处长,这是很重要的一个界限,当前所称的"行政领导干部"是指副处级以上的国家公务员。而地方各级政府的领导职务,一般也为八个等次,最低为副科长。与行政领导对应的级别有13个。具体的对应关系为:

(1)国务院总理:一级。

(2)国务院副总理、国务委员:二至三级。

(3)省部级正职(省长、自治区主席、直辖市市长、部长、委员会主任):三至四级。

(4)省部级副职(副省长、自治区副主席、直辖市副市长、副部长、委员会副主任等):四到五级。

(5)厅、司级正职(厅长、局长、州长、专员、地级市市长、直辖市的区政府区长、国务院各部委的司长等):五至七级。

(6)厅、司级副职(副厅长、副局长、副州长、副专员、地级市副市长、直辖市的区政府副区长、国务院各部委的副司长等):六至八级。

(7)县、处级正职(县长、自治县县长、自治旗旗长、地级市的区政府区长、直辖市政府派出机关街道办事处主任、国务院和省级政府部门中的处长等):七至十级。

(8)县、处级副职(副县长、自治县副县长、自治旗副旗长、地级市的区政府副区长、直辖市政府派出机关街道办事处副主任、国务院和省级政府部门中的副处长等):八至十一级。

(9)乡、科级正职(乡长、镇长,县以上地方各级政府部门的科长等):九至十二级。

(10)乡、科级副职(副乡长、副镇长,县以上地方各级政府部门的副科长等):九至十三级。

二、行政领导者的职权与职责

(一) 行政领导者的职权

1. 职权的概念

职权是与职位相匹配的权力。行政领导者的职权,是指赋予行政领导职位的权力,是因行政领导者担任一定职位而获得的有法律效力的权力。职权的概念应从以下几方面去理解:

(1) 职权由职位派生出来,职和权紧密联系。有职位就有职权,职权与个人因素无关,不论谁掌握,权力都一样。(2) 职权与职位相称,即职权大小与职位高低、责任轻重和职责目标相适应。(3) 职权是法定权力。它是依法定程序被授予、为法律所确认、受法律保护的,具有普遍的约束力。另一方面,它也可以依法定程序被收回,任何人不得以任何形式将其转让。

2. 职权的范围

职权由国家授予。国家要求领导者运用职权去实现目标。因此,行政领导者必须正确认识其职权范围,为国家和人民掌好和用好权。行政领导虽然有各种类型,但其职权范围大致相同,主要有:

(1) 执行权。即负责贯彻执行法律、法规以及权力机关、上级行政机关的决定。国家行政机关是国家权力机关的执行机关,要对其负责并报告工作,在权力机关监督下进行行政管理活动。因此,行政机关的领导者应负的职责,首先就是贯彻执行国家宪法、法律、法规和其他法律规范。根据行政组织层级结构的特点,行政领导者还要执行上级行政机关的决定和命令。

(2) 制定计划权。即主持制定本地区、本部门的工作计划。作为行政机关的领导者,要根据国家制定的社会发展总目标和总体规划,从实际出发,发挥创意,主持制定本地区、本部门的工作计划。这是推行管理工作的前提,是行政领导工作的重要组成部分。

(3) 决策权。即负责制定行政决策,决定行政管理工作中的重大问题。行政决策是行政领导工作的中心内容,是行政领导者不可推卸的和别人无法取代的主要职责。行政领导者要具有负责的精神和科学的态度,及时、正确地制定决策。

(4) 用人权。即正确地选拔、使用人才。这是行政领导者的一项经常性的工作和重要职权。领导者要做到知人善任,人尽其才,才尽其用,各得其所。

(5) 检查监督权。即负责对本部门和下级行政机关的工作,实行监督、检查,发现问题及时纠正。

(6) 协调权。即做好协调工作。在行政管理过程中,机关内部难免会发生一些矛盾和冲突。如果不及时加以协调,就会影响行政目标的实现,所以协调便成为领导者必不可少的权力。

(二) 行政领导职责

行政领导职责是行政领导者基于职权在行政上应负有之责任,或在履行职务过程中应尽的义务,或对国家行政委托的任务应负的责任。行政领导者的职责与其行政职位、行政职权是统一的,表现在以下几个方面:

(1) 行政领导者要有行政职位,即行政领导者在国家行政机关所处的法律地位和担任的行政领导职务,这是行政领导行使职权、履行职责的前提。

(2) 行政领导者要有行政职权,即来自于行政职位的权力,它是行政职位所具有的一种由法律规定的权力,是行政领导者履行职责的必要依据。

(3) 行政领导者要履行行政领导职责。行政领导者在国家行政机关中处于一定的职位,具有一定的职权,就要承担国家所委托的一定工作任务,并对国家负有责任,这就是行政领导者的行政领导职责。

履行行政领导职责,是行政领导者的实质和核心,作为领导者,责任是第一位的,权力是第二位的,权力是尽责的手段,责任才是行政领导的真正属性。在行政领导者中树立责任观念十分重要。行政领导者决不仅仅是掌权者、管人者,其首先要对自己的本职工作负责,忠实履行自己的职责,以工作成绩和贡献表明自己的责任心,表明自己对工作的胜任,否则,就不是一个称职的行政领导者。行政领导者履行职责,完成工作任务,也是对国家应当承担的一种义务,对渎职、失职和不称职的行政领导者要追究其责任。

三、我国的行政首长负责制

所谓行政首长负责制,是指行政首长全面领导本机关的工作,对机关的事务有最后决定权,行政机关所属各机构及工作人员的工作都要对行政首长负责,行政首长对本机关工作负全部责任的体制。

(一) 行政首长负责制在我国的确立

我国行政领导体制在1982年以前一直是委员会制。当时中央人民政府组织法规定,政务院会议必须有政务委员过半数的同意始得开会,须有出席政务委员会过半数的同意始得通过决议。1954年宪法实施后的国务院仍实行委员制。国务院规定行政措施、发布决议和命令都必须由国务院全体会议和常务会议通过,一般日常事务由常务会议解决,国务院总理只负责主持和召集全体会议和常务会议。当时的地方各级政府都称为“人民委员会”。

这种体制逐步演变为以某一特殊人员(会议召集主持者)为中心的半合议、半独任制,甚至于蜕变为事实上的一人专权,一个人说了算,却并不承担相应的责任。对此,邓小平曾经尖锐指出,我国官僚主义的一个病根在于:我们的党政机构以及各种企业、事业领导机构中,长期缺少严格的从上而下的行政法规和个人负责制,遇到责任互相推诿,遇到权利互相争夺,扯不完的皮。总结经验教训,我国决定实行行政首长负责制。

1982年12月4日五届全国人大五次会议通过的宪法中明确规定:国务院实行总理负责制,各部、委员会实行部长、主任负责制。总理领导国务院的工作。副总理、国务委员协助总理工作。国务院各部部长、各委员会主任负责本部门工作,召集和主持部委会议或者委员会会议、常务会议,讨论决定本部门工作的重大问题。与此同时,"地方各级人民政府实行省长、市长、县长、区长、乡长、镇长负责制"。随着国务院组织法和地方各级人民政府组织法的制定、实施,正式确立了我国从中央到地方的各级人民政府的行政首长负责制。

(二)我国行政首长负责制中"首长"的范围

我国行政首长负责制的"首长"包涵两大类,即法定的"首长"和推定的"首长"。

法定的"首长",是由宪法和国务院组织法、地方各级人民政府组织法规定的。主要有:国务院总理、国务院各部部长、各委员会主任、省长、自治区主席,市长、州长,县长、区长,乡长、镇长。

推定的"首长",虽没有法律法规的明文规定,但在其所在机关或系统内,负责领导和管理全国或地方的某一方面的行政事务,可以自己的名义在其权限内规定行政措施、发布全国或区域遵照执行的规范性文件。属于这类情形的,有六个方面的领导人员。

(1)国务院全体会议的有关组成人员:国务院秘书长、中国人民银行行长、审计署审计长。

(2)国务院直属机构的正职领导。中华人民共和国海关总署、国家税务总局、国家环保总局、中国民用航空总局、国家广播电影电视总局、国家体育总局、国家统计局、国家工商行政管理总局、国家新闻出版总署、国家林业局、国家质量技术监督总局、国家药品监督管理局、国家知识产权局、国家旅游局、国家宗教事务局、国务院参事室、国务院机关事务管理局的正职。

(3)县级以上地方各级人民政府组成部门的正职领导。参照国务院组成部门的行政领导体制,县级以上各级人民政府组成部门的"厅"、"局"、"委"的厅长、局长、主任。

(4)地方政府根据地区行政管理需要设立的与中央政府不完全对口的部门机构和其他行政机构的正职领导,如乡镇企业局、公路局的正职领导。

(5)地方行政区域内国务院有关部门的分支机构或者垂直领导机构或派出机构的正职领导。如中国人民银行分行行长,省级政府工商行政管理部门、质量技术监督部门派驻地级市的分局局长等。

(6)其他具有全国或地方行政管理权限、职能的行政机构的正职领导。

（三）我国的行政首长负责制的基本内容

1. 行政首长的职权

我国县以上各级人民政府及其部门行政首长的职权、职责，根据行政层级的高低，决定其权责的大小。换而言之，层级越高，职位越高，职权越大，其影响力、覆盖面也越大，所担负的责任越重。各行政首长共同的主要职权有：领导本级政府的工作，通过办公机构（如国务院办公厅、省人民政府办公厅、县人民政府办公室等）负责处理日常工作；召集和主持本级政府的全体会议和常务会议，认真执行本级人大及其常委会的决定。

2. 行政首长向“谁”负责

行政首长的权力源于何处、由谁授予，就应对谁负责。(1) 各级行政首长都要向人民负责。一切国家机关的权力均由人民授予，享有和行使行政权的所有国家行政机关及其首长均应向人民负责，接受广大人民群众的监督。(2) 向本级人大及其常委会负责。人大是人民行使国家权力的机关，国家行政机关既由本级人大产生，就要对其负责，受其监督。(3) 向国务院负责，向上级行政机关负责。地方各级人民政府对上一级国家行政机关负责并报告工作，全国地方各级人民政府都是国务院统一领导下的国家行政机关，都服从国务院。(4) 政府部门首长向本级政府负责。县级以上的地方各级人民政府领导所属各工作部门，其部门首长向本级人民政府负责。

3. 行政首长负“何”责

行政首长的责任主要有四种：

(1) 公务员的责任，即行政首长作为公务员队伍的一员，应当承担公务员的责任。具体包括接受行政处分、承担行政赔偿责任、承担刑事法律责任。(2) 行政责任。即行政首长作为行政主体，违反行政法律规范给社会造成一定危害，尚未构成犯罪的应承担行政责任，即行政法律责任。承担行政法律责任主要是惩戒性的，包括赔偿损失、行政处分等方式。(3) 政治责任。即行政首长作为各级国家行政机关的领导者，作为国家政策和法律规范的执行者，应承担政治上的责任。主要包括：维护党的领导，维护和巩固国家政权，维护国家领土的完整、统一，维护国家的安全、荣誉和利益；遵守宪法、法律、法规，依照宪法、法律和法规执行公务。(4) 领导责任。即行政首长担负着对全国或地方某项行政工作的领导权，对所辖公共行政事务承担领导责任。对于管辖内各方面的工作，承担相应的后果。如计划生育、治安综合治理，副职和下属廉政建设的连带责任等。

第四节 行政领导方法与行政领导关系

一、行政领导方法

(一) 行政领导方法的含义与特点

行政领导方法是行政领导者为了发挥领导作用,实现管理目标采取的方式、手段与策略。行政领导方法是行政领导者领导技能的体现,是领导者智能、经验和气质等因素在领导实践中的综合体现,是领导艺术与领导规律的统一。

行政领导方法具有以下特点:(1) 实践性。行政领导方法不是一种理论演绎,而是在领导实践中产生、提炼出的领导科学与领导艺术,其优劣度与可适用性完全取决于实践的检验与需要。(2) 多样性。领导的方法多种多样,难以穷尽。一方面,不同层级、不同职位的行政领导对在领导实践中所采用的领导方法会有所差别。另一方面,同一层级、相同职位的行政领导在处理、解决同类内部事务和公共事务时,所采用的领导方法也不尽一致。(3) 可变性。行政领导方法需要在实践中灵活运用,同一领导在领导不同事务,不同领导在领导同类事务时都需要注意领导方法的变动,不能只凭旧的领导经验办事,即使是过去成功的领导方法也需要适时、适地、适人地加以调整、革新。

(二) 行政领导的基本方法

(1) 抓关键。对于行政领导来说应当牢记"纲举目张"的道理,领导不能也不应当事无巨细、权无大小都由自己处理或紧抓不放。这样不仅影响工作效率和质量,也非常挫伤副职、下属的工作积极性与创造力。

(2) 实事求是。无论是行政决策还是实施与执行,一切工作都应该从实际出发,要重视调查研究,不能从抽象的理论与定义出发,也不能单凭自己的意愿和习惯办事。要把上级的路线、方针、政策与本单位、本部门、本地区的实际情况相结合;同时,也要充分尊重下属、专家与群众的意见和情况反映。

(3) 例外原则。在处理事务的过程中,无论如何科学的决策在实施与执行过程中都可能出现各种意想不到的变化,为此行政领导需要适时变通原来的决策方案。在处理特殊人的问题上,行政领导需要以工作为重,以事业为重,在法律政策的框架内,区别对待、灵活处理。

(4) 重人才。领导的一大基本任务就是选贤任能,行政领导应当追求用人行事的工作局面,而不是事必躬亲。为此,行政领导必须充分尊重各类人才的业务技能,善于调动其工作积极性、主动性和创造性。

(5) 公正、公益、公信。公正是领导者在被领导者中拥有威信的重要因素。公正要求行政领导者在对待不同下属或公众时,能够秉公办事、赏罚分明、无所偏袒,同情同处、异情异处。同时,行政领导者还要将公益放在其职务行为的首位,注意避亲、避私。另外,行政领导对既定的工作方案要言必行、行必果。惟有如此,行政领导才能确立良好的公信力。

(6) 仁和。现代的管理以人为本,无论是对行政系统内部的工作人员,还是对政府管理或服务的外部公众,行政领导都不能完全凭借家长式、等级式的工作方法去推动工作,而要注重"亲民"的工作方法,热情服务、人情管理、仁和施政。

(三) 行政领导的日常方法

(1) 运筹时间。时间是行政领导效率的重要衡量指标。要具备良好的运筹时间的能力需要注意以下几个方面:与党务负责人、副职与下属分工明确、各司其职;善于利用办公室(厅) 和秘书去预约、处理事务;善于运用电话、电子邮件等现代手段处理公务。

(2) 处理公文。公文是传递行政信息、实施领导的基本方法之一。行政领导者签批公文要注意:精炼发文内容、精简发文数量;筛选来文;限期办文;签批公文要言简意赅,不生歧义。

(3) 听取汇报。听取汇报是行政领导最常采用的领导方法之一。行政领导听取汇报的形式可以是会议,也可以单独个别进行,汇报人既可以是下属部门负责人、分管副职,也可以是一般工作人员。听取汇报要注意把握时间、分清主次、捕捉信息、双向交流、发现人才。

(4) 主持会议。主持会议是行政领导者的一种重要日常领导方法,主持会议应当做到:明确会议目的、议题与议程;围绕会议主题,注意语言技巧,尽力集中与会者注意力;善于把握会场秩序,既会打破会议僵局,也能处理会议中的过激场面;掌握会议时间,控制会议进程;及时总结会议的信息、观点、方案,适时形成会议成果。

(5) 咨询协商。由于现代公共行政事务的繁杂度和专业性的增强,行政领导在进行决策、处理日常公务的过程中都需要咨询业务权威、专家学者、部门主管、分管副职的意见和建议;或者是在对既定方案的实施与执行前或者过程中,需要同公众、利益相关人交流思想、充分协商。这样可以增加行政决策的科学性、领导过程中的民主性,提高实施、执行的效率。

(6) 网络领导。电子化政府建设已经全面展开,行政领导要善于利用计算机、互联网来获取信息,处理公务,实现与下属、同级乃至外部公众的沟通与联络。目前,有的地方的行政首长已经向公众公开了自己的电子信箱,行政领导与公众之间的沟通方式与效率已经与传统大不相同。

二、行政领导关系

在领导工作中,行政领导者经常要遇到各种具体的、现实的关系。如何正确对待和处理体现着领导的素质、水平和领导艺术。

（一）与行政领导者有关的人事关系

（1）与下属的关系。领导的最基本功能是能够集中全体员工的力量去做更大的事情，实现群体目标。行政领导者也是如此，其日常精力应当主要放在同下属关系的沟通与联络方面。为此，行政领导者不能只坐在办公室里发号施令或坐在主席台前高谈阔论，要走出去，深入基层，深入员工，要多主动关心下级的工作与生活，多支持，多指导，多激励，要平易近人，平等待人，不摆架子，要会倾听群众的意见和建议。对下属应当一视同仁，不亲疏有别，要以工作绩效为评价下属的最根本标准。

（2）与副职的关系。尽管我国各级政府和行政机关实行的是行政首长负责制，但在实际工作中，正职必须注意正确处理个人负责与分工协作的关系。一方面，副职是行政首长的助手，副职也是领导且一般都有分管的业务领域，若干副职同正职之间构成一个领导班子与集体。因此，正职应当适度放权，使副职能够各负其责、各用其长，不能事无大小都须正职决定，副职变成了虚职、闲职。另一方面，作为一把手的正职不能把分工协作理解为多头领导、乱领导。在行政系统，副职往往是对正职负责，而正职是对外负责，对同级权力机关负责，对上级行政机关负责。因此，正职需要在明确职责的基础上，敢于负责、负总责、负全责。

（3）与党务领导者的关系。在行政系统，党的领导与行政领导既可能是同一人，也可能分设，在分设的情况下就涉及到行政领导者与党务领导者之间的关系。一方面，必须强调党政应当分工清楚、职责明确，党是对政治路线、政治方向、组织干部的领导，是对党风、党纪的监督。另一方面，作为单位业务工作的负责人，行政领导必须克服自身具有专业能力的自傲意识、排斥党务领导的意识，要主动与党务领导者沟通；在党内事务中，行政领导者应当服从党务领导者的领导。

（4）与上级领导的关系。行政领导者要有下级服从上级的组织观念，要维护上级的威信，缩小与上级的心理距离，适应上级的工作习惯，不正面顶撞上级；对待具体工作，要正确理解上级意图，服从领导安排。同时，对领导的服从也要以坚持组织原则为前提，以党纪和法律规范为底线，既不要过分阿谀奉承赞美上级领导，也不要形成对其不正常的人身依附关系，不搞弃明扬暗，拉拉扯扯。

（6）与部门领导者的关系。部门领导者既是一个单位行政领导者的下属，也是具体部门的领导。部门领导者是单位行政领导的帮手，在单位领导者精力、时间、专业知识都有限的情况下，部门领导者的作用就突现出来。单位行政领导者作为单位总管的主要工作任务应当是战略思考、决策与用人，为此必须要适度下放权力，充分调动部门领导的积极性，不能任何问题都一竿子插到底，尤其要尊重部门领导对其所负责领域业务性、技术性较强的问题的见解与意见。同时，对属于部门领导法定职权范围内的事项，即使作为部门领导者上级的单位行政领导者也无权干涉或代为行使。在出现工作问题时，不能一味朝下级问责，一味责备部门领导者。另外，在处理涉及不同部门利益、不同部门领导者的问题时，要从事业与工作的大局出发，力求客观、公正，决不能根据同部门领导者关系的远近而决定对不同部门的关注程度。

(6) 与后任领导者的关系。行政领导在选拔、任用人才过程中的一项重要任务是要确定自己后任的人选，也就是一般所说的领导梯队建设问题。同过去相比，行政系统人事与干部管理已经逐步进入了法治化阶段，但是在确定行政领导后备人选方面，现任领导者的意见与观点仍然有着一定的影响作用。为此，现任行政领导应当注意自己的倾向、判断与一般工作人员意见的关系，即"己定"和"民定"的关系，例如，自己的了解是否全面，是否需要对后备人选进行培养、试用与观察，是明示还是暗地考察，自己的判断是否主观、是否从事业与工作大局出发等等。最后，现任领导同后任之间还有一个工作交接问题需要妥善安排，要尽力避免因领导更替而引起的工作混乱与责任真空，尽力在任职期间内为下任创造良好的工作条件，少留老大难问题。

(7) 与前任领导者的关系。作为新任的行政领导需要关注同自己前任之间的关系，包括人、事、成绩与不足、办事规则等。首先，面对前任遗留下来的工作，要在遵守国家政策与法律相关规定的基础上，避免工作方向和处理原则上的大起大落；面对遗留难题，不能简单地抱怨、责备前任，面对成绩要实事求是地承认前任的成就。其次，要妥善处理、协调与前任领导者器重、赏识或者否定的工作人员的关系问题，要从工作出发、从实际业务能力出发作出自己的判断，不先入为主、不功过假定。最后要妥善处理好机关内部办事规则与工作习惯的传承与改革。

(二) 与行政领导者有关的业务关系

(1) 条块关系。在行政系统中，中央和地方、上级和下级、内部和外部的关系，到了综合性基层行政单位，就会变得更为复杂。"上面千条线，下面一根针"导致基层单位工作负担过重，或者是上面的"条条"与下面的"块块"权力交叉、冲突，缺少协调。因此处于条、块不同角色的行政领导者必须要有过硬的政策和法律水平，严格在职权范围内进行工作，注意协调条块关系。

(2) 数量与质量的关系。我国改革开放以来，由于各级政府均将经济建设作为中心工作，导致了行政领导者在工作中片面强调经济增长数量、发展规模和发展速度，而对经济增长的质量，产业结构的合理化、现代化，产品结构的技术含量，公众生活水平的实际提高等方面关注不够。为此，行政领导者应当高度重视数量与质量的关系，在许多工作领域质量比数量更为重要，要坚持绩与效统一的观念。

（3）历史、现状和未来的关系。国有国情，省有省情，各地、各单位都有各自的历史传统与现实条件。因此，各级行政领导者制订战略规划、确立公共政策、订立实施方案的过程中都要根据自身条件来进行，要注意利用、发挥本单位、本地区的历史优势，切忌不辨东西、人云亦云、盲目攀比。

（4）改革、发展与秩序的关系。改革时代，新观念、新价值不断涌现，各级政府在实际工作中也都在不断地探索、改革。但是，改革应当具有理性内涵，要着眼于发展大局的需要。改革方案的设计与实施一方面要根据明确的发展目标来确定；另一方面，由于改革与发展本身是一种“除旧迎新”的过程，必须要在牢固树立科学发展观的基础上，兼顾改革、发展同本部门、本单位、本系统、本地区稳定与秩序的关系。

（5）物质、制度与精神的关系。行政实践中，许多行政领导者关注的中心是物质建设，而对制度层面与精神层面的关注显得不够，认为物质是实，制度是虚、精神更虚。其实，三者是紧密联系、互为依存的关系。在现代与后现代社会，人既是物质的、更是精神的，需要人性的认肯、人道的尊重和人情的关怀。在这样的观念背景下，衡量一个单位、部门、地区和国家的工作业绩与发展水平，不仅要考量其“硬件”意义上的物质丰富与繁荣度，更要观察其“软件”意义上的制度环境和人的精神面貌。因此，各级行政领导者应结合自己的岗位与业务特征处理、协调好物质、制度与精神之间的关系，实现三者的全面发展。

（6）理论与实际的关系。行政领导者不仅要关注本单位、本部门的日常事务与工作，要深入基层、深入实际，还应当具有从繁杂事务中摆脱出来进行理论思考、学习和研究的能力与习惯。理论既可以是执政党在各个阶段的政治理论、路线、方针和宏观政策，也可以是行政领导者对自身业务工作的理论总结与升华。行政领导者不能忽视理论的指导作用，离开了科学的理论，行政领导者不仅难有科学的战略眼光与思维，还有可能在实践中出现低效劳动、无效劳动，从而使实践变成盲目实践、甚至是错误实践。

（7）权力与监督的关系。在法治行政时代，对任何行政领导都会存在权力监督机制。换句话说，行政领导者需要关注与各类权利监督主体之间的关系。除了行政上级和同级党委之外，行政领导者还要面对同级人民代表大会的监督、司法机关的监督、民主党派的监督、新闻媒体的监督和公众的监督。为此，各级行政领导者要牢固树立依法行政的观念，养成依法办事的工作习惯与领导作风；还要树立“权为民所有”的行政领导理念，要意识到自己的权力来源于民、受制约于国家的法律规范，为公共利益服务、为公众服务是行政领导的最高使命。只有这样，行政领导者才不会对各种监督自己的主体产生抵触、惧怕情绪，才能成为奉公守法、一心为民的优秀行政领导者。

第五章　人 事 行 政

人事行政是行政管理体系中的重要组成部分，是一切行政管理的核心。做好人事行政，不仅是提高国家行政管理水平和效率的重要手段，而且是从组织上保证党的政治路线和行政管理目标的实现、加速中国特色社会主义现代化建设进程、全面实现小康社会的重要条件。目前，国家正在实施的《公务员法》，以及为《公务员法》相配套而出台的一系列规定，是克服现实中人事行政弊病，推动我国人事行政走上现代化、规范化、法治化轨道的重要保障。

第一节　人事行政概述

一、人事行政的含义

（一）人事行政的概念

人事、人事管理、人事行政，是三个既有联系又有区别的概念。

人事行政源于人事管理，人事管理源于人事。“人事”一词，在我国是一个古老的词汇，曾被广泛使用，在日常生活中有多种不同的含义。有时它指人世间各种各样的事情，如《史记·太史公自序》中所说的“夫春秋，上明三王之道，下辨人事之纪”；有时它指托人说情或送礼，如《后汉书》所说的“时权富子弟，多以人事得举”，有时它又指人的意识对象，如平常说的“不省人事”。

现代管理科学中所说的“人事”，则是指人事管理，它是指运用科学的手段与方法，在管理社会生产活动中形成的人与事、人与人之间的相互关系，以及为达到用人以治事、人事两相宜而进行的一系列管理活动。它包括两个方面的内容：一是要处理好人与事的关系，就是各种社会组织中的工作人员与其所从事的工作之间应相互协调，一定数量的事务应由与之相应数量的人去完成，做到事事有人干，人人有事干。同时还应做到因事择人，因才施用，使人能用其所长，才尽其用，使不同程度、不同种类的事务由具备相应资格、素质、能力的人员去完成，达到人事相宜。二是要处理好人与人之间的相互关系，要通过科学的管理制度与方法，使组织中人员之间上下、左右相互配合，协调一致，消除或减少摩擦和矛盾，创造和谐的人际关系，以期实现人与事、人与人之间关系的最佳状态。

（二）人事行政概念的现代发展

兴起于20世纪中叶以后的现代人力资源管理理论，则拓展了人事管理理论范畴,将人事管理实践推向了更加科学的阶段。其核心变化是:将管理科学中所说的人事管理工作视为行政工作,属于日常人事行政事务的观念,转变为把人本身看做是一种资源,是最宝贵的资源,而且可以持续不断地开发和有效使用,它本身能够给组织带来巨大效率和投资回报率的新鲜观念,从而有效地推动了人事管理实践的改革和创新。

建立在现代人力资源管理理论基础上的人事行政,也可称国家公共部门人力资源管理。它是指以国家行政组织为主要分析对象,研究管理机关依据法律规定对其所属的人力资源进行规划、录用、任用、使用、工资、保障等管理活动和过程,包括宏观公共部门人事行政和微观人事行政两部分。前者是指为保证整个公共组织系统工作性质与人力资源整体结构的相互匹配以及发展的需要,对公共部门内外的人力资源供求状况进行宏观和中长期统计、预测、规划,制定人力资源管理的基本制度、政策、管理权限和管理标准,维持公共部门人力资源管理、流动和人才市场的秩序等进行的管理;后者则指具体的行政组织、政府工作部门,依法对本部门内现实的人力资源进行开发和管理的活动及其过程。公共部门的宏观和微观的人事行政两者相辅相成,互为条件,相互保障,共同形成了公共部门人事行政系统。

现代人事行政与传统的人事行政相比,无论从管理内容、管理原则、管理方法,还是在管理部门的地位,都有很大区别,现代人事行政是建立在全新的现代人力资源管理理论和管理思想上的,它带来了公共部门人事行政理论和实践观念的全面更新,从而推动了人事行政更趋科学化和合理化。

人事行政是政府行政管理的重要组成部分,也是国家政治制度中不可缺少的成分。它是国家产生之后才出现的一种社会政治现象,它的发展与国家政权机构发展相关联,受整个国家管理制度的支配。不论什么样的国家管理制度,其人事行政的核心,都是以提高行政效率和效能为目标的。为了实现这个目标,在人事行政长期发展与实践过程中,已逐步形成了一套行之有效的管理制度和方法,这些制度和方法又推动着人事行政朝着更加科学化、法治化和效能化的方向发展。

二、人事行政的地位和作用

人事行政在国家行政管理活动中居于核心地位。国家行政管理的内容很多,但无论哪种管理活动,都需要人去完成,因此能否选好人、用好人,则是各项行政管理活动成功与否的关键。它决定着全部“国家机器”运转的速度和功能。正因为如此,古今中外,一切掌握国家政权的统治阶级,无不把“人事行政”视为立国之基、治国之本、富国之道,高度重视挑选、培养和使用优秀人才。可见,人事行政在国家管理中居于十分重要的地位,发挥着巨大的作用。

(一) 安邦兴国,保持政治稳定

历史的经验告诉我们,任何一个民族、任何一个阶级,要想得天下、保天下、兴天下,除了要有适应时代发展的理论和实践外,无不是靠重用人才来实现的。齐桓公用管仲而成春秋五霸之首,战国时秦得商鞅、张仪、范雎、韩非等辅佐而并六国、归一统,高祖刘邦用“三杰”得天下。此类史实,不胜枚举。得天下之后,要巩固政权,兴国安邦,选好人、用好人更为重要。西周初期有周公、召公而成“成康之治”;唐太宗李世民用贤人从谏如流而有“贞观之治”,玄宗李隆基有姚崇、宋璟而一度出现“开元盛世”;等等。反之,凡是吏治腐败、奸臣当道的政权,大都摇摇欲坠,危机四伏。唐代李隆基后期用奸相李林甫、杨国忠而致“安史之乱”,南宋赵构重用奸臣秦桧断送半壁江山,等等。人事行政是一个国家能否兴旺发达的关键,得人者昌,失人者亡。所以,古今中外的统治阶级都十分重视人事行政管理工作,把它看做一切行政管理之本。如从周朝开始设六官,演变为吏、户、礼、兵、刑、工六部,吏部即人事管理机构,列于六部之首;在许多西方国家,都把管理国家公务人员的文官制度给予正式立法,其地位仅次于宪法。

我国民主革命胜利后,建立起社会主义制度,这一制度肩负着建设高度的社会主义物质文明和精神文明的双重任务,因而应当更加重视人才和人事行政管理工作。建国近六十年的经验证明,哪一个时期、哪一个地方的人事行政搞得好,那个时期、那个地方,就会取得瞩目的成就。否则,就会停滞不前,甚至会出现政局不稳、社会动荡的局面。

(二) 振兴经济,推动社会发展

人类社会的发展,归根到底是生产力的发展。因此,大力发展生产力,振兴经济,是政府管理的主要职能。政府这一职能的实现,一要靠人力,二要靠财力。两者相比,人力起主导作用。人事行政水平高、效果好,大批优秀人才脱颖而出,实现最佳组合,就可以使政治经济、科学技术、人民生活组成一个有效的整体,有助于促进经济迅猛发展。当代政界、学界已达成共识,都把人的智慧和才能看做一种最为贵重的资源,而加以开发利用。目前,我国正在进行的社会主义现代化建设,要解决的问题很多,但最重要的还是解决人的问题。正如邓小平所说;“事情成败的关键就是能不能发现人才,能不能用人才。”因此,搞好人事行政管理,是振兴我国经济、推动社会发展、建设小康社会的重要组织保证。

(三) 提高行政效能,实现政府管理职能

提高行政效能,是政府一切行政行为追求的目标。因此,现代国家的政府都十分注重对行政效能的研究,着力寻找提高行政效能的方法和途径,而其中最重要、最关键的莫过于选好人、用好人。因为国家公务员是政府职能的实施者,政府的全部社会作用都是通过全体公务员体现出来的。这就需要有一套良好的人事管理制度,为政府管理配备优秀的行政人员,并调动其积极性和创造性。否则,即使制定了再好的行政规划、设置了再好的组织机构、提供了再好的技术设备,也不能有效地推行政务,实现政府的管理职能。尤其是在改革开放、建设有中国特色社会主义的今天,必须首先实现行政管理主体的优良化,吸收大批勇于开拓进取、具有远见卓识的优秀人才到政府机关来,以确保高效地实现政府的管理职能。

(四) 开发人才,促进国际竞争

当今世界国与国之间的竞争是综合国力的竞争,主要表现为经济实力的竞争,而经济实力又表现在科学技术水平的发展上,提高科学技术水平主要依靠人才,所以,归根结底是人才的竞争。哪个国家重视对人才资源的开发和利用,那个国家在国际竞争中就实力雄厚,处于领先地位。从美国、日本等发达国家经济发展及腾飞的历史来看,从亚太新兴工业化国家和地区的经验来分析,无一不是从开发人才、重用人才开始的。目前,我国正面临着世界新技术革命的机遇和挑战,能否充分利用这一时机,缩小我国与发达国家的差距,关键就在于能否充分地开发利用一切可以为我所用的人才,这正是国家人事行政管理工作的主要任务。

三、人事行政的原则

所谓人事行政的原则,是指在整个人事行政过程中都应共同遵循的一些总的基本规则。这些基本规则是科学的人事行政内在发展规律的反映。由于各国社会制度不同,行政管理的原则和方法也有很大差别,但也有一些共同的规律和原则,它通行于各国人事行政之中。我国要实现科学的人事行政,应借鉴各国人事行政的经验,遵循这些共同的规律并结合自己的实际,确立适合于我国人事行政的基本原则。在当代,我国人事行政应坚持适应我国特点的如下原则:

(一) 选贤任能、德才兼备原则

这是指选用国家行政人员时,要考察其德和才两个方面,把德才兼备的人放到合适的工作岗位上去,使人能得其所,并能展其才。今天我们所说的"德",就是指行政人员的政治素质和职业道德。他们应政治上成熟,道德品质高尚,有坚定的政治立场和正确的政治远见,坚持党的基本路线和改革开放的方针,克己奉公,忠于职守,全心全意为人民服务。我们所说的"能",是指行政人员的业务能力。如组织能力、决策能力、社交能力、应变能力、表达能力,等等。对一个行政人员来说,能力应该尽可能全面。选贤任能、德才兼备原则要求坚持贤能结合,不可偏废。选拔人才要防止片面性,既不能重贤轻能,也不能重能轻贤。"贤"是一个人正直贤明的立身之本,"能"是一个人干好工作的必要条件。有能无贤之人,他们可能因缺乏坚定正确的政治方向而误导国家和人民;情操恶劣、道德败坏的人则会投机钻营,以权谋私,危害国家,危害人民。有贤无能之人因缺乏必要的业务能力和工作技巧,也不能很好地执行国家和人民的意志,不能完成职务所赋予的职责。因此,在选拔和任用人才时,必须坚持选贤任能、德才兼备原则,把那些既有才又有德的人选拔出来,决不能以个人好恶亲疏为标准,拉山头,搞宗派,以我划线,培植亲信。而要坚决抵制任人惟亲、裙带关系等不正之风。

(二) 扬长避短、人事两宜原则

扬长避短,指在使用人才时,要用其所长,避其所短。任何人都有优点和长处,也有缺点和短处。正如俗话所说:“金无足赤,人无完人”。没有无用之才,就看是否用得其所。在使用国家行政人员时,人事行政部门一定要准确掌握每个人的长处和短处,用其所长,避其所短,不要勉为其难。同时还要尽可能提供有利条件,使其长处得以充分发挥,短处尽可能克服。

人事两宜,指在使用人才时,要使其知识、能力、专长等方面的条件与其所从事的工作相称。无论什么人做什么事,或从事某种工作,或担任某种职务,都有个合适不合适的问题。从事的方面说,要做好某事,履行好某个职责,当事人必须具备相应的贤能条件,不如此,事情就难以办好;从人的方面说,某人恰好具备做好某事或担任某项职务所需的贤能条件,在这种情况下,让此人去做该事或担任该项职务,就能最大限度地发挥其人的才智,把事情办好。要做到人事两宜,就要坚持因事择人,切忌因人设事。

(三) 考试考核、晋升惟功原则

考试考核,指国家录用行政机关工作人员时,要经过有关部门组织的公开考试,平等竞争,择优录用;对已进入行政机关的工作人员要定期进行检查,鉴定其业务水平、工作能力和工作态度的一整套做法。通过考试择优录用人员,这是人事行政的第一个环节,也是最重要的一个关卡,犹如公务员系统入口处的闸门,调控着政府公务员的输入。科学的考试录用制度能广开“招贤引圣”大门,吸纳优秀人才。考核是对已在岗的工作人员的德、能、勤、绩、廉作出评价,以此作为升降、奖惩、酬劳的依据。

晋升惟功,指国家行政人员的录用、提升、奖励等,均以他们的实际能力和在工作中的实际成绩作为基本标准,而不是以年资作为基本条件。这是现代人事管理中的普遍做法,实践证明也是一种科学的管理方法。只有晋升惟功,才能惟贤惟才,激发大批有真才实学的人拼博向上,勤奋进取。反之,若晋升惟资,则会压抑人才的积极性和创造性,人们就会消极地熬年头。

(四) 智能互补、结构合理原则

这一原则是指人事行政要根据各种组织的工作需要和职务的要求,对具有不同的年龄、性格、能力、品德、知识、专业、爱好的人员进行科学搭配,形成一个智能互补、结构合理的群体。既要重视个体的素质,更要保证组织整体功能的充分发挥,创造良好的整体效应。遵循这一原则是由两方面要求决定的:一是由于行政组织具有不同性质和种类的行政任务,客观上需要具有相应专长和能力的人员来完成;二是行政人员自身专长和能力等素质方面的差异性以及个人能力的有限性,要求必须进行合理搭配,才能完成行政组织所担负的繁重而复杂的任务。

(五) 不断更新、合理流动原则

这一原则是指为保证行政组织适应行政管理的需要,保持行政人员队伍富有生机和活力,行政人员队伍要进行不断的新老交替工作。一方面,要及时吸纳和补充新生力量,维护行政人员队伍的连续性和稳定性;另一方面,人的自然规律也要求不断更新。同时,社会的发展、行政组织职能的变化,也要求行政人员队伍的群体结构不断调整和更新,以适应客观需要。

坚持人才的合理流动,是保持行政人员结构的生命力、创造力的必要条件。这是因为:(1) 人才流动是社会发展的客观要求,在社会化大生产的时代里,生产的各部门经常出现新的分工或组合,特别是在建立社会主义市场经济体制的今天,新事物、新行业不断涌现,必然要求一部分人转移到新的部门和业务上去。各项事业自身的发展,也要求打开机关与企业事业单位的门户,实现知识人才的交流。(2) 长期以来,我国人才不足与人才积压的矛盾相当突出,解决此矛盾的最好途径是非人才合理流动不可。(3) 由于人际关系等原因,机关一些人才也迫切需要流动,以便使其才智得到更好的发挥。这就要求我们要坚决克服用非所学、用非所长的状况,打破人才归单位、地区、部门所有状况,结合本部门、本地区、本单位的情况,实行合理流动。坚持这一原则,还要把住"合理"的程度,切忌流动的盲目性和短期行为。

(六) 依法管理、用人治事一致原则

依法管理指人事行政要通过制定一系列健全的法律、法规,对国家行政工作人员进行管理,使其纳入规范化、法治化的运作轨道。这是人事行政科学与否的重要保证,也是抵制用人问题上各种不正之风的有效方式。人事行政的法律、法规内容主要有人事行政活动规范;行政工作人员的条件、权利、义务;人事监督的方式、程序、奖惩措施以及申诉、控告办法;等等。

用人与治事一致是指把一定的人事权力交给用人单位,使用人单位有相应的人事自主权。用人权与治事权若不一致,掌握用人权的人不管事,管事的人又没有用人权,这就难免人、事脱节,达不到适才适用、人事两相宜的目的。所以现代人事行政从管理体制上要求做到用人与治事一致,以便协调好人与事之间的关系。

第二节　人事行政的历史发展

一、我国古代人事行政

这里所说的我国古代是指有史以来至清代这一漫长历史时期。这一时期的人事行政主要是封建社会的人事行政。我国古代人事行政按其发展顺序,大致可以划分三个阶段:萌芽阶段——从夏朝到先秦;发展阶段——从秦朝统一中国到南北朝;成熟阶段从隋唐到清末。

（一）萌芽阶段

我国历史上第一个奴隶制国家——夏朝,约形成于公元前21世纪。在奴隶制社会中,中国的人事制度,基本上实行以宗法血统关系为特征的世袭制,即世卿世禄制。国家机构比较完备的商朝,王位实行父子继承制,以嫡长子继为主,弟继为辅。西周的分封制,基本上也是在宗法制基础上按血缘关系的系统进行的。此制一直延续至我国奴隶制瓦解为止。春秋时期,各国设有相、三公、六官,成为以后历代国家行政机构设置的基础。六官是管理日常政务、拥有实权的官吏。六官中的天官是主管官吏的选拔、任免和进退的,列为六官之首。隋唐之后,六官虽改为六部尚书,但吏部和吏部尚书在六部和六部尚书中仍居首位,这种做法一直延续到清朝。战国时期,逐步设立了中央和地方政府行政机构,地方行政官员由中央委派和任免。这一时期各诸侯国招揽人才的主要方法是养士制度。各诸侯王门下都有一批文人墨客,为天子治理国家出谋划策。适应这种养士制度的需要,春秋战国时期盛行办学,以培养人才。当时的学校分为官学和私学两种,官学主要培养贵族子弟(国子);私学则面向平民百姓,孔子首创办私学之先河。

（二）发展阶段

公元前221年,秦统一中国,创建了我国历史上第一个统一的中央集权国家。秦朝统一后,一方面加强中央集权,另一方面对人事制度在战国变法革新的基础上进行充实和调整。主要做法有:(1) 破除宗法血缘的封亲制和世卿世禄制,采用立功进仕、招聘等多种方式招揽人才、选拔官吏。以二十等军功爵位制取代世袭的社会等级身份(爵位)制,并且开始实行爵(等级)、位(职务)、禄(俸禄)分离的管理方式,即有爵者不一定有官,有官者也不一定有爵。俸禄的多少,由官员地位的高低、能力的大小决定,且不能像奴隶制社会那样世袭。这种方法的好处在于;同一职位可以由社会身份等级高低不同的人担任,这就可以把没有爵位但有治国安邦能力的人提拔到各种官位上,还能使同一官员在职位不改的情况下爵位级别得到提升。其结果是既加强了统治基础,也调动了官员的积极性,有利于治国安邦。(2) 建立考核制度。官吏不仅是选派任命的,而且有较严密的考核监督制度,御史大夫主管监察课考,对郡县等地方官吏的课考主要通过"上计"制度进行,即他们在年终要向上级述职,陈述自己的职守,汇报自己的工作。同时上级部门也可直接派人课考。

两汉至南北朝期间,录用人才采取了新的做法,主要方式有:(1) 察举,又称荐举或乡举。即由皇帝每年下诏征求人才。诏书规定所需人才的种类、数量与规格。不认真推荐的要受处分,推荐了坏人要追究责任。(2) 征辟。征辟与察举相类似,其区别于在于:察举是大规模地、定期地、制度化地自下而上推荐人才,征辟则是一种非制度化的辅助方法。这两种方法都起始于汉武帝元光元年(公元前134年)。(3) 九品中正制。做法是:在各州郡设置大、小中正官负责选拔官吏。由小中正品第人才,上大中正;大中正核实,上司徒;司徒再核,然后交尚书选用。中正必须由本地人充任,负责将本地人评为上上、上中、上下、中上、中中、中下、下上、下中、下下九个品级,以此作为选拔官吏的依据。九品中正制始于曹魏延康元年(公元220年),终于南北朝。

在考核制度方面,汉武帝时已明确规定有三种课考方式:(1) 对官员实行普遍课考,公卿百官逐级考核下属。每年一小考,三年一大考,考核时以会议形式公开评议。(2) "上计",即郡国地方长官年终向上级汇报工作。(3) 将全国分为十三个监察区,由十三部刺史按六条(即是否仗势欺人、假公营私、草菅人命、重用小人、包庇坏人、接受贿赂)规定视察郡国长官。这是中国最早的监察制度。

(三) 成熟阶段

这一阶段人事行政的最大特点是实行了科举制度。这一制度对我国和欧美各国人事行政都产生了重大影响。始于三国魏的九品中正制弊端到南北朝时已暴露无遗,品评人才等第的标准已从重德才转向重家世门第,以至出现"上品无寒门,下品无世族"的现象。隋朝建立后,隋文帝决定废除九品中正制,于开皇七年(公元587年)下诏开设"志行修谨"与"清平干济"两科以取士,即用德才两科评定士人,选拔官员。隋炀帝时增设进士科(进士指进贡于朝廷以供应用的士子)。从此开创了我国历史上延续千年之久的科举制度。科举制的基本做法,是通过逐级考试择优录用人才。这种制度为封建政权收罗人才发挥了重要作用。不过,到明清时代则走进了八股文的歧途,日趋僵化,有真才实学和思想进步的人往往名落孙山,劳动人民由于缺乏受教育的机会实际上被剥夺了应考和做官的权利,影响了人才的选拔,从而使其作用逐步走向反面。

这一阶段在人才培养方面,依赖于官学和私学两种制度。私学是私人学习文化或讲学的场所,官学是专门为国家培养科举考生和某些官吏的学校。

在监督课考方面,唐、宋、明、清各朝都在前朝的基础上有所改进。如唐朝制定了比较详细的考核标准和评定分等方法，并根据课考结果，具体规定了进等加禄及退等降禄方法。清朝对京官、地方官、武官的考核和升降奖惩，也分别作出了明确规定。

在人员编制管理方面，唐朝规定了“精官减政”原则。唐太宗李世民提出：“官在得人，不在员多。”针对隋朝冗兵繁政的弊病，他实行精简，超员惩罚，明确规定：“官有员数，而署置过限及不应置而置，一人杖一百，三人加一等，十人徒二年。”

综上所述，中国古代人事行政有诸多方面值得我们今天发掘和借鉴，特别是在官吏的选拔任免、考核奖惩、监督弹劾、离任退休等方面，都形成了一套比较完备的制度，积累了丰富经验，这是一笔宝贵的历史遗产。

中国古代人事行政有其长处，也有其短处。其主要表现为：(1) 重人治、轻法制。一个朝代的吏治好坏，主要取决于君主与宰相等个别人物的贤能状况和个人好恶，而不取决于制度。即使有较好的制度也只有在“圣君贤相”在位时，才得以推行。反之，不过是一纸空文。(2) 在选拔、使用人才方面，往往只重经史、政治、军事人才，轻科技人才。历代科举考试的科目和内容主要都是经义诗赋等，几乎不涉及自然科学，许多科技人才默默无闻，郁郁不得志，他们虽有创造发明，却很少得到统治者的赞许和传播，反而被视为异端邪说，甚至会身遭迫害。这就阻碍了生产力和科学技术发展，致使我国近代以后社会生产的发展明显落后于欧美国家。(3) 重男轻女，埋没大批女姓人才，造成人才的巨大浪费。中国历史悠久，人口众多，其中不乏女姓人才。但是在“三纲五常”、“三从四德”、“女子无才便是德”等封建礼教的束缚下，她们既不能参加科举考试，也不能被授职理事。这就使她们有才难用，有志难酬，从根本上剥夺了她们为社会做贡献的机会。

二、资本主义国家的文官制度

(一) 历史演变

在欧美一些西方国家，一般称人事行政为文官制度。所谓文官，指的是资本主义国家中所有不与内阁共进退的政府工作人员。他们一经录用，只要无重大过失，就可长期任职，所以又称为常任文官。有关各级文官从考试录用到解职、退休等方面的一系列管理制度，称为文官制度。文官制度最早形成于英国。英国资产阶级革命后建立了君主立宪政体，国王仍控制着官吏的任免权，官职由君主恩赐，史称“恩赐官职制”。标准是门第出身和对国王的忠诚，结果使无能之辈塞满政府，工作效率低下。17 世纪后期，随着两党轮流执政体制的形成，执政党的更迭和内阁的变迁，经常引起政府行政人员大规模换班，破坏了政府工作的连续性，形成周期性的政治动荡。同时新上台的执政党公开以官职作为“战利品”进行分赃，史称“政党分肥制”，致使许多昏庸无能之辈充斥政府，工作效率低下。产业革命后，英国经济得到空前发展，社会环境发生巨大变化，客观上迫切要求加强国家管理，强化政府职能，改变吏制。这为文官制度的建立奠定了社会基础。

直接导致文官制度建立的原因是东印度公司的人事纠纷。东印度公司是英国对东方（主要是印度和中国）从事垄断性贸易和经济掠夺的机构，是英国对外掠夺机构中油水最多的一个。1853 年，为谋取该公司肥缺，贵族乘机安插子弟亲友，引起激烈斗争。为此，国会委派麦克莱等三人研究该公司的人事制度。他们提出的报告建议：任用职员必须经过公开考试。几乎与此同时，财政大臣格莱斯顿也委派查理·杜维廉和斯坦福·诺斯科特爵士对英国政府的人事制度进行全面调查。他们于 1853 年底提出“关于建立英国常任文官制度”的报告。该报告建议：进行公开竞争考试，择优录用文官、对文官严加考核，根据文官工作成绩和勤奋程度确定其升降和待遇，并建议通过考试统一各部门录用文官的标准，建立统一的文官制度。报告提交国会讨论，1855 年 5 月，英国政府颁布了第一个改革文官制度的命令——《关于录用王国政府文官的枢密院命令》。1870 年 6 月又颁布了第二个改革文官制度的枢密院命令。前后两个命令具体规定了“公开考试、择优录用”和“严格考核、论功行赏”等原则。这标志着英国文官制度的正式确立。

由于文官制度顺应了社会发展的需要，很快被西方许多国家所仿效。加拿大、美国分别于 1882 年和 1883 年建立了文官制度。随后法国、日本相继建立各自的文官制度。目前不少发展中国家也正在采用这种制度。

（二）文官制度的主要特征

西方文官制度从确立到发展至今的一百多年里，虽随形势的发展和变化在不断修改和调整，各国由于具体国情不同文官制度的细节也有差别，但是，作为西方国家的共同制度，又有其共同特征。这些特征是：

（1）公开考试，择优录用。即国家公务员的选拔、录用要经过各种形式的公开竞争考试，择优录用。其适用范围是政府中的事务官员，政务官则是通过选举方式产生。（2）严格考核，功绩晋升。文官制度规定，文官升降奖惩的依据是建立在严格考核基础上的功绩晋升，而不是像在此之前通行的那种资历晋升。这对于提高文官的素质、奖优罚劣，以及提高政府的行政效率，有着积极作用。（3）终身任职，生活保障。凡是经过公开竞争考试，被择优录用的政府官员，只要无重大过失，就可以在政府中连续长期供职，直到退休，并且依法享受较优厚的工资待遇。这就使文官能安心供职，提高专业化水平。（4）政治“中立”，忠于职守。各国文官制度都要求文官在政治上必须保持中立，不得参加党派活动和游行、示威、罢工等政治活动；不得担任选举产生的公职（否则必须辞职）；不得接受政治捐款等;文官必须忠于国家,忠于职守。这些规定,可以使政府工作不因政党斗争和内阁更迭而中断和波动,有利于整个国家和社会稳定。(5) 立法完备,依法管理。实行文官制度的各国都制定了一系列法律和法规,确保这一制度的规范化和制度化。有关文官的考试、录用、考核、升降奖惩、福利待遇、培训、退休等一系列管理制度,均以法律形式固定。文官与国家、与政府、与民众、与上下级的关系,也都以法律进行调整。有关文官制度的法律随着文官制度的演变,逐步由粗到细、由简到繁。目前,立法比较完备,依法进行管理已成为文官制度的重要特点之一。

文官制度对西方国家提高行政效能,维护政权统治,促进国家经济、社会发展起到了积极作用。战后西方许多国家党派斗争激烈,政府更迭频繁,但因文官不介入政党纠纷,政治上保持中立,文官不与政党共进退,从而保证了政府机构的稳定和政策的连续。文官不用担心政治风云变幻对其地位的影响,实行常任制,这就有利于他们钻研业务,提高自身素质,增强事业心和责任感,促进行政效能的提高。总之,西方文官制度是适应西方各国政治统治的需要建立和发展的,是维护西方各国统治的重要政治工具。同时,在其一百多年的历史中,也积累了较为丰富的人事行政经验,形成了一套较为成熟的制度和方法,其中不少做法反映了科学人事行政的客观规律,是人类共同的财富。目前,我国公务员制度正在调整和完善之中,西方国家文官制度中的许多做法值得借鉴。

三、新中国人事行政体制的演变

新中国人事行政体制,是在新民主主义革命时期人事工作的基础上逐步建立和发展起来的。当时,虽然由于历史条件所限,不可能制定系统的人事法规,也难以按常规办事,但是,中国共产党根据革命斗争的实际需要,在自己领导的革命根据地和军队中,提出"任人惟贤"、"德才兼备"的干部标准;重视干部培训、调剂(即合理调动)工作;规定了"党管干部"的原则;等等。这些做法,对贯彻党的组织路线,选拔、培养、使用干部,建设国家工作人员队伍,以及完成党在各个历史时期的任务等方面,都发挥了积极作用。

新中国建立后,党和政府非常重视人事行政,使我国人事行政逐步趋于规范化,其中虽有曲折,但总的趋势是通过不断改革,逐渐成熟。这期间可划分为三个阶段。

(1) 第一阶段,1949 年至 1965 年是新中国人事行政制度形成和发展时期。在这个阶段,依据宪法规定的原则,结合社会主义革命建设的具体情况,从中央到地方,各级各部门都建立了相应的人事管理机构,并且在总结新民主主义革命时期人事行政的经验和学习原苏联经验的基础上,逐步建立了包括干部选拔录用、调配使用、学习培训、升降奖惩、工资福利、退职退休等一套比较完整的人事制度,制定了一些相应的人事行政法规,虽然这些法规还不尽完善,但对当时和以后的人事行政起了重要的指导和规范作用。

(2) 第二阶段,1966 年至 1976 年。这段时期属于"非常"时期,由于"文革"十年动乱,使得我国人事行政遭到严重破坏。从 1968 年底起,中央及地方各级人事部门陆续被撤销,新中国成立以来的人事行政成绩和各项人事行政制度被全盘否定,正常的人事行政被打乱,整个人事行政及其制度处于混乱状态。

(3) 第三阶段,1976 年至今。这段时期,特别是 1978 年党的十一届三中全会以后,随着党和国家工作重心的转移,人事行政进入了一个改革发展的新时期。各级人事行政机构相继恢复,并逐步得到充实、加强。通过拨乱反正,过去各项行之有效的制度得到恢复,并在此基础上进一步充实、健全和发展,使我国人事行政逐步走向规范化、法制化和科学化。尤其是从 1993 年 10 月 1 日起开始实施《国家公务员暂行条例》,即全面推行国家公务员制度。它的全面实施,标志着我国人事行政在改革发展过程中步上了一个新台阶,也是多年来我国人事行政改革的逻辑结果。经过十多年的努力,《国家公务员暂行条例》得到不断完善,已经具备制定公务员法的条件了。2005 年 4 月 27 日第十届全国人民代表大会常务委员会第十五次会议审议通过了《公务员法》,从 2006 年 1 月 1 日起正式实施。这是我国公务员制度建设中的里程碑。

20 世纪 80 年代以后,党和政府根据新时期的总任务以及经济体制和行政体制改革的需要,对人事行政制度进行了一系列改革,主要体现在以下几个方面:

(1) 改革干部管理体制,下放干部管理权限。这一工作首先从中央开始,过去直接由国务院任免的司局级干部,下放给省、自治区、直辖市和国务院各部门任免。各省、自治区、直辖市和国务院各部门也本着上述精神,适当缩小管理干部的任免范围。同时,政府人事部门为使企业领导能做到管事与管人的统一,把部分干部管理权交给企业。1984 年国务院在《关于进一步扩大国营工业企业自主权的暂行规定》中明确规定:企业有权确定人员编制,厂长有权提名副厂长和任免中层干部,有权从社会上招聘技术人员,有权对工作人员进行奖励和惩处,有权决定工资奖励方式。一些科研和文教单位也根据有关政策规定享有包括提名副职领导人和任免中层干部的权力。干部管理权的适当下放,有利于合理使用干部和调动干部的积极性,从而提高了工作效率。

(2) 调整领导班子,加强教育和培训,提高干部队伍的整体素质。为适应我国新时期建设的需要,加强干部队伍建设,实现干部的"革命化、年轻化、知识化、专业化",选拔了一大批年纪较轻、文化程度较高、有干劲、懂业务、会管理、有政策水平和组织领导能力的干部担任各级领导职务。并从 20 世纪 80 年代初开始改革领导班子结构,按照合理、科学、效益的原则,把老、中、青不同年龄、不同专业知识和能力的人进行科学组合,形成合理的班子结构,从而提高领导班子的整体功能。为提高国家行政工作人员的素质，国家还确定了逐步实现干部教育经常化、制度化、正规化的方针。从 1982 年开始，许多部门和地区采取多种渠道、多种方式教育和培训政府工作人员，既提高他们的文化水平，也强化他们的业务技术。

(3) 坚持退休制，实行领导干部任期制。这是我国人事制度的又一重要改革，只有坚持退休制和任期制，才能实现新老干部的平稳交替。它既能使优秀中青年干部适时进入各级领导班子，又可让不再适合担任领导职务的老同志离职退休，废除我国实际存在的领导职务终身制和能上不能下、干好干坏一个样的弊端。这就调动了国家工作人员的积极性，激发他们在任职期间努力工作，创造出更大的工作成绩。

(4) 实行机关工作岗位责任制，进一步建立健全考核与奖惩制度。20 世纪 80 年代初中期，我国许多地区和部门借鉴农村生产责任制和企业经营责任制的经验，建立了机关工作岗位责任制，并将岗位责任制和对工作人员的考核、奖惩结合起来，取得了一定成效。

(5) 改革国家工作人员的工资制度。我国国家工作人员的工资制度是 20 世纪 50 年代中期建立的，自建立到 20 世纪 80 年代中期一直未动，因而问题不少。1985 年，我国实行工资制度改革，国家机关工作人员实行以职务工资为主要内容的结构工资制，并使工资能随着经济的发展逐步增加，使工作人员的工资同本人肩负的责任和劳绩结合起来，以体现按劳分配原则，克服平均主义大锅饭的弊端，调动工作人员的积极性。

除上述做法外，还在其他方面进行了不少改革探索，如从 20 世纪 80 年代后期开始，我国录用国家工作人员相当普遍地实行了通过考试、择优录用人员的制度，改变了过去直接从工人、农民中吸纳干部，大中专毕业生、军队转业退伍干部可以直接进入国家机关的做法。这就为公务员制度的推行准备了较好的条件。同时为解决部分国家工作人员学非所用、用非所长问题，各级人事行政部门采用多种形式搞活人员调配，合理流动人才，促使了广大工作人员积极性的充分发挥。

总之，我国自 20 世纪 80 年代至 1993 年国家公务员制度实施之前，在人事行政工作中进行了多方面改革，积累了不少成功经验，为我国下一步人事行政更加完善化、科学化，为公务员制度的全面顺利推行，创造了多方面的条件。

第三节　国家公务员制度概述

一、国家公务员的含义和范围

(一) 西方国家公务员的含义和范围

"公务员"这一名词，在西方国家一般是指通过非选举程序而被任命担任政府行政工作的人员。各国对公务员的称谓不尽相同,范围也不完全一样。在英国称“文官”,指所有不与内阁或选举共进退,通过公开竞争考试、择优录用的文职人员,他们无过失可以常任,又叫“常任文官”。英国《文官统计资料》规定:文官是以公民身份为王国政府服务的,未在政治或司法部门任职的工作人员;根据特殊规定担任某些其他职务的人员;以个人身份为王国政府服务,从王室的年俸中支薪的工作人员。因此,英国公务员主要是指非经选举和政治任命的长期任职的文职人员。不包括大臣、法官、军人、公用企事业机构职员等。

在美国,公务员叫“政府雇员”。顾名思义,他们是受雇于政府的官员,表明公务员与政府之间是一种雇佣关系。美国公务员包括联邦行政机构的所有人员,但不包括立法(国会)和司法部门职员。除文职人员以外,美国公务员还包括消防队员、警察等“武官”,许多普通政府雇员,如政府部门的清洁工、邮政局的投递员、公立大学教授等,也包括其中。

在法国称“公务员”,去掉了封建等级官味色彩,更具现代法律平等性。1946年出台的法国《公务员总法》规定,公务员包括在中央、地方政府及其所属公共事业机构中正式担任专职的工作人员,还包括议会工作人员、法官、军人。

英、美、法三国公务员制度在世界上具有一定代表性。结合三个国家公务员的含义,可以看出对公务员范围的规定大致有三种情况:一是小范围,即将公务员限定为事务官或常任文官,如英国。他们经公开考试被择优录用,长期任职,不包括政务官(即经选举产生或政治任命的议院、首相、部长或国会大臣、政务次官、政治秘书或专门委员会等),政府经营的企事业单位的管理人员和自治地方政府工作人员,以及法官和军人。二是中范围,指公务员包括国家行政系统中的所有官员,政务官、事务官都在公务员范围内,如美国。三是大范围,即将中央和地方行政系统工作人员、立法、司法和检察机关的工作人员、军人、公共企事业单位中履行公职的工作人员,通称为公务员,如法国。

(二)我国公务员的含义和范围

2006年1月1日起实施的我国《公务员法》规定:“国家公务员是指依法履行公职、纳入国家行政编制、由国家财政负担工资福利的机关工作人员”。根据这一规定,我们可以看出,我国公务员的内涵包括三个方面:一是依法履行公职。公务员必须是依照宪法、法律和法规的规定从事公务活动的人员,他们承担国家和社会事务管理等职能,通过履行法律法规赋予的职责,为国家、社会和全体公民服务。二是纳入国家行政编制。根据组织机构的性质、功能和它与国家的经济关系,我国人员编制大体分为行政编制、事业编制、企业编制、军事编制等。其中,行政编制是指其经费由行政费用开支的人员编制。行政编制的使用与国家政治活动密切相关,与国家行政预算直接联系。三是由国家财政负担其工资福利。公务员履行公职的一切行为,都是为了国家的利益,国家相应地以财政负担其公职福利的形式,来保障其生活。

根据有关规定,我国公务员的范围共包括七类人员。这七类人员是:

(1) 中国共产党机关的工作人员。具体包括:一是中央和地方各级党委、纪检委的领导人员;二是中央和地方各级党委工作部门的工作人员;三是中央和地方各级纪检机构内设机构的工作人员;四是街道、乡镇党委机关的工作人员。企业、学校、科研院所、社会团体、社会中介组织、人民解放军连队以及农村村级党的基层组织的工作人员,不纳入公务员范畴。

(2) 人大机关的工作人员。我国人大机关包括全国人民代表大会及其常务委员会、地方各级人民代表大会及其常务委员会(乡镇人大不设常务委员会)。人大机关的下列人员是公务员:一是人大常务委员会的领导人员;二是各级人大常务委员会工作机构(如办公厅、室,法制工作委员会)的工作人员;三是各级人大专门委员会的办事机构的工作人员。

(3) 行政机关的工作人员。我国各级行政机关的下列人员是公务员:一是各级政府的组成人员;二是县级以上各级人民政府工作部门和派出机构的工作人员;三是乡镇人民政府机关的工作人员。

(4) 政协机关的工作人员。我国政协机关包括中国人民政治协商会议全国委员会和地方各级委员会。政协机关的下列人员是公务员:一是政协各级委员会的领导人员;二是政协各级委员会工作机构(如办公厅、室等)的工作人员;三是政协专门委员会办事机构的工作人员。

(5) 审判机关的工作人员。我国审判机关包括最高人民法院、地方各级人民法院和军事法院等专门法院。审判机关的下列人员是公务员:最高人民法院、地方各级人民法院的法官、审判辅助人员和行政管理人员。

(6) 检察机关的工作人员。我国检察机关包括最高人民检察院、地方各级人民检察院和军事检察院等专门检察院。检察机关的下列人员是公务员:最高人民检察院、地方各级人民检察院的检察官、检察辅助人员和行政管理人员。

(7) 民主党派机关的工作人员。我国的民主党派主要有:中国国民党革命委员会、中国民主同盟、中国民主建国会、中国民主促进会、中国农工民主党、中国致公党、九三学社、台湾民主自治同盟等。民主党派机关的下列人员是公务员:一是中央和地方各级委员会的领导人员,二是中央和地方各级委员会职能部门和办事机构的工作人员。

上述七类机构中的工作人员不都是纳入公务员编制,要做具体分析。主要有以下几种情况:第一,上述各级人大常委会、政协各级委员会、民主党派各级委员会的领导人员,如果不驻会,不使用行政编制,则不列入公务员范围。第二,各级代表大会代表、委员会委员,整体上不列入公务员范围,按其所在部门和单位的人事制度管理。第三,机关所属的事业单位的工作人员,使用事业单位编制,不纳入公务员范围。第四,机关中的工勤人员,不列入公务员范畴进行管理。

二、我国实施公务员制度的意义

公务员制度是指国家机关工作人员进行管理的一系列行为规范和准则的总称,是人事行政的一种科学有效的管理制度。为了实现对国家公务员的科学管理,保障国家公务人员的优化、廉洁,提高行政效能,我国从1993年全面推行国家公务员制度。在我国实施国家公务员制度具有以下重要意义:

(1)从组织上、制度上保证把优秀人才选拔到国家机关中来,保证他们充分发挥作用,形成高效能的国家管理系统,实现国家管理职能。我国自1978年后实行改革开放,确立了实现四个现代化的战略目标。要达到这一宏伟目标,政府必须充分发挥自己在组织经济建设和管理国家社会事务方面的功能,这就要求尽快建立一个结构合理、功能齐全、法制完备、充满活力和富有效率及效能的行政管理系统。这一系统的形成固然需要多方面努力,但国家公务员的素质是影响行政管理系统是否高效的关键一环。实施国家公务员制度,就有可能最大限度地把优秀人才选拔到公务员队伍中来,并能做到人尽其才、才尽其用,充分调动人的聪明才智和潜能。

(2)有利于人事行政工作的法制建设和公开监督,使人事行政从"人治"走向"法治",有利于形成人才脱颖而出的环境,纠正用人问题上的不正之风。长期以来,我国人事行政法制不健全,"人治"现象较为普遍,在人才选拔任用过程中,那种任人惟亲、裙带关系以及以个人亲疏好恶为标准的现象还没有根除;人民群众也难以参与政府管理活动和实施公开监督,即使有意见和合理建议,也难以被采纳。一旦进入国家机关,就捧上了"铁饭碗",进了"保险箱",形成了一种能进难出、能上难下、能官难民的官场运作现象。同时,由于赏罚不明,干和不干、干多和干少、干好和干坏一个样,一方面挫伤了国家行政人员的积极性,影响了政府工作效率;另一方面也降低了国家行政人员的素质,使一些不学无术的庸才挤进了国家行政人员的行列,降低了国家行政人员的整体素质,损害了国家行政人员的形象。实施国家公务员制度,依法对国家公务员进行严格而规范的管理,就能够通过制度来保证优秀人才能进得来、稳得住、升得快,不称职者呆不住且能够出得去。这就疏通了出入渠道,创立了一种更新机制。同时通过制度来规范公务员,要求他们应该做什么和应该怎么做,督促他们成为真正的人民"勤务员"和"公仆"。

(3)有利于造就大批德才兼备的政务活动家和行政管理专家。实施国家公务员制度,由于从"进门"就严格把关,不合格者难以滥竽充数,只有优秀者才能进入,这就保证了公务员队伍的整体素质较高。不仅如此,对进入了国家公务员行列的人员还要进行不断培训,更新知识,提高能力,以适应工作的需要,保证国家公务员职业的相对稳定和享受较好的工资福利待遇，这就促使他们安心工作，努力提高专业水平。还要依法定标准和程序，定期对公务员进行考核评定，并以此为依据，决定公务员的升降、奖惩、流动，这就创造了一种催人奋进、不断进取的激励机制，形成了一种人才成长良性循环的环境，从而有利于造就大批的行政管理人才。

三、我国公务员制度与西方文官制度的区别

由于我国实施公务员制度的时间比西方国家文官制度晚，在实施过程中，可以参考和借鉴国外一些成功的经验和成熟的做法，但是，从本质上说，我国公务员制度必须从中国实际出发，反映中国具体国情，具有中国特色。我国公务员制度与西方国家文官制度的区别如下：

(1) 从公务员的组成范围上看，我国的国家公务员包括从中央到地方的各级政府(包括立法、司法、行政及政党组织)首脑及除工勤人员外的其他工作人员；而西方国家的公务员一般是不包括政府组成人员的。

(2) 从公务员与政党的关系看，我国《公务员法》规定：公务员制度坚持以马克思列宁主义、毛泽东思想、邓小平理论和“三个代表”重要思想为指导，贯彻社会主义初级阶段的基本路线，贯彻中国共产党的干部路线和方针，坚持党管干部原则。建立公务员制度的目的是为了从组织上保证党的路线、方针和政策的贯彻执行。可以看出，我国的公务员制度是共产党的组织路线和人事制度的一个组成部分。而西方国家的文官制度强调保证政府工作的连续性，“政务官”和“事务官”严格分途，规定文官在政治上“保持中立”，不准参加党派的政治活动。

(3) 从公务员与政府和人民的关系来看，我国的公务员是人民群众的公仆，他们的一切活动必须坚持为人民服务的宗旨。《公务员法》规定，公务员必须全心全意为人民服务，廉洁奉公，不贪污受贿，不谋私利，也不容许公务员搞特权，接受群众监督。而西方国家的公务员，相对于人民来说是政府官员，相对于政府来说是雇员，他们是一特殊的利益阶层，它通过自己的基层利益代表——公务员工会可以和政府谈判，政府也通过专门机构协调与公务员的关系。

(4) 从公务员队伍系统的特征来看，我国公务员队伍不是一个封闭的系统，政府机关工作人员与党的机关工作人员及企事业单位之间，可以通过一定的程序相互交流。而西方公务员队伍是一个相对封闭的系统，其他行业的人难以进入，一旦进入，便可终身任职。当然，这种情况自 20 世纪 80 年代以后有较大改变，使相对封闭的公务员系统变得更加开放。

第四节 我国公务员制度的基本内容

一、公务员条件、义务与权利

（一）公务员条件

国家公务员条件,是指担任公务员应当具备的基本条件。依照我国《公务员法》的规定,我国公务员应当具备下列条件:(1) 具有中华人民共和国国籍;(2) 年满18周岁;(3) 拥护中华人民共和国宪法;(4) 具有良好的品行;(5) 具有正常履行职责的身体条件;(6) 具有符合职位要求的文化程度和工作能力;(7) 法律规定的其他条件。

（二）公务员义务

国家公务员义务,是指国家法律、法规规定的公务员必须作出某些行为和不准作出某些行为的约束和强制。它与公务员的权利相对应,与公务员的身份相联系。我国《公务员法》规定,公务员应当履行下列义务:

(1) 模范遵守宪法和法律;(2) 按照规定的权限和程序认真履行职责,努力提高工作效率;(3) 全心全意为人民服务,接受人民监督;(4) 维护国家的安全、荣誉和利益;(5) 忠于职守,勤勉尽责,服从和执行上级依法作出的决定和命令;(6) 保守国家秘密和工作秘密;(7) 遵守纪律,恪守职业道德,模范遵守社会公德;(8) 清正廉洁,公道正派;(9) 法律规定的其他义务。

（三）公务员权利

国家公务员权利,是指国家法律、法规规定公务员在履行职责、行使职权、执行国家公务的过程中可以作出某种行为,要求他人作出某种行为的许可和保障。它与公务员的义务相对应,与公务员的身份相联系。《公务员法》规定,我国公务员享有下列权利:

(1) 获得履行职责应当具有的工作条件;(2) 非因法定事由、非经法定程序,不被免职、降职、辞退或者处分;(3) 获得工资报酬,享受福利、保险待遇;(4) 参加培训;(5) 对机关工作和领导人员提出批评和建议;(6) 提出申诉和控告;(7) 申请辞职;(8) 法律规定的其他权利。

二、职位分类

我国《公务员法》规定:国家实行公务员职位分类制度。

所谓职位分类,是指运用科学的方法,把众多复杂的行政机关的工作岗位,根据其性质差异、责任轻重、繁简难易及所需资格条件等,划分为若干规范的种类,对每一职位给予准确的定义和说明,制成职位说明书,以此作为对公务员进

行管理依据的一整套做法。职位分类涉及以下几个主要概念:

(1) 职位:指组织中具有一定职权和责任、需要一定资格条件的人员担任的工作岗位。职位是职位分类的基本要素。

(2) 职系:指工作性质相同而责任轻重和难易程度不同的职位系列。一般说来,一种专门职业就是一个职系。职系是职位分类纵向划分的基础。

(3) 职级:指同一职系内工作难易程度、责任大小和所需资格条件相近的职位群体。职级是职位分类中非常关键的概念。

(4) 职等:指工作性质不同但工作繁简难易程度、责任大小以及所需资格条件相近的职级群体。借助于职等,可以比较不同职系间各职位的级别。职级、职等是职位分类中的横向划分。

(5) 职类:指将几个工作性质相近的职系归并为一个类别。划分职类是便于职系区分。

进行职位分类要坚持两个原则:第一,以事为中心,即职位的设置和划分要以工作任务和内容为依据;第二,要使职位数量达到最低限,可有可无的职位应取消。

职位分类的具体过程,一般都由职位调查、职位评价、编制职级规范、职位归类等四个程序组成。(1) 职位调查。就是对政府现有职位的有关情况作详细了解,并全面收集有关资料。(2) 职位评价。在职位调查的基础上,进行职位评价,包括区分职系、划定职级、确定职等。区分职系就是按业务性质并同区异,划分为若干职系;划定职级就是指在职系区分完后,按各职系的职位工作繁简、责任轻重、担任职务人员所需资格条件等,划分为若干职级;确定职等就是在职级划定后,为了在不同职系间进行比较,将不同职系间的职级,按工作难易程度与责任大小的顺序排列,把难度最大、责任最重的职级放在最高职等上,以此类推。同一职等的所有职位,不论属于哪个职系的哪个职级,其工资待遇应该相同。(3) 编制职级规范。分类工作完成后,就要编制职级规范(又称职位说明书)。它的具体内容包括:职级名称、职级编号、职级定义、职位特征、工作举例、所需资格以及其他必要内容。(4) 职位归类。这是职位分类的最后一道程序,即将每一现有职位的工作性质、内容、资格条件等,与职级规范上的内容相比较,把它们归入适当的职类、职系、职级与职等。这样,就可以此为基础,根据职位分类法的有关规定,对这些职位上的公务员实行分门别类的管理。

职位分类这种以工作为中心的人事行政制度始于美国。后有不少国家相继仿效,如日本、加拿大、菲律宾。我国台湾地区在国民党统治后也建立了公务员的职位分类制度。职位分类是公务员制度的基础,它为实现人事两相宜开辟了一条科学的途径。其显著的优点在于:适才适用、职责分明、平等竞争、公平合理。

正因为如此,我国公务员实行职位分类制度。公务员职位分类按照公务员职位性质、特点和管理需要,划分为综合管理类、专业技术类和行政执法类等类别。各机关依照确定的职能、规格、编制限额、职数以及结构比例,设置本机关公务员的具体职位,并确定各职位的工作职责和任职资格条件。公务员的职务应当对应相应的级别。公务员的职务与级别是确定公务员工资及其他待遇的依据。公务员的级别根据所任职务及其德才表现、工作实绩和资历确定。公务员在同一职务上,可以按照国家规定晋升级别。

国家根据公务员职位类别设置公务员职务序列。我国公务员的职务分为领导职务和非领导职务。其中,综合管理类的领导职务根据宪法、有关法律、职务层次和机构规格设置确定。领导职务层次分为:国家级正职、国家级副职、省部级正职、省部级副职、厅局级正职、厅局级副职、县处级正职、县处级副职、乡科级正职、乡科级副职。非领导职务层次在厅局级以下设置。综合管理类的非领导职务分为:巡视员、副巡视员、调研员、副调研员、主任科员、副主任科员、科员、办事员。国家根据人民警察以及海关、驻外机构公务员的工作特点,设置与其职务相对应的衔级。

三、公务员录用

考试录用,是指政府根据用人计划,按照规定的条件和程序,通过公开竞争考试,择优录用人才进入国家公务员队伍的做法。这里的考试,是要全面测量应考者的知识水平和适应工作岗位要求的基本能力。考试录用制犹如公务员系统入口的闸门,能够有效地控制政府部门公务人员的输入,很好地发挥广开才路和选贤举能的作用。目前,世界上实行公务员制度的国家一般都实行考试录用制。我国于 1978 年实行改革开放政策以后,为适应干部队伍革命化、年轻化、知识化和专业化的需要,1982 年,原劳动人事部制定了《吸收录用干部的若干规定》,党的十三大决定建立国家公务员制度,强调“凡进入业务类公务员队伍,应当通过法定考试,公开竞争”。随着《国家行政机关补充工作人员实行考试办法的通知》、《国家公务员暂行条例》、《关于党群机关和人大、政协机关工作人员考试录用有关问题的意见》、《国家公务员录用考试暂行办法》、《公务员法》等法律规范的出台,我国公务员考试制度日渐完善。

考试录用的基本原则是平等、公开、竞争和择优。所谓公开,就是面向社会公开举行选拔录用活动,包括公告考试程序、录用条件、考试成绩等。所谓平等,就是只要符合规定条件的每一个公民,都有参加考试、考核的机会,录用时只能以考生的考试成绩和品德为标准,不得以性别、种族、宗教信仰、年龄、家庭背景等因素为理由歧视或优待某些人。所谓竞争和择优,就是指应考者凭自己的知识技术水平和能力,在考场上争高低,决胜负,然后优胜劣汰。

我国《公务员法》规定:录用担任主任科员以下及其他相当职务层次的非领导职务的公务员,采用公开考试、严格考察、平等竞争、择优录取的办法。在我国,凡享受公民政治权利,拥护共产党领导,热爱社会主义;遵纪守法,品行端正,具有为人民服务的精神;有主考机关认定的文化程度、年龄、健康状况及其他条件的公民,都有报考公务员的资格。《公务员法》同时规定下列人员不得录用为公务员:一是曾因犯罪受过刑事处罚的;二是曾被开除工职的;三是有法律规定不得录用为公务员的其他情形的。

录用公务员,必须在规定的编制限额内,并有相应的职位空缺。

我国录用公务员的程序是;(1) 发布招考公告;(2) 对报考者进行资格审查;(3) 对审查合格的进行公开考试;(4) 对考试合格的进行工作能力等方面的考核;(5) 根据考试、考察情况和体检结果,提出拟录用人员名单,并予以公示。公示期满,中央一级招录机关将拟录用人员名单报中央公务员主管部门备案;地方各级招录机关将拟录人员名单报省级或者设区的市级公务员主管部门审批。录用特殊职位的公务员,经省级以上公务员主管部门批准,可简化程序或采用其他测评办法。新录用的公务员试用期为 1 年。试用期满合格的予以任职;不合格的,取消录用。

四、公务员考核、奖惩、培训

(一) 考核

(1) 考核的含义与内容。所谓考核,是指国家根据法定的管理权限,按照公务员考核内容、标准、程序和方法,对所属公务员执行公务、履行职责的情况进行全面考察与评价,并以此作为升降、奖惩、调整、培训等的依据。考核是公务员管理的重要组成部分,其功能在于奖优惩劣,造成一种竞争环境,激发公务员勤奋学习,努力工作,增强责任感,从而保证公务员队伍的生机活力与行政效率、效能的提高。

考核的内容在各国有所不同,但一般都有考勤和考绩两个方面,其中以考绩为重点。我国《公务员法》规定:“对公务员的考核,按照管理权限,全面考核公务员的德、能、勤、绩、廉,重点考核工作实绩。”考德,主要是考核公务员的政治态度、思想品质和遵纪守法、遵守职业道德和社会公德等情况。考能,主要考核公务员是否具有胜任本职工作所必备的能力,包括学识水平、分析问题、解决问题的技巧。考勤,主要考核公务员的勤勉程度,包括工作积极性、纪律性、责任心和出勤率等内容。考廉,即考核公务员廉洁奉公、拒腐蚀永不沾、用好权不谋私等方面的情况。考绩,即考核公务员的工作实绩,主要包括完成行政任务的数量、质量和效率。考核的德、能、勤、绩、廉五个方面是相互制约的统一体,但绩又处于核心地位,是公务员业务能力、工作态度、知识水平、政治素质的综合反映,也是德、能、勤、廉的客观体现。以考绩为主，能调动公务员把精力用在干实事上，有利于行政效率、效能的提高。

（2）考核的原则与方法。考核应贯彻平等公开、客观公正原则。评价公务员要从实际出发，实事求是，考核者对被考核者不能带有个人成见进行评定。考核结果要公开，考核方法、程序、机构要充分体现民主，要严格按程序进行。我国国家公务员考核分为平时考核与定期考核。平时考核是定期考核的基础。定期考核的结果分为优秀、称职、基本称职和不称职四个等次。定期考核的结果应当以书面形式通知公务员本人。定期考核的结果作为调整公务员职务、级别、工资以及奖励、培训、辞退的依据。

对非领导职务公务员的定期考核采取年度考核的方式，先由个人按照职位职责和有关要求进行总结，主管领导在听取群众意见后，提出考核等次意见，由本机关负责人或者授权的考核委员会确定考核等次。对领导成员的定期考核，由主管机关按照有关规定办理。

（二）奖惩

（1）奖惩的含义。所请奖惩，是指国家依据有关法律、法规，对公务员的表现情况进行奖励或惩戒。奖励是运用激励手段，促进公务员奋发进取、积极向上。惩戒则是惩治过失，以此规范公务员的行为，制止和预防越轨行为发生。奖励和惩戒是相对应的。

（2）奖惩的原则与内容。对公务员的奖惩，必须贯彻精神奖励与物质奖励相结合、教育与惩戒相结合、功过分明赏罚得当等原则。我国国家机关对在工作中表现突出、有显著成绩和贡献以及有其他突出事迹的公务员或者公务员集体，给予奖励。奖励分为：嘉奖，记三等功、二等功、一等功，授予荣誉称号。

公务员或者公务员集体有下列情形之一的，给予奖励：一是忠于职守，积极工作，成绩显著的；二是遵守纪律，廉洁奉公，作风正派，办事公道，模范作用突出的；三是在工作中有发明创造或者提出合理化建议，取得显著经济效益或者社会效益的；四是为增进民族团结、维护社会稳定做出突出贡献的；五是爱护公共财产，节约国家资财有突出成绩的；六是防止或者消除事故有功，使国家和人民群众利益免受或者减少损失的；七是在抢险、救灾等特定环境中奋不顾身，做出贡献的；八是同违法违纪行为作斗争有功绩的；九是在对外交往中为国家争得荣誉和利益的；十是有其他突出功绩的。

对于受奖励的公务员或者公务员集体予以表彰，并给予一次性奖金或者其他待遇。给予公务员或者公务员集体奖励，按照规定的权限和程序决定或者审批。公务员或者公务员集体有下列情形之一的，撤销奖励：弄虚作假，骗取奖励的；申报奖励时隐瞒严重错误或者严重违反规定程序的；有法律、法规规定应当撤销奖励的其他情形的。

公务员的惩戒,是指对公务员有违法违纪行为但尚未构成犯罪的,或者虽构成犯罪但依法不追究刑事责任的,依照《公务员法》给予处分。我国《公务员法》规定:公务员必须遵守纪律,不得有下列行为:散布有损国家声誉的言论,组织或者参加旨在反对国家的集会、游行、示威等活动;组织或者参加非法组织、组织或者参加罢工;玩忽职守,贻误工作;拒绝执行上级依法作出的决定和命令;压制批评,打击报复;弄虚作假,误导、欺骗领导和公众;贪污、行贿、受贿,利用职务之便为自己或者他人谋取私利;违反财经纪律,浪费国家资财;滥用职权,侵害公民或者其他组织的合法权益;泄露国家秘密或者工作秘密;在对外交往中损害国家荣誉和利益;参与或者支持色情、吸毒、赌博、迷信等活动;违反职业道德、社会公德;从事或者参加营利性活动,在企业或者其他营利性组织中兼任职务;旷工或者因公外出、请假期满无正当理由逾期不轨逾期不归;违反纪律的其他行为。

公务员行为违反上述规定情节轻微,经过批评教育后改正的可免予处分。处分分为:警告、记过、记大过、降级、撤职、开除六种。处分公务员,应当事实清楚、证据确凿、定性准确、处理恰当、程序合法、手续完备。

公务员违纪的,应当由处分决定机关对公务员违纪的情况进行调查,并将调查认定的事实及拟给予处分的依据告知公务员本人。公务员有权进行陈述和申辩。处分决定机关认为对公务员应当给予处分的,应当在规定的期限内,按照管理权限和规定的程序作出处分决定,并应以书面的形式通知公务员本人。

公务员在受处分期间不得晋升职务和级别,其中受记过、记大过、降级、撤职处分的,不得晋升工资档次。受处分的期限为:警告,6 个月;记过,12 个月;记大过,18 个月;降级、撤职,24 个月。受撤职处分的,按照规定降低级别。公务员受开除以外的处分,在受处分期间有悔改表现,并且没有再发生违纪行为的,处分期满后,由处分决定机关解除处分并以书面形式通知本人。解除处分后,晋升工资档次、级别和职务不再受原处分的影响。但是,解除降级、撤职处分不视为恢复原级别、原职务。

(三) 培训

(1) 培训的含义与类型

所谓培训,是指国家根据经济、社会发展的需要和对公务员工作职责的要求,对公务员进行有组织、有计划的各种教育训练活动。这种培训是以政治理论、政策法规、业务知识、文化素质、技能训练等为主要内容的。在我国,公务员的培训以马克思列宁主义、毛泽东思想、邓小平理论和“三个代表”重要思想为指导,贯彻理论联系实际、学用一致、按需施教、讲求实效的原则,其宗旨是为贯彻党的路线、方针、政策服务,为提高政府管理水平和公共服务质量服务。我国国家公务员培训分为:对新录用人员的初任培训、晋升领导职务的任职培训、根据专项工作需要进行的专门业务培训和在职国家公务员更新知识的培训四种类型。

(2) 培训的机构与要求

国家建立专门的公务员培训机构,如行政学院、管理干部院校以及党校等。机关根据需要也可以委托其他培训机构承担公务员培训任务,如高等院校、科研院所。公务员培训实行登记管理,培训情况、学习成绩作为公务员考核的内容和任职、晋升的依据之一。

培训制度作为公务员制度的重要组成部分,在实行公务员制度的国家里基本上都达到较为科学、健全的程度。一般都能做到:(1) 培训制度法律化。即将公务员培训制度以法律形式确定下来,予以保障,明确规定,接受培训既是公务员的权利,也是公务员的义务。(2) 领导机构专门化。即设立专门主管公务员培训的领导机构,以加强对公务员培训工作的领导、组织和研究。(3) 培训机构多元化。各国都形成了以行政学院或类似行政学院的机构为主体,配以专业部门的培训组织以及普通高等院校,形成多渠道的培训网络。(4) 公务员培训的终身化、实用化以及培训、任用、晋升的一致化。为使公务员在任职期间及时掌握新的知识和技能,以适应工作的变化,要经常参加培训。在培训内容方面强调实用性、方法性和技术性,并注意把公务员的培训与其任用和晋升相联系,做到培训、任用、晋升连体配套,以鼓励公务员在培训中努力学习。

五、公务员职务升降、任免

(一) 职务升降

职务升降是指公务员职务的晋升和降职。职务晋升指因新的任命而引起的职务升级。反之则是降职。职务升降主要有两种情况:一是根据工作需要并结合公务员本人情况对其担任职务进行有升有降的调整;二是根据公务员履行岗位职责情况,对有突出工作能力的予以职务晋升,对不称职的予以降职使用。职务升降也是人事行政的重要一环,它对人才成长、使用和积极性的调动,有着积极意义。所以,各国在人事行政中都努力探求一种科学合理的公务员升降制度。目前,国外普遍采用的晋升制度有:(1) 考试晋升制。即以考试成绩好坏决定晋升。(2) 功绩晋升制。即以工作成绩大小决定晋升。(3) 年资晋升制。即以公务员工作时间长短决定是否晋升,任职时间达到一定年限,如无重大过失,就获得晋升机会。(4) 越级晋升制。即对成绩优异、才能卓越的公务员不受年限约束,可越级破格晋升。四种基本的晋升制度各有优缺点和适用范围,比较起来功绩晋升更为普遍。我国《公务员法》规定:公务员晋升职务,应当具备拟任职务所要求的思想政治素质、工作能力、文化程度和任职经历等方面的条件和资格。公务员晋升职务,应当逐级晋升。特别优秀的或者工作特殊需要的,可以按照规定破格或者越一级晋升职务。

公务员晋升领导职务的程序为:一是民主推荐,确定考察对象;二是组织考察,研究提出任职建议方案,并根据需要在一定范围内进行酝酿;三是按照管理权限讨论决定;四是按照规定履行任职手续。

机关内设机构厅局级正职以下领导职务出现空缺时,可以在本机关或者本系统内通过竞争上岗的方式,产生任职人选。厅局级正职以下领导职务或者副调研员以上及其他相当职务层次的非领导职务出现空缺,可以面向社会公开选拔,产生任职人选。确定初任法官、初任检察官的任职人选,可以面向社会,从通过国家统一司法考试取得资格的人员中公开选拔。

公务员晋升领导职务的,应当按照有关规定实行任职前公示制度和任职试用期制度。

公务员降职,主要由以下情况所致:经考核确定为不称职的;因机构变动需要改任较低职务的;由于其他原因不宜继续担任现职而改任较低职务的。我国公务员法规定:公务员在定期考核中被确定为不称职的,按照规定程序降低一个职务层次任职。

(二) 职务任免

职务任免是指对公务员职务的任命及免除,包括任职和免职两个方面。任职是指按照有关法律法规,通过法定程序,任命公务员担任某一职务。免职是指任免机关依照管理权限,按照有关法律法规,通过法定程序,免去公务员担任的某一职务。我国《宪法》、《公务员法》、《全国人民代表大会组织法》、《国家公务员职务任免暂行规定》、《国务院组织法》、《党政领导干部选拔任用工作条例》、《地方各级人民代表大会和各级人民政府组织法》等法律、法规都对职务任免进行了规定。

任免国家公务员的职务,必须贯彻革命化、年轻化、知识化、专业化的方针,坚持德才兼备、任人唯贤和党管干部的原则。公务员因工作需要在机关外兼职,应当经有关机关批准,并不得领取兼职报酬。公务员任职必须在规定的编制限额和职数内进行,并有相应的职位空缺。领导成员职务按照国家规定实行任期制。公务员的任用方式主要有委任制、选任制、聘任制。委任制公务员遇有试用期满考核合格、职务发生变化、不再担任公务员职务以及其他情形需要任免职务的,应当按照管理权限和规定的程序任免其职务。选任制公务员在选举结果生效时即任当选职务;任期届满不再连任,或者任期内辞职、被罢免、被撤职的,其所任职务即终止。机关根据工作需要,经省级以上公务员主管部门批准,可以对专业性较强的职位和辅助性职位实行聘任制,聘任制公务员按照国家规定实行协议工资制。机关聘任公务员可以参照公务员考试录用的程序进行公开招聘,也可以从符合条件的人员中直接选聘。机关聘任公务员,应当按照平等自愿、协商一致的原则,签订书面的聘任合同,聘任合同应当具备合同期限,职位及其职责要求,工资、福利、保险待遇,违约责任等条款,期限为1年至5年。聘任合同可以约定试用期,试用期为1个月至6个月。国家建立人事仲裁制度,依法维护争议双方的合法权益。

经过任命的人员,如不胜任工作或调动工作,或辞职辞退,或退休退职时,要经过一定手续和程序,免去其原任的职务。

我国公务员有下列情况之一的,应当予以任职:(1) 新录用人员试用期满合格的;(2) 从其他机关及企业、事业单位调入国家行政机关任职的;(3) 转换职位任职的;(4) 晋升或者降低职务的;(5) 免职后需要恢复工作的;(6) 因其他原因需要任职的。

国家公务员有下列情形之一的,应当予以免职:(1) 转换职位任职的;(2) 晋升或者降低职务的;(3) 离职学习期限超过一年的;(4) 因健康原因不能坚持正常工作1年以上的;(5) 调出国家行政机关的;(6) 退休的;(7) 因其他原因需要免职的。

六、公务员交流、回避

(一) 交流

公务员交流制度是指国家公务员按照有关规定,通过一定程序从一个部门转移到另一个部门或从一个职位转换到另一个职位任职的制度。我国公务员实行交流制度。《公务员法》规定:公务员可以在公务员队伍内部交流,也可以与国有企业事业单位、人民团体和群众团体中从事公务的人员交流。公务员交流制度的目的在于实现公务员队伍的综合平衡,使公务员各尽所能,充分发挥其积极性和创造性。

交流形式包括调任、转任和挂职锻炼。(1) 调任。指国家行政机关以外的工作人员调入国家行政机关担任领导职务或者副调研员以上非领导职务,以及国家公务员调出国家行政机关任职。调任机关应当对调任人选进行严格考察,并按照管理权限审批,必要时可以对调任人选进行考试。(2) 转任。指国家公务员因工作需要或者其他正当理由在国家行政机关内部跨地区、跨部门的调动,或者在同一部门内的不同职位之间进行转换任职。公务员在不同职位之间转任应当具备拟任职位所需的资格条件,在规定的编制限额和职数内进行。对省部级正职以下的领导成员应当有计划、有重点地实行跨地区、跨部门转任。对担任机关内设机构领导职务和工作性质特殊的非领导职务的公务员,应当有计划地在本机关内转任。(3) 挂职锻炼。是指根据培育锻炼公务员的需要,选派公务员到下级机关或者上级机关、其他地区机关以及国有企业事业单位锻炼。公务员在挂职锻炼期间,不改变与原机关的人事关系。

(二) 回避

公务员回避制度,是指为防止公务员利用职权为亲属徇私情而对其任职、执行公务和任职地区等方面有所限制的制度。其目的在于减少公务员因亲属关系等人为因素对工作的干扰，保证公务员清正廉洁地执行公务。

公务员回避包括任职回避、地区回避和公务回避三种：(1) 任职回避。是指对有特定关系的公务员，在担任某些关系密切的职务方面严格限制。公务员之间有夫妻关系、直系血亲关系、三代以内旁系血亲关系以及近姻亲关系的，不得在同一机关担任双方直接隶属于同一领导人员的职务或者有直接有上下级领导关系的职务，也不得在其中一方担任领导职务的机关从事组织、人事、纪检、监察、审计和财务工作。(2) 地区回避。是指担任一定职务的公务员，为了公正履行职务，不得在亲属比较集中的原籍、出生地、成长地任职。因地域或者工作性质特殊，需要变通执行任职回避的，由省级以上公务员主管部门规定。公务员担任乡级机关、县级机关以及有关部门领导职务的，应当实行地域回避，法律另有规定的除外。(3) 公务回避。是指公务员在执行公务时，如遇到涉及本人利害关系等法定情形时，为了避免影响正当执行公务而进行的回避。公务员执行公务时遇有下列情形之一的，应当回避：一是涉及本人利害关系的；二是涉及与本人有夫妻关系、直系血亲关系、三代以内旁系血亲关系以及近姻亲关系的亲属关系人员的利害关系的；三是其他可能影响公正执行公务的。

七、公务员工资、福利、保险

(一) 工资

公务员工资，是指公务员依法履行职责、完成本职工作后，国家以法定形式支付给公务员个人劳动报酬的制度。公务员实行国家统一的职务与级别相结合的工资制度。公务员工资制度贯彻按劳分配的原则，体现工作职责、工作能力、工作实绩、工作资历等因素，保持不同职务、级别之间的合理工资差距。国家建立公务员工资的正常增长机制。我国公务员工资包括基本工资、津贴、补贴和奖金。其中，基本工资主要包括职务工资、级别工资。津贴主要包括地区津贴（含地区附加津贴、艰苦边远地区津贴）和岗位津贴等。公务员按照国家规定享受住房、医疗等补贴、补助。公务员在定期考核中被确定为优秀、称职的，按照国家规定享受年终奖金。公务员工资应当足额发放。公务员的工资水平应当与国民经济发展相协调、与社会进步相适应。国家实行工资调查制度，定期进行公务员和企业相当人员工资水平的调查比较，并将工资调查比较结果作为调整公务员工资水平的依据。

(二) 福利

公务员福利制度是指国家和单位为了保障和解决公务员工作、家庭和生活中的基本需要和特殊困难，在工资和保险之外给予经济帮助和生活照顾的保障制度。公务员按照国家规定享受福利待遇。国家根据经济发展水平提高公务员的福利待遇。公务员实行国家规定的工时制度,按照国家规定享受休假。公务员在法定工作日之外加班的,应当给予相应的补休。

(三)保险

公务员保险,是指国家对由于生育、年老、疾病、伤残等原因,暂时或永久丧失劳动能力的公务员给予物质帮助的一种保障制度。公务员保险主要包括养老保险、失业保险、医疗保险、工伤保险和生育保险等形式。国家建立公务员保险制度,保障公务员在退休、患病、工伤、生育、失业等情况下获得帮助和补偿。公务员因公致残的,享受国家规定的伤残待遇。公务员因公牺牲、因公死亡或者病故的,其亲属享受国家规定的抚恤和优待。

任何机关不得违反国家规定自行更改公务员工资、福利和保险政策,擅自提高或者降低公务员的工资、福利、保险待遇。任何机关不得扣减或者拖欠公务员的工资。公务员工资、福利、保险、退休金以及录用、培训、奖励、辞退等所需经费,应当列入财政预算,予以保障。

八、公务员辞职、辞退、退休

(一)辞职

公务员辞职,是指根据公务员本人意愿提出,并经过任免机关批准,依法解决其与机关之间的职务关系,或者担任领导职务的公务员依照法律法规规定的条件和程序辞去所担任的领导职务。公务员辞去公职,应当向任免机关提出书面申请。任免机关应当在接到申请之日起30日内予以审批,其中对领导成员辞去公职的申请,应当自接到申请之日起90日内予以审批。

公务员有下列情形之一的,不得辞去公职:一是不满国家规定的最低服务年限的;二是在涉及国家秘密等特殊职位任职或者离开上述职位不满国家规定的脱离期限的;三是重要公务尚未处理完毕,且须由本人继续处理的;四是正在接受审计、纪律审查,或者涉嫌犯罪,司法程序尚未终结的;五是法律、行政法规规定的其他不得辞去公职的情形。

党政领导干部辞职的种类分为:因公辞职、自愿辞职、引咎辞职、责令辞职。因公辞职,是指领导干部因工作需要变动职务,依照法律或者政协章程的规定,向本级人民代表大会、人大常委会或者政协提出辞去现任领导职务。自愿辞职,是指党政领导干部因个人或者其他原因,自行提出辞去现任领导职务。引咎辞职,是指党政领导干部因工作严重失误、失职造成重大损失或者恶劣影响,或者对重大事故负有重要领导责任,不宜再担任现职,由本人主动提出辞去现任领导职务。责令辞职,是指党委(党组)及其组织(人事)部门根据党政领导干部任职期间的表现,认定其已不再适合担任现职,通过一定程序责令其辞去现任领导职务。拒不辞职的,应当免去现职。

（二）辞退

公务员辞退，是指其所在单位按照法定的理由和程序，在法定的管理权限内对不适宜在本单位工作的公务员解除其在本单位工作关系的行为。辞退决定应当以书面形式通知被辞退者。被辞退的公务员，可以领取辞退费或者根据国家有关规定享受失业保险。公务员辞职或者被辞退离职前，应当办理公务交接手续，必要时按照规定接受审计。

我国公务员有下列情形之一的，应予以辞退：(1) 在年度考核中，连续两年被确定为不称职的；(2) 不胜任现职工作，又不接受其他安排的；(3) 因单位调整、撤销、合并或者缩减编制员额需要调整工作，本人拒绝合理安排的；(4) 旷工或者因公外出、请假期满无正当理由逾期不归连续超过 15 天，或者 1 年内累计超过 30 天的；(5) 不履行国家公务员义务，不遵守国家公务员纪律，经多次教育仍无转变，又不宜给予开除处分的。

有下列情形之一的公务员，不得辞退：(1) 因公致残，被确认丧失或者部分丧失工作能力的；(2) 患病或者负伤，在规定的医疗期限内的；(3) 女性公务员在孕期、产假、哺乳期内的；(4) 法律、行政法规规定的其他不得辞退的情形。

（三）退休

公务员退休制度，是指公务员达到法定年龄，工作时间达到一定年限，或者丧失工作能力，办理有关手续，离开工作岗位，由国家或工作单位给予生活保障，安度晚年的人事管理制度。公务员退休后，享受国家规定的退休金和其他待遇，国家为其生活和健康提供必要的服务和帮助，鼓励发挥个人专长，参与社会发展。

各国对公务员退休条件的规定不尽相同。我国《公务员法》规定：公务员达到国家规定的退休年龄或者完全丧失工作能力的，应当退休。公务员符合下列条件之一的，本人自愿提出申请，经任免机关批准，可以提前退休：一是工作年限满 30 年的；二是距国家规定的退休年龄不足 5 年，且工作年限满 20 年的；三是符合国家规定的可以提前退休的其他情形的。

九、公务员的申诉、控告

（一）申诉

公务员申诉，是指公务员对国家机关作出的涉及本人权益的人事处理决定不服，向原处理机关提出重新审查的意见和要求的一种制度。我国《公务员法》规定：公务员对涉及本人的人事处理决定不服的，可以自知道该人事处理之日起 30 日内向原处理机关申请复核；对复核结果不服的，可以自接到复核决定之日起 15 日内，按照规定向同级公务员主管部门或者作出该人事处理机关的上一级机关提出申诉；也可以不经复核，自知道该人事处理之日起 30 日内直接提出申诉。申诉的情形包括:一是处分;二是辞退或者取消录用;三是降职;四是定期考核定为不称职;五是免职;六是申请辞职、提前退休未予批准;七是未按规定确定或者扣减工资、福利、保险待遇;八是法律、法规规定可以申诉的其他情形。

对省级以下机关作出的申诉处理决定不服的,可以向作出处理决定的上一级机关提出再申诉。行政机关公务员对处分不服向行政监察申诉的,按照《行政监察法》的规定办理。原处理机关应当自接到复核申请书后的30日内作出复核决定。受理公务员申诉的机关应当自受理之日起60日内作出复核决定;案情复杂的,可以适当延长,但延长时间不得超过30日。复核、申诉期间不停止人事处理的执行。公务员申诉的受理机关审查认定人事处理有错误的,原处理机关应当及时予以纠正。

(二) 控告

公务员控告制度,是指公务员对于机关及其领导人员侵犯其合法权益的行为,可以依法向上级机关或者有关的专门机关提出控告的规定。受理公务员控告的机关必须按照有关规定作出及时处理。机关因错误的人事处理对公务员造成名誉损害的,应当赔礼道歉、恢复名誉、消除影响;造成经济损失的应当依法给予赔偿。公务员提出申诉、控告,不得捏造事实,诬告、陷害他人。

公务员主管部门的工作人员,违反《公务员法》规定,滥用职权、玩忽职守、徇私舞弊,构成犯罪的,依法追究刑事责任;尚不构成犯罪的,给予处分。

建立公务员申诉和控告制度,有利于维护公务员合法权益,也有利于发扬民主、克服人事行政中的不正之风。

第六章　公共财政

第一节　公共财政概述

一、公共财政的概念、范围与目的

（一）公共财政的概念

公共财政一词来源于英文"public finance"的直译,本义是指政府提供公共产品或服务的分配活动以及为满足社会公共需求的政府收支模式或财政运行模式。在西方,公共财政是以市场经济为基础的,同样我国的公共财政是以国民经济的市场化为前提的。实质上,公共财政就是市场经济财政,突出表现在公共财政理论的核心是市场失灵论。公共财政理论认为,在市场经济条件下,社会资源的主要配置者是市场而不是政府。只有在"市场失灵"的领域,政府部门的干预才有必要,因此"市场失灵"决定着公共财政存在的理由及职能范围,而公共财政的最终目的是要满足社会公共需求。

（二）市场失灵与公共财政范围

市场失灵是和市场效率对应的,也就是说市场在资源配置的某些方面是无效或缺乏效率的。主要表现在以下几个方面:

1. 公共产品

公共产品是相对于私人产品而言的。私人产品是通过市场提供的,其消费具有排他性和竞争性,而公共产品是指具有共同受益或联合消费特征的物品或劳务,其消费性具有非排他性和非竞争性。增加一个人消费某种公共产品,并不会减少其他人对该产品的消费数量和质量,而要排除某个人对该产品的消费几乎是不可能的。在现实生活中还有一些物品兼有公共产品和私人产品的性质,称之为准公共产品或混合产品,它包括只具有非竞争性而不具有非排斥性的物品和只具有不充分的非竞争性和非排斥性的物品两类。在公共产品问题上,市场失灵是指市场不能有效地提供社会所需要的公共产品和公共服务,一般只能由政府财政来解决,应遵循公共产品公共提供,混合产品混合提供的原则。理由是,市场交易要求利益边界的精确性,而公共产品具有非竞争性和非排斥性,如果由市场来提供,每个消费者都不会自愿掏钱购买,而希望由别人提供自己免费使用,即所谓的"搭便车"现象。

2. 外部效应

所谓"外部效应",是指一定的生产者或消费者的行为意外地影响了他人利益,却无法通过市场价格来进行调节的情形。单纯依靠市场,无法使受益者付费或使受害者获得补偿,导致了社会收益和私人收益、社会成本和私人成本之间差异的产生,人们会过多地从事成本外溢的活动而过少从事收益外溢的活动,使得市场机制本身无法实现这类资源的最优配置。

3. 垄断问题

市场的有效运行是以自由竞争为条件的,然而许多行业在市场条件下又很容易形成垄断,垄断便会限制竞争,以至于引起产量不足、资源得不到充分利用和效率低下等问题,影响了市场效率的发挥。政府可以实行公共管制,通过公共定价,即由政府规定价格或收益率,或通过反垄断来规制垄断企业;政府也可以在垄断部门实行公共生产,并辅以公共定价来加以管制。

4. 信息不对称问题

所谓信息不对称,是指供求双方对同一个产品或服务了解的程度是不一样的,这很容易造成交易量过小甚至市场消失,引起市场缺陷的产生。这就需要政府来生产和提供信息,这是一种社会性服务,属于公共服务的范围。

5. 经济的周期性波动

经济周期、经济波动内生于市场经济,伴随着经济衰退和萧条的是收入水平的下降和失业率的上升,而伴随着经济过热的又是通货膨胀,这是市场经济自身难以克服的弊病,它需要政府的适时干预和正确调控。其中运用财政政策,通过改变政府公共支出和收入的总量和结构,用预算赤字或结余作为社会总需求的调节器来烫平经济波动,这是政府干预经济的重要手段。

6. 收入分配不公问题

由于历史条件、竞争能力的差别,收入分配过程中通常会出现社会难以承受的不平等现象,产生一系列的社会问题,这也是市场机制的一个重要缺陷。政府主要通过税收和转移支付来解决收入分配不公的问题。

(三)社会公共需求与公共财政的最终目的

公共需求是与私人需求相对应的。市场与政府作为两种资源配置方式,它们的运行机制不同,但目的或目标却是共同的,即都是为了满足人类社会的需求,实现公平与效率兼顾的目标。人类社会的需求,从最终需求角度看,无非是两类:一类是私人个别需求,另一类是社会公共需求。在现代市场经济条件下,由市场提供私人产品用于满足私人个别需求,由以政府为代表的公共部门提供公共产品用于满足社会公共需求。需求说明的是,财政的目的不是提供公共产品,而是为供给公共产品筹措资金并有效使用资金,最终目的是满足社会公共需求。美国财政学家马斯格雷夫就认为,以资源利用的决定为转移并以私人需求与公共需求之间的区别为基础,这种区别是我们所关心的,因为这是财政职能的核心。

社会公共需求具有以下特征:(1) 社会公共需求是社会公众在生产、生活和工作中的共同需求,它不是普通意义上的人人有份的个人需求的数学加总。而是就整个社会而言,为了维持一定的社会经济生活,为维持社会再生产的正常运行,也为了维护市场经济的正常秩序,必须由政府集中执行和组织的社会职能的需求。(2) 社会公共需求是每一个社会成员可以无差别地共同享用的需求,一个或一些社会成员享用并不排斥其他社会成员享用。(3) 社会成员享用社会公共需求也要付出代价(如交税或付费),但这里的规则不是等价交换原则,各社会成员的付出与其所得是不对称的,不能说谁多付出就多享受,不付出就不得享用。(4) 满足社会公共需求的物质手段只能来自社会产品的剩余部分,如果剩余产品表现为价值形态,就只能是对剩余价值部分的抽取,但反过来说,并不是剩余产品的全部用于满足社会公共需求。

社会公共需求是共同的,但又是历史的、特殊的。一般地说,社会公共需求在任何社会形态下都是存在的,不因社会形态更迭而消失,这是共同性。社会公共需求又总是特殊的,即具体地存在于特定的社会形态之中。在经济发展的不同阶段上,除保证执行国家职能那部分需求外,社会公共需求的主要内容是不断发展变化的。在传统社会中,农业是国民经济的主导部门,提供农业正常发展的条件,是这一阶段主要的社会公共需求。在经济起飞阶段,工业上升为国民经济的主导部门,人们认识到扩大投资是推动经济发展的主要动力,这一认识塑造了经济起飞阶段的社会公共需求的模式。当经济发展进入发达阶段后,人们对社会生活福利的评价,亦不再只注重物质财富的数量增长,日渐重视质量的提高,于是发展科学教育,提供高质量的生活福利条件,保护生态环境,越来越构成社会公共需求的主要内容。现代社会,社会公共需求涵盖的范围很广,包括政府执行其职能以及执行某些社会职能的需求。诸如行政、国防、文化教育、卫生保健、生态环境保护等的需求,也包括基础设施、基础产业、支柱产业和风险产业的投资,从广义上讲,还包括提供调节市场经济运行而采取的各种措施和各种政策的服务。

二、公共财政基本特征及其职能

(一) 公共财政基本特征

财政体制决定于社会经济体制。从历史演变过程看,适应于不同经济体制的财政模式,大体可分为三种类型:与自然经济相适应的财政模式是典型的家计财政,其明显特点是公私不分,管理不规范、不透明,随意性大,收支缺乏有效监督;与计划经济体制相适应的财政模式是生产建设型财政,其突出特点是政企不分,大包大揽,统收统支;与市场经济体制相适应的财政模式是公共财政。现代意义上的公共财政始于17世纪末的英国,至今已有几百年的历史。公共财政与其他财政模式相比较,具有以下突出特点:

1. 公共性

公共财政解决公共问题,实现公共目的,满足社会公共需求。在市场经济条件下,市场在资源配置中发挥基础性的作用,但也存在市场自身无法解决或解决得不好的公共问题。比如,宏观经济波动问题、垄断问题、外部性问题等。解决这些问题,政府是首要的"责任人"。政府解决公共问题,对社会公共事务进行管理,需要以公共政策为手段,而公共政策的制定和执行,又以公共资源为基础和后盾。公共财政既是公共政策的重要组成部分,又是执行公共政策的保障手段。相对于计划经济条件下大包大揽的生产建设型财政而言,公共财政只以满足社会公共需求为职责范围,凡不属于或不能纳入社会公共需求领域的事项,公共财政原则上不介入;而市场无法解决或解决不好的,属于社会公共领域的事项,公共财政原则上就必须介入。

2. 公平性

公共财政政策要一视同仁。市场经济的本质特征之一就是公平竞争,体现在财政上就是必须实行一视同仁的财政政策,为社会成员和市场主体提供平等的财政条件。不管其经济成分,不管其性别、种族、职业、出身、信仰、文化程度乃至国籍,只要合法经营,依法纳税,政府就不能歧视,财政政策上也不应区别对待。不能针对不同的社会集团、阶层、个人以及不同的经济成分,制定不同的财税法律和制度。

3. 公益性

公共财政只能以满足社会公共需求为己任,追求公益目标,一般不直接从事市场活动和追逐利润。如果公共财政追逐利润目标,它就有可能凭借其拥有的特殊政治权力凌驾于其他经济主体之上,就有可能运用自己的特权在具体的经济活动中影响公平竞争,直接干扰乃至破坏经济的正常运行,破坏正常的市场秩序,打乱市场与政府分工的基本规则;财政资金也会因用于牟取利润项目而使公共需求领域投入不足。公共财政的收入,是为满足社会公共需求而筹措资金;公共财政的支出,应当以满足社会公共需求和追求社会公共利益为宗旨,不能以盈利为目标。

4. 法治性

公共财政要把公共管理的原则贯穿于财政工作的始终,以法治为基础,管理要规范和透明。市场经济是法治经济。一方面,政府的财政活动必须在法律法规的约束规范下进行;另一方面,通过法律法规形式,依靠法律法规的强制保障手段,社会公众得以真正决定、约束、规范和监督政府的财政活动,确保其符合公众的根本利益。具体而言,获得财政收入的方式、数量和财政支出的去向、规模等理财行为必须建立在法治的基础上,不能想收什么就收什么,想收多少就收多少,或者想怎么花就怎么花,要依法理财,依法治税,依法行政。

公共财政模式是与市场经济紧密地连在一起的。党的十四大确立了我国经济体制改革的目标是建立社会主义市场经济体制,这就决定了必须建立公共财政。十五届五中全会和十六届三中全会将建立和健全公共财政体制,作为建立和完善社会主义市场经济体制的一项重要任务。我国公共财政除了具有上述市场经济国家公共财政的一般特征外,还具有作为转轨国家的自己的特点。首先,我国政府不仅要矫正市场失灵,还要弥补市场缺陷,发育和完善市场,培养市场体系,促进经济在日益成熟的市场中持续增长。其次,由于我国是一个发展中国家,地区经济发展不平衡,公共支出财力有限,政府提供的公共服务均等化程度及其覆盖面只能逐步提高和扩展。最后,国有企业是我国国民经济的主导力量和市场的主体,决定了政府必须按市场规则继续管理或经营这部分国有企业,确保国有资产保值、增值是政府不可推卸的职责。

(二)公共财政的基本职能

1. 支持经济体制创新的职能

社会主义市场条件下,我国公共财政承担着支持体制创新、培育发育市场、保持经济稳定增长的职能。如提高财政收入占GDP的比重以及中央财政收入占全国财政收入比重;推进公共财政收入中税与费的规范化,实行费改税改革;调整财政支出结构;理顺分配关系,强化税收征管和稽查,完善和规范分税制预算管理体制以及转移支付制度,从体制上确保中央政府的宏观调控能力,等等。

此外,公共财政的建立,必然收缩财政支出范围,财政资金主要投入公共产品与公共服务领域。财政投入让出的空间,必然要以不断发育和完善的资本市场加以覆盖,形成多渠道、多主体的投入模式。公共财政的建立,必然为完善的资本市场的形成提供新的契机。因此,公共财政在履行支持经济体制创新职能的同时,可以为推进经济的市场化和提高社会资源的配置效率提供保证。

2. 政府在资源配置方面的职能

(1)作为国有资产的所有者管理国有资产的职能。建立国有资产预算,盘活国有资产,依托市场营运国有资本,以追求国有资本盈利的最大化。同时,在国有资本存量调整,国有企业实行战略退却的过程中,发挥国有资本在为全社会提供公共物品、矫正外部效应、保护有效竞争和在自然垄断行业中提供高效、低价产品的优势作用。

(2)建立财政投融资的科学管理体系。转型时期,政府肩负着调整产业结构和促进产业升级换代,协调地区发展、支持农业、高新技术产业以及发展科学技术、教育事业等重任。因此,公共财政应通过科学的投融资体系,有效地支持上述事业的发展。

3. 调节收入分配的职能

政府承担着兼顾社会分配的公平与效率、调节不同地区以及居民个人收入分配的职能。对不同地区发展速度的调节,要依赖于完善的财政转移支付制度。同时,建立科学规范的社会保障体系,保证社会成员生活在一个较为公平的社会环境之中。另外,运用税收杠杆调节个人收入分配,是世界各国较成功的经验。随着国民生活水平的提高,以及征管水平的提高,完善累进制的个人所得税,适时开征遗产税和社会保障税,调节财富在人群中的分布状况,强化社会发展的公平目标,增强政府财政转移支付的能力,完善转移支付制度和社会保障制度,将是公共财政建设的重要目标。

4. 稳定经济和促进经济增长的职能

转型时期体制创新本身面临着种种风险,如经济结构的调整,国有企业职工下岗、分流,政府机构改革等,给再就业工程带来巨大的压力,影响着经济的稳定与发展,客观上要求公共财政强化对宏观经济的调控。因此,财政政策的运用以及与其他宏观经济政策的配合,就要求财政部门构造规范的财政政策执行运作系统。随着经济市场化的推行,原有的、主要依靠过多的行政手段管理经济的办法,已逐渐不适应市场经济条件下对政府宏观调控管理的要求。构造政府管理经济的宏观间接调控体系,更多地采用经济手段、法律手段以及必要的行政手段来干预经济的运行,保证经济的稳定和发展,已成为当前提高政府宏观管理能力和管理水平的主要任务。

三、构建我国公共财政基本框架的思路

按照公共财政的职能,公共财政主要由公共财政预算管理体系、公共财政收入体系、公共财政支出体系、公共财政宏观调控体系、公共财政法规监督体系五大体系构成基本框架。

(1) 构建公共财政预算管理体系,要按照国际惯例和我国《预算法》的要求,加快形成由公共预算、国有资本金预算、社会保障预算组成的综合财政预算体系,全面反映政府的全部收支活动,体现政府财政预算的完整性、统一性和权威性。逐步推进部门预算、国库集中收付、政府采购制度以及收支两条线管理改革。

(2) 构建公共财政收入体系,要稳步推进费改税改革,规范税收与收费的范围,尤其是要加快农村费改税改革,减轻农民负担。要逐步将预算外收入纳入预算,规范政府收入行为,建立起以税收收入为主、辅之以少量必要的收费的规范化政府公共财政收入体系,确保财政收入的持续增长。

(3) 构建公共财政支出体系,要加大支出结构调整力度,总的原则是打破计

划经济条件下财政大包大揽的支出格局。凡是市场能够起作用的竞争性、经营性领域投资,要坚决退出,做到不越位。而本应由政府来满足的社会公共需求,却没有给予保证或保证不足的政府缺位,要力争到位。通过推进以部门预算、国库集中收付、政府采购制度为主要内容的支出管理制度改革,逐步建立起由科学的管理制度、先进的管理手段、规范的操作规则、严密的监督程序构成的现代公共财政支出管理体系,提高公共财政的支出效率。

(4) 构建公共财政宏观调控体系,要充分发挥财政政策作为国家宏观经济调控重要杠杆的作用。财政政策在宏观调控中居于主要地位,但只是市场经济的补充和修正,其前提是遵循市场机制的基础性作用,而不应寻求主导市场经济运行。政府运用反周期的财政政策进行宏观调控,必须提高对宏观经济运行态势的判断能力,善于分析政策工具的组合效应,形成有效的决策机制和执行机制。

(5) 构建公共财政法规监督体系,要按照市场经济发展和财税改革的要求,加快制定和修改一批与市场经济和 WTO 规则相适应的财税法律、法规,近年来,随着我国市场经济体制的建立和完善,我国已经制定和实施了《预算法》、《税收征收管理法》、《会计法》、《审计法》等一系列财税法律,我们要按照现代公共财政的要求,进一步对其修改和完善,增强法律执行的可操作性,真正建立起完善的、运行有序的财税法律制度监督体系。

第二节 公共财政支出与收入

一、公共财政支出概述

(一) 公共财政支出的含义及其分类

1. 公共财政支出的概念

公共财政支出是以国家为主体,以公共财政的事权为依据进行的一种财政资金分配活动,集中反映了国家的职能活动范围及其所造成的损耗。就其实质而言,公共财政支出就是满足社会公共需求的社会资源配置活动,是国家通过财政收入将集中起来的财政资金进行有计划的分配,以满足社会公共需求和社会再生产的资金需要,从而为实现国家的职能服务。公共财政支出是公共财政分配运动的重要环节,它反映了国家的政策,规定了政府活动的范围和方向。

2. 公共财政支出的分类

由于公共财政支出的项目繁多,各种支出性质不同,目的各异,如果缺乏科学的分类,就难以对其进行专门的研究与有效的管理,要科学地确定各种公共财政支出之间的比例关系也缺乏依据。因此,从不同角度对全部公共财政支出内容进行科学的分类,讨论各种分类的必要性和特殊作用,有利于从理论上加强对公共财政支出结构的研究,从实践上探索建立合理的公共财政支出结构的途径。依据国际常用的分类方法和我国的实际情况,重点介绍三种支出分类。

(1) 按支出用途分类。按支出用途分类是目前我国财政支出的主要分类方法,它的理论依据是马克思关于社会产品价值构成理论。财政支出从静态的价值构成上划分,可以分为补偿性支出、积累性支出和消费性支出;从动态的再生产角度考察,则可分为投资性支出与消费性支出。我国财政支出按用途分类,主要有基本建设支出、流动资金、挖潜改造资金和科技费用、地质勘探费、工交商部门事业费、支援农村生产支出和各项农业事业费、文教科学卫生事业费、抚恤和社会接济费、国防费、行政管理费、价格补贴支出等。

(2) 按经济性质分类。公共财政支出按照经济性质划分,可以分为两大类:一是购买性支出,二是转移性支出。购买性支出也称为消耗性支出,是政府购进并消耗商品和劳务过程中所产生的支出,既包括用于政府购买进行日常政务活动所需的商品和劳务的支出,也包括用于进行国家投资所需的商品和劳务的支出。前者如政府各部门的行政管理费支出,后者如政府各部门的投资拨款等。这些支出的目的和用途虽然有所不同,但都有一个共同点:即财政一手付出资金,另一手相应地获得了履行国家各项职能所需的商品和劳务,在购买性支出中,政府如同其他经济主体一样,从事等价交换的活动。购买性支出反映了政府部门履行各项职能对社会经济资源的需求,这必然排斥了个人及一般经济组织对这部分社会经济资源的购买和享用。因此,购买性支出的规模、方向和结构,对社会的生产和就业具有直接的重要影响。

转移性支出表现为资金无偿的、单方面的转移,主要包括政府部门用于财政补贴、债务利息、失业接济金、养老保险等方面的支出。这些支出的目的和用途各异,但有一个共同点:政府公共财政付出了资金,却无任何商品和劳务所得,不存在任何交换的问题。转移性支出并不反映政府部门占用社会经济资源的要求,只是社会经济资源在社会成员之间的再分配,政府部门只充当再分配的中介,因此转移性支出对社会公平具有重要的影响和作用。

(3) 按国家职能分类。我国依据国家职能的分别,将财政支出区分为经济建设费、社会文教费、国防费、行政管理费和其他支出五大类。第一,经济建设费。包括基本建设拨款支出、国有企业挖潜改造资金、科学技术费用、简易建筑费支出、地质勘探费、增拨国有企业流动资金、支援农村生产支出、城市维护费支出、国家物资储备支出、城镇青年就业经费支出、抚恤和社会福利接济费支出、工业以及交通、商业等部门的事业费支出等。第二,社会文教费。包括用于文化、教育、科学、卫生、出版、通信、广播、文物、体育、地震、海洋、计划生育等方面的经费、研究费和补助费等。第三,国防费。包括各种武器和军事设备支出,军事人员给养支出,有关军事的科研支出,对外军事援助支出,民兵建设事业费支出,用于实行兵役制的公安、边防、武装警察部队和消防队伍的各种经费、防空经费等。第四,行政管理费用。包括用于国家行政机关、事业单位、公安机关、司法机关、检察机关、驻外机构的各种经费、业务费、干部培训费等。第五,其他支出。

可以看出,按国家职能对财政支出分类,能够明白地揭示国家执行了哪些职能以及侧重于哪些职能,对一个国家的支出结构作时间序列分析,便能够揭示该国的国家职能发生了怎样的演变;对若干国家在同一时期的支出结构作横向分析,则可以揭示各国国家职能的差别。

(二) 公共财政支出的原则

公共支出的内容相当广泛,涉及到社会和经济中各方面的利益,在安排公共支出的过程中会遇到各种复杂的矛盾,如公共支出与公共收入的矛盾、公共支出中各项支出之间的矛盾以及公共支出中如何实现支出效益的问题等。要正确处理这些矛盾,必须遵循一定的准则,这就是公共支出的原则。公共支出的原则是指政府在安排和组织公共财政支出过程中应当遵循的基本原则,是财政规律在支出上的具体化、系统化。一般来讲,各个国家在确定公共支出原则时都会从以下两方面来考虑:一是该原则能否覆盖公共支出活动的全过程,能否缓解公共支出中的主要矛盾;二是能否对公共财政支出活动和国民经济运行直接起到促进作用并使之实现良性循环。按照这样的要求,概括起来,公共支出应当坚持以下一些原则。

1. 量入为出原则

市场经济条件下,社会对资源的供给相对于其需求而言,总是稀缺的,相应地,社会对于政府的公共需求是无限的,但政府办事所能支配的财政收入又是有限的,二者之间存在的收支矛盾是资源稀缺规律的客观结果。这也就决定了克服这种矛盾的惟一方法是实行量入为出原则,把公共支出限定在公共收入总量允许的范围内,以公共收入来控制公共支出,其基本含义是指政府根据一定时期内(通常为一年)的财政收入总量来安排财政支出,力争做到财政支出平衡。从现代市场经济制度的角度考查,坚持量入为出也是保持财政分配的相对稳定,防止国家债务过度膨胀的客观要求。这一原则体现了一国经济发展水平对公共财政支出的制约,是政府理财的重要思想,也是财政活动的基本原则。

2. 公平原则

从公共支出的角度来讲,公平原则更多的是政府通过财政支出结构和对象的调整来修正或改善社会成员、社会集团对物质财富的占有份额,促进社会财富分配的相对合理,使相对的社会公平得以实现。公平原则最基本的要求是使每一社会成员的基本生存需要和发展需要有相应的物质来满足,这也是保证社会稳定和发展的重要条件。此外,公共支出的公平原则是涉及到受益能力的原则,它在各类公共支出中应用的程度可能有所不同。对于可以普遍享受利益的各种支出，如国防、司法、行政等，政府无法根据各类居民的受益能力安排支出，只有那些可以直接享受具体利益的支出，如学校教育、个人医疗、社会保障和社会救济等，才能较具体地实行公平原则。

3. 效益原则

公共支出的效益原则就是要求每笔财政支出所获得的社会效益应当超过社会总成本，也就是应当超过政府通过税收或其他方式取得财政收入而使社会付出的代价。效益原则包括两个层次：(1) 使社会资源在政府部门和微观经济主体之间得到最合理的配置，以达到国家通过财政支出给社会带来的利益，应大于因为政府课税，或用于其他方式取得收入使社会付出的代价的目的；(2) 要运用成本效益分析等方法对政府的每项财政支出进行预测，找到每一方案所耗费的经济资源与其所产生的社会效益的对比关系，以此来决定是否安排这项支出，或安排多少支出，使得以最少的财政支出，取得最大的社会效益。

4. 统筹兼顾原则

统筹兼顾原则是指政府公共支出结构的安排，必须从全局出发，通盘规划，区分轻重缓急与主次先后，适当照顾各方面的需要，以保证政府各项职能的实现以及国民经济的协调发展。这可以从两方面入手：(1) 安排公共财政支出时要做到统筹兼顾与突出重点相结合，应将资金集中于政府重点职能的实现上，以避免出现资金平均分配的现象；(2) 按科学的支出顺序来安排财政资金的使用，做到先维持后发展。

二、公共财政支出的规模和效益

公共财政支出是公共财政的重要内容，在市场经济国家，公共财政对经济的影响主要是通过税收和公共财政支出实现的。可以说，公共财政支出的数量、范围和效益反映着政府介入经济生活和社会生活的规模、深度和质量，因此，政府对公共财政支出进行控制的首要任务就是控制公共财政支出总量水平和优化公共财政支出结构，其最终目的是提高公共财政支出的使用效益。

(一) 公共财政支出总量控制

在任何国家或任何时期，政府财力的增长总是有限的，而公共支出的需求则是无限的，因而，公共支出的供给与需求始终处于矛盾之中，某些时期财力供需矛盾甚至会十分突出。为此，公共支出管理的首要任务就是控制支出总量水平，缓解财政压力和矛盾，为国家财政运行的良性循环和长期可持续性发展创造条件。

在当今市场经济国家，控制公共支出日益成为其公共支出管理的一项重要任务。从长期历史发展进程看，发达国家财政支出不断扩张，公共支出占 GDP 的比重大幅度上升，是政府宏观调控加强和财政活动领域拓宽的客观要求，具有历史的必然性。但公共支出,特别是公共部门社会福利性支出的过度扩张,使政府财政面临的压力越来越大,陷入一种“高福利、高支出、高税收、高赤字、高债务”的困境。正是在这种情况下,西方发达国家比以往更加重视对公共支出总量的控制。

美国是世界上最发达的国家,财政经济实力雄厚,但过去一直受巨额赤字和债务的困扰。从20世纪90年代中期开始,美国政府和国会采取了新的平衡预算方案,在提高个人所得税税率和公司所得税税率的同时,对支出采取了硬措施加以控制和管理,包括削减政府社会保障支出,推迟对政府退休人员生活费用的调整,进一步限制可自由支配项目的开支等。上述增收控制措施取得了巨大成效,美国联邦财政1998年第一次消灭了近三十年来的财政赤字,实现了财政盈余。

近年来,意大利公共支出改革的步伐也很大。意大利政府从三个方面控制公共支出:一是改革退休金发放方法,减少政府的社会保险与福利支出;二是改革医疗卫生管理方法,解决医疗卫生费用严重膨胀的问题;三是压缩政府支出,实施政府雇员“零增长”方案,削减政府行政经费开支。上述措施有效地控制了财政支出增长,财政赤字占GDP的比重已由1984年的13.6%降到1996年的4.4%,公共债务比重1996年出现了20世纪70年代以来的第一次下降。

由上述情况介绍可知,将财政改革的重点放在支出改革及其支出管理控制方面,是适应宏观经济运行需要的一项重要政策选择,同时,对摆脱财政困境,压缩和控制财政赤字也起到了重要作用。国外的这些做法和经验很值得我们研究和借鉴。

我国作为正经历着转型的发展中国家,与西方市场经济国家相比,经济实力和财政收入相对较低,与西方发达国家财政支出占GDP的比重不断上升的趋势不同,从1978年到1996年十八年间,我国列入预算内的财政支出占GDP的比重下降了近20个百分点,1996年停止下降,1997年开始有所回升,特别是自1998年实行积极的财政政策后,回升较快,2000年已达到17.77%,比1995年上升了6.1个百分点。

在对支出总量进行控制时,必须认识到控制支出总量并不是公共支出不增长,而是确保合理增长,避免过度膨胀。支出过度膨胀的主要危害在于:其一,有可能引致赤字和债务的扩张,加大财政风险,为国家财政的长期可持续性发展留下隐患;其二,支出过度扩张会产生“挤出效应”,影响社会民间投资,不利于经济发展;其三,公共支出具有明显的刚性特征,扩张容易压缩难。因此,当前我国公共财政支出改革,在统一财政,集中财力的同时,还必须切实改进和强化公共财政支出管理,大力推进公共财政支出预算管理制度的创新,建立合理控制公共财政支出增长的机制。

（二）公共财政支出结构调整和优化

所谓公共财政支出结构就是公共财政支出的内部比例关系，这一比例关系是否合理，影响和决定着整个国家积累与消费的比例关系，也在很大程度上关系到能否充分发挥财政政策宏观调控的职能作用。

公共财政支出结构的发展变化与经济发展阶段密切相关。美国经济学家马斯格雷夫在对不同国家不同发展阶段的公共财政支出状况进行大量的比较研究之后认为，在经济发展的早期阶段，政府投资在社会总投资中占有较高的比重，公共部门为经济发展提供社会基础设施，如道路、运输系统、环境卫生系统、法律与秩序、健康与教育以及其他用于人力资本的投资等。这些投资，对于处于经济与社会发展早期阶段的国家进入“起飞”，以至进入发展的中期阶段是必不可少的。在发展的中期，政府投资还应继续进行，但这时政府投资只是对私人投资的补充。无论是在发展的早期还是在中期，都存在着市场失灵和克服市场缺陷，也需要加强政府的干预。马斯格雷夫认为，在整个经济发展进程中，GDP 中总投资的比重是上升的，但政府投资占 GDP 的比重，会趋于下降。一旦经济达到成熟阶段，公共支出将从基础设施支出转向不断增加的对教育、保健与福利服务的支出，且这方面的支出增长将大大超过其他方面支出的增长，也会快于 GDP 的增长速度。

中国经济正处于起飞阶段，而且在向市场化转型，改革与发展的任务很重。受传统体制惯性的影响，当前我国的财政支出结构仍然具有大包大揽的鲜明特征，在早已打破财政统收局面的情况下，目前国家财政仍然包揽了一些本应由企业、个人和社会负担的支出，承担了一部分应由市场承担的经营支出。一些有条件进入市场的经营性事业单位，如行政事业单位办的出版社、杂志社、培训中心等，以及一些民间性的协会、学会、研究会等，财政仍然为它们承担着不应承担的经营性支出。一些应由市场配置资源的领域，在一定程度上仍由各级财政负担。与此同时，一些本应由财政供给资金的事业和项目却得不到应有的资金保障，如社会保障、基础教育、环境保护、科研等方面的支出满足不了日益增长的需要。国家财政投资在总体投资能力日益低下的状态下，还存在着投资面宽、投资分散的弊端，而国家重要产业和关键领域的投资却缺乏相应的保障。针对当前我国财政支出存在的问题，推进我国公共财政支出结构调整和优化的改革是势在必行，我国公共财政支出结构进行战略性调整的核心是解决当前财政支出越位与缺位的矛盾。一方面要改变政府大包大揽的财政分配格局，另一方面要强化公共财政的社会公共性支出和国家重要建设领域投资，力求通过改革和政策调整，明确公共财政支出的供给范围，以此建立起一个支出合理增长，内部结构有保有压、能够有效规范支出行为，管理方式符合现代市场经济要求的公共财政支出结构框架。

（三）公共财政支出的效益评价

财政收支过程就是将资源集中到政府手中并由政府支配使用。但由于资源是有限和稀缺的，因此，政府首先要考虑的是：将有限的资源集中由政府支配或交给微观经济主体支配，何者更能促进经济的发展和社会财富的增加？只有当资源集中在政府的手中能够发挥更大的效益时，政府占有资源才是对社会有益的。其次，对于公共支出的具体项目，也必须遵循效益原则。1936 年美国政府在一项防洪工程的投资决策上，首次运用了成本效益分析法。随着经济发展，公共投资项目日益增多，人们也越来越重视公共支出的经济效益和社会效益，以期通过较小的成本支出，取得较大的效益，从而实现资源优化配置。近年来，成本效益分析法无论在实践，还是在理论方面都得到了全面发展，为世界各国广泛应用。

运用成本效益分析法选择最优的公共支出项目，一般要经过以下几个步骤：第一步骤是政府确定备选项目和备选方案。政府首先根据国民经济的运行情况，选择若干行动目标，根据这些目标确定若干备选项目；然后，就每一项目，组织专家制定备选方案。第二步骤是政府选择方案和项目的过程。首先要详列各备选方案的成本与效益，并运用贴现方法将这些成本与效益折成现值；其次是在备选方案中为每一项目选择一个最佳实施方案；然后根据业已确定的公共支出规模，在备选项目中选择一个最佳组合；最后对此项目组合作机会成本分析，最终将支出确定下来。

财政投资项目的社会资源和社会成本非常复杂，要予以全面深入分析、鉴定和衡量。一般来说，这些效益和成本大致可分为以下五类。

（1）实际成本效益和金融成本效益。实际成本是指由于建设该项目而实际耗费的人力和物力，以及对社会、经济和人民生活造成的实际损失。实际效益即指由于该工程建设而更多地生产出的社会财富，以及社会的发展及人民生活水平的提高。金融的成本与效益，系指由于该工程的建设，使得社会经济的某些方面受到影响，致使价格上升或下降，从而使某些单位或个人增加了收入或减少了收入。但甲方之得或失，恰为乙方之失或得，整个社会的总成本与总效益的对比并无变化，所以，此种成本和效益又称虚假成本和效益。

（2）直接成本效益和间接成本效益。直接成本包括为建设、管理和维护该项工程而投入的人力和物力的价值；直接效益则指该工程直接增加的商品量和劳务量，以及使社会成本得以降低的价值。间接成本又称次级成本，主要指由于建设该工程而附带产生的人力和物力的耗费；间接效益亦称次级效益，主要包括与该工程相关联部门的产量的增加以及得到的其他社会福利。

（3）有形成本效益和无形成本效益。有形成本与效益，指的是可以用市场价格计算的且按惯例应记入会计账目的一切成本和效益；无形成本与效益，则指的是不能经由市场估价的,因而也不能入账的一切成本和效益。

(4) 内部成本效益和外部成本效益。内部成本与效益,包括一切在建设工程实施区域内所发生的成本与效益;外部成本和效益,则包括一切在建设工程实施区域以外所发生的成本与效益。

(5) 中间成本效益和最终成本效益。中间成本与效益,系指在建设工程成为最终产品之前加入的其他经济活动所产生的一切成本与效益;最终成本与效益则指建设工程作为最终产品所产生的一切成本与效益。

从以上分析可以看出,"成本—效益"分析法尽管在世界各国得到了相当广泛的运用,但是,由于相当多的财政支出的成本与效益都难以准确衡量,有的甚至根本无法衡量,因而适用范围受到了局限。一般认为,在政府的经济支出上,运用这一分析方法可以获得较好的效果。

三、公共收入概述

(一) 公共收入及其分类

1. 公共收入的概念

公共收入,或称财政收入,是公共财政分配过程的另一阶段,它是指政府为履行公共职能,满足公共支出的需要,依据一定的权力原则,通过国家财政筹措的所有货币资金的总和。过去人们一直使用财政收入这一概念来表达政府的这种财政行为,随着公共财政作为财政改革的目标被肯定下来,公共收入这一说法日益增多,因此公共收入这一名称实质上是以我国的市场经济改革为背景的。公共财政作为以国家为主体的分配活动,公共收入首先应理解为一个过程,这一过程是财政分配活动的一个阶段或一个环节,在其中形成特定的财政分配关系。对公共收入的分析是财政理论的重要组成部分。

2. 公共收入的类别

公共收入分析可以从多个角度进行,如公共收入的形式、来源、规模和结构等,而作为诸种分析顺利进行的条件,首先要对公共收入做科学的分类。公共收入分类的必要性导源于公共收入的复杂性,而公共收入的复杂性又使得公共收入分类十分困难。具有理论和实践价值的分类应合乎两个方面的要求:一是要与公共收入的性质相吻合,由于公共收入既是一个分配过程,又是一定量的货币收入,具有两重性质,所以,公共收入分类应体现这一特点;二是要同各国实际相适应,我国作为发展中的社会主义国家,经济中的所有制结构和部门结构与其他国家有较大差别,公共收入构成自然也与其他国家不同,因此,公共财政收入分类必须反映这一现实。

按照上述分类的要求,我国公共收入分类应同时采用两个不同的标准:一是以公共收入的形式为标准,主要反映公共收入过程中不同的征集方式以及通过各种方式取得的收入在总收入中的比重;二是以公共收入的来源为标准,主要体现作为一定量的货币收入从何取得,并反映各种来源的经济性质及变化趋势。

(1) 按公共收入形式的分类通常把公共收入分为税收和其他收入两大类。这种分类的好处是突出了公共收入的主体收入,即国家凭借政治权力占有的税收。税收收入具有强制性、无偿性和固定性三项特征。强制性是指征税凭借国家政治权力,通常颁布法令实施,任何单位和个人都不得违抗。无偿性是指国家征税后,税款即为国家所有,既不需要偿还,也不需要对纳税人付出任何代价。固定性是指征税前就以法律的形式规定了征税对象以及统一的比例或数额,并只能按预定的标准征税。对其他公共财政收入还可以进一步分为债务收入、教育费附加、排污费收入、城市水资源费等单项收入以及规费收入、事业收入和外事服务收入、罚没收入等。

无论国家以何种方式参与国民收入分配,公共收入过程总是和该国的经济制度和经济运行密切相关。如果把公共收入视为一定量的货币收入,它总是来自国民收入的分配和再分配。经济作为公共财政的基础和公共收入的最终来源,对公共财政分配过程和公共收入本身具有决定作用。按公共收入的来源的分类,有助于研究公共财政与经济之间的制衡关系,有利于选择公共收入的规模和结构,并建立经济决定公共财政、公共财政影响经济的和谐运行机制。

(2) 按照公共收入来源的分类,公共收入包括两种:一是以公共收入来源中的所有制结构为标准,将公共收入分为国有经济收入、集体经济收入、中外合作经济收入、私营经济收入或外商独资经济收入、个体经济收入等;二是以公共收入来源中的部门结构为标准,将公共收入分为工业部门和农业部门收入、轻工业部门和重工业部门收入、生产部门和流通部门收入、第一产业部门、第二产业部门和第三产业部门收入等。

(二) 公共收入原则

1. 公共收入原则的含义与理论起源

政府提供必要的公共产品是公共收入形成的主导原因,但是公共收入的取得要遵循一定的原则,这种指导着政府部门制定公共收入政策法规,施行公共收入行为的基本准则就是公共收入的原则。由于税收收入是公共收入的主体,因此公共收入的原则主要以讨论税收原则的方式表现出来,由于篇幅关系,本章主要讨论税收原则,关于收费原则和公债原则,不再详述。

亚当·斯密是第一个明确、系统地阐述税收原则,并将之提升到理论高度的学者。他在其著名的《国民财富的性质和原因的研究》一书中提出了税收四原则,即平等、确实、便利和最小征收费。显然斯密的税收四原则除了将平等原则作为首要原则加以强调外,基本上属于单纯的税务行政原则,体现了自由资本主义时期反对国家干预经济,倡导廉价政府的思想。

在自由资本主义向垄断资本主义过渡时期,德国经济学家瓦格纳提出了四类税收原则:一是财政收入原则,即税收应能取得充分收入,且有弹性;二是国民经济原则,即选择适当的税源和保护税本;三是社会正义原则,即税收应普遍、平等;四是税务行政原则,即税收要确实,征收费用最少,且便利纳税人。瓦格纳的税收原则理论除了重复斯密的税收四原则外,还强调了社会正义以及税收与经济的关系,体现了自由资本主义向垄断资本主义过渡时期产生的主张用政府权力解决社会问题的改良主义思潮。

2. 现代税收原则

现代经济学家提出的税收原则可概括为:效率原则、公平原则和经济稳定与增长原则。现代税收原则充分体现了国家运用税收手段干预经济的思潮和政策主张。

(1) 税收效率原则是指税收征收所引起的资源在公共产品和私人产品之间的配置,以及资源在私人产品之间的配置(因税收影响相对价格所致)均要达到资源配置的效率准则。税收的效率原则体现在以下三个方面:一是充分且有弹性。充分是指税收在为公共提供筹集资金过程中,要使资源在公共产品与私人产品之间的配置达到最优,符合产品组合效率,即税收应满足提供适当规模公共产品的资金需要。有弹性是指税制设计应能使税收收入随着国民经济的增长而增长,以满足长期的公共产品与私人产品组合效率的要求。二是节约与便利。税收就是通过强制手段将一部分资源从私人部门转移到政府部门。在这一转移过程中,不可避免地会造成资源的损耗,即形成公共提供的税收筹资成本。税收成本包括两部分:一是因税收对资源配置的影响而产生的超额负担,二是税收的征收成本。节约与便利就是要求在税制设计中将税收征收成本降到最低限度。而税收的征收成本包括征管成本和交纳成本两个方面。具体地讲,节约与便利就是要求通过简化税制,合理设置税务机构,提高征管人员素质,改进征管手段等措施,降低征纳双方面的成本。三是中性与校正性。中性与校正性是从税收对纳税人经济行为影响的角度出发,考虑如何维护和提高私人产品之间资源配置效率的问题。在市场资源配置有效的状态下,税制设计应强调中性原则,以维护市场资源配置的高效率,尽量避免因非中性税收而导致的效率损失。中性税收,就是指不会因征税而改变产品、服务以及要素的相对价格,从而不影响纳税人经济决策,能够维护市场资源有效配置状态的税收。总之,要使税收有助于实现效率目标,关键在于合理划定中性原则与校正性原则的适当范围,保证市场对资源的有效配置。

(2) 税收的公平原则,可以从两个角度来理解:一方面是从税收作为收入再分配的手段来考虑,另一方面可从税收作为政府公共提供的筹资手段来考虑。税收作为收入再分配的手段主要是纠正市场在收入分配方面存在的缺陷,维护规则公平和起点公平，缩小贫富收入差距，实现结果公平。从税收作为政府提供的筹资手段出发，主要是考虑公共提供的成本如何在社会成员中分摊才是合理的，应根据什么原则来确定各社会成员的纳税义务。

尽管人们从不同角度理解税收公平原则的含义，但有一点却是为大家普遍接受的，即税收应具有横向公平和纵向公平。所谓横向公平，是指税收应使境遇相同的人承担相同的税负；而纵向公平，是指税收应使境遇不同的人承担不同的税负。同时人们对用什么去衡量境遇的好坏，以及境遇不同的人所承担的税负应怎样不同，存在着争论。依据人们的不同观点，可以将税收的公平原则具体化为受益原则和能力原则。

受益原则认为应根据市场经济所确立的等价交换的规则来确定个人应承担的税负，即各人所承担的税负应与他从政府公共提供中的受益相一致。根据受益原则，横向公平即为受益相同者承担相同的税负，纵向公平即为受益多者承担较多的税负。

能力原则认为应根据各人的纳税能力来确定各人应承担的税负。根据能力原则，横向公平即为能力相同者应承担相同税负，纵向公平即为能力不同者承担不同的税负，能力强的人多交税。关于用何标准来衡量各人的纳税能力，人们主要从客观和主观两方面来确立标准。

客观说认为应以能客观地观察并衡量的某种指标来作为衡量纳税能力的依据。这类指标主要有收入、消费和财产。由于这三种指标各有其优点与不足，在实践中，只能以一种标准作为主要税基（如所得），同时兼顾其他标准，以弥补各自的缺点。

主观说认为各人的支付能力不仅取决于客观上可以衡量的某些指标（如收入、消费、财产），还取决于各人主观上的效用评价或者说满意程度。但由于效用评价是主观的，并且因人而异，因此主观说在税制设计中往往缺乏可操作性。

四、税收制度

（一）税收制度的组成

1. 税收制度的含义

对税收制度可以从两个不同的角度来理解。一种理解认为，税收制度是国家各种税收法令和征收管理办法的总称。一个国家为了取得财政收入或调节社会经济活动，必须以法律形式规定对什么征税、向谁征税、征多少税以及何时何地纳税等，这些规定就构成了一个国家的税收制度。另一种理解认为，税收制度是国家按一定政策原则组成的税收体系，其核心是主体税种的选择和各税种的搭配问题。对税收制度的两种认识都有一定的理论意义和实践意义，前一种认识的侧重点是税收的工作规范和管理章程；后一种认识则以税收活动的经济意义为中心。因而,对税收管理的研究通常以前一种税制含义为依据,对税收理论的探讨往往以后一种税制含义为依据。

2. 税收制度的组成

税收制度是由具体的税种组成的,但组成的方法可以有不同的选择。关于税收制度的组成主要有两种不同的理论主张:一是单一税制论,即认为一个国家的税收制度应由一个税种或少数几个税种构成。如单一的消费税,单一的土地税,以及单一的所得税等。二是复合税制论,即认为一个国家的税收制度必须由多种税类的多个税种组成,通过多种税的相互配合和相辅相成组成一个完整的税收体系。当然,复合税制并不是否定各种税种在功能、作用和地位上的差别。相反,它往往以某一个税种或两个税种作为筹集财政收入和调节经济活动的主导,即主体税种,在不影响其他各种税种作用效果的前提下,优先或突出主体税种的作用。

根据主体税种的不同,各国的税制结构大体可归纳为三种类型:以流转税为主体税种的税制结构模式,以所得税为主体税种的税制结构模式,以流转税和所得税双主体的税制结构模式。一般而言,发达国家大都选择所得税为主体税种,而发展中国家大都以流转税为主体税种。我国作为发展中的公有制比重较高的社会主义国家,在过去长期实行计划经济体制时期和经济转轨初期,我国都选择了以流转税为主体税种的税制结构模式。随着市场经济体制的不断完善,经济发展水平的提高,以及个人收入差距的扩大,我国目前正逐步提高所得税在复合税制中的地位,从而使我国税制结构模式从以流转税为主体向流转税和所得税双主体转变。

(二) 我国税收制度的沿革

新中国建立五十多年来,我国税制改革的发展大致经历了三个历史时期。第一个时期是从 1949 年新中国成立到 1957 年,即国民经济恢复和社会主义改造时期,这是新中国税制建立和巩固的时期。第二个时期是从 1958 年到 1978 年底党的十一届三中全会召开之前,这是我国税制曲折发展的时期。第三时期是 1978 年党的十一届三中全会召开之后的新时期,是我国税制建设得到全面加强、税制改革不断前进的时期。

新中国建立以来,我国税收制度先后进行了五次重大的改革。第一次是新中国成立之初的 1953 年,在总结老解放区税制建设的经验和全面清理旧中国税收制度的基础上建立了中华人民共和国的新税制。第二次是 1958 年税制改革,其主要内容是简化税制,以适应社会主义改造基本完成、经济管理体制改革之后的形势的要求。第三次是 1973 年税制改革,其主要内容仍然是简化税制。第四次是 1984 年税制改革,其主要内容是普遍实行国营企业“利改税”和全面改革工商税收制度,以适应发展有计划社会主义商品经济的要求。第五次是 1994 年税制改革,是全面改革工商税收制度,以适应发展社会主义经济体制要求的重大举措。

1994 年税制改革的总指导思想是:统一税法,公平税负,简化税制,合理分权。其主要内容主要涉及四方面的内容。一是全面改革了流转税制。新的流转税制是这次改革的重中之重,主要是参照国际上流转税制建设的一般做法,确立了以规范化的增值税为核心,辅之以消费税、营业税的新流转税制统一适用于内资企业、外商投资企业和外国企业,废除了外商投资企业原来适用的工商统一税。同时,将原来征收农、林、牧、水产品的产品税,改为征收农林特产税。二是改革企业所得税制,将过去对国营企业、集体企业和私营企业分别征收的多种所得税合并为统一的企业所得税。同时,国有企业不再执行企业承包上缴所得税的包干制。三是改革了个人所得税制,将过去对外国人征收的个人所得税、对国内公民征收的个人收入调节税和对个体工商户征收的城乡个体所得税合并为统一的个人所得税。四是调整、撤并和开征其他一些税种。如调整资源税、城市维护建设税和城镇土地使用税;取消集市交易税、牧畜交易税、燃油特别税、奖金和工资调节税;开征土地增值税、证券交易税;盐税并入资源税、特别消费税并入消费税等。

1994 年税制改革实施后,我国的税收制度中的税种由原来的 32 个减至 23 个,具体为增值税、消费税、营业税、企业所得税、外商投资企业和外国企业所得税、个人所得税、房产税、城镇土地使用税、车船使用税、城市房地产税、车船使用牌照税、资源税、固定资产投资方向调节税、城市维护建设税、土地增值税、印花税、契税、屠宰税、宴席税、农(牧)业税、耕地占用税、关船舶吨税等。税制结构趋于完善合理、税收的经济调控和聚财功能大大增强,初步实现了税制结构简化与高效的统一。实行新税制改革后,近年来我国的税制结构又有了新的调整,某些税种或取消、或停征、或新开征,如新开征车辆购置税、停征固定资产投资方向调节税、屠宰税等。增减因素相抵,我国目前开征的税种总量为 24 种。

(三) 我国税制改革的方向

从以上对我国税制改革历史的分析看,我国税收制度大约每 10 年就要经历一次大规模的变革。目前我国实行的是 1994 年确立的税制,这是一套以所得税、流转税为主体,其他税种辅助配合的复合税制体系。这套税制仍或多或少地带有计划经济的色彩,因而,随着经济的发展,一些不尽完善的地方逐渐暴露出来,如没有体现公平、一定程度上重复征税。相比之下,近年来,世界各国税制改革的主流体现在降低税率、简化税制、拓宽税基等方面。我国税制改革一方面要参照国际惯例,紧跟国际税制改革的发展趋势;另一方面,要兼顾我国国情并充分考虑其可能对社会经济产生的影响,力求避免出现大的震动。总的原则是"积极稳妥、循序渐进、分类解决、择机而动"。也就是说,与前几次税制改革常见的“一揽子”改革不同,这次税制改革将分阶段分税种地推行。具体内容如下。

(1) 增值税转型。增值税的税制设计分为三种类型:生产型、收入型和消费型。这三种增值税的区别在于“进项税额”的扣除不同。我国目前实行的生产型增值税只允许扣除原材料等项目所含的税金,而不允许扣除外购固定资产所含的税金。而消费型增值税,即允许扣除外购固定资产、原材料等项目中所含的税金。相比之下,目前实行的生产型增值税由于允许扣除的范围小,税基较大,因而取得收入的功能更明显,同时生产型增值税重复征税的矛盾也日益突出。因此,实行增值税转型,一方面可以进一步消除重复征税,另一方面,也有利于鼓励投资,尤其是民间投资。当前实施增值税转型改革面临两方面挑战,一是当前经济局部过热,投资膨胀;二是增值税转型会造成国家税收收入的减少,以至财政赤字加大。

(2) 完善个人所得税制度。1994 年税制改革对个人所得税制度的设计指导思想是,“调节高收入、缓解个人收入差距悬殊矛盾,以体现多得多征、公平税负的政策”。但从这十年的执行情况看,工薪阶层成了个人所得税最大的纳税主体,而所谓的富人交纳的个人所得税总量却相对较少,因此,个人所得税最大的问题就是没有体现其实现公平职能的最初意图。我国个人所得税制度的改革方向,就是建立能够全面反映个人收入和大额支付的信息处理系统,建立分类征收和综合征收相结合的个人所得税制度。目前正在考虑的方案,是将工资薪金所得、生产经营所得、劳务报酬所得、财产租赁所得等有较强连续性的收入列入综合课征项目,实行统一的累进税率;对于财产转让、特许权使用费、利息、红利、股息等其他所得,仍然按比例税率实行分项征收;此外,税前扣除项目也将进行必要的调整。

(3) 统一内外税制。按照统一税政、公平税负、国民待遇的原则,统一内外资企业所得税;尽快改变对内外资企业分别征收车船使用税、车船使用牌照税、房产税和城市房地产税的办法,建立统一的车船税、房地产税,将外商投资企业纳入城市维护建设税和教育费附加的征收范围,增强外资企业对我国税制及税种的适用性,凡内资企业适用的税种,外资企业都应统一执行;逐步取消外资企业及进口产品税收的超国民待遇,减少税收政策对内资企业及国内同类产品的歧视性待遇。

(4) 按照公共财政原则,进一步完善消费税等其他税种。消费税改革,一方面将扩大征收范围,将一部分消费量大、有一定盈利水平、税基较宽而此前未征收消费税的消费品和部分高档消费品纳入征税范围;另一方面,要调整消费税的税率,对于目前由于种种原因征收不到位的个别重要的应税消费品,也要进行征收制度的改革。开征物业税,将现行的房产税、城市房地产税、城镇土地使用税,以及土地出让费等税费合并，然后借鉴国外房地产保有税的做法，转化为房产保有阶段统一收取的物业税。将现行的按照原值扣除一定比例的征收方法，改为按照评估价值对房地产征税。

(5) 完善对国际经济活动的税收政策。一是完善有关跨国公司的税收政策，对转让定价、国际资本流动、税收抵免等有关问题进一步研究，正确把握鼓励跨国公司直接投资和防止国际避税的尺度；二是完善国际服务贸易的税收政策，包括金融机构国际间业务、跨国证券投资、电信的跨国服务、咨询业的劳务发生地如何认定等等；三是制定有关电子商务的税收对策，防止这种新型贸易方式造成的税收流失。

第三节 政府预算与预算管理体制

一、政府预算的含义

(一) 政府预算的含义

无论是社会主义国家，还是资本主义国家，都要有政府预算。因为每个国家在一年之中创造的国民收入，除了要在生产领域进行初次分配外，为了实现国家职能的需要，还要由国家对其进行一系列的财政分配。政府预算就是国家参与分配国民收入的一个重要的财政分配手段。它是一个国家通常在一年内，为了实现其职能、筹集所需资金以及如何利用这些资金而以法律形式表现出来的国家年度财政收支计划，是国家筹集、分配和管理财政资金的重要工具。

我国的政府预算是社会主义政府预算，它既具有政府预算的一般特征，又具有特殊性。政府预算是经立法程序批准，反映对社会经济发展的目标和抱负的国家年度收支计划。把握政府预算概念要注意以下三点。

(1) 政府预算是一种法律行为，是国家意志的体现。政府预算从提出到批准是按照立法程序进行的，因此政府预算是政府收支计划的法律文件。一个国家通常是由中央政府和地方政府组成，各级政府的预算都要经过法定程序产生。各级政府都设有从事预算编制、执行的专门机构，即预算机关。在我国，中央政府的专职机关称财政部，省级政府的专职机关称财政厅。财政机关按照法律规定履行其职责，中央预算要由全国人民代表大会批准，省级及省级以下各级政府的预算要提请地方同级人民代表大会批准。地方政府的权力受中央政府的控制；地方人民代表大会的权力受全国人民代表大会的控制。因此，政府预算是国家制度安排的产物，是国家“意志”的体现。

(2) 政府预算是财政年度内的政府收支计划。财政年度也称预算年度，通常为一年。但财政年度的起始日期，各个国家的法律规定不同，这取决于各个国家不同的政治、经济、习俗等情况。例如,我国的财政年度和自然年度一致,即从当年的1月1日到12月31日;英国是当年的4月1日到次年的3月31日;美国是当年的10月1日到次年的9月30日。

政府收支计划包括财政年度的政府支出计划和政府收入计划(主要是税收)。政府支出计划是实现执政党抱负和目标的重要手段。但政府也是一种制度安排,即由各种职能机构组成,由机构及其工作人员履行政府的相应职责。政府机构及其工作人员的职责也是由法律规定的,政府预算就是确保各职能部门履行其职责的财力保证。

(3) 政府预算的改变要通过相应的法律程序。政府预算是一种法定计划,在实际执行中不可能完全和计划相符,这需要作出相应的调整。调整的权力和范围必须按法律规定进行。各个国家的法律规定不一样,这取决于各个国家的社会意识形态、政治、经济等情况,也取决于预算管理的能力和水平。总之,政府预算是国家制度安排的产物,政府作为预算编制、执行的主体,应当是在制度约束下进行的。

(二) 政府预算的特征

1. 法定性

法定性是指政府预算的形成和执行必须有法律根据。任何国家的预算都必须由立法机关审核批准,并接受立法机关的监督,这突出表明了政府预算的法定性。我国中央政府和地方政府的预算法案每年要提请全国人民代表大会和地方人民代表大会审查、批准,经过批准后的政府预算具有法律效力,各级人民政府、各部门、企事业单位都要按照政府预算上的规定执行,并保证各项收支计划的圆满完成。

2. 公开性

公开性是指政府预算的形成和执行是透明的、是受公众监督的。政府虽然是预算编制和执行的主体,但本质上是公众的“受托人”,因此,政府预算必须向公众公开。同时,政府预算收支的立法也应当是透明的。当然,为了国家安全,也需要有相应的保密规定。

3. 完整性

完整性是指所有政府收支都应在政府预算中得到反映。这就是说,政府预算要全面反映政府活动的范围和方向。我国目前的政府预算离完整性尚有距离,相当数量的政府性收支被列为预算外管理。我国对预算外资金的管理改革,也是政府预算完整性的改革。

(三) 预算政策

1. 预算政策和财政政策

预算政策是国家在认识客观经济规律的基础上,通过预算收支活动为实现一定目标而制定的行为规范。它是国家财政政策的重要组成部分。预算政策的内容包括两方面:一是政策目标,即实施该项政策所要达到的目的;二是政策手段,即为达到预定目标所需采取的措施。财政政策是政府依据客观经济规律制定的指导财政工作和处理财政关系的基本准则。财政政策是由税收政策、预算政策、国债政策、补贴政策等构成的一个完整的政策体系。

预算政策是财政政策的核心内容。因为,财政的其他政策与预算政策有着紧密的联系。如,税收政策涉及预算的收入政策,国债政策与预算的收支都有关联,补贴政策涉及预算的支出政策,而且预算收支平衡政策是财政政策的中心内容。但预算政策不能代替或等同于财政政策,因为各项政策都有其调控的着力点,如税收政策是调整国家和各经济组织的分配关系的,它还与国家的产业政策相关联,这些作用都是预算政策不能代替的。因此,预算政策必须和财政的其他政策相互配套,与外部有关经济政策相协调,才能发挥综合效用。

2. 预算政策的类别

根据财政政策的类型相对应,按照预算收支对比关系划分,预算政策可以分为:赤字性预算政策、盈余性预算政策和平衡预算政策。

(1) 赤字性预算政策又称膨胀性预算政策,它适合于体现扩张性财政政策,通过预算支出大于预算收入,运用赤字来扩大政府支出的规模,以刺激总需求的政策。在总需求不足时,这一政策一般是减税,同时扩大政府支出,从而扩大社会总需求。(2) 盈余性预算政策又称紧缩性预算政策,适合于体现紧缩性财政政策,通过增加预算收入,减少预算支出以减少或控制社会总需求的预算政策。当社会总需求大于总供给时,采取增加税收、增加财政收入,减少企业和居民的可支配收入,从而抑制总需求水平,同时尽可能压缩政府支出规模。(3) 平衡预算政策又称中性预算政策,即通过预算收入和支出的基本平衡,对社会总需求的影响保持中性,既不产生扩张,也不产生紧缩的影响。在社会总供给和社会总需求保持基本平衡的状态下,使国民经济持续稳定协调发展。

(四) 政府预算的职能

1. 分配职能

政府预算的分配职能,包括积累资金和分配资金两方面。它们是我国政府预算的主要职能。我国进行改革开放和现代化建设,需要大量的建设资金。资金积累越多,分配越合理,就越能促进国民经济快速、健康地发展。从积累资金和分配资金的关系来看,积累资金是合理分配资金的前提,资金积累越多,资金的分配就越有保证。同时,合理地分配资金,又是积累资金的目的,资金分配越合理,就越能发挥资金的使用效率,从而为进一步发展国民经济积累资金创造条件。

2. 稳定职能

政府预算的稳定职能，主要是政府预算具有稳定经济的作用。在编制预算计划时，首先要正确处理政府预算与国民经济和社会发展计划的关系，在预算执行过程中，发现需求大于供给时应及时采取相应的办法减少社会需求，使供求之间的矛盾得到缓和。反之，则可以扩大某些预算支出，调整其结构，增加社会需求，使一部分商品的价值得到实现，从而保证社会再生产的正常运行。

3. 监督职能

政府预算的监督职能是指通过预算资金运行过程中对国民经济的制约作用，对国民经济各部门和企业、事业单位的收支活动进行严格、有成效地监督和检查，以保证资金合理使用，使资金的筹集和分配能按照党的方针、政策和国家计划进行，更好地促进国民经济持续、稳定、协调发展。它是实现积累资金、合理地分配资金和保证经济稳定发展的客观要求和有力保证。这一职能是在积累资金、合理分配资金和调整预算支出结构的过程中体现的。

政府预算的分配、稳定和监督职能，是相互联系、彼此制约的，它们相辅相成、同等重要。没有资金的筹集和使用，经济的稳定和监督就无从谈起；没有稳定，资金的筹集和使用就会混乱无序，监督就会乏力；没有监督，就不能保证资金的筹集和使用有正确的方向，也不能保证国民经济的稳定发展。

二、我国政府预算管理体制

（一）基本概念与原则

1. 政府预算管理体制的概念

政府预算管理体制是国家在中央与地方各级政府之间划分预算收支范围和管理权限的一项基本制度。

政府预算管理体制明确规定了各级财政的收支划分和预算管理权限，为各级财政编制、执行预算计划以及年度决算提供了依据。从预算管理体制在财政管理体制中的地位来看，预算管理体制居于主导地位，是财政管理体制的具体化。政府预算管理体制并不直接等同于政府预算组织，它是在形成相对稳定的预算体系结构方式的前提下，围绕预算资金分配建立的一项实施预算纵向调节的制度，是预算组织的一个重要方面。

2. 建立预算体制的基本原则

（1）事权与财权相统一。所谓事权与财权相统一，即各级政府和部门的收支划分和机动财力的分配，是按照各级政府和部门的职责范围来确定的。

（2）收支挂钩，责权利相结合。就是在划分收支时，使各级预算的收入与支出挂起钩来，只有在完成收入时，地方才能从收入划分中来满足地方支出的需要，体现有职、有权、有利，把责任、权力、物质利益三者紧密结合。

(3) 确保各级预算有稳定的收入来源。有稳定的收入来源,是在分级管理中,作为相对独立的一级预算所必备的条件。从地方预算来看,必须使其所取得的收入有稳定的收入来源,首先是地方固定收入,然后是收入的留成和中央补助收入,满足地方合理的支出需要,达到收支平衡。从中央预算来看,要有足够的稳定收入来源,应把较大的税源划为中央固定收入,以保证国家重点建设的需要,只有中央掌握有较雄厚的财力,宏观调控才有较强的力度。

(二)"分税制"预算体制

为进一步理顺中央与地方的财政分配关系,更好地发挥国家财政的职能作用,增强中央的宏观调控能力,促进社会主义市场经济的建立和国民经济持续、快速、健康的发展,从 1994 年 1 月 1 日起我国实行分税制,这是预算管理体制改革的理想模式。

1. 分税制改革是发展社会主义市场经济的客观要求

原来实行的财政包干办法,在以往的经济发展中起过积极的作用,但随着市场在资源配置中的作用不断扩大,其弊端日益明显,主要是:(1) 税收调节功能弱化,影响统一市场的形成和产业结构优化。(2) 国家财力偏于分散,制约预算收入合理增长,特别是中央财政收入比重下滑,弱化了中央政府的宏观调控能力。(3) 在收支的核定方法上,一直沿袭"基数法"不尽合理。因为,在既得利益中,有合理与不合理的因素均不加区别的计算在基数内,不能体现公平和效益的原则,助长了地区之间过大的经济发展差距。(4) 预算体制与税收体制不配套,造成有些地方政府越权减免税收,使政府预算收入、国有资产流失严重,同时,助长了腐败之风。(5) 预算体制类型过多,不够规范。从总体上看,上述弊端已表明,原包干制已不适应社会主义市场经济发展的要求,必须尽快改革。

2. 分税制预算体制改革的指导思想

(1) 正确处理中央与地方的分配关系,调动两个积极性,促进国家财政收入合理增长。既要考虑地方利益,调动地方发展经济、增收节支的积极性,又要逐步提高中央财政收入的比重,适当增加中央财力,增强中央政府的宏观调控能力。

(2) 合理调节地区之间财力分配。既要有利于经济发达地区持续保持较快的发展势头,又要通过中央财政对地方的税收返还和转移支付,扶持经济不发达地区的发展和老工业基地的改造,同时,促使地方加强对财政支出的约束。

(3) 坚持统一政策与分级管理相结合的原则。划分税种不仅要考虑中央与地方的收入分配,还必须考虑税收对经济发展和社会分配的调节作用。中央税、共享税以及地方税的立法权集中在中央,以保证中央政令统一,维护全国统一市场和企业平等竞争。税收实行分级征管,中央税和共享税由中央税务机构负责征收,共享税中地方分享的部分,由中央税务机构直接划入地方金库,地方税由地方税务机构负责征收。

(4) 坚持整体设计与逐步推进相结合的原则。分税制改革既要借鉴国外经验,又要从我国的实际出发。在明确改革目标的基础上,力求规范化,但必须抓住重点,分步实施,逐步完善。当前,要针对收入流失比较严重的状况,通过划分税种和分别征管堵塞漏洞,保证预算收入的合理增长。要先把主要税种划分好,其他收入的划分逐步规范;中央财政收入占全国财政收入的比例要逐步提高,对地方利益格局的调整也应逐步进行。总之,通过渐进式改革先把分税制的基本框架建立起来,在实施中逐步完善。

3. “分税制”预算管理体制的内容

(1) 收入划分。中央预算固定收入包括:关税,海关代征消费税和增值税、消费税、中央企业所得税、地方银行和外资银行及非银行金融企业所得税、铁道部门、各银行总行、各保险总公司等集中交纳的收入(包括营业税、所得税、利润、城市维护建设税)、中央企业上缴利润等。

地方预算固定收入包括:营业税(不含铁道部门、各银行总行、各保险总公司集中交纳的营业税)、地方企业所得税(不含上述地方银行和外资银行及非银行金融企业所得税)、地方企业上缴利润、个人所得税、城镇土地使用税、城市维护建设税(不含铁道部门、各银行总行、各保险总公司集中交纳的部分)、房产税、车船使用税、印花税、屠宰税、农牧业税、对农业特产收入征收的农业税(简称农业特产税)、耕地占用税、契税、遗产与赠予税、土地增值税、国有土地有偿使用收入等。

中央与地方共享收入包括:增值税、资源税、证券交易税。增值税中央分享75%,地方分享25%。资源税按不同的资源品种划分,大部分资源税作为地方收入,海洋石油资源税作为中央收入。证券交易税,中央与地方分享50%。

(2) 支出划分。中央财政支出包括:国防费、武警经费、外交和援外支出、中央级行政管理费、中央统管的基本建设投资、中央直属企业的技术改造和新产品试制费、地质勘探费、由中央财政安排的支农支出、由中央负担的国内外债务的还本付息支出,以及中央负担的中央级公、检、法支出和文化、教育、卫生、科学等各项事业费支出。

地方财政支出包括:地方行政管理费、公检法支出、部分武警经费、民兵事业费、地方统筹的基本建设投资、地方企业的技术改造和新产品试制经费、支农支出、城市维护和建设经费、地方文化、教育、卫生等各项事业费、价格补贴支出以及其他支出。

收入大头在中央,支出大头在地方,通过中央财政对地方财政的税收返还或补贴,达到地方财政当年收支平衡。另外,少数地区固定收入加共享收入分成收入大于支出的,由中央财政核定上解数额。

（3）税收返还的计算。这是我国首次在预算体制中采用税收返还制度。按照1993年地方实际收入以及税制改革和中央与地方收入划分情况，核定1993年中央从地方净上划的收入数额（消费税+75%增值税—中央下划收入）。1993年中央净上划收入，全额返还地方，保证现有地方既得财力，并以此作为以后中央对地方税收返还基数。1994年以后，税收返还额在1993年基数上逐年递增，如果1994年以后中央净上划收入达不到1993年基数，则相应扣减税收返还数额。通过基数年税收返还，实际上保留了地方的既得财力，中央财政只是在上划的消费税加增值税75%的增量中多拿一点，逐步增加中央财政收入的比重。

（4）补助额的确定。1994年分税制办法中，除了中央对地方的税收返还外，还规定有三项补助。第一，体制性的补助。指对于核定的支出基数大于核定的收入基数的地区，其收支差额由中央财政给予体制性的补助。对此项补助的计算方法应由传统的“基数法”逐步过渡到“因素法”。从目前我国的情况看，可以考虑先采取基数加因素的办法，即先按既得财力计算支出基数，然后参照各地区总人口、耕地面积、人均国民生产总值、财政供养人口、行政区划等因素进行增减调整。第二，专项性的补助。指中央对地方经济建设和事业发展项目，有选择地给予补贴。在我国，为了改善基础设施，用以改善投资环境和对经济结构实施宏观调控的基础结构投资，应由国家给予专项性的补助。为了充分发挥专项补助的投资效益，可以借鉴日本的“经费分担制”，基础设施建设由实施主体统筹，以明确责任；建设经费由受益者分担，根据受益大小确定分担的份额，对于需要中央直接补助的部分，应依据该项工程在国家政策中的重要性、规模大小、影响范围等因素分别确定中央补助的不同比例。对于需要中央财政间接补助的，即国有企事业单位经营的基础设施事业，其经费原则上依靠借入资金，政府给予利息补贴、无息贷款等间接补助形式。第三，特殊性的补助。遇特殊情况需要申请中央补助，诸如特大自然灾害、社会动乱等，当地方财力无法应付时，由中央酌情给予补助。

（5）新旧交替的过渡。为顺利推行分税制改革，1994年实行分税制以后，原体制的分配格局暂时不变，过渡一段时间再逐步规范化。原体制中中央对地方的补助继续按规定补助，地方上解仍按不同体制类型执行：实行递增上解的地区，按原规定继续递增上解实行定额上解的地区，按原确定的上解额，继续定额上解，实行总额分成的地区和原分税制试点地区，暂按递增上解办法，即按1993年实际上解数，并核定一个递增率，每年递增上解。原来中央拨给地方的各项专款，该下拨的继续下拨。

4. 分税制预算管理体制的进一步完善

我国实行分税制的目的是实现政府间分配关系的规范化、公正化、公开化，对由经济发展不平衡所造成的地区间行政能力进行必要调节，使各地方政府的基本行政能力大体均衡，主要是在现行分税制改革的基础上，进一步理顺关系，完善制度，规范责权利，清除旧体制遗留下的弊端，把转移支付制度进一步规范化，并按照客观、科学、规范的要求，破除原有不合理的利益格局，使之真正达到彻底分税制的要求。具体地说，主要是：(1) 事权、财权的界定明确、合理，符合政治体制改革的要求和权力、义务对等的原则。(2) 中央财力的主导地位的确立和巩固，转移支付制度的完善，宏观调控体系的健全，适应社会主义市场经济运行机制的要求。(3) 进一步完善税制，健全和强化中央和地方税收征管体系，各级主体税源的形成与发展，适应财政管理的需要。(4) 预算硬约束机制的建立，符合各级自主理财的要求。

三、我国预算管理体制改革

1999 年以来，我国进一步加强预算管理改革，先后推行部门预算、国库集中收付和政府采购三项核心制度。

(一) 部门预算

部门预算是指以部门为对象的预算。部门是指支出部门，即直接与财政发生拨领款关系的政府部门。在不超过预算总额和不打乱各项预算的内容前提下，支出部门负有执行和管理预算职能。支出部门是预算编制单位。在编制预算时，各部门应当将本部门的所有支出，包括行政经费、下属单位的事业经费、公共工程投资、各种专项款等纳入本部门预算范围，向财政部门申报。同时，取消预算外资金，部门的行政性收费也纳入预算收入管理。

部门支出分为“基本支出预算”和“项目支出预算”两部分，采用不同的编制办法。(1) 基本支出预算。是指行政机构的经常性支出预算，包括人员经费预算和公用经费预算两部分。“人员经费预算”包括工资、补助工资、其他工资、职工福利费、社会保障费等五项，按国务院核定的人员编制和财政部有关支出标准计算。“公用经费预算”包括公务费、设备购置费、修缮费、业务费、业务招待费、其他费用等六项。基本支出预算按财政部分类核定的“人均支出水平”和部门的行政人员编制计算确定。(2) 项目支出预算。项目支出预算是指除部门经常性预算以外，需要由财政拨款的各种建设性、事业性和专门项目的经费。它包括专项公用经费、事业性专项支出和建设性专项支出三类。项目支出预算按项目的方式进行管理。

支出部门在编制预算时，应当将项目支出预算与本部门发展规划结合起来，进行可行性研究和项目评估。建立申报审核程序，财政部按项目的效率和急需程度进行评审排序,财政部建立项目库。项目支出计划列入预算后,由各支出部门组织项目的实施,在实施中,支出部门应建立项目进度报告制度,由财政部进行监督检查。

部门预算改革有利于发挥支出部门的预算管理作用,控制机构和人员膨胀;采用项目支出与经常性支出分开管理的思路,有利于解决预算编制的技术难题;采用项目支出管理办法,有利于提高财政资金效率。

(二) 国库集中收付制度

国库集中收付就是指政府将所有财政性资金集中在国库或在国库指定的代理银行开设账户,所有的财政支出均通过这一账户进行拨付。国库集中收付制度是政府预算执行的重要环节,主要包括三方面的内容。(1) 集中收入管理,即所有政府预算收入的缴付者将各项收入直接缴入或经其授权的代理银行,通过银行清算将款项划入国库。(2) 国库集中支付,即财政部门在中央银行设立一个统一的银行账户,原则上所有预算单位的一切财政性支出都只有在实际支付行为发生时,才能由专门的国库资金支付机构从国库单一账户中直接支付给商品供应商或劳务提供者。(3) 集中账户管理,即设置与国库单一账户配套使用的国库分类账户,集中反映各预算单位的预算执行情况。

国库集中收付制度又称国库单一账户制度,是建立、规范国库集中收付活动的各种法令、办法、制度的总称,由国库集中收入制度和国库集中支付制度组成。其中,国库集中收入制度是指对公共收入从取得到划入国库全过程的制度;国库集中支付制度则是对从预算分配到资金拨付、资金使用、清算,直至资金到达商品供应商或劳务提供者账户全过程的监控制度。

我国实行国库集中收付制度有着重要的意义:(1) 有利于提高部门预算制定和执行的规范性,硬化预算约束;(2) 有利于杜绝收入缴库中普遍存在的拖欠挤占现象,解决财政收入不能及时足额入库的问题;(3) 有利于健全和强化对财政资金支出的监督约束机制,防止腐败;(4) 有利于提高财政资金的使用效率;(5) 有利于加强政府宏观调控能力;(6) 有利于建立适应社会主义市场经济要求的公共财政框架。

(三) 政府采购制度

政府采购是指各级政府及其所属机构为了开展日常政务活动或为公众提供公共服务的需要,在财政监督下,以法定的形式、方法和程序,对货物、工程或服务的购买。政府采购制度则是政府采购实践中形成的旨在管理政府采购行为的一系列规则和惯例的总称,不仅包括具体的采购过程,还包括采购政策、采购程序以及采购管理等。

政府采购按照不同的分类标准有不同的方式:按是否具备招标性质分,政府采购可以分为招标性采购和非招标性采购;按采购规模分,可以分为小额采购、批量采购和大额采购；按采购手段分，可以分为传统的依靠人力来完成整个采购过程的方式和现代的主要依靠现代科技成果来完成采购的方式；按组织模式分，可分为集中采购、分散采购和半集中半分散的采购模式。

政府采购工作是财政管理职能的延伸和加强，实行政府采购制度不仅有直接的经济效益，还有深远的社会意义：(1) 政府采购有利于降低采购成本，节约财政支出，强化财政监督，提高财政资金的使用效益；(2) 规范的政府采购有利于实现对生产和消费的宏观调控与示范作用；(3) 规范、巨额的政府采购有利于建立有效的竞争市场，提高微观经济的运行效率；(4) 有助于促进政府廉政建设，促进社会持续发展。

第七章　机 关 管 理

第一节　概　　述

一、机关管理的含义与地位

（一）机关管理的内涵界定

机关管理即依据机关内在的活动机理，利用先进的科学技术，综合运用机关中的人力资源，从而有效地实现组织目标的过程。机关管理包括广义和狭义的内容。广义的机关管理就是利用科学方法，有计划、有效率、有技术的规划、管制、联系、协调和运用机关的组织、人员、经费和物资，做适时、适地、适人和适事的处理，以便提高内部管理效率，发展机关业务，完成机关的使命。狭义的机关管理内容指的是对行政机关本身办公地点的管理，具体内容有合理地安排机关的办公处所，配置合适的设备，保持优美的工作环境，系统的处理公文和案卷等，此外，还包括对行政单位内的综合性的日常事务、规章制度和工作秩序等所进行的管理活动。

任何行政机关，都设有办公地点，即办公厅或办公室，它们作为行政机关中枢的辅助部分，是整个机关不可缺少的重要组成部分。机关管理的主要工作都通过机关的办公室来传达和贯彻，办公室的这种中心地位既表明了办公室本身工作的特殊性，也体现了机关管理在整个组织管理体系中的重要性。本章所讨论机关管理的落脚点在于具体的办公场所，即狭义的机关管理或称办公厅（室）管理。

（二）机关管理的作用

在我国目前的管理实践中，一个机关单位的管理体系一般都由“一个龙头”和“三类部门”组成。“一个龙头”即一个单位的“领导班子”。领导班子是一个单位的“首脑”、总指挥、决策者。“三类部门”就是：第一，执行部门，即下设的各委、办、厅（局）等职能机构，负责贯彻执行领导作出的决策；第二，监督部门，负责检查、监督执行部门贯彻实施领导的决策；第三，反馈部门，负责收集下属部门的各种信息并加以分析处理，及时汇总向领导汇报，以供领导修正或作出新的决策参考。整个管理体系的沟通和联系主要是通过办公（厅）室，形成一个单位的信息网络中心，是各种信息的交汇点和“集散地”。党和国家的方针、政策，上级机关的指示、指令，本单位的总体规划、目标管理、领导决策以及各种重大事件、重大活动过程中所形成的文件资料，下属各个部门贯彻实施领导决策的问题，各方面的动态、情报资料等等都在办公(厅)室汇集和综合。

机关管理工作虽然不是直接对外行使国家行政权力，但它却是行使行政决策、行政执行和行政监督等职能所必不可少的。机关管理的主要作用体现在办公厅(室)的综合地位上，在整个行政组织中，机关管理的作用具体表现在以下几个方面。

(1) 辅助决策，提高决策水平。机关的办公厅(室)是行政机关沟通上下、协调左右、联系各方、保证机关工作正常运转的枢纽。在一个具体的行政机关中，行政首长是领导者和决策者，但秉承首长意图起落实、组织作用的则是办公室。领导者要依靠办公室指挥全局，推动各职能机构运转。办公室直接辅导领导工作，每一个省、市或县政府，都设置若干分掌某一业务的管理部门(或称业务部门)，如厅、局、委、处等。这类业务部门，有明确的职务和工作范围，形成自己的工作系统，如财经系统、商业系统、教育系统等。在行政实践中，有许多工作不可能由业务部门来承担。比如上级指示的接纳、承办、处理；本级机关的报告、指示、请示的输出；与众多上下内外机关单位的联系、应对，还有具体的行政性后勤保障等，都需要一个专司其职的办公室去综合承办。办公厅(室)作为领导的参谋和助手，可以为领导的决策提供大量直接的信息资料和多方面的科学知识，所提供的信息和资料详细而具体，可以针对不同决策程序提供不同内容，可以针对决策程序内外联系提供所需信息，还可以斟酌决策内容矛盾的各方面来处理信息。提高办公厅(室)素质，有助于发挥其辅佐决策、提高决策水平的作用。

(2) 塑造机关整体风貌，对外形成良好沟通。办公厅(室)是一个单位领导机关的总进出口，对于上、下级和其他兄弟单位来说，是信息的网络中心，处于联络站的地位，是联系上下左右、沟通四面八方的“窗口”。办公厅(室)负责接收处理上级和兄弟单位的来文来函，接待上级领导的视察、检查和兄弟单位负责人的参观访问，处理各种公务往来，接待人民群众来访等等。一般与外界的联系，都首先要经过办公厅(室)，外界对本单位机关的第一印象也常常是看办公厅(室)的精神面貌、思想作风、管理水平与工作效率等。本单位领导得到外界的各种信息，也首先是靠办公室这个“窗口”。因此，加强和改进机关形象，是塑造机关整体风貌的关键，是对外形成良好沟通的主要手段。

(3) 直接改进工作，提高行政效率。提高机关的行政效率，行政领导责无旁贷。但是实施领导职能在不同程度上几乎都要通过办公厅(室)的工作，它在办文、办会、办事等诸多方面与行政效率直接相关。办公厅(室)作为管理机关事务，联系机关内外关系的综合办事机构，可以通过精简文山会海，疏通上下左右沟通渠道来直接改进行政工作，提高行政效率，从而在克服机关官僚主义问题上有所作为。办公室工作的好坏直接关系到党和国家的路线、方针、政策能否在本地区、本单位得到贯彻落实;直接关系到本地区、本单位行政机关的形象和声誉。办公厅(室)工作的效率高低一定程度上直接影响着机关整体管理的效果。

(4) 保证后勤服务,促进行政管理任务的完成。完成行政管理任务,要有一定的物质保证。办公处所、设备、起居乃至适当的环境,无不与一定的物、财相关;为了提高行政效率,还要有先进的技术条件。这些都有赖必要的后勤保证。办公厅(室)作为提供与之有关的后备服务的机构,可以为完成整个机关的行政任务提供物质技术保证,为第一线工作人员解除后顾之忧。

二、机关管理的环境和条件

(一) 机关环境内容及其制约因素

环境心理学研究的成果表明,恰当的环境布置将有助于人的心理调节向能产生正效应的方向进行,从而产生积极的效果。机关环境的选择要遵守实用、简洁和美化的原则,最好能体现单位文化的基调。机关环境一般划分为硬环境和软环境。硬环境包括办公所在地、建筑设计、室内空气、光线、颜色、办公设备及办公室的布置等外在客观条件。软环境包括机关的工作气氛、机关人员的个人修养、团体凝聚力等社会环境。影响机关工作人员的心理、态度、行为以及工作效率的各种因素的综合称为机关环境。机关环境选择标准的设定,总的原则就是为机关整体营造一个能使人感到轻松、舒服、情绪安定、精神振奋的工作环境。

制约机关办公环境的因素很多,主要有自然因素、经济因素、人的素质修养因素等。机关环境的好坏受自然环境的影响很大。在依山傍水、风景秀丽的大环境内,办公环境一般也较优越;在气候恶劣、荒凉干燥的地区,办公环境自然也比较差。经济发达的地区可以装备现代化的办公设施,创造良好的机关环境;经济贫困的地区则常常无力建造良好的办公设施,更无财力来美化周围环境。一般说来,人的素质修养高,则相互关系就融洽,团体凝聚力强,在外界条件较好的情况下,更适合于机关工作人员工作,起到事半功倍的效果。反之,如果气氛不融洽,互相猜疑,矛盾重重,则会严重影响工作,即使有现代化的办公设施等技术条件,也未必能带来高效率。因此,考察机关环境的优良与否必须从硬环境和软环境两个方面入手。

(二) 机关硬环境建设

机关硬环境又称为物理条件,内容非常广泛,主要包括绿化环境、空气环境、光线环境、颜色环境、声音环境、安全环境等。

(1) 绿化环境。机关的绿化不能忽视,外部环境应绿树成荫,芳草铺地,花木繁茂,不仅能点缀美化环境,而且是调节周围小气候的有效方式。因为植物通过光合作用,能吸收对人体有害的二氧化碳,同时放出氧气。调查表明,绿化周围环境,能增加生气,丰富色彩。因为植物大都绿叶繁茂,人一看到绿色,便会产生一种视觉效应,这种感觉是微妙的。同时,绿色象征和平与生机,使人产生安全感,并催人奋发向上。因此,办公室绿化,不但能调节小气候,而且有助于提高工作效率。

室内绿化也同样重要。室内只能放置花草,且所占空间不能太大。合理地配置花木,会给室内增光添辉。有人把室内绿化誉为"无声音乐",可使人心旷神怡。另外,很多花卉都有宜人的清香,易使人的嗅觉得到某种良性刺激,促使大脑皮层兴奋,从而影响人的心理、情绪和行为举止。

(2) 空气环境。空气环境的好坏,对人的行为和心理都有影响。因此室内通风与空气调节对于工作人员提高工作效率是十分重要的。空气环境是以空气温度、湿度、清洁度和流动速度四个参数来衡量的,称之为空气的"四度"。第一是温度。空气温度的高低对人的舒适和健康影响很大。办公室的温度冬天一般在20℃—22℃,夏季在23℃— 25℃之间为最宜。第二是湿度。一定的场合有一定的湿度要求。对于办公室工作人员来说,适当的空气湿度能振奋精神,提高工作效率。据研究表明,在正常温度下,办公的理想相对湿度在40%—60%之间。在这个湿度范围内工作,会感觉清凉、爽快、精神振作。第三是清洁度。空气的清洁度是表示空气的新鲜程度和洁净程度的物理指标。空气的新鲜程度就是指空气中氧的比例是否正常。办公室空气新鲜和洁净与否,与机关工作人员的身体健康有着密切的关系。第四是速度。更换室内的空气是通过空气流动来实现的。一般来说,在室温为22℃左右的情况下,空气的流速在0.25米/秒时,人体能保持正常的散热,并有一种微风拂面之感,常开窗门能起到换气、使空气对流的作用。

(3) 光线环境。办公室内要有适当的照明,以保护机关工作人员的视力。如长期在采光、亮度不足的场所工作,很容易引起视觉疲劳,不但影响工作效果,久而久之,还会造成工作人员的视力下降,影响身体其他方面的健康。亮度太低,则不能满足视觉的要求,而且对调节眼睛瞳孔的控制机能产生干扰,使眼肌迅速疲劳,不仅损害视力,而且影响情绪。

(4) 颜色环境。颜色具有很强的感染力和吸引力,可直接影响人的心理活动和工作行为。办公室的颜色环境,可根据不同地区及办公室的不同用途,而采用不同的颜色。气温高、天气热的地区,办公室宜采用冷色,如绿、蓝、白、浅灰等;气温较低的地区,宜用暖色调,如橙、黄、红、灰等。按工作性质,研究、思考问题的办公室,宜用冷色;会议室、会客室宜用暖色。可以利用颜色的配色原理,调制出最适合本地区、本部门的颜色。但必须遵循一条总的原则,即适用、美观、效率,有益机关工作人员的身心愉快和健康。

(5) 声音环境。办公室保持肃静、安宁,能使工作人员聚精会神地从事工作。一般来说,在安静的场所中工作,其效率往往比较高;在嘈杂的环境中处理问题,往往会分散精力,影响工作效率甚至造成判断失误。尤其是对写文稿一类复杂的脑力劳动,注意力需高度集中,而各种噪声往往造成人们的情绪波动,思路中断,影响工作的正常进行。安静,并非指绝对没有声音。因为一个人的听觉通道在完全没有刺激作用的情况下,会使人有一种恐惧感,产生不舒服的感觉,造成工作效率下降。

此外还有安全环境,安全环境是整个机关安全措施的总和。安全环境的内容大致涉及人身安全、财产安全和防火安全,需要配有专人专门负责。

(三)机关软环境建设

除了上面论述的硬环境,办公环境的软环境对机关工作效率的提高也具有重要影响,软环境的建设有时比硬环境的建设显得更为重要。主要包括人际环境、气氛环境、工作作风等。

(1)人际环境。办公室内良好的人际关系有助于工作效率的提高,这是影响工作人员工作行为的活的因素。机关环境的选择,不仅要注意改善工作场所的物质环境,还要花费较大的力量建立良好的人际环境。而确立良好的人际环境首先就是要确立一致的目标。目标是全体人员共同奋斗的方向,可激励人员奋发努力。只有目标一致,才能使大家同心同德,团结共事;否则,便可能陷入无穷的争执中而无所作为。其次,要实现统一的行动。在机关内,每个机关人员的工作都是为了实现机关的目标,虽然分工不同,作用大小也不同,但每一项工作就如同工作母机中的每一部件,必须一起协调运转,机器才能顺利运行。因此,要使工作人员在既定的目标下,充分发挥个人之长,彼此配合默契,必须有严格的规章制度,科学的组织管理,良好的是非舆论,公平合理的办事作风。这样,整个办公室才能呈现统一行动的状态。要坚决反对不顾大局,只顾个人或小团体利益的做法。第三,要形成融洽的凝聚力。凝聚力是机关人员之间的吸引力和相容程度。个人的许多心理需要,尤其是与工作有关的需要,如学习需要、信念与支持需要、归属需要等等,只有在办公室内才能得到满足。

(2)气氛环境。和睦的气氛,通常指一种非排斥的情感环境。如果机关内部的气氛是紧张的、不和谐的,其成员彼此之间互相猜疑,乃至嫉恨,凡事互相推诿,必然导致工作效率的低下。可见,和睦的气氛对机关工作顺利开展十分重要。良好的心境是建立机关和睦气氛的最根本因素。它对机关成员行为的影响是不容忽视的。情绪一旦产生,可以持续相当长的时间,左右人的心境,影响着人的行为活动。具有愉快心境的人,无论遇到什么事都能泰然处之;心境对人的身体健康也有明显的影响。因此,办公室成员应该善于调节自己的心情,克服消极情绪,努力使自己在任何情况下都保持良好的心境。这对机关人员的身体健康及形成良好的工作气氛具有十分重要的意义。

(3) 工作作风。工作作风由认识、情感、意志和行为等因素所构成,是在共同的目标与认识的基础上,经过机关全体人员长期共同努力,逐步形成的一种较稳定的精神状态和具有一定特色的行为规范环境。良好的工作作风是一种无形的力量和无声的命令,对机关人员的行为具有强大的约束力、推动力和感染力,使人很自然的接受教育和感化,使行为举止适应工作的要求。工作气氛是否热烈,工作态度是否热情,工作作风是否严谨,是非标准是否鲜明,在很大程度上代表着一个组织的风貌,对机关人员的行为有着深刻的影响。良好的工作作风可以为人们创造良好的工作环境,使新进的人员不知不觉受到感染和同化,自觉抑制和改变自己,共同为实现机关的目标而努力。

(四) 办公室的布置

一般来讲,同室型的办公室或大办公室应体现简洁、明快的本色。办公室的主要摆设是办公桌、椅、书架、档案柜。这些办公设备的选择应以高雅大方、方便实用为原则。办公桌的大小及文件柜、各种设备的多少,应视办公室空间而定,应尽量利用立体空间,用组合柜等放置必备的物品。书架、柜子的高度应尽可能地一致,且依墙排列,这样可使视觉空间增大。办公椅以半圆形椅、钩形回转椅为宜,以方便前后转动,操纵机器、电脑等。桌椅一般宜取朝门的同一方向排列,这样可给人线条流畅、整齐划一、井然有序的感觉。

在现代办公室中,电话、传真机、计算机、电脑、复印机等自动化办公设备是必不可少的。在大办公室或同室型的办公室中,机关人员一般要共用办公设施,这些设施的布置因此必须注意一个原则,即在某一工作人员使用这些设施时不干扰其他人员的工作。办公用品的格调应大致统一,并与办公室格局、色调相协调。同时还要能反映机关的性质,体现机关的精神风貌。

在分室型的办公室中,直接工作空间可能包括书桌、椅子、档案柜、书架、所信奉的格言和活动桌子等。布置这些物品时,先拟定一个布局计划,尽量考虑自己的工作习惯和同事的走动方便。同时不要忽视了照明,还应该尽量减少电脑屏幕对眼睛的影响。办公桌上最常用的办公用品和设施,如电话、便笺、文具盒、订书机等,应放在人员坐着工作时很容易拿到的地方,常用的参考书也应该放在离办公桌不远的地方;文件箱也应该置放在离书桌不远的地方;多层文件盒用以储存各种操作过程中的文件夹以便需要时迅速找到。

领导单独的办公室可布置得稍微独特些,以显示领导个人的地位和气质。领导办公室的桌、椅、电脑、传真等可适当精致些,文件柜、资料柜和书架同样要显得大气、高雅。另外,可考虑在领导办公室放置些精巧的沙发、茶几,以供私密性的会谈之用。领导的办公室还可用盆栽花草和挂壁书画进行点缀。

(五) 办公设备和用品的管理

办公设备和用品是机关人员工作的良好帮手。合理的办公用具,会使工作更加顺利流畅,办事简单。今天的机关工作已经不再是传统的笔墨纸砚就能解决问题了。随着科学技术的日益发展,现代化的办公用具渐渐地进入了办公室。例如复印机、电脑等。这就对机关人员的素质和工作水平提出了更高的要求。机关人员可通过平时参观展览会、现代办公用品陈列室以及注意浏览各种推销刊物等途径来了解国内外的最新办公用品的发展。同时更应该努力掌握新机器的操作使用技术,从而提高工作效率。

对办公设备的管理,就是要对办公设备进行合理使用、维护和保养,既能消除各种人为事故,减少设备的磨损程度,延长其使用寿命,又能使设备始终保持良好的技术状态,提高各种办公设备的利用率,扩展它们的应用范围和功能。

办公设备的保管和保养要求主要有以下几个方面:

(1) 办公设备的维护保养工作应实行明确的责任制,即专人负责、专人使用、专人保管。不能机器好时,谁都能用,甚至滥用,机器发生了问题,谁都不管。也就是说应该实行定人定机的岗位责任制度,谁使用,谁负责保养。不能实行定人、定机的办公设备,应配备专职保养人员负责定期维护保养。

(2) 机器的操作必须严格遵循规定的程序和方法,建立起安全操作规程。

(3) 平时注意机器保养和机器保养的环境,发现故障及时检修。要根据办公设备使用和维护的要求,安装必要的防锈、防潮、防尘、防震等防护装置;在日常维护的过程中,要进行必要的润滑、紧固、调整、清洁和防护等维护措施,同时注意对设备所需的环境条件的控制。

(4) 建立办公设备的档案登录制度,保证有关资料的完备。有关设备的重要资料,如使用说明书、维修单、发票等都要妥善保管,以备后用。

(5) 积极配合有关专业技术人员,共同开发现代化办公用品的各种潜能,提高各种办公设备的利用率,扩展它们的应用范围和功能。

第二节　机关管理的主要内容

一、秘书工作

(一) 秘书的地位和作用

1. 秘书与行政机关秘书

秘书是指以全面处理信息和实物的方式直接辅助领导者实施管理的人员。秘书服务的根本对象是领导者。机关秘书职责一般地说主要有行政秘书、机要秘书、生活秘书、专业秘书。尽管他们统称为秘书,有共性职责,但是亦有细微的差别。

行政秘书是指从管理一般事务这一角度对领导活动进行辅助的秘书。其具体职责有以下几个方面。(1) 起草文稿,具体包括草拟公文,起草领导讲稿,编辑简报、刊物等。由于这项工作政策性强、时效性强、规范性强,因此有的办公室由专门从事文字工作的人员承担。(2) 接待来访。具体工作包括接待上级机关派人到本机关了解情况,检查、指导工作;兄弟单位参观、考察下级机关来的请示、汇报工作以及接待人民群众来信来访。(3) 办理领导交办的事宜。领导在日常工作中常由秘书人员去具体承办落实工作;秘书人员根据领导同志的交待或授意,去妥善办理。(4) 安排其他具体事宜。如安排会议、车辆等。

机要秘书是指专门从事文书管理、档案管理,对领导活动进行辅助的秘书。一般地说,文书处理主要包括发文、收文、阅办和管理电文。档案管理包括编制立卷类目、平时归卷、年终调整、拟写案卷题名、排列卷内公文次序并编号、填写卷内公文目录与备考表、填写封皮、装订、案卷排列与编目、归档。

生活秘书是指从专司管理领导日常生活事务和生活后勤这一角度对领导活动进行辅助的秘书。这类秘书比较特殊,只有高级领导才有可能配备。其主要职责一是管理领导日常生活事务;二是生活后勤保障。

专业秘书是指从事某一专业方面对领导活动实施扶助的秘书。如外语翻译秘书、法律秘书、新闻秘书等。其职责工作比较专一,仅在专业领域为领导者负责咨询。

2. 秘书工作的内容

秘书的事务工作,是相对于领导者的政务工作而言的,即秘书工作者通过具体操作,直接作用于实际事和物的过程。一般认为,秘书的事务工作主要包括以下内容:日常事务(办公室事务、通讯事务、值班事务、日程安排事务、印章管理与使用)、保密工作、接待事务、会议事务、信访事务、调查研究、拟写文稿、文书档案事务等。

改革开放以来,我国的秘书工作与国际越来越接轨,虽然各单位的秘书工作因其所担负的工作任务或分工不同,而有侧重,但概括起来,大致有以下方面:

(1) 日常事务管理(办公室管理、通信管理、值班事务、日程管理、印章管理);

(2) 接待事务(来访接待、安排服务等);

(3) 会议事务(会议安排、会场布置、会议服务、会议文件的处理等);

(4) 行政事务(后勤管理工作等);

(5) 信访事务(群众的来信来访或投诉处理等);

(6) 调查研究事务(搜集信息,提供可行性的方案供领导选择);

(7) 文书档案事务(文书撰写、制作、处理和档案管理);

(8) 写作事务(各种文体的写作);

(9) 协调工作(政策、工作、地区、部门、人际关系等);

(10) 督查工作(督促、检查领导交办批办工作的落实情况);

(11) 其他领导临时交办的任务。

3. 秘书的地位和作用

(1) 秘书服务的对象是领导者。秘书服务的对象大体有三类。一是直接领导,如对机关的秘书来说,机关就是其直接领导。二是相关领导,如机关的上级领导及机关下属的部门领导,都是秘书的相关领导。三是普通群众,如机关的工作人员和来访的人员等。在这三类对象中,前两类是秘书的重点服务对象,其中直接领导是秘书的主要服务对象。秘书活动从它产生的那一天起,就是为领导活动而存在的,并随着领导活动的发展而发展,离开了领导活动,秘书活动就失去了核心和方向。

秘书和领导的关系可以归纳为:没有领导者就没有秘书,没有领导活动就没有秘书活动。这就决定了秘书的所有活动都是为领导者和领导活动服务的。当然,在这个过程中,秘书要处理好为直接领导和相关领导服务的关系。作为秘书,要把握一条重要原则,就是首先为直接领导服务,任何秘书都不得抛开直接领导去搞越级服务。唯有为直接领导的服务做好了,才能为相关领导做好服务工作,最终才能真正做到为群众服务。

(2) 秘书活动的基本方式是处理信息和事务。与其他办公人员相比,秘书承担的工作内容是颇为繁杂的,有电话接打、文件拟写、收发传递、立卷归档、处理信访、迎来送往、会议安排等各种各样。对这些工作,可以概括为是对信息的处理。由于信息必须通过声音、文字、图像等载体,电话、文件、会议等方式才能表现出来,因此,秘书对信息的处理过程,又必然表现为秘书处理事务的过程。信息和事务是相互依存的,离开了信息,事务工作显得缺乏意义,离开了事务,信息便无从着手。在秘书处理的信息和事务中,尤以处理书面的信息和事务为主,根据国外的统计,一个秘书在正常的工作日中,至少有 3/4 的时间用以阅读、打字、速记、抄写、校对、复印等书面信息的处理。

(3) 秘书活动的根本性质是辅助性。"辅助"是相对于"主导"而言的。辅助,既非主导,又与主导密切相关,辅助是指在主导的领导、指挥、控制之下,又从旁帮助主导完成共同目标。秘书活动与领导活动之间的关系,就是这种"辅"与"主"的关系。这种关系体现在两方面,一方面,秘书活动相对于领导活动是从属的、被动的,秘书所作出的任何决定,都必须经领导者授权,秘书的一言一行,必须以有利于领导活动为准绳。秘书人员地位再高也要按领导的意图进行工作,如联合国秘书长也是如此来执行联合国决议、推动联合国工作的。另一方面,秘书的天职是"助",即秘书是领导的得力助手,是在从属地位上积极协助领导进行工作的。这一特性,构成了秘书活动的一对基本矛盾,即秘书既要被动服从于领导者,又要主动服务于领导者。换言之,就是“既不越权,又不失职”。秘书人员若能认识并处理好这对矛盾,就能在秘书活动的舞台上大显身手。

(二) 秘书的职能

秘书人员和秘书机构的职能可以概括为四点,那就是辅助决策、协调关系、处理信息、办理事务。

1. 辅助决策

(1) 辅助决策的含义。在现代管理中,决策的含义有广义和狭义两种。广义的决策是把决策理解为一个过程。一般一个科学的决策过程包括:提出问题、搜集信息、确定目标、拟订方案、分析评估、方案选择、试验证实、普遍实施、监督检查、反馈修正等一系列的环节。狭义的决策就是行动方案的最后选择,也就是平时所说的领导“拍板”,当然,它也是广义决策含义中的一个环节。其实在实际工作中,任何决策都是一个过程而不仅仅只是拍板这一个环节,因此,这里的决策含义指的是广义上的解释。

从古至今,决策都是领导者的职责和权力,然而,仅靠领导个人之力是不能胜任这么一项重大的工作,作出正确的决策的,因此,必须要有各种辅助力量的有效支持。如我国古代的谋士、谏官、幕僚,当今世界各国的智囊团、思想库(脑库)、咨询机构、秘书机构等,都是决策的重要辅助力量。这里,我们把辅助决策定义为:在决策过程中,在知识(包括理论)、能力(包括技术)、经验和精力等方面给予决策主体全面的协助和支持,以提高决策的科学性和时效性。

(2) 辅助决策的过程。秘书人员辅助领导进行决策一般要经过如下四个阶段:

第一,协助领导确定目标。在这个阶段,发现问题即选择决策课题是进行决策的起点。这时秘书要协助领导解决“要不要决策”和“决策什么”的问题。秘书可通过搜集理论依据、方针政策上的依据、对实际情况的分析以及经验的借鉴等信息来协助领导确定选题。

第二,协助领导设计方案。决策目标确定以后,秘书人员应协助领导拟写和预审备选方案。备选方案可以由秘书来拟写,也可以由其他部门或机构提供,秘书进行初步审核、修改。一般备选方案应具备目的性、差异性、可选性等特性,以便从中选优。秘书必须要熟悉每一个备选方案的特点和基本内容。

第三,协助领导评估选优。备选方案提出后,秘书人员的任务就是协助领导人依据整体性、可行性原则对各种备选方案进行分析、比较、评估,进一步认识各个方案的优劣利弊,以便领导从中选出最佳的实施方案。也可将各个方案的优势集中起来,形成一个新的综合方案。

第四,协助领导实施反馈。决策在实施的过程中会有困难、阻力甚至失误,秘书部门和秘书人员要了解实施情况,检查监督,推动决策的执行。决策付诸实施后,每一阶段秘书人员和秘书部门都要组织信息反馈、汇集情况,进行小结或总结,验证决策的正确性,以便发现问题及时向领导汇报。

2. 协调关系

(1) 协调关系的含义。现代的管理活动处处离不开协调。任何组织只有通过协调,才能形成整体的合力,实现共同目标。秘书的协调是指秘书人员在自己的职权范围内,自觉地调整各类组织、各项工作、各个人员之间的关系,促进各项活动趋向同步化与和谐化,以实现组织目标的行为过程。在不违背总原则的前提下,做到灵活适度,掌握协调的契机,看准协调的火候,以达到最佳的协调效果。

(2) 协调关系的过程。一是摸清情况。秘书接受协调任务后,就是通过与被协调各方谈话或查阅相关资料等方式摸清真实的、全面的情况。二是找出症结。在对情况进行分析后,找出问题的关键、矛盾的焦点。三是恰当协调。在吃透矛盾的焦点之后,运用恰当的方式、方法和策略进行对症协调。协调的方式有当面协调与背面协调、专题协调与综合协调、正面协调与反面协调、正式协调与非正式协调。协调的方法有:分工法、统筹法、会议法、书面法、谈话法、传播法、专家法等。协调的策略有:假借策略、求同策略、折中策略、迂回策略、模糊策略、幽默策略、暗示策略、情感策略等。当然协调的过程要经过多方的讨价还价、反复磋商。四是督促落实。在协调各方达成协议之后,协调的结果不能仅仅停留在纸面上或口头上,秘书还要督促各方件件落实。五是检查反馈。在落实的过程中,可能还有变卦、反复,秘书应当经常关心检查结果,或进行下一轮协调。

3. 处理信息

(1) 处理信息的含义。信息是指客观存在的一切事物通过物质载体发出的信号、消息、情报、数据、图形、指令中所包含的一切有价值的内容。信息不是事物本身,而是表征事物消息和信号中的内容。信息包含真实性、价值性、多变性和共享性等特点。当前,随着信息社会的到来,人们在日常生活中越来越离不开信息,信息的作用也越来越重要。

(2) 处理信息的过程。秘书部门和秘书人员处理信息的过程较为复杂,通常包括信息的收集、加工、传递、反馈和存储等五个过程。

第一,信息的收集。信息收集就是把各种有用的信息进行相对的集中,为信息的加工奠定基础。收集的内容就是上面所讲的历史信息、上级信息、内部信息、公众信息、社会信息。收集的方法有:收存、复印、记录、录音、网络、购买、交换等。

第二,信息的加工。信息加工是指按一定顺序和方法,对已经获取的信息进行综合处理的过程。第一步是科学分类,使杂乱无章的原始信息系统化、条理化;第二步是进行筛选,就是鉴别信息的真伪、价值,保留真实有效的信息;第三步是进行加工,将信息编写成书面资料,以便提供与利用。

第三,信息的传递。信息的传递就是将加工后的信息输送给信息的接受者和使用者的过程。信息传递的流向主要有:上行、下行、平行。无论是何种流向,传递信息都要做到迅速、准确和安全。

第四,信息的反馈。信息的反馈就是将信息传输给接收对象,接收者所产生的反响。将这些反响加以集中、分析,反过来影响下一次信息输出。反馈包括感受、分析、决断三个彼此联系的过程。通过反馈,以使各种信息能作到“去粗取精、去伪存真、由此及彼、由表及里”。

第五,信息的储存和检索。信息的储存就是将具有保存价值的信息运用一定的方式方法储存和保管起来,以留作备用的过程。信息储存的方式主要有:大事记、剪报、卡片摘录、文件归档、音像录制、微缩技术、计算机存储等。信息储存要注意安全和系统。信息的检索是指从信息库中找出所需要的信息的过程。信息检索的主要工具是:目录、文摘、索引和信息资料指南。

4. 办理事务

(1) 办理事务的含义。秘书的事务工作是相对于领导人的政务工作而言的。政务是指领导者所从事的具有全局性和战略性意义的公务活动,如决策。事务是指一切同领导工作有关的日常具体工作。如电话接打、会议服务、信访工作、文书处理等。政务是事务的统帅和核心,事务是政务的基础和保证。两者是相辅相成的。

(2) 办理事务的程序。秘书的事务工作无论是经常重复出现的还是偶发的,在办理的过程中具有一定的程序性。这些程序主要包括:

自然程序,就是按工作活动的自然进展处理事务。如准备、计划、执行、检查、总结;

理论程序,就是在总结经验和规律的基础上制定的程序。如信访处理程序;

指令程序,就是根据领导人的指示步骤来办理事务;

法定程序,就是根据法律、法规和规章所确定的程序来办理事务。如国家行政机关公文处理程序;

技术程序,就是根据有关技术要求办理事务。如电话会议组织程序;

习惯程序,就是按以往的习惯和惯例来办理事务。每个单位都有一套自己的方式方法。

二、会议管理

(一) 会议的含义与种类

1. 会议的含义

单从字面上理解,"会"就是聚集、会合之意,"议"就是讨论、议事,会议就是一些人聚集在一起议事。这样的理解虽然八九不离十,但还不准确。因为三五成群的私下议论、知已好友的"侃大山"都不是会议,只有三个人以上聚合在一起,就某个或某些议题进行讨论或解决,才是会议。两个人谈话或讨论叫交谈或会谈,三个人以上,没有主持人又没有中心议题的谈话叫闲聊。另外,众多人聚合在一起,也有主持人或主办人,但不是为了讨论或解决问题,而是为了显示某种精神或力量,如庆祝会、欢迎会、声讨会等;或是为了同一个目标而进行的有组织的活动,如运动会、展销会、追悼会或者宴会、舞会等,虽然也被称作什么"会",但这些"会",只是聚会,"会而不议",和我们这里讨论的"会议"在性质和作用上是有区别的。

因此,对会议的严格定义应该是:某一社会群体为解决某一问题而吸收有关人员进行讨论、商议或表决的一种组织形式。它是人类社会一种有组织的正式活动形式。

2. 会议的种类

现代会议按不同的标准可划分成许多种类型。掌握会议的具体种类,有助于机关人员协助领导者根据会议内容的需要选择合适的会议类型,也有助于做好会务工作。

(1) 按会议的规模划分,可分成:大型会议,即千人至数千人的会议;中型会议,即百人至数百人的会议;小型会议,即十人至数十人的会议;特小型会议,即十人以下的会议。会议规模越大,会务就越多,会议费用就越高,所以,有必要控制会议的规模,限制会议的人数,能开小会解决问题的,决不开大会。

(2) 按与会者所代表的范围划分,可分为:国际性会议,即与会者来自不同的国家(地区)或代表不同的国家(地区);全国性会议,即与会者来自或代表全国各地或各条战线的会议;区域性会议,即一个国家同一区域内的若干单位共同参加的会议;单位性会议,即一个具体的组织内部召开的会议。

(3) 按与会者相互关系划分,可分为:纵向关系会议,即由上级组织召集下级组织的会议,与会者之间具有上下级关系;横向关系会议,即每个与会者以平等的身份和相同的权利参加的会议,如"人民代表大会"、双边或多边的会议、会谈等等。

(4) 按与会者的身份划分,可分为:全体性会议,即所有成员无一例外都应参加的会议;代表性会议,即在全体成员中按一定的规则或程序产生代表,由代表参加的会议。

(5) 按会议的时间划分,可分为:定期性会议,即会期固定的会议;非定期性会议,如临时或紧急召集的会议。

(6) 按会议的公开程度划分,可分为:公开性会议,即允许群众旁听或记者采访并可完全公开报道的会议;半公开性会议,即只允许公开其中一部分信息的会议;内部性会议,不涉及秘密事项,但也不需要公开的会议;保密性会议,即涉及秘密事项,严格限制与会人员和传达范围,并且不得泄露任何内容的会议。

(7) 按会议的方式划分,可分成:现场会,即在事件发生现场召开的会议;观摩会,又称演示会,即通过观摩操作演示,相互切磋交流的会议;电话会,即利用电话系统召开的会议;电视会,即利用电视实况转播或电视电话系统召开的会议;广播会,即通过有线或无线广播召开的会议;座谈会,即以围坐的方式召开的会议;茶话会,即略备饮料、水果、茶点的会议;工作性餐会,即边进餐边商谈工作的会议;报告会;计算机会议等。

与一般会议相比,电话会议的优点是能减少会务和会议费用,节约差旅费用和时间,缺点是通讯质量受电话线路的影响较大,保密性不强,信息传递可闻而不可见。电视电话会议要比电话会议更进一步,视听齐全,千里之外,如晤一室,但其设备成本和传输费用要比电话会议昂贵得多。

计算机会议的参加者无需同时出席,也不受时差限制,用户可根据自己的方便在有计算机显示终端的任何场合随时参加会议,发表意见,并进行表决。计算机会议系统能将与会者的意见利用电子邮递系统书面传递给全体与会人员,并很快统计出表决结果。

(8) 按会议的功能划分,可分为:决策审批性会议;论证鉴定性会议;研究讨论性会议;传达布置性会议;总结交流性会议;宣传教育性会议;沟通协调性会议;调查听证性会议;庆祝表彰性会议;纪念追悼性会议;商洽谈判性会议;信息发布性会议;交友联谊性会议;迎送典礼性会议等。

上述会议类型是从不同角度划分的,各种会议类型相互之间有所交叉。

(二) 会议的作用和局限性

1. 会议的作用

(1) 会议是组织存在的表现。开会是一个机关存在的表现。如果一个团体没有开会,或长时间没有成员聚首讨论问题,则不但会使每个成员对它的向心力减弱,而且团体本身也失去了表现存在的方式和亮相公众的机会。组织成员往往通过坐在一起开会的方式表现自身的团结一致,力量强大。

(2) 会议是领导活动(决策)的有效手段。会议是领导活动的有效手段,各级领导机关制订政策、布置工作、调查情况、统筹协调、宣传动员等活动的开展,都离不开各类会议。从控制论的观点来看,领导活动是由收集信息、制定决策、监督控制、反馈调节等构成的一个循环系统，在这个系统中的每一个环节都可借助会议的作用。

(3) 会议是发扬民主、统一思想的表现方式。作为一项聚众议事的活动，会议本身就有着民主的内涵。每个与会者都是一定数量的公众的代表，会议本身充分赋予了每个与会者充分发表自己观点、见解的权利。虽然会议也有组织者和领导者，但从本质上说，会议不是专制形式，而是民主形式。通过会议，能统一思想，形成体现众人意志的决议，推进决策民主化的进程。

(4) 会议是群体沟通、集思广益的渠道。在现实社会中，人与人面对面的会议既是信息的沟通，也是情感的交流，会议是一种群体沟通方式。群体沟通优于个体沟通，主要在于它是面对面的，能够获得及时反馈，而且是多方交叉进行，是一种比个体沟通更高效率的沟通方式。因此，会议能够鼓舞士气，融洽关系，提高组织成员的工作热情。会议也是一个集思广益的渠道。在开会的过程中，如果能让与会者没有压力而畅所欲言，丰富、修正彼此的观点，最终就能得出更加合理的结论。

正因为会议有这些功能，所以，会议成为现代社会人类活动的一种普遍形式。任何机构组织，都离不开会议这种活动形式。今天，会议在国际联系方面的作用也越来越明显，如每年在联合国就有3800多次会议。

2. 会议的局限性

必须指出的是，会议也有局限性，主要表现在：会议只是整个工作过程中的一个环节，只能解决部分问题，而不能解决全部问题，会议是工作的手段，而不是工作的目的，更不是工作的结果。会议把任务部署下去了，而任务的具体实施到圆满完成，还需要一系列的后续工作跟上去，如督促、协调、检查甚至现场指挥。

因此，会议绝非解决一切问题的万能之法，不要过分夸大了它的作用。如果不开会同样能把事情办好，就完全没有必要“遇事必会”，造成财力、物力、人力和时间的浪费。我们要明确精简会议的重要性，应该开有必要开的会，可开可不开的会议坚决不开，开短会能解决的问题绝不开长会。

(三) 会议效率

1. 会议失败的原因

除了会议本身具备的局限性外，在具体开会时，还存在一些因素导致会议失败，具体的原因有：

(1) 掌控不利。会议要开得有成效，就需要有方向，需要有经验、有威望的主持人来掌控会议，确保会议秩序井井有条，既民主，又集中，达到预期的效果。

(2) 缺乏筹划。即在开会之前，缺乏筹划，如无人精心准备会议将要讨论的议程、内容，导致开一次没有筹划的会议，其产生的问题可能会比需要解决的问题还要多。

(3) 不重视会议。与会者对会议的态度在很大程度上决定了会议是否值得召开。

(4) 拙劣的环境。如果会场不舒适,与会者就会觉得难以集中精力,提出好主意。

(5) 不必要的会议。尽管开会要花费时间和精力,但人们却经常召集一些不必要的会议。动辄召集大家开会,一个重要的原因是可以提供某种“舒适的”因素,如能吃喝玩乐,能得到礼品,还能不工作,且名正言顺。此外,开会也是拖延决策或逃避个人责任的好方法。如果会议组织得很差,或者主持得很不得体,与会者就会产生挫折和不满的感受,并质疑所作出的决定。

2. 会议的成本

计算会议成本的目的是为了提高会议的效益,即会议的投入能否为组织带来管理效益和经济效益。会议成本和会议效益之间一般会出现如下三种情况:

一是会议成本 > 会议效益。即召开会议的投入大于会议召开后产生的效益,也就是该次会议的召开非但没有起到多大的作用,反而造成了浪费。

二是会议成本 = 会议效益。即会议产生的效益等于会议的投入。

三是会议成本 < 会议效益。即会议产生的效益大于会议的投入。

从中可以看出,第一、二种会议是不值得召开的,而第三种会议则起到了应有的作用。计算会议成本的根本目的是通过会议成本与会议效益相比较来控制会议,以提高会议的效率和质量。

3. 控制会议成本的途径

(1) 会议内容控制。主要是对目标、议题、发言的控制。要做到目标不明确的会议坚决不开,可用现代通信手段联系解决问题的会议不要开;准备不充分的会议推迟开,涉及相关工作的会议合并开,议题过多的会议分段开,发言时“无轨电车”不准开。

(2) 会议规模控制。要严格控制参加会议的人数,建立审批制度,克服凡会必请主要领导到场讲话的倾向。

(3) 地点控制。内外有别,要限制在旅游风景区召开国内会议,反对利用参加会议游山玩水。会场选择要经济实用,反对动辄借住豪华宾馆。如有条件,提倡开电话会议。

(4) 时间控制。尽量做到长会短开,准时开会、准时结束,对发言时间进行限制,已有书面文件的,不必照本宣读。对单位内的所有准备召开的会议,在时间上要统筹安排,避免重要会议在时间上重叠。有的单位提倡实行站着开会或发言限时的做法以节控会议时间。

(5) 经费控制。会前就要作好成本预算,严格控制成本,使用的经费要加强管理、监督,提倡勤俭节约,还应提高人们对会议效率的意识。

三、文书、档案和印信管理

(一) 文书的来源

1. 文书的概念

文书,即人们在社会实践中,以文字的方式,在一定的书写材料上表达思想意图、交流社会信息、处理问题的一种书面记录。它有两种类型:一是公务文书;二是私人文书。机关文书主要指的是公文文书。从公文文书的起源看,有了国家便有文书,随之便产生管理问题。利用文书规范国家官员应当干什么,不应当干什么;撰写新公文,解决新问题,则是文书的服务。社会的进步,经济的发展,社会结构各层面之间互相依存关系越发紧密,办公通讯联络日益迫切,导致公务文书空前增加,这就要求只有加大文书管理与服务的力度,才能充分发挥文书管理事务的重要作用。

2. 机关文书管理与服务的地位

(1) 机关文书管理与服务是实现管理职能的必要前提。一个机关行使自己的职能,必不可少地要利用文书。通过文书的印发和运转,把下级的工作问题、群众的意见、领导者的决策制定为方针政策、法律法规,而上级的方针政策、法律法规又通过文书传达到下级机关以及群众中去,以利于决策的实施。同时不管是领导者还是公众又需要利用文书来规范自己的行为,明确应当干什么、不应当干什么、怎样干什么,以利于步调一致、上下通力、左右协调。可见党政机关、企事业单位、人民团体的公务活动一刻也离不开文书。

(2) 文书处理是国家档案事业的基础。今天的文书是明天的档案;今天的档案就是昨天的文书。文书是档案的源泉,档案是由文书转化而来。因此,文书质量的高低,直接关系到档案的寿命;文书归档齐全与否,直接关系到档案的完整和利用价值;文书立卷是否符合归档的原则和要求,直接关系到查阅档案的速度及其利用的程度。

3. 机关文书的管理

要遵循准确、迅速、时效和保密的原则要求,严格按制度办事。主要做到三个方面:

(1) 切实保证收文制度的有序进行。行政机关的收文程序十分复杂,包含的主要步骤有:第一,收文,一般由机关收发室负责,收发人员在收到文件后,应立即按送件人的投递回执清单或送文簿检查验收,然后登记,最后送交指定的秘书人员根据权限拆封或上交。第二,拟办,指机关秘书部门在收阅文件后提出初步处理意见。第三,批办,指机关有关领导人,对拟办文件及秘书人员对文件提出的拟办意见,提出最后的处理意见。第四,承办,指机关的有关部门根据批办意见具体办理公文。第五,传阅,指组织有关人员阅读非承办性文件,目的是让有关人员了解上级精神或有关情况,一般由秘书部门派专人送阅。第六,催办,是指对文件承办的检查和督促。为了避免承办拖沓,造成文件积压,对需要办理并已下达办理部门的事情,适时地加以询问或催促,使其及时办理。第七,办复,即在公文办理完毕后,秘书部门将办理结果及时报告有关负责人,特别是具体负责批办的领导人,使之对文件的处理结果做到心中有数。办复是收文处理的最后一个程序。办复之后,也应将文件立卷归档。

围绕着这一收文过程,应建立起各种有效的文件管理制度,主要包括文件的收取和检查制度;文件的登记制度;文件的清退制度;文件的存放保管制度及文件的保密制度等。不少机关部门由于收发文的数量繁多,内容庞杂,种类有别,往往呈现出复杂零乱的状态,针对这种情况,应该按一定的原则把纷繁零散的文书材料整理成系统有序的分类案卷,以方便有关人员的查找和使用,同时为有价值的文书资料的存档做好准备工作。只要认真建立并实施这些制度,就能使文件的管理井然有序,安全保密,使用方便,为行政领导和业务部门及时提供可靠的依据。

(2) 认真做好行政机关的发文工作。行政机关内部的发文程序十分复杂,涉及的步骤主要有:第一,交拟或批办,即由机关领导人,如秘书长、办公室主任或秘书负责人,根据领导的意图将撰拟文稿的任务交给有关的拟稿人,这就叫交拟;如果是就某来文指示所制的文稿,对来文说又叫批办。第二,拟议,拟稿人接受任务后,进入撰拟过程,主要是查找资料,进行文稿的总体构思,搜集整理材料,拟制写作提纲。第三,撰拟,即在构思成熟的基础上拟制文稿,撰写时应以高标准要求,成稿后要全面检查,严格修改,看内容是否符合政策,文字是否准确简练,标点是否恰当。第四,审核,指机关秘书部门或负责拟稿的业务部门负责人对撰拟的文稿进行审查和核定,是对文件的"把关",审核的目的主要是确保文稿不出差错,保证文件的严肃性和权威性。第五,签发,指机关主要领导人对已经审核的文件作最后审定,签署印发。第六,盖印、封发,文件签发、印制完毕后,需要加盖印章,根据签发文稿的发送单位、密级等要求再次进行检查,然后登记、封装、发出。第七,立卷归档。立卷是指对文件编卷、订册;归档是按档案部门的规定要求,把立卷文件移交档案部门管理。

围绕着这一发文过程,也应该建立严格的文件管理制度,基本要求包括:拟稿时根据实事求是的精神如实汇报,制止虚报瞒报的错误发生;拟好的文稿应通过严格的领导审批程序,杜绝不负责任的乱发文现象;文稿的缮印和校对工作力求清晰准确、精益求精;文稿的封发工作要求耐心细致,避免遗漏。

(3) 搞好立卷和归档工作。机关工作中形成的大量文件在办理完毕后要加以系统的整理,整理的最终结果是把零散的单份文件组合在一起,形成一个个文件数量不等的集合体,这些文件的集合体就叫做案卷。这种把零散文件组合成案卷的工作就是文书立卷工作。文书立卷的根本目的一是为了今后更好地进行文件的查考和利用，二是有利于文件的安全与完整，三是为档案管理工作奠定基础。

当然，机关工作中形成的文件材料很多，并不是所有文件都必须立卷归档，需要立卷归档的只是其中的精华部分。根据1987年12月24日国家档案局颁发的《机关文件材料归档和不归档的范围》规定，一个机关和单位文书立卷的具体范围是：第一，上级来文中针对本机关或本机关应当贯彻执行以及参照办理的文件；第二，本机关活动中产生的反映机关主要工作职能活动和基本情况，以及今后工作中需要查考的文件，包括这些文件的定稿，重要的草稿、讨论稿、修订稿；第三，下级机关报送的有关方针政策性、请示性的，或反映下级机关重要活动及重要情况的文件；第四，平行机关的与本机关业务有关或有参考价值的来文。

文书立卷的方法就是把需要立卷的文件，按照它们相互之间的某些共同特征组合成案卷，通常又称为"立卷特征"，内容主要包括：按作者特征组卷、按问题特征组卷、按名称特征组卷、按时间特征组卷、按通讯特征组卷以及按地区特征组卷，等等。

(4) 有关公文处理与管理的新近发展。1998年6月以来，国办、国办秘书局根据国务院领导批示精神，向国务院各部门就公文处理的有关问题先后发出7个文件，内容包括审核把关、运转流程、公文质量、文件管理、行文规则、公文审批等各个方面，有力地指导了政府部门的公文处理工作。其中，最为重要的是国务院于2000年8月颁布的新的《国家行政机关公文处理办法》(国发[2000]23号)。该办法的实施是适应政府机关职能转变的需要，在总结近年公文处理工作的经验的基础上，对原有办法作了大幅度的修订。对解决当前公文处理中存在的突出问题，实现公文处理工作规范化、制度化、科学化以及提高机关管理工作的水平起到了重要作用。与原办法相比，新办法有五个突出特点：

一是以国务院文件发布，其法律效力和权威性得到提升；二是结构重新调整，增加了新内容，如要求职能部门加强协调配合，文秘部门减少协调，加强审核把关等；三是公文种类有所调整，取消了"指示"，增加了"意见"；四是行文规则有较大变化，明确规定政府各职能部门"一般不得向下一级政府正式行文"、"部门内设机构除办公厅(室)外不得对外正式行文"；五是要求公文用纸"一般采用国际标准A4型"。

(二) 机关档案管理

1. 档案管理的含义与作用

档案，是指具有查考使用价值，经过立卷归档保存起来的各种形式的材料，包括电文、会议记录、人事材料、技术文件、出版物原稿、财会簿册、印模图表、音像资料等。机关档案是机关活动的历史记录，是由机关文书有条件地转化而来的，是按照一定规律保存起来的文书资料，也就是说文书资料是档案的前身和来源，档案是对文书事后性的归类与整理，只有处理完毕后经过筛选，具有一定查考和利用价值的那部分文书及资料才能成为档案。

档案在机关管理中具有重要作用，主要表现在两个方面：

(1) 决策参考作用。一方面，档案是历史发展的原始凭证，现实是历史的继承和发展，档案对于解决现实问题，具有广泛的研究和参考价值；另一方面，行政机关档案材料完整，政策性强，具有很强的咨询作用，可作为行政决策的直接材料，为行政领导提供决策参考。

(2) 历史见证作用。档案是历史的真实记录，在查证研究历史事件，纠正处理历史遗留问题时，其凭证、依据作用是无可替代的；同时，由于行政机关档案具有很强的时间连续性，国家、社会、机关内部的重大事件多反映于此，因此可以作为编纂历史、地方志、机关志的历史资料。

2. 档案管理的主要内容及工作环节

机关档案管理的主要内容有：

(1) 指导、监督各文书部门或业务部门的归档工作；

(2) 按照档案工作管理的原则和方法，收藏、保管并开展档案的提供利用工作；

(3) 按规定将具有长远保存价值的档案向档案馆移交，等等。

机关档案工作的具体内容一般说来包括档案的收集、整理、鉴定、保管、提供利用和统计六个方面。其工作环节大致如下：

(1) 收集。即做好机关内文件的归档工作，档案部门要经常与文书部门和业务部门取得联系，了解处理完毕的文件是否收集齐全，指导并帮助他们进行整理分类和保管，到了一定时候，档案部门必须收集机关内分散保管的文件材料，统一归档。

(2) 整理。即进一步了解和检查档案收集的数量和质量，并为档案的全面鉴定奠定基础。档案整理工作的内容一般包括区分全案、分类、案卷的编立和排列、编制案卷目录等方面。

(3) 鉴定。即对内容复杂、种类繁多、数量浩大的档案进行"去粗存精"的甄别，根据它们的不同价值，确定不同的保管年限，把需要永久保存的档案妥善地保存好，而把已到保管期限或不需要继续保管的档案加以销毁，从而使保存的档案具有较高的质量，更好地利用有价值的档案。

(4) 保管。即日常维护档案的完整与安全的工作。各种档案在长远的岁月里必然遭致自然因素的损毁，为此，保管档案要有一定的物质条件，对档案库、档案柜、档案的包装材料要有一定的要求，还要运用各种技术手段和现代化设备来保护档案。此外，在日常的档案保管过程中，应建立严格的库房管理制度，防盗、防火,堵塞一切可能失窃的漏洞。在档案的搬运中,应防止机械地磨损和污染;平时还要对档案进行定期和不定期的检查,等等。

(5) 利用。即随时向行政领导及机关工作人员介绍所保存的档案内容和实际情况,根据需求,及时、准确地查找出有关档案供查考使用。在服务的方法上,要多为档案的利用者编制各种参考资料,如分类目录、重要文件卡片等,另外,有条件的机关档案室可开辟阅览室,也可提供一些档案的外借等等。

(6) 统计。即对档案在收进、移出、整理、鉴定、保管和利用中表现出来的数量进行调查分析,以了解档案的规模与水平,为分析、研究档案和档案工作提供可靠的根据,机关档案室要定期进行分析研究,分析不同对象对档案工作的不同需求,掌握某些重要档案的使用频率和效果,以发现成绩与不足。

(三) 印信管理

印信工作是指单位公务印章和介绍信的管理、使用工作,属于秘书日常工作范围。公章是单位职责权力的象征,介绍信是证明本单位员工的身份,介绍联系公务之用。秘书人员必须熟悉和掌握有关印信管理的要求认真对待这项工作。

1. 公章的性质

公务印章的管理和使用是秘书日常工作的一项重要职责。属于秘书管理使用的印章一般有:单位的公章,单位主要领导人因工作需要刻制的个人签名章或图章,秘书工作专用印章,如收发章、办事章、校对章、封条章等。

公章是凭信,是单位对内对外行使权力的标志。公务印章具有三性。

(1) 法定性。单位的公章代表该单位的正式署名,是一种权力的象征,具有法律的效力。公文、证件等一盖上单位公章,即表示已受到盖章单位的认可而正式生效。(2) 权威性。公章是单位的代表,在一定场合下,单位权威的实现是以印章为见证的,公章是单位权威的象征。属于公务专用的单位领导人的签名章或图章,代表单位领导人的身份,同样具有权威性。(3) 效用性。没有加盖公章的文件和指令是无效的,加盖了公章的文件才能生效。正因为如此,一些犯罪分子往往利用某些单位印章管理上的漏洞,伺机作案,给单位和社会造成巨大的危害。因此,秘书人员要充分认识管理和使用公章的重要性和严肃性,掌握有关公章的知识和规定,认真保管和使用好各类公章。

2. 公章的种类

公章的种类,按性质分,有单位印章、领导人印章(含签名章)、业务专用章(如财务专用章、收发文用章)等,具体如下。

(1) 单位正式印章。代表机关、单位的正式署名,具有法定的权威和效力,多用于正式文件和介绍信、证明信等。

(2) 套印章。指印刷单位经授权制版而成,用于印制大量文件,与正式印章具有同样效力,其使用须有单位领导人签发。

(3) 钢印。不用印色,利用压力凹凸成形,一般加盖于贴有照片的证件上,盖印位置为照片的右下角,起证明持证人身份之用。

(4) 领导人签名章。是根据机关、单位主管用钢笔或毛笔亲自签名制成的印章,为方形或长方形,由秘书保管使用,多用于签发文件。

(5) 其他印章。包括专用章、收发章、办事章、封条章等等。专用章是单位为开展某一特定的工作而刻制的证明章,其款式与正式印章有区别。这类章有接待专用章、财务专用章、会议专用章等。办事章是办理日常事务而盖用的一种公务印章。它与专用章均不得用于正式文件。收发章是单位在收发文件的过程中使用的专门印章,分为收文章和发文章两类。火漆印和密封条是在秘密信函封口处使用,以保证秘密信函、文件在传递过程中的安全。密封条用绵纸印成长方形(一般宽 4.3 厘米,长 9.3 厘米),四周印粗框线。上部刊单位名称,中间刊等线体"密封"两字,密封信函的封口处贴上密封条后,还应骑缝加盖单位印章。

3. 公章的式样

公章的式样是由公章的质料、形状、印文、印文的排列、图案和尺寸构成的。

(1) 公章的质料。公章按质料来分,有铜印、钢印、木印、塑料印、胶皮印、万次印等。其中,万次印是可使用万次以上的印章,分为原子印和渗透印两种。原子印是用特殊材料,采用现代排版技术,将所需刻制的印章先制成印版,然后将原子油与印版经热压固化成型,属液体压铸。渗透印是将所需刻制的印章采用固体材料热压成型,然后再注入印油,属固体压铸。它们都字迹清晰美观,不易变形,使用方便,随印即平,不褪色,可连续使用三万次以上,可同时套用几种颜色,制作工艺先进,不易仿造,有利于印章的保密。公章的质料由制发机关根据实际需要和一般惯例确定。用得较多的有钢印、塑料印、胶皮印、万次印等。

(2) 公章的形状。按照 1999 年国务院《关于国家行政机关和企业事业单位社会团体印章管理的规定》(国发[1999]25 号),党政机关、国营企事业单位的正式印章一律为正圆形。其他公务印章可有正方形、长方形、椭圆形、三角形等多种形式。

(3) 印文的排列。公章所刊汉字,一律使用国务院公布的简化字,字体为宋体。民族区域自治地区的印章可并刊汉文和当地通用的民族文字。业务专用章和领导人、业务人员工作用章的式样、字体依据需要和习惯确定。

(4) 公章的图案。县以上的国家政权机关、法院、检察院、驻外使领馆的印章中心位置用国徽,国徽外刊机关全称,自左而右成环形。党的各级机关的印章,刊有党徽。企事业单位的印章中央刊五角星,五角星外刊单位名称,自左而右成环形。

(5) 公章的尺寸和规格。根据规定,国务院的印章,直径 6 厘米。各省、自治区、直辖市人民政府和国务院办公厅、国务院各部委的印章,直径 5 厘米。自治州、市、县级(县、自治县、县级市、旗、自治旗、特区、林区等)和市辖区人民政府的印章,直径4.5厘米。乡(镇)人民政府的印章,直径4.2厘米,驻国外的大使馆、领事馆的印章,直径4.2厘米。企业事业单位、社会团体的印章,直径4.2厘米。

4. 公章的刻制、颁发和启用

凡机关、单位的公务印章,一律不得私自刻制。刻制印章有两种情况。一是由上级主管机关刻制颁发;另一种是由本单位法人代表申请,经主管部门批准,公安部门登记后,由专门刻制厂刻制。

上级单位发给下级单位印章,称为颁发印章。颁发印章要做到手续完备,确保安全。制发印章单位颁发的印章要进行详细登记,并要留下印模。

公章刻制后不可随便启用,必须选定启用日期,提前向有关单位发出启用通知,附上"印模"。还应填写"印模卡",一式两份,一份留存,一份交机关备查。办妥手续之后,到了规定日期,方可启用生效。

5. 公章的保管和使用

公章的保管应根据保密的原则和制度来操作,要做到以下两点:

(1) 要选择好放置的地方,一般应放在机要室或办公室,放置公章的办公桌应配有牢固的锁,放置于保险箱内则更好。

(2) 要选择好管理公章的人员。公章的保管者也是具体的用印者,一般要选认真负责、保密观念强、敢于坚持原则的人来专门保管。

使用公章应按规定的制度办理。一般须经领导人批准并进行详细登记。

以单位名义发出正式公文只在文末落款处盖章。带存根的公函或介绍信、证明信等要盖两处印章:一处盖在正件与存根的连接线上,一处盖在单位落款处。

凡在落款处加盖的印章都要"骑年盖月"。盖印时一般使用红色印油,应摆正位置,均匀用力,使盖出的印章完整、清晰。

6. 公章的停用与销毁

单位公章在该单位名称变更或机构撤销时,应即行停用。停用印章要发文通知有关单位,标明停用印章的印模和停用时间。停用的废印章要及时送交原颁发单位。

制发印章机关收回废旧印章要进行登记。对于那些重要的具有保存价值的印章,要分期妥善保存。对于那些一般的、没有保存价值的印章,应集中定期销毁。销毁印章须报单位负责人批准,由主管印章的人员监销。所有要销毁的废旧印章均要留下印模保存起来,以备日后查考。

7. 介绍信的使用和保管

(1) 介绍信的形式。介绍信一般有四种形式:

第一种是普通介绍信。这种介绍信内容较多,多为联系某项工作和事项,用印制的介绍信往往写不详尽,通常用信笺写,另外登记,并装入信封。

第二种是存根介绍信。这种介绍信一般铅印,分成两联,一联是存根,另一联是外出用的介绍信,正中有连接线,编号,主要用于介绍某人到何处办何事的凭证,内容概括。

第三种是专用介绍信。如购买飞机票介绍信、办理出国护照介绍信以及业务部门、单位的专用介绍信。这些专用介绍信有特定的内容和样式。

第四种是证明信。证明信是以机关、团体、个人的名义凭确凿的证据,证明某人的身份、经历或者有关事件的真实情况的专用书信。一种是以组织名义发的证明信,另外一种是个人证明信,除个人盖章外,组织也要盖章证实。

(2) 介绍信的使用和保管。介绍信和公章一般由同一人保管并使用,与公章须同等重视,不可缺页或丢失。开介绍信要严格履行审批手续,严禁发出空白介绍信。

具体而言,凡领用介绍信者须经主管批准,秘书不得擅自开具发放。开具介绍信时应由秘书自己填写领用人姓名、身份,去往何单位、联系何业务、领用日期、有效期限等项,正本和存根必须一致。在落款处及骑缝线上应加盖两次公章。秘书不得委托他人或让领用人自己填写盖章,尤其不得将空白介绍信或单位信笺加盖公章后交给领用人。否则,出了事故,秘书要负责任。

介绍信的存根要归档,保存期五年。因情况变化,介绍信领用人没有使用介绍信,应即退还,将它贴在原存根处,并写明情况。如发现介绍信丢失,领用人应立即向机关、单位反映,及时采取相应措施。

第三节 机关后勤事务管理及其改革

一、机关后勤事务管理的重要性

机关后勤管理与服务关系到机关工作的质量、效率、形象,甚至影响到机关能否正常运行。机关后勤服务工作是事务性、服务性的工作,但机关工作的正常进行和有效开展,需要后勤服务提供基本条件,有赖于后勤服务的保障。中国古代军事思想中有“兵马未动,粮草先行”的说法,因此,机关后勤的服务质量和水平,对党和政府的工作有直接的影响,起着举足轻重的作用。

(1) 机关的设施及设备条件是机关办公的基础条件。必须保证机关办公楼水电暖设施运转良好,保证机关公务用车,为机关办公提供基本的条件。

(2) 机关的工作环境,既影响职工工作的情绪,又关系机关的形象。必须保证机关卫生状况良好,环境整洁有序,给机关工作人员带来良好的心境,使机关对外树立一个良好的形象。

(3) 机关的服务质量和水平,关系机关工作效率。机关需要的服务,必须及时、保质、保量的得到满足,使机关工作人员顺利开展工作,及时完成工作任务。

(4) 机关的生活福利条件,如食堂的饭菜质量,健身理发、幼儿入托等对提高机关工作人员生活质量,解除后顾之忧起到重要作用。后勤工作的方方面面都很重要,哪一方面出了问题,都会给机关工作带来不利影响。由此反映出后勤服务对机关工作任务的完成和工作目标实现起着基础作用,在机关工作中具有重要的地位。

二、机关后勤事务管理的主要内容

机关后勤事务管理是指本单位的物资和日常生活事务的管理,任务是为保障机关正常运转提供良好的工作和生活条件。后勤事务管理涉及的范围十分广泛,包括公用设施、生活福利、美化保洁的规划建设、组织、供应、分配、维修、保养等,一般来说,较大的机关单位的后勤事务管理,大致有五大分类:

(一) 物资管理

物资类的管理,主要有四个方面。

1. 日常管理

这类管理包括计划、采购、验收、登记、检查、评比、移装、调度、封存、启用、改造、折旧、报废、统计与事故处理等方面。

2. 使用与维护保养管理

各类物资设备,不但要管好,还要用好,管好是为了用好。因此,提高物资设备的使用率,在物资管理中就显得特别重要。各种物资在使用过程中,必然会产生技术状况的变化,难免要陈旧、损伤,因此要及时进行维修保养。

3. 检查与检修管理

物资设备会因长期使用而引起损坏,要使其功能得到恢复,就需要及时检查与修理。物资设备的检修与维护保养是相辅相成的。

4. 物资设备的改造与更新

物资设备的改造是将科技的新成果应用于现有设备,从而提高设备的现代化水平。

(二) 财务管理

财务管理就是对行政事业经费进行领拨、使用、管理和监督的一系列活动。财务管理的目的,在于合理分配和使用资金。行政机关、事业单位的财务管理,包括财务计划、会计核算、财务管理(收入、支出等)、财务监督和审计等五个方面的内容。

(三) 生活后勤管理

生活后勤管理,主要有三个方面。

1. 房产管理

房产管理包括房产的建筑、分配、管理和维修,是后勤管理中的一个重要方面。长期以来,我国各级行政机关和单位的干部职工的住房都是由国家包起来,统建统分,还要包揽房屋的管理与维修,使国家、机关日益背上沉重的负担。目前,国家已出台相关政策,取消这种由"国家包起来"的福利分房制度,而代之以货币化分房政策,解除国家、机关身上沉重的房产管理包袱,同时也调动了广大劳动者买房的积极性。

2. 食堂管理

机关食堂是行政机关单位的集体福利部门,与所在机关单位干部职工的学习、生活、工作和健康有着密切的关系。做好食堂管理工作,主要是要解决好"吃饭"的大问题。

3. 环境管理

环境管理为的是让干部职工在工作生活中,有一个良好的社会秩序和整洁、安静、舒适、优美的环境。环境管理,特别是政治环境、卫生环境、庭园绿化、交通秩序,要有一个总体规划,要进行综合治理。

4. 服务后勤管理

服务后勤管理,主要有四个方面:

(1) 车辆管理。在车辆管理中加强基础工作,建立有关规章制度,普遍采用对司机进行教育、考勤、考绩等做法。加强车辆管理的基础工作,主要是指全面记载、保存车辆的购置登记、维修保养与油料领用等。为保持车辆的良好技术状态,延长车辆使用寿命,也为了按规定用车,需要建立一系列的规章制度,这主要有保养检查制度、调度制度、检修制度、用车审批制度、安全保管制度、材料管理制度等。

(2) 水电管理。水电是人们的生活和工作的基本条件之一。水电管理,主要应抓好三个方面的工作。第一建立管理机构,配备专职管理人员,切实抓好水电使用管理的宣传教育,制定发展计划。第二建立和健全水电管理制度,如水电宣传制度、管理办法、用水用电计划等。第三加强对水电的供应和维修工作,做到保障供给。

(3) 医疗保健管理。医疗保健方面的管理,主要是贯彻"预防为主,防治结合"的方针,深入开展以除害防病为中心的群众性爱国卫生运动,大规模地改善环境卫生,搞好公共卫生工作,并形成制度化、规范化,不断改善机关、单位的卫生状况。设在机关单位中的门诊部、医务室以至医院等医疗卫生机构,要配合机关单位做好防疫、防病、治病各项医疗保健工作及计划生育工作。要不断地健全和完善保健制度,做好妇幼、老人保健和预防流行性病工作,将医疗费用于实处。

(4) 托儿所、幼儿园管理。托儿所、幼儿园是行政机关、单位的一项福利性工作。办好托儿所、幼儿园可以解除干部职工,尤其是女职工的后顾之忧。同时,搞好幼儿园、托儿所,对下一代的健康成长,也是十分重要的。所以,凡规模较大的机关、单位,一般都附设幼儿园、托儿所。幼儿园、托儿所的管理,重点是要抓好保教工作管理、保健工作管理、保教人员管理等工作。

5. 协助接待工作

行政机关、单位后勤工作部门协助主管部门接待来宾,工作范围较广,有内宾接待、外宾接待、会议接待、外来公务接待等。工作内容主要有来宾的食宿、交通、参观等方面的安排。接待工作是一项政治性、政策性很强的工作,必须认真贯彻执行党和国家以及上级领导机关有关接待工作的政策、规定、制度和纪律。接待工作的好坏,直接关系到本机关、本单位的形象和荣誉、必须坚持“热情、有礼、周到、方便、勤俭节约”的原则,做到平等待人、以礼相待,坚决克服待人冷淡、盛气凌人的官僚作风。

三、传统的机关后勤服务的特点

我国的机关后勤服务体系是在计划经济条件下建立和发展起来的,是专门为机关服务的组织体系,其机构设置、职能定位、人员素质、工作思路和工作作风,都与计划经济条件下的机关需求相适应。其服务职能全面,分工明确,工作针对性强,人员政治素质高,听从指挥,服从需要,提供服务及时、到位,因而,在建国以来长期的计划经济条件下,为保证机关的正常有效运转起到良好作用,对巩固社会主义政权,建设社会主义事业作出了贡献。其主要特点如下:

(1) 机关单位单独设立后勤。机关后勤部门作为机关内设的一个部门或必须的附属单位存在,随着机关的建立而建立,并随着机关的发展而发展,保证了机关和后勤的协调与适应。

(2) 行政事业性职能。后勤单位为事业性质,具有管理和服务的双重职能,既制定管理规章制度,又负责贯彻执行和具体实施。既承担机关基建、分房、行政财务、计划生育、交通安全、绿化、献血、职工福利等项行政性管理工作,又是服务部门,负责餐饮、医疗保健、会议服务、环境卫生、公务用车、物业管理、幼儿入托等服务工作。管理与服务的统一,有利于后勤单位实施和落实各项后勤工作任务。

(3) 按照行政计划和行政命令开展后勤服务工作。这种方式利于安排和协调工作,避免拖拉推诿,便于执行落实。

(4) 国家根据机关工作和生活服务的需要安排后勤服务资金,保证机关工作的正常运行,有效行使自己的职能。

(5) 后勤机构按照机关的需要或要求开展工作,工作的好坏以机关是否满意为标准,不必考虑社会需求,较少受到外部环境制约,社会关系单纯,管理服务内容固定,便于安排、处理和完成工作任务。

(6) 后勤单位面临的是提高管理水平、服务质量和技术进步等方面的问题,不存在生存和发展问题,因而不必考虑经济效益。其具有的生存保障机制,使其把精力完全投入到机关后勤服务工作中。计划经济条件下建立的后勤服务体系,对于保障计划经济行政管理职能的实现发挥了积极作用。随着机关改革的深化,后勤服务单位也面临着适应新的形势任务的问题,通过深化改革求得生存和发展,是一项必须完成的紧迫任务。

四、机关后勤服务社会化改革的历程与效果

(一) 改革历程

改革开放极大地促进了我国生产力的发展,推动了社会主义经济的繁荣和进步。改革开放取得的巨大成就,有力的证明了改革的正确性、市场经济的有效性,从而使我国的经济管理由计划经济体制转向建立社会主义市场经济体制。与此相适应,机关后勤服务机构改革也在逐步进行,步步深入。1993 年前,后勤服务机构一直是机关内设机构,以国务院部委为例,后勤服务机构多为办公厅的所属处室或科办,属于机关的一个部门,占用机关编制。

1993 年全国机构改革中,机关后勤从机关中分离出来,成立了机关服务中心,为机关所属的事业单位,主要行使服务职能。这一改革使得后勤服务与机关做到了机构分设,职能分离,政事分开。一方面精简了机关编制,减轻了机关事务性工作压力,利于提高机关工作效率,改善机关形象。另一方面后勤机构变成事业单位,增强了工作的自主性和专业性,推动了后勤机构的发展建设,使服务设施、服务能力、服务水平都得到相应的提高。在机构改革的基础上,各后勤单位按照 1993 年中共中央关于《党政机构改革方案》中提出的机关后勤要打破部门分割,进行区域性联合,逐步实现后勤服务社会化的要求,进行了改革探索。根据社会需求,利用自身的条件和优势,开展社会化服务取得一定进展。例如:机关招待所向社会开放、食堂生产食品向社会出售、机关车辆及车辆维修向社会提供服务等,既取得了经济效益,也使后勤服务逐步走向社会。

1998 年国家机关机构改革后,机关后勤随之进行了机构改革,这次后勤机构改革将后勤服务向企业化改革方向上又推进了一步,主要内容如下。

(1) 除机关服务中心管理处室的编制要报上级批准外,服务中心所属的服务、开发单位实行自收自支,自负盈亏,根据工作需要自行定编。

(2) 试行后勤服务费结算制度。取消人头费、事业费,机关服务中心经费根据其为机关提供的服务的价格及供给量进行结算支付。服务中心内部经济效益

实行分级核算、目标管理。

(3) 进行了用人用工制度改革,实行职工聘用制、领导聘任制。

(4) 进行分配制度改革,实行效益工资。服务中心下属单位完成利润指标后,多交提成,分配自主,多劳多得、效益好多得。

上述改革措施是在事业单位企业管理框架下进行的,一方面受体制的制约,改革还处在局部推进、探索前进的阶段,另一方面由于改革带来的成效和影响,为进一步深化改革奠定了基础。

(二) 改革的效果

改革开放以来,我国的政府后勤事务管理部门不断解放思想,锐意进取,对机关后勤事务管理进行了改革,推动了机关后勤事务管理的发展。国务院机关事务管理局局长焦焕成在《全面推进新世纪的后勤改革与发展》的报告中指出,我国后勤体制改革已经取得重大突破,主要表现如下:

顺利实现了机关后勤管理职能与服务职能的分离,精简了后勤行政管理机构,转变和规范了管理职能,增强了监管和调控能力;转换了后勤服务方式和运行机制,组建了具有事业法人资格的后勤服务实体,提高了后勤服务质量和水平;初步理顺了后勤管理部门与后勤服务部门之间的工作关系、产权关系、经济关系和收益分配关系,为按市场经济规律组织服务生产与经营创造了条件;优化了后勤资源配置,提高了使用效益,调动了后勤人员的积极性。机关后勤体制发生了深刻变革,在管理上逐步实现了由计划型向市场型、经验型向科学型转变,由实物管理向价值管理转变,由经费划拨向结算制度转变,由物资的分散采购、供应向政府集中采购转变。在服务上,由供给型无偿服务向核算型有偿服务转变,由封闭型单一服务向开放型两面服务转变,由缺乏内在活力和动力向自主经营、自我约束、自我发展、自我激励、自负盈亏转变,从而初步建立了新型后勤管理体制和运行机制。

由于体制上的改革,制度上的创新,我国机关后勤管理水平明显提高,后勤保障能力明显增强,队伍建设效果明显。但同时也面临一些困难,如:干部职工的思想观念还不完全适应建立社会主义市场经济体制和形势发展的要求;管理上参差不齐,科学化水平有待提高,管理制度还需完善;服务资源和服务市场分割状态还没有根本解决,服务方式和服务机制的转变还未完全到位等等。

五、机关后勤服务社会化改革的方向、目标与内容

(一) 改革的方向与目标

我国的市场经济体制及宏观经济形势对后勤单位的改革形成了巨大的外部压力。后勤单位自身的生存发展要求及职工的切身利益,对后勤单位改革形成了内部压力。因此,进一步深化改革,努力取得改革的成效,是机关后勤改革面

临的紧迫问题。国务院提出了“十五”期间我国机关后勤工作的基本目标,即到2005年,建立适应社会主义市场经济发展要求和新世纪机关建设需要的廉洁高效、运转协调、行为规范、保障有力的机关后勤管理体制、保障机制和服务体系,基本实现后勤管理科学化、保障法治化、服务社会化,后勤服务单位初步建立现代企业制度。后勤体制的改革方向是与我国经济体制改革的方向相一致的,这就是:适应社会主义市场经济体制的要求,实现后勤服务社会化。

在向这个方向进行改革中,要实现的目标是:自主经营、自负盈亏、自我约束、自行发展,最终改制为公司,成为独立参与市场竞争的市场主体,从而使后勤服务业充满生机和活力,更好地服务于机关和社会。

(二) 改革的具体内容

(1) 规范职能,理顺关系,实行后勤行政管理职能和服务职能分开。

第一,行政管理职能机构留在机关行政序列里,使用机关行政编制,是政府行政管理的有机组成部分。其主要职责和任务是:依据有关政策规定,对政府各组成部门的后勤工作进行指导、监督和调控;逐步统一机关后勤管理和保障的制度、办法和标准,促进后勤管理机构组织、职能、工作规范化,提高管理水平;探索推进政府采购、公务用车、职工住房等后勤保障制度改革;加强机关后勤服务行业的分类指导,推动后勤服务机制转换和服务联合,促进后勤服务市场化。行政管理机构的设置原则是要小、要精简,人员要精干。

第二,机关后勤服务职能,仍接受机关领导,使用事业编制,设立独立的事业性质的机构。其主要职责和任务:承担机关后勤服务保障工作,与机关签订并履行服务合同;承担和完成机关交由其占用、使用的国有资产管理工作,使经营性资产保值增值;推动所属服务经营单位通过深化改革,转换机制,加强管理,改进服务,提高效益。后勤服务机构设置原则是有利于核算,有利于专业化生产,不能再沿用行政机关的模式。

(2) 建立和完善机关与后勤服务单位之间的核算制度。

第一,改革机关后勤经费预算与机关行政经费预算分开。财政支付机关行政经费中的后勤服务经费,应模拟市场交换方式,由原来的拨款方式改为付款方式,根据机关后勤服务机构承担的服务项目,与机关签订合同,并按照服务合同支付后勤服务费,逐步建立和完善结算制度,形成提供服务收费,享受服务付费的核算关系。

第二,资产所有权与经营权分开,理顺机关与机关服务机构之间的国有资产产权关系。应对后勤服务单位占用的资产进行清产核资,明确其范围,按照所有权与经营权分开的原则,明确双方的权利与义务,在机关和后勤服务单位之间建立新的资产关系和新的资产管理、使用制度。后勤服务占有使用的经营性资产,要提高资产使用效果和经营效益,使其保值增值。机关对国有资产享有受益权。

(3) 以转换机制为重点,加强机关后勤服务机构的建设。

第一,加强机关后勤服务机构的财务管理,建立健全相应的财务管理办法和核算制度,严格收入支出管理。第二,改革机关后勤服务机构的人员编制管理,由各单位按照精简、统一、效能的原则,自行定岗定员。第三,改革后勤服务机构的人事管理制度,实行人员聘任制、全员劳动合同制。第四,改革后勤服务机构的工资和分配制度,按照按劳分配、多劳多得、效率优先、兼顾公平的原则,自主决定分配形式。第五,改革保障制度,逐步建立机关后勤服务职工的养老、医疗、失业保障等。第六,重视机关后勤队伍建设、加强相关专业的技能培训,建设一支精干、高效、廉洁、奉献的后勤队伍。

(4) 推动机关后勤服务单位间的联合。

打破后勤服务资产部门所有,改革自我服务的"小而全"后勤保障体制,按照专业化、经济规模合理化、节约资源的原则,对各机关的后勤服务单位进行合并,调整结构,形成一批较大的专业化服务实体,或者形成综合性的服务集团。

第一,加强对后勤服务设施的宏观调控,充分利用现有资源,避免重复建设;第二,结合实行政府采购制度,采取定点服务等多种形式,扶优汰劣;第三,在物业管理、汽车服务、幼儿教育、医疗等后勤服务行业中探索多种形式联合,走产业化、集约化的路子。

第八章 行政绩效

第一节 行政效率

一、行政效率的含义和特点

(一) 行政效率的含义

在引入行政效率这个概念之前,首先来谈谈什么是效率。效率概念源于物理学,原指机械在工作时输出能量与输入能量之比,是一种单纯的数量关系。也就是说输出与输入之比越大则效率越高。到了20世纪30年代后,效率的概念才推广和运用到行政管理及其他管理领域。

行政效率是指行政组织及其工作人员在从事行政管理活动中所获得的行政效果与所消耗的人力、物力、财力和时间、信息的比率。这里所指的消耗既包括有形资源也包括无形资源。这里所指的效果包括经济、文化、社会等各方面的效果,包括短期效果和长期效果。

传统上人们对行政效率作狭义上的理解,即认为行政效率是行政产出与投入之比。这种观点又称作机械效率观,它仅仅关心行政活动中的消耗与收益的关系。这与当时的经济背景及背后所隐含的社会价值有关。早期工业社会对社会的典型要求就是与机器特征相一致的机械工作效率,资本主义国家的各种组织包括行政组织都必须回应这一要求,必然将追求机械效率作为组织的首要任务。

但是随着公共行政复杂性与多样性的凸显,传统对于行政效率的理解难以适应形势的发展。行政活动中有很多无形的东西无法用数字来计算效率,仅从机械效率的角度来研究效率是不够的。因此学者们又提出从效能的观点来衡量效率,形成对效率的广义理解,即行政效率应当包含行政效能因素,行政效率不但要关注投入与产出的比例关系,还要考察行政活动质量的好坏。后者主要是看行政活动是否实现了预定的目的,是否及时、充分地满足了公众的需求。

综合以上几点,准确理解行政效率这个概念,还必须从以下方面进行理解:

(1) 行政效率内容的综合性。

行政效率是质与量的统一。首先,行政效率表现为数量的多少,此种层面上的行政效率受到两个方面的制约,一是投入的人力、物力、财力、时间的数量,一是行政成果的数量。获得工作成果多而花费少、时间短的为高效率。其次,行政效率表现为质量的好坏。行政效率中的行政成果不仅包括数量还包括质量,这种质量主要体现为行政活动对社会、公众产生的效果怎样,程度如何。求量不求质不是正确的效率观。

在衡量行政效率时,不能单纯地衡量投入与产出之比,行政组织的行政活动产出多、投入少,并不意味着行政效率高。衡量行政效率还要衡量实际效果,看行政活动是否是以低花费得到了好效果。如果行政活动仅仅是用低支出获得了高数量的产出,而该产出是低质量的,那么该行政活动就不能说是高效率的。因为该低质量的产出达不到该行政活动预定的目的或程度,该行政活动的合理性受到质疑,行政活动就没有效率可言了。

行政活动效率体现在多个方面,包括行政活动的经济效益、政治效益、文化效益、社会效益,不能只看行政活动的经济效益。考察行政效率必须考察行政活动所产生的社会影响、政治影响等,即要考察行政活动的过程是否符合法律规定,行政活动的目的是否为满足公共利益,以及行政活动是否产生了积极的社会反响。

(2) 行政效率的整体性与系统性。

所有的行政组织、所有的行政管理门类、所有的行政人员、所有的行政程序都要追求行政效率的提高。也就是说行政效率是贯穿于行政活动全过程,覆盖行政活动所有领域及人员的一致价值取向。行政效率不是孤立的、片面的,而应当是全面的、关联的。衡量行政效率要从组织的各个方面、各个时期、各种效果进行总体评价。将行政效率仅定位于眼前的、局部的效率,就是无效率。

(二) 行政效率的特点

1. 方向性

这是指行政效率的测定,必须以行政管理活动的方向正确为前提。行政活动必须符合国家意志和人民要求,符合国家法律、法规的规定,以提高人民生活水平、维护国家基本秩序为终极目的,要能给社会带来积极的影响。行政效率的产出应当是正确方向下的行政产出。虽然行政效率表面来看只是产出与投入的比例关系,但一定要把握住行政效率的方向。如果行政管理活动偏离了正确目的、违反了国家法律、法规的规定,谈论效率也就毫无意义可言。任何偏离正确方向的行政活动,从根本上说,效率越高,带来的危害就越大。

2. 关联性

行政效率与行政效能、行政效益密切联系。效率的实现必然是以具有一定的效能为基础的。评价效率又要以效益的存在为前提。但是三者也是有一定区别的。行政效能是指行政组织为实现预期目的的适应性和能力。行政效益主要是看它对社会有益影响的大小,带来社会福利的多少。行政效率则是关于行政产出与行政投入之间的关系,反映资源利用的有效率及行政活动的充分性、及时性、快捷性。

3. 相对性

在物理学中,一切追求效率的目标在于使输出等于输入。而在行政管理活动中,产出和投入很难用绝对数量与同一标准来衡量,而且行政产出与投入是不可能相同的。人们在行政活动中追求行政效率的目的在于实现资源配置的有效性,以较少的成本获得较好的效果。由于行政环境、条件的不同,行政效率的可比性较小。测定行政效率只能在同类行政管理活动中或是一类行政管理活动中的不同方法之间进行比较。行政管理所指的行政效率只能是一种相对的效率。

4. 社会价值

在行政管理中,由于效率包含效能因素,又必须保证正确的方向,因而效率不可能脱离社会的价值因素。行政产出与行政投入不同,不能只用金钱、人力或时间的数量来衡量。判断行政产出的有效性,必须借助社会价值,才知道什么样的行政产出是符合国家意志和人民需要的,什么样的行政产出是给社会带来积极影响而非消极影响的。脱离了社会价值,就失去了判断行政产出效果性质的尺度。

二、行政效率的测定与注意事项

(一) 衡量行政效率的方法

行政效率主要是针对国家机关工作的成绩与效果而言,其范围广泛,难以用经济数值来衡量。要正确衡量行政效率就要针对各级政府各个部门的不同要求,采取不同的方法,从组织的功能、目标的实现等方面来进行衡量。

1. 直接方法

直接测定方法,是通过对行政效率的有形因素进行测定,并直接运用行政效率公式测出产出与投入的方法,比如对行政投入中花费资金的测量。直接测定方法相对简单,其测量的结果也是比较直观的。直接的测定方法有如下三种。

(1) 预期效率比较法。这是对行政效率的预期测定,它适用于行政决策阶段,也就是要在行政活动开展前通过对行政活动几种可行性方案的效率的比较,挑选出最优方案。行政决策是行政活动的第一步,它的效率直接决定了行政活动整个过程的效率。为了确保行政决策质量,必须对各种决策方案的预期效果进行测定和比较。在设计备选方案时,对于某些无形(影响比较细微)的因素忽略不计,或者将其转化为有形的因素加以计算,使得各种备选方案的投入和产出的指标一般都是比较确定的。把这些指标代入行政效率公式,就可比较预期效率的高低。

例如, 方案1:$\text{行政效率}=\frac{\text{行政产出}}{\text{行政投入}}=60\%$

方案 2：行政效率 $=\frac{\text{行政产出}}{\text{行政投入}}=70\%$——最优选择

方案 3：行政效率 $=\frac{\text{行政产出}}{\text{行政投入}}=65\%$

（2）行政费用测量法。这是以行政经费的开支和使用的合理性及其效果为依据来测定行政效率的。这里的费用主要是指人员经费、公务费等行政经费的开支和消耗。完成同一件行政工作，行政开支较少，则行政效率较高，反之则较低。完成同类行政工作，在行政开支相同的情况下，完成的任务量多质高，表明效率高，反之则表明效率低。

行政费用测量法又包括单位费用法、人均负担法、事均费用法等几种主要的具体方法。

单位费用法。就是通过一个行政单位在一定时期内行政经费的开支大小来衡量其行政效率的高低。在同等条件下，经费开支小，效率就高；经费开支大，效率就低。如某市公安局在 2002 年共开支 60 万，该单位 2003 年工作任务与 2002 年基本相同，全年共花费 55 万，则 2003 年的行政效率高于 2002 年。

人均负担法。就是根据一个地区行政经费的开支多少，根据本辖区内的人口，算出人均分摊开支的多少，以此来衡量当地行政机关行政效率的高低。人均负担重的行政机关效率低，反之则高。如某市某区政府辖区内共有人口 15 万，2003 年的行政经费共开支 1 亿 5000 万，该区每人负担行政经费 1000 元；该市另一区 2003 年行政经费开支 2 亿，人口为 10 万，人均负担行政费用 2000 元，则前者效率高于后者。

事均费用法。就是通过分别计算每项工作费用消耗的大小来衡量行政效率的高低。例如，同一行政机关内的甲、乙两人完成同样的工作，在时间相同的情况下，甲的花费比乙多，则乙的工作效率比较高。

时效测量法。时效是行政效率的一个重要指标，因为任何一种行政管理活动的进行都离不开时间。时效测量法，就是通过测定完成某项工作任务所耗费的时间的多少来衡量行政效率的高低。减少或缩短时间，实际上就是提高了行政效率，测定行政工作的时效性可以运用如下公式：

$$Et = K \cdot \frac{\sum t1}{\sum t2} \cdot 100\%$$

其中 Et 表示行政工作的时间效率；$\sum t1$ 表示完成某项行政工作规定的时间之和；$\sum t2$ 完成行政工作实际花费的时间之和；K 为影响行政活动时效的系数（K 值在 1.0 时为理想系数，影响行政活动的不相关因素较小）。当 K 为确定值时（设 K 为 1.0），当 $\sum t1$ 与 $\sum t2$ 是等数值时，表示按时完成了任务；当 $Et >$

100%时,则表示超时完成了任务;当 $Et < 100\%$ 时,表示未能按时完成任务;当 $\sum t2$ 趋向于正无穷时,则 Et 趋向于零,表示行政效率很低。

2. 间接方法

在很多情况下,行政活动投入与产出都有很多无形因素。而且,很多行政工作的成果无法简单用数字表达。用效率公式直接测定所有行政活动的行政效率是不可能的。在这种情况下,通常采取间接方法评估行政效率。间接测定行政效率主要是通过考察行政机关效能与效益,来评价行政效率的高低。因为效能是效率的基础,而且对行政机关效能的要求中,一般都含有效率要求的因素。具体的评定方法有以下几种。

(1) 行政功能测量法。行政功能测量法是通过考察行政机关或行政人员工作数量的多少,质量的优劣,是否有效地实现其职能、完成其任务来测定行政效率的方法。用于测评行政机关的总体效能,即测评该机关能否有效地实现行政目标,出色地完成行政任务。运用此法首先要规定每种行政功能的各项目标,定出理想标准和最低限度标准,确定不同达标情况的分数等级,并确定主要目标和次要目标的权重(根据其在行政活动中不同的重要性给予不同的基准分)。然后,根据行政运行实况,对每种功能的各项目标分别评定分数,最后以该功能的各部分之和反映其效能高低。实现职能越充分、有效,则功能发挥越好,行政效率越高,反之则低。比如,某行政组织的主要职能为维护辖区治安分为日常治安巡逻、进行安全生产检查、进行外来人口登记三个项目,经过确认这三项的权数分别为0.5、0.25、0.25,这三项职能都分为四个等级并有相关的标准描述,最后成绩分为优、良、中、差,优为85—100分,良为70—85分,中为60—70分,差为60分以下,根据与各项等级的标准比较,该行政组织的三项得分分别为80,80,90,其该项行政职能的得分即为82,属于行政效率良好等级。

(2) 行政要素评分法。即对行政活动的各种相关因素按其作用与重要性逐项的确定一定的分值,然后以此为标准与实际情况比较并评出分数,最后将各项实际得分相加,通过总分反映行政效率的高低。首先要通过分析找出影响效率高低的主要因素,按其对行政活动影响力的大小,确定不同等级的对应分值。评定时,根据行政工作完成的实际情况,按照预先设计的标准评分,各项因素总和则是行政机关效能和行政效率的总体体现。将实际得分与最高标准分比较,可反映该机关干部该项行政活动在管理方面先进与落后的程度,还可通过分析找出影响效率的原因,为改进工作、提高行政效率提供依据。比如,评定机关将某行政组织活动的相关因素分为外部环境、上级支持、财力后盾、管理方法等方面,各方面的对应分值分别为20、25、25、35,各项分值都分为优、良、中、差,并确定各方面的不同等级的分值。通过评定,该行政组织的各方面都为良,各项得分分别为15、20、20、25,总分为80,该行政机关的行政管理活动效率比较高,其在外部环境、上级支持、财力后盾、管理方法四个方面都有改进的必要。

(3) 标准质量法。即以事先设定的标准为依据,去衡量行政工作的实际效果,以差别反映其效率的高低。对特定行政活动的效果进行评定,看其是否以及在多大程度上符合标准,反映的是行政活动的效益。衡量行政效果的标准应当是公认的,或是经专家研究由有关部门制定的,至少能反映社会和人民对行政活动的要求和行政效率测量的真实性、全面性。只有这样,事先设定的效率标准才能成为衡量实际行政效率高低的客观依据。这些标准的设定,也要分等级确定分值,并确定一般标准分。凡达到或超过标准分的为效益优良,低于标准分的为效益差。最后把行政效益与行政费用情况加以比较,便可对其效率作出评定。如某行政组织进行未成年人的法制教育的工作项目,由专家将其标准定为法制教育的次数,接受教育的未成人比率,接受教育的未成年人犯罪比率等,并确定了相应的标准分值,该行政组织的这几种指标中有两种未能达标,反映了该行政组织行政活动的质量较差,相应地行政效率自然不高。

(4) 管理效率测量法。管理效率测量法主要是测量中层行政机关的管理效率,不仅注重费用和功能,而且注重组织与管理。其中特别注重考察行政组织是否健全,管理制度是否合理,管理程序是否科学化、法制化,由此考察行政机关的整体行政效率。比如,某行政组织的档案管理程序包括七个步骤,从档案入库到存档完成需要一个星期的时间,很多工作人员反映该管理程序不科学。经过对该程序的分析,发现管理程序中的很多步骤是重复的,因而该行政组织的档案管理工作被认为是低效率的。

(二) 衡量行政效率的要点

由于行政效率本身的复杂与不确定,在衡量行政效率时必须注意以下几点:

(1) 标准性。即在行政活动的过程中始终重视对标准的建立。即在行政活动开始时,制定相应的目标与标准;在行政活动开展中以标准监控行政效率;在行政活动完成后,以明确、全面的标准来测量行政效率。

(2) 全面性。即必须用全面正确的观点对行政效率进行分析,既要考察行政活动花费的资源以及产出的有形收益,也要考察行政活动投入的无形资源以及产出的无形效果;既要考察行政活动的经济效益,又要考察行政活动的社会效益、政治效益等;既要顾及短期效果,更要注重长期效果。只有把握行政活动的现实与未来,采取定量与定性相结合的方法,运用全面分析的观点,才能够真正了解行政活动的效率。

(3) 差别性。由于区域、职能、层级的不同,行政效率的标准也就不同。行政组织所处的环境千差万别,面临的问题差别极大,要达到的目标也不尽相同,对所有的行政组织、所有的行政活动都适用一个标准,显然是不科学的,不公正的。在衡量行政效率时，应当根据不同的情况，具体问题具体分析，才能够得出正确的结论。

(4) 准确性。对行政效率进行测量，应当广泛听取各方面的意见，收集各方面的材料。对行政活动的效率应该多听取群众与社会的意见，反对将上级机关作为评估下级行政机关工作效率情况的惟一主体。在行政效率的测量中，要防止将私人感情与偏见带入测量中，防止夸大成绩，报喜不报忧，防止将行政效率测量作为打击报复的手段。在衡量行政效率时务求将实际工作情况、书面报告与数字分析、群众的意见和同事意见、上级意见结合起来，保证行政效率测量的准确性。

(5) 严肃性。行政效率衡量是反映行政活动情况的重要方法，也是保证实现行政目的的重要手段。衡量行政效率应当抱着严肃、重视、正式的心态，应当将考察结果及其原因公布于众，让大家以此作为总结经验、改正缺点的基础。同时，使行政效率与激励机制挂钩，使成功者得到鼓励，失败者得到警示。

(三) 衡量行政效率的困难

1. 行政产出难以衡量

行政效率的概念包括两个核心的要素：投入与产出。对于行政活动来说，计算其投入比较容易，因为行政活动投入的人力、物力、财力、时间等大多是具体的、可以衡量的。衡量行政活动的产出常常比较困难。衡量行政产出与衡量企业产出是不同的。一个企业的产出是具体的、有形的，对企业的产出进行衡量是相对简单的。如一个汽车制造企业的产出就是该企业生产汽车及零部件的数量。但行政活动的产出并不像企业产品那样一目了然。实际上，行政活动的产出中有相当一部分是无形的。如政府对经济进行宏观调控的行政活动，很难描述其产出，因为它既不是政府进行宏观调控活动的次数，也不是国家经济发生变化的情况。仅仅是对行政活动的产出作一番准确的界定都如此困难，要对行政产出进行衡量更是难上加难了。

行政产出难以衡量，一方面是因为行政活动的范围广、事务多而复杂，关涉到公众与社会生活的方方面面，既有很细微的、具体的行政事务，又有宏观的、抽象的行政事务。行政活动的最终结果可能只是一种影响或感受。在行政活动的这种特点影响下，要完全界定行政产出并加以衡量几乎是不可能的。评估者只能通过一些间接的方法衡量与产出有关的、能反映产出情况的其他方面。另一方面，行政组织的生产具有劳动密集型的特征，其不像企业那样能形成有统一标准的产出模式。对行政组织而言，其产出的结果往往都没有统一的标准来衡量。行政组织之间的非竞争性导致了行政活动的产出难以通过比较的方式来确定一种统一的标准，而公众对行政产出评价的不确定性也导致了通过公众评价的方式来确定统一标准的困难。

2. 行政投入与行政产出难以直接联系

在市场条件下。企业生产的投入与产出具有内在关联,产出是约束投入的一个重要机制。从一个单独的生产流程来讲,企业生产必须预先投入生产成本,然后通过市场交换收回预付成本,并获得利润。企业在市场中能占有多大份额,能获取多大利润,取决于产品的质量和数量,取决于市场交换和市场价格,取决于需求与供给之间的关系。在追求利润最大化的过程中,保持社会需求与供给基本稳定的情况下,企业必然会寻求成本的最低化。因此衡量企业绩效最有效的方法就是将产出与投入进行比较。

在政府生产过程中,行政投入与产出的关系是间接的。政府活动是一种非市场活动,这种非市场活动割裂了产出与投入之间的关系。因为维护非市场活动的投入具有非价格来源,即来自政府的税收,或来自捐赠或其他提供给政府的非价格来源。政府成本是国家通过税款强制征收的,国家与公民之间的服务交换不是一种平等意愿的反映,公民无法像在市场上那样选择产品,公共行政产出也就无法接受市场的检验。此外,政府是先获得投入,后提供产品,与市场生产经营的过程刚好相反,政府没有企业那种始终控制成本以维继生产的思想。政府所想的是如何提供更多的产品,取得更多的财政拨款,而不是如何降低成本。因而对行政活动的效率进行测量,很难将产出与投入联系起来。

3. 规则至上与行政效率的矛盾

行政程序的规则化是传统行政模式的主要特点之一。因为在传统行政模式下,人们以规则作为行政活动连续运行的支持。在这种情况下,得到强调的观点就是:只要制定良好的规则,按照此规则来操作的行政活动,必然就是高效率的。对行政效率的衡量主要看规则是否合法、适当,以及是否严格遵循规则。

实际证明,规则至上与行政效率的关系并不如此简单,它们存在着逻辑上的矛盾。行政活动的规则至上价值要求人们只要将行政活动限于法律、法规或其他规范之内,不超出必要范围就足够,不需要对结果负责。在规则面前,管理者的行动准则就是"照章办事",完全执行规则所规定的内容。其主要义务就在于规则的遵守与执行,只要不违背规则,就不会犯错误。在规则范围内,"多干多错,少干少错"。这样效率的本意就产生了扭曲。既然规则的遵守,会自然带来行政活动效果的实现,那么就无需从行政活动的结果来衡量行政效率。这必然导致行政效率衡量过程中只重视行政规则遵守的程序,而不顾行政活动结果的有效性。而这种衡量方法显然与效率包含行政活动效果这一基本内涵相冲突。最严重的是,繁杂而缺乏灵活性的规则体系限制了行政人员的思想,束缚了他们行动的自由,压抑了行政工作人员及行政领导的自主性、创造性。规则在约束和控制人们不良行为时,确定能够起到保证行政效率的作用。但是由于规则是僵化的、在一定程度上可能落后于形势的发展,行政人员的主动性、创造性的行为在规则制约下得不到发挥,很有可能会导致行政活动不能满足公共利益的需求,或是在确实可以采用新的管理方法与技术的情况下固守原有的行政管理模式,而这些都是提高行政效率的障碍。尤其是在现实生活中,还存在行政活动的规则本身就有瑕疵的情况,如果严格按照这种规则办事,那么行政效率就更难得到提高。

三、影响行政效率的主要因素

(一)行政自身因素

行政效率是行政活动中若干因素的综合反映,影响行政效率的因素有很多,就行政活动自身来分析,主要因素有以下几点:

(1)行政组织方面的因素。这包括组织的行政机构是否合理、职位设置是否合理等方面。组织机构过于简单,不利于按职能进行分类管理;组织结构过于庞杂,中间环节过多,则会增加不必要的工作量,增加不必要的行政投入。

(2)人事管理方面的因素。如果人事制度不够完善,也必将阻碍行政效率的提高。比如国家工作人员的录用制度不完善,导致录用的工作人员基本素质较差,能力与行政职责不相称,无法按质按量完成行政任务;或是培训、考核制度不健全,工作人员的积极性和创造性受到挫伤,工作效果得不到改进,都会导致行政效率不高。

(3)管理方法与技术方面的因素。管理方法科学才能提高行政效率。若管理方法落后、僵化,行政效率必然会受影响。比如,任何事情都要以开会来解决,不注管理实绩,只讲形式等。管理技术陈旧也难以适应现代行政活动效率的要求。比如,运用成堆的公文档案方式来保存资料,而不使用现有的计算机与网络技术,会导致信息存贮的成本过高,且准确度不高,影响行政效率。

(4)人员素质不高。如果行政活动的根本——人的素质得不到保障,那么行政活动不可能实现高效化。行政人员没有有效完成工作的能力或没有理解法律、法规精神的能力,这些都会妨碍行政机关提高行政效率。比如,行政人员根本不具备操作某一行政活动的基本知识,无从下手,或是胡乱下手,无法达成行政目标,根本就没有效率可言。

(二)行政组织外部因素

从行政组织的外部因素来看,影响行政效率的因素主要有以下几个方面。

(1)社会因素。包括战争、政治、法律、文化、风俗习惯、观念以及生活水平等。任何行政活动都是在一定社会条件下进行的,因而必然要受到这些条件的制约。

(2)自然环境。包括气候、地域、工作条件等。行政活动必须发生、发展于特定的自然环境,自然环境是行政活动的物质条件。每一具体的行政活动都是与自然环境紧密相连的。比如,在我国的大西北与在长江中下游地区治理环境,假定其行政投入相同,其行政效果肯定有所不同,行政效率也会有差异。

四、如何提高行政效率

(一) 建立合理的行政组织

1. 明确行政组织的职能

行政组织的职能是行政组织进行行政管理活动的范围与基础,它直接影响行政活动的效率。如果行政组织的活动超出了其职能范畴,无论其效果如何,行政组织都是做无用功,是毫无效率可言的;如果行政组织没有履行其应当履行的职责,其活动也是没有效率的。换言之,什么都管的政府并不是好政府,更不是有效率的政府。明确行政组织的职能是解决行政效率的首要问题。它明确了行政组织工作的界限,保证行政组织工作的有效性。明确行政组织的职能要从两方面着手。

(1) 明确行政组织与其他公共组织、企业组织的关系与职能分工。行政组织的主要目的是要维护行政管理的有效性、有序性,保证公共服务的及时性、公平性。凡是市场能解决的问题就由市场解决,政府不能横加干涉。由社会组织承担效果比政府承担好的,应当由社会组织承担,政府只需对其进行指导和监督。加强监管和宏观调控职能,大力减少审批事项。借鉴国外的经验,可以考虑将部分社区管理职能划归企业。在市政建设管理方面,可将环卫、路政维修、房屋维修、物业管理、绿化等工作划归环卫公司、物业管理公司等企业,这类公司按市场机制运作;其次政府将一部分职能转给社会中介组织,如政府招商引资的职能。在我国,社会中介组织是由政府培育和发展起来的。社会中介组织是政府职能转变的社会基础,也是政府职能社会化的基本途径。精简政府机构必须同社会中介组织承担政府部分社会事务职能结合起来。中介组织虽然不是政府部门,但可以受政府委托进行行业管理,贯彻执行政府的法规和政策。借用西方学者的一个形象比喻:政府应当是“掌舵者”,而不是“划桨者”。

(2) 明确行政组织之间的职能。要妥善处理好中央与地方、上级与下级、不同职能部门之间的职能的分配。中央与地方的职权关系并不是简单地收权与放权就可以解决的。过分集权容易导致体制僵化,挫伤地方政府积极性,影响行政效率的提高。过分分权会导致地方权力过大,中央难以进行统一的宏观控制,同样影响行政效率。理顺中央和地方职权关系,关键在于划清中央和地方的职责权限。在加强宏观调控的同时,充分发挥地方和基层行政组织的积极性。行政组织之间的职能不明确,各行政组织之间的职能相互重叠或是出现“真空”,行政组织之间相互推诿或是争夺利益的现象就难以杜绝,也必然会影响行政组织的效率。

2. 完善行政组织的结构

按照精简与效率的原则,根据行政管理的实际需要设置机构。多年来,国务院进行了多次机构改革,对原有的机构实行精简,将职能重叠的行政组织进行合并,取消与政府职能不相适应的行政组织,建立政府职能确定的行政组织。例如,发展计划委员会同国家经济体制改革办公室合并,成立国家发展和改革委员会;撤销外经贸部和原有的经贸委;设立国有资产委员会。这种种的努力都是基于对行政效率的考虑。要适应行政效率的要求,就必须建立起结构合理、功能齐全的行政体系。

(二) 健全规范制度

制度是行政活动的框架与依据。要使整个行政机制运行灵活、协调、有序、高效,必须建立一套严密、科学、规范的制度,使制度能有效的促进行政效率的提高。现实生活中有很多行政活动违反了制度的规定,或是缺乏制度依据,最终导致行政活动的低效、失败。

在现阶段,我国应当完善以下制度:

(1) 人事管理与公务员制度。我国现行人事管理制度在选人、用人、培养人、激励人等环节上都存在一定的问题,造成了行政效率的低下。行政人员分类制度不完善、管理方法单一、管得太死,缺乏合理流动,不能人尽其才。激励机制不完善,没有将实际工作效率与激励机制有效挂钩,激励手段单一,激励的目的扭曲,这些都影响了广大行政人员的积极性。提高行政效率必须建立起灵活的、先进的人事管理制度,规划行政人员的职业设计与发展、激励行政人员的创新与发明。

(2) 日常工作制度。各级行政组织应当按照法治、科学的原则,结合本组织的实际工作情况,建立有利于规范行政活动的日常工作制度,如岗位目标与责任、假期分配、公文管理、工作时效、工作报告、定期评估等制度。建立这一系列的制度,可以使行政活动的整个过程与方方面面纳入到法制的轨道中,使行政工作的责任落到实处,杜绝人浮于事、推诿扯皮、抢占利益、回避责任等现象。

(3) 行政程序制度。衡量程序是否科学,一要看它是否能完成各项行政任务、实现组织目标;二是看它的工作环节是否衔接有序、运转灵活,工作手段是否科学先进。

(三) 注重领导方式

领导方法是领导者为了实现领导职能、发挥领导作用而采取的程序、方式和手段。行政领导在行政活动中起着非常重要的作用,它决定着领导活动的成败得失。行政领导是整个行政活动的中枢和关键,在很大程度上影响着行政活动的效率。行政领导方式多种多样,要根据不同的行政任务选择不同的领导方式。

目前行政领导方式注重领导的权威性、强制性、集权性,并主要以任务为中心,以权力为后盾。所以,行政领导的作用主要依赖于规章制度的运用,依赖权力的运用,常常导致领导效果不好,造成领导效率不高。

1. 行政领导要对下属适当授权

领导将权力集中于自己的方法并不可取。领导不可能是"万事通",可能对某些具体情况并不了解,缺乏解决具体问题的专业知识与技术。领导的精力也是有限的,不可能事无巨细都要亲自处理。领导要想提高工作效率就必须懂得适当将手中的权力下放,实现分权化管理。领导可以根据下属的能力与工作需要进行授权;但授权后需要对其进行必要的督导与控制。

2. 行政领导要注意与下级的沟通

现代管理强调人本主义管理理念,强调调动人的积极性与创造性,强调人在管理中的关键作用。人本主义观点同样适用于行政组织。要想使行政人员发挥潜力,就必须尊重他们,和他们进行及时的沟通。领导要主动与下级沟通,才能做到相互理解,也更能赢得下级的尊敬与认同。领导还要主动关心下级的生活与工作,了解下级在生活、工作中的困难。领导要缩小上下级之间心理上的差距,鼓励下级对行政活动提出建议,反映问题;让下级参与行政决策与管理,使大家产生主人翁的责任感。通过与下级的沟通,行政活动的目标制定会更实际、行政活动的执行会更主动,行政效率就得到了提高。

3. 采取良好的激励方法

激励机制是一个组织保持生机和活力的主要动力。行政领导必须做到适时、合理的激励才能够提高行政效率。行政领导要将自我的激励与他人的激励结合起来,发扬自身的模范作用。领导对下属的激励要发自内心,不是走过场。行政领导要在激励的基础上增强组织的凝聚力,把激励与凝聚结合起来。

(四) 提高人员素质

提高人员素质包括提高领导的素质与提高普通行政人员的素质。行政领导是行政活动的管理者、决策者。如果没有高素质的领导者,就没有高质量的行政决策和高效率的行政管理活动。行政领导应当拥有良好的政治工作素质、道德素质、业务素质、文化素质、身体素质、心理素质,做到正确理解和运用法律、正确执行党的方针路线,科学决策,适时变革原有行政管理模式,创造新的行政管理方法。这些都必须通过实践锻炼、理论学习等途径才能达到。行政人员是公共行政的主体和主要运作者,他们担任着公共行政具体执行者的角色。行政人员是行政活动的活力源泉。行政人员的素质提高了,才能不断地提高行政效率。

提高行政人员的素质主要有以下途径:

(1) 严把行政人员录用关。在挑选行政人员进入行政管理系统时,要全面考察行政人员的素质,从专业知识、行政能力、品德修养等方面进行测试,以确保行政人员的素质能够适应高度复杂的行政管理工作。

(2) 加强对行政人员的教育和培训。这主要包括两个方面。第一,对行政人员进行思想政治和职业道德教育,使行政人员树立为人民服务的思想,培养他们热爱本职工作、坚守岗位的职业精神。第二,加强行政工作人员的业务知识与专门技能的训练。随着科学技术的不断发展,行政事务的日益复杂,人民要求的逐渐提高,对行政管理活动提出了更高的要求,这也必然要求行政工作人员的素质与之相适应,包括掌握新技术、学习新知识。只有行政工作人员的业务知识与专门技能都得到发展,行政效率才能够提高。否则,行政效率就低下。在现阶段,政府对于行政人员教育与培训还未给予足够的重视。在未来,这应当是政府提高行政效率的必要方法。

(五) 改善工作环境与条件

工作环境与条件是提高行政效率的有力保障。工作环境包括物质环境与组织氛围。物质环境是指行政活动所处的物质条件的综合,包括办公场所的地点、办公场所的布置等。一个高效率的行政组织必然与一个整洁、健康、文明的环境相联系。如果行政组织的工作环境脏、乱、差,行政人员在这样的环境下是不可能抱着愉快的心情去工作的,行政效率不可能提高。组织氛围是行政组织内人际关系、价值目标、组织文化等的总和。在政府建立公平公正、坦诚开放、相互协作的组织氛围,能够调动行政人员的能动性,是提高效率的有力方法。

工作条件是行政活动的基础,主要是指行政组织的办公设备、办公手段。在目前,办公条件的改善主要涉及两个方面:

(1) 运用现代办公设备。我国传统的行政活动是建立在纸、笔等办公设备,利用手工操作方式为主,行政信息的存贮也是以公文、报告等为载体的,既耗时又费力。随着现代新技术的发明与使用,电子计算机、传真机、复印机、录像机等办公设备的运用将大大节省行政活动的人力与时间,提高行政信息的正确率。

(2) 建立行政信息网络。自 20 世纪 90 年代以来,世界各国政府都在构建新的政府形式——电子政府。通过发展信息及网络技术,将各地的信息机构与行政组织连成一体,形成网络系统,提高了决策的准确性;同时将行政活动的有关信息公布在互联网上,便于公众与政府之间的交流,缩短了管理者与被管理者之间的距离,又节约了时间。我国也积极开展了建立"电子政府"的实践,使行政人员能及时掌握信息,提高了办公自动化水平,从根本上提高了管理效率。

（六）加强监督

加强和完善对国家行政机关及其工作人员的监督和约束，是提高行政效率的保证。加强对行政组织的监督，意味着保证行政权力的运作不超出必要的范围、遵守法定的程序、采取合法的手段、达到预定的行政目的。如果对行政组织缺少监督，那么行政权力运作的合法性将得不到保障，行政活动的投入与产出也就得不到保障。比如，行政组织在制定某项政策时，没有履行法定的听证程序，从表面上看似乎加快了行政活动的运作过程，但实际上很有可能损害了部分公众的利益，违反了行政活动的基本目的，甚至带来某些不良后果，这样的行政活动只能是低效率的。

五、质量管理运动对传统行政效率观念的挑战

行政活动的高效率已经成为公共行政学的一个基本价值追求。但是行政效率概念最初是指单纯的机械效率，即单纯追求投入产出的最大化。这种对效率的追求是与当时工业革命的要求相适应的。工业革命的一个重要成果就是半自动与自动化机器的产生，从而带来了大批量的商品生产。建立在这种商品生产方式上的工业组织通过程序的规范化、产品的标准化追求机械的提高。随着政治——行政二分法观点的提出，将工业组织的管理方法引入行政组织成为可能。所以这一时期，工业组织的价值追求就反映到行政组织，追求产出与投入之比的最大化。

随着社会民主化程度的提高、民众对公共服务要求的提高、公共事务复杂度的加强，行政组织传统的效率追求已经不能满足时代发展的需要了。首先，传统的效率观点忽视了对于行政民主性的要求。但在民主政体中不仅要求效率，更重要的是对行政权力的控制，强化行政活动的民主性。民众不但要求政府有效率地进行管理、提供服务，还要求政府的行政活动充分体现民主的特点。具体说来，民众要求政府所提供的是其需要的，政府所提供的达到其期望的程度。政治——行政二分法的观点也因此受到了来自各方面的批评，即并不能将行政从政治中完全分离出来。政府组织不能完全等同于企业，它还必须追求企业无须追求的价值，如民主、公平。相应地，行政组织的行政活动不仅有效率要求，更要有效能的要求。

20 世纪 90 年代全面质量管理运动被引入了公共行政领域。其核心特征是顾客信息反馈与评估、雇员参与质量改善、供应商合作。这种管理制度在行政系统内部采取目标管理的方法，在行政体系外部采取公众评估行政活动质量的方法。它强调顾客导向在公共行政中的重要地位，因而它更强调对行政活动质量（效果）的关注。

全面质量管理运动在公共行政领域使得传统的对行政效率的片面关注受到

了质疑。政府行政活动的效率固然是重要的，可是并不能因此忽略行政活动的质量。正如本节在刚开始讨论行政效率概念中所提到的，现代行政效率的观点已经得到了发展与改善。这种发展与改善也正是对质量管理运动的积极回应。

第二节 绩效管理

政府绩效是指政府在实施公共管理和提供公共服务的过程中所取得的积极的工作效果。绩效管理是现代政府提高工作绩效，建立满意型政府所采取的行之有效的方法。绩效管理是当代世界各国行政改革的重要方法，对我国的行政改革有着重要的借鉴意义。

一、绩效管理的含义

绩效的这一概念常与生产力、质量、效果、责任等概念相互关联，一般认为绩效是行为主体在工作和活动中所取得的积极的工作效果。政府绩效则是指政府在实施公共管理和提供公共服务的过程中所取得的积极的工作效果。

由于绩效管理过程的复杂性、方法的多样性和研究角度的多维性，学术界对于绩效管理一直有着不同的理解。有学者认为绩效管理是利用绩效信息来设定得到同意的绩效目标，进行资源配置与顺序安排，以告知管理者维持或改变既定目标计划，并且报告是否符合目标的管理过程。

有学者将绩效管理看成是策略管理与绩效激励机制的结合，认为绩效管理是指在组织层面实行策略管理工作，在员工人力资源管理上采取绩效薪金激励制度，两者相互配合，使组织与个人目标均能得到实现。所谓策略管理是组织的各项管理工作活动，都必须是有意识的目的导向过程，以实践组织设定并调整的目标，让组织资源得以最有效的运作。所谓俸给就是结合绩效评估与薪金，工作绩效高低影响下一次基本薪金的调整幅度。①

也有学者认为政府绩效管理指的就是运用科学的方法、标准和程序，对政府机关的业绩、成就和实际工作作出尽可能准确的评价，在此基础上对政府绩效进行改善和提高。

从绩效评估的本质出发，绩效管理指在政府试图实现某种目标的过程中，按照科学的程序，依据可量化的指标对政府工作绩效进行准确评估，以改善和提高政府工作绩效的一套体系和管理方法。

要正确把握绩效评估的含义，还必须注意以下几个方面：

---

① 参见施能杰：《政府的绩效管理改革》，载孙本初、江岷钦主编：《公共管理论文精选 Ⅰ》，台湾元照出版公司 1999 年版，第 107—111 页。

(1) 绩效管理是一个运作系统,是为了达到组织设定的绩效目标并最终提高工作绩效而作出的一系列制度安排和实施的管理机制和方法。绩效管理工作涉及组织管理的各个活动环节和领域,包括组织的工作制度、人事制度、财务制度、采购制度等。绩效管理还要运用不同的方法,如标杆管理方法、质量管理方法等,将这些管理方法统一于绩效管理体系中,形成一个完整的运作系统,为支持高绩效的政府而服务。

(2) 绩效管理是一个管理过程,是为了提高工作绩效而采取的一整套具体操作程序。绩效管理作为操作程序应当包括明确组织的战略和目标、制定组织的年度工作计划、实施绩效评估等具体步骤。各个环节紧密联系,相互影响,一个环节的成功与否将直接影响下一个环节的实施情况;各个环节相互依存,缺一不可,任何一个环节的缺失都将导致整个"管理链"的断裂,使得绩效管理成效减弱或是彻底失去意义。

(3) 绩效管理是一种改革手段,它是为了改变政府原有的管理模式、组织氛围、领导方式,消除那些导致政府绩效不高的因素,提供政府发展的动力,发掘政府发展活力源泉的一种手段。绩效管理不仅仅是一种管理制度上的改变,而且是一种管理观念的改进,是改变政府精神面貌的有效尝试。绩效管理是一种综合的改革手段,在实践中更是世界各国行政改革的一项重要内容。如,美国、英国、新西兰等国的行政改革中都含有绩效管理的基本内容。

二、绩效管理的作用

尽管绩效管理在理论和实践中存在着多种解释,但是从绩效评估在公共部门的开拓性实践和学界对其的总结来看,绩效管理的作用已经逐步得到了肯定。总体而言,绩效管理是改善政府管理的一种有效工具,其对准确评估政府绩效、推进建立绩效、责任、透明政府、加强政府与公众沟通等方面都发挥了显著的作用。

1. 准确评估政府绩效

绩效管理的一个核心内容就是对政府绩效进行评估。由于以往对政府绩效的评估是作为一种纯内部管理方法来操作的,其评估主体单一、评估标准确过于原则,导致了评估结果的主观随意性大、客观性、公正性不足等缺陷。绩效管理针对原有考评的不足,通过一系列制度安排和具体操作程序的设计,扩大了评估主体的范围、细化了评估原则、加强了评估标准的全面性,是一种较为科学、公正的评估手段。绩效管理作为一种评估工具,能够准确地衡量、反映政府的工作绩效。

2. 推动建立绩效、责任、透明政府

在当今经济全球化、信息化的浪潮中,各国政府已经难以维持传统的行政管理模式。政府所面临的各种内外压力,人民对政府要求的不断提高,公众需求增长与财政预算紧缩的矛盾使得改善政府绩效成为一种必然的趋势。绩效管理通过实行分权改革、顾客导向、结果成本等管理因素,整合多种管理理念与方法,在一定程度上解决了上述问题,成为建立高绩效政府的有效途径。

从绩效评估发展的原因来分析,提高公众对政府的满意度也是其主要目的。提高公众对政府的满意度就必须体现政府是对公众负责的政府,政府的管理过程是民主公开的。在绩效管理的具体设计中强调顾客导向,强调公众对绩效管理过程的有效参与,以制度来保障政府积极回应公众的需求,接受公众对政府的监督,执行法律所规定的政府必须履行的职责,承担相应的法律后果。

绩效管理在一系列的制度中还贯穿着向公众公开政府绩效,了解政府管理过程的理念,使政府的管理趋于透明化。从长远说,绩效评估的建立必然会推动责任、透明政府的建立。

3. 加强政府与公众的沟通

绩效管理通过强调顾客导向、结果为本的管理思路,公开政府绩效结果的程序设置,听取公众对政府评估意见的内容设定等方面,拓宽了政府与公众的沟通渠道。以往政府与公众之间沟通失灵,大多数是因为信息渠道缺失或不畅所致,政府的思想难以传达给公众,公众的意见也难以传递给政府。绩效管理如前所述,既提供了制度化的沟通渠道,又能有力保障信息通道的顺畅,使得双方的信息传递迅速而真实。这一管理方法一旦取得了初步的成功,就会产生良性循环:政府乐意听取公众的意见,因为这些意见将会使他们的工作更为有效;公众乐于向政府提供建议,因为他们的利益会在政府决策时得到充分的考虑。

三、绩效管理的程序

(一) 明确组织的使命

使命是组织所肩负的历史责任或工作要实现的最高目标,使命的目的在于为组织提供一个行动方向,促进组织特有的价值观。具体而言,使命包括组织的目标、战略、价值。目标是组织所要达到的效果;为了实现目标而采取的主要途径就构成了战略;价值则是组织一切活动所遵循的行为准则,是组织的"信仰"。组织的使命是组织管理活动的基础,绩效管理其他环节的开展都是在这一使命统帅下的具体运作过程。因而要顺利开展绩效管理,必须首先明确组织的使命,并使其成为组织及其成员都认同的信念。

(二) 提出工作计划

行政组织的工作计划是绩效评估开展的基础。没有确定的前景规划或明确的任务,组织在发挥潜力方面就会遇到很大的障碍。因为没有明确的目标指引,组织就难以用发展的眼光来作出判断,进而作出各种决策,就会丧失动力。如果各个行政组织都仅仅集中精力于眼前的任务上,没有一定的工作规划,将可能使整个政府系统的短期目标与长期目标相背离或者使不同行政组织之间的工作目的相互矛盾或重复。

行政组织工作计划的内容必须与组织的使命相一致,它是使命的具体体现。工作计划应当详细说明在一定时期内(通常为一年、一个月)将完成长期目标中的哪些目标,完成到什么程度,具体采用的方法,如何评估等多方面的情况。在制定工作计划时还应该尽可能征求和考虑那些受这个计划潜在影响或与其有利害关系的主体的观点和建议。政府应该清楚说明计划所要实行的内容,这些计划将给利害关系方带来的影响。

(三) 进行持续性的绩效管理

在组织拟定了工作计划,确定了组织将要达成的目标后,组织就进入了持续性管理阶段。这一阶段旨在为达成工作计划所确认的目标而对组织的工作进行管理,对于改进绩效的管理方法进行确认与推行,对于未达到绩效标准的工作进行改进,对可能无法达成绩效目标的工作及时调整,在失败中总结经验,在成功中总结收获。

(1) 对现行绩效状况的监测与反馈。在工作中不断对现行工作情况进行监测与反馈是进行持续性绩效管理的起点与基础。正确地监测现行工作情况能帮助组织检验其是否朝着绩效目标的方向前进。及时地对工作情况进行反馈为正确监测工作情况提供信息来源。在这一阶段最重要的是让每个工作者都自觉成为有效的绩效监测与反馈者。

(2) 绩效目标和工作计划的调整。在绩效管理的过程中,通过对现行绩效状况的监测,可能会发现由于内部环境与外部环境的变化,管理方法的不当,或是新技术与新需要的产生,原有的绩效目标和工作计划不再适应形势的发展或是不再能够促成绩效目标的达成。惟一有效的方法就是及时调整绩效目标和工作计划。

(3) 绩效改进的计划。这是绩效欠佳者针对目前绩效不佳的情况而作出的旨在改进绩效的具体行动计划。它是建立在绩效不佳的成因分析基础上的应对方案。如果绩效不佳的原因是管理方法的欠缺,那么就应当改进管理方法;如果绩效不佳的原因是工作人员的素质问题,那么就应当提高工作人员的素质,使其能力与工作岗位的要求相匹配;如果绩效不佳的原因在于外部环境,那么就应当减少外部环境的影响,或使外部环境优化。总之,应当做到对症下药。

(四) 实施绩效评估

这是绩效管理的重要组成部分,是绩效管理的核心内容。其实质是由评估主体对被评估者工作绩效的一种判断与评价。实施绩效评估包括选择评估主体,选取评估指标,进行评估,评估激励等多个步骤。对组织进行绩效评估的目的并不在于对绩效不佳者的惩罚,而是要准确反映组织的绩效,为提高组织的绩效打下基础。绩效评估并不是绩效管理的终结,它在绩效管理中起着承上启下的作用。

(五) 学习和改进

绩效管理的终极目标在于提高组织的绩效,并使组织成长为持续绩效改进的单位。在实施绩效评估之后,学习与改进自然是绩效管理不可或缺的组成部分。学习是指组织对于绩效情况进行总结后,学习其他组织的最佳实践方法。改进是指在学习了其他组织的先进方法后,针对自身的特点,使这些经验融为自身管理方法中的一部分。

四、绩效评估的原则

绩效评估应当有贯穿于整个体系的精神主线——绩效评估的原则。这些原则是绩效评估的生命所在,是其价值与基本要求的体现。缺少原则的考评体系将失去科学性、现代性。

1. 科学、公正原则

考评制度的首要品质便在于科学、公正。考评的目的是要了解被考评者的工作情况,藉以提高被考评者的绩效。被考评者对于能够真正反映其工作情况的考评制度是心悦诚服的。他们明白能够从这样的考评制度中了解自己的不足所在,从而自觉地接受监督,改进工作方法。

如果考评制度的科学、公正性被扭曲,它就不能真正反映出真实的工作情况。被考评者从心理上也会对这种考评制度产生抵触情绪。我国的实践反映出缺少科学、公正性的考评结果往往会产生错误的导向。人们尤其是被考评者不会将注意力放在如何提高工作效率、质量上,而是将用一些非制度化、非正常化的手段作为取得良好考评结果的途径,大大打击了被考评者的积极性。

2. 公开、透明原则

政府作为政治权力的主体,对社会实行必要的行政管理,政府所掌握的政治权力是由人民授予的,国家的一切权力属于人民,政府必须对人民负责。政府行为的结果与人民的利益息息相关。我国宪法第 2 条规定:……人民依照法律规定,通过各种途径和形式,管理国家事务,管理经济和文化事业,管理社会事务。这是对公民行政参与权的肯定。公众有权了解政府将要做什么、正在做什么以及政府采取了什么结果。绩效评估作为评估政府工作的制度,必然要将群众的意见纳入到评估体系中。绩效评估的过程和结果都必须向公众公开,这是各国行政实践的一个趋势。例如,英国著名的公民宪章运动就将“信息和透明度”列为其中一项原则。

公开、透明原则还意味着评估能让被评估者跟踪了解。如果评估方法不透明,被评估者就看不出在检查着什么样的工作。只有当被评估者明白评估的内容,他们才会朝着评估导向的正确目标发展。政府不能用一个公众都不清楚的规则来约束他们。同理,一个缺乏透明度的评估制度,公众也是不会认同的。

3. 系统全面原则

考评公正的实现依托于考评的系统性、全面性。所谓考评的系统性是指要将考评作为一个整体来看待,而不可将考评的各方面割裂。考评的全面性则要求将政府工作所应当有的职责都纳入考评体系,而不能够只将工作的某些方面作为考评内容,对其他方面不予考虑。就我国目前的发展情况而言,考评要把经济发展、人民生活水平、生态环境、科技进步、精神文明建设作为一个大系统来考虑,以防止只顾眼前不谋长远,涸泽而渔、急功近利、好大喜功的行为,促进经济、社会的可持续发展。以往那种只以某一方面指标作为考评"硬指标"的做法,在实践中已经造成十分严重的后果。近期,我国一些地方的考评改革正逐步朝着系统全面性的方向发展。

4. 可操作性原则

可操作性原则要求考评一要便于具体操作,二要便于进行纵向和横向的比较。具体而言,就是考评的标准要便于理解,考评的信息要便于统计,考评的开展要便于组织,考评的结果要便于分析。要从实际出发,既要防止事无巨细皆考评,指标过于繁杂,过程过于复杂,考评评价成本过高,超出现实操作能力;又要防止指标过于简单,难以反映客观实际。否则,整个考评工作要么陷于复杂的数字和书面报告中,耗时耗力;要么考评只是简单的数字图表的堆积。由于各行政组织社会经济发展的条件、特点不同,可根据实际情况增加或减少个别指标,以增加考评的适用性、可行性。

五、绩效评估的步骤

绩效评估不但包括对政府绩效的判断,还包括对绩效结果的运用。绩效评估的步骤是反映绩效评估是否全面、系统的重要因素。缺少其中的任何一个环节,绩效评估都可能难以达到预期目的。

其步骤如下页图表所示。

(一)确定绩效评估的项目

评估的项目应当是被评估的行政组织(个人)主要职能的概括。不同级别的行政组织、不同性质的行政组织的职能不尽相同,因而它们的绩效评估就会有不同的评估项目。

(二)选择绩效评估指标

绩效评估指标是测定政府机关为公众提供产品或服务状况的标准。它是反映机构、项目、程序或功能如何运作的重要标准。从绩效评估的定义和绩效评估

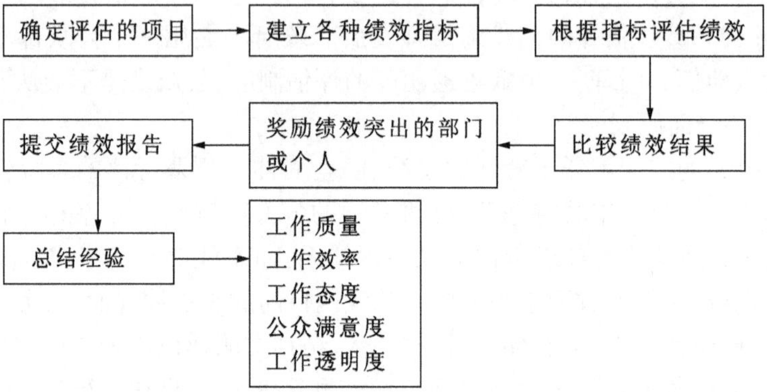

的目的而言,绩效评估着重强调行为的类型、水平(程序复杂度),这些行为提供的产品和服务(产出),以及这些产品和服务的结果(效果)。因此绩效指标作为绩效评估的衡量标准,不仅应当反映工作任务或目标的完成程度,而且应当反映工作任务或目标完成的过程。具体而言,就是要求建立的绩效指标体系不仅要清楚地表明政府完成了什么工作而且还要表明政府是怎么完成这些工作的,完成这些工作是为了什么。

绩效评估指标包括以下几种:

(1) 投入指标是衡量为实现某一目标而消耗的人力、物力、财力、信息。投入包括劳动、材料、设备、供给、资金。投入指标对于展示提供服务的总成本、提供服务的各种资源、服务的需求是非常重要的。如:对困难职工进行帮困补助所花费的资金。

(2) 产出指标表明提供的服务单位或产品数量,反映为提供服务或生产产品所作出的努力。如:垃圾清理或处理的吨数、绿地种植的面积。

(3) 效果指标是指公共服务供给之后产生的效果,反映出一段时间后(常是工作计划完成后)条件或环境的改善。效果包括短期效果和长期效果。效果指标可以反映出政府工作是否达到原定的目标。如参加再就业培训人员在参加培训后就业的人数。

(4) 合适性指标报告政府提供的服务与群众需要的契合度。例如,需要进行再就业培训的人数及比率。如果需要进行再就业培训的人很少,那么政府就没有必要进行大范围的培训。这就涉及到政府与公众的沟通有效性问题。

(5) 质量指标。反映公众("顾客")期待的有效性。测定质量包括确定性、准确度、竞争性、敏捷性。它表明政府进行提供公共服务的态度、使用的方法与手段、管理能力等。质量测定主要包括两个方面:一是对合目的性的测定,二是对公众(顾客)满意度的测定。所谓合目的性,指的是政府工作的效果是否符合开展这项工作的目的。合目的性通过对产出的质量和对工作程序来衡量。所谓公众满意度是指公众尤其是政府服务的对象对政府工作的效果是否满意。实际上质量与投入、产出、结果、合适度的区别并不是绝对的,因为投入、产出、结果、合适度等方面都暗含着质量指标的某些要素。这里将质量与效益中的其他方面区分开来是因为要强化质量观,强调质量在绩效评估中的重要地位,这是现代公共行政学发展的一个重要变化。

(6) 成本—效益指标表示服务的程度与提供服务所需资金与人力资源的成本之比,它们将投入与产出结合起来。它通常有单位成本、个案处理的平均时间、反应速度等具体表现。如每建造一个公园的成本,收集每吨垃圾的成本。

(三) 由评估主体对政府绩效进行评估

评估主体在绩效考评中占有非常重要的地位。我国以往的评估主要是上级机关对下级机关的反馈。但是随着分权管理、顾客导向等管理理念的发展和实践的深入,原有的单一的评估主体已经逐步转变为多元的评估主体。具体而言,这些评估主体包括以下几种:

(1) 政府自身。无论从信息的取得,还是实际操作,政府的自身评估都更具有针对性。行政组织自己制定工作计划,对于工作计划所要完成的任务,所需要的资源,现在完成的情况和其中所遇到的困难,政府自身最为清楚。让行政组织自己作为评估主体体现了政府作为自身工作的主人翁地位。同时激励他们寻找更好的工作方法,使其更清楚自己需要努力的方向,也避免了他们制定不切实际的计划。

(2) 上级机关。从行政机关内部管理的角度来看,上级机关必须拥有一定的权威,才能更好地保证工作的顺利进行,部门领导对下级的评估即构成这一权威的组成部分。从权力与责任对等的角度来看,上一级机关承担责任的同时应当享有对等的权力。在行政机关中通常是采用首长负责制,该部门的工作最终是由部门领导负责的。既然部门领导对于工作承担了一定的风险,他们显然应当拥有对这项工作评估的权力。从行政机关的结构来看,上级机关评估既包括本机关行政首长的评估,又包括上一级主管机关的评估。

(3) 公众。从法律的角度来分析,人民主权的原则承认国家的一切权力来源于人民,政府的权力不是自始就享有的,而是人民授予的,因而人民拥有对国家权力的行使进行监督的权力。我国宪法上也明确规定了公民有参与国家管理、监督国家机关的权利。公民对政府进行有效监督的基础就是对政府的工作情况在一定程度上的了解。绩效评估主要是通过对政府绩效结果的分析,达到提高政府绩效的目的。因此,绩效评估是反映政府工作的一个重要形式。让公众参与到绩效评估的过程中来是使公众对政府工作进行监督的有效方法。让公众参与绩效评估符合国家民主化、法制化的基本要求。

(4) 专家。对于一些专业性较强的部门,普通民众很难分析出到底这些部门的工作情况是好是坏,他们给出的意见只能是感性上的,这时就需要专家介入考评。比如,财政部门的工作情况怎样,群众很难给出一个准确的、理性的回答。因而在适当的时候引入专家的意见也是必要的。由权威性的学术机构对政府创新行为进行评估和奖励,是世界上许多国家的普遍做法。美国在关于政府行为的奖励和荣誉方面,最具权威性和声誉最高的奖项“美国政府创新奖”就是由哈佛大学肯尼迪学院承办的。发挥专家在绩效评估中的作用对于建立科学的评估体系是十分必要的。

(四) 根据评估结果划分不同的等级

在各项评估依据评估指标进行评估之后,将各个政府机关的绩效分为不同的等级。对于各个等级应当对应一定的分值范围。虽然不同机关的指标会有所不同,但是可以对这些指标进行评分后再抽象为几个主要方面的分数,从而使不同行政组织的绩效具有一定程度上的可比性。例如,按政府的绩效指标体系将各项工作的绩效进行评分后,抽象为工作完成情况的分值;将上级主管部门的打分值对应抽象为上级对下级工作的满意度分值;将群众对政府各方面的工作打分后,抽象为群众对政府工作的满意度分值。这样将三方面的分值进行累计,得出最后的分值。然后,将分值与相应等级的分值进行对应后,得出政府工作绩效的不同等级并以此等级作为后面奖惩的依据。

(五) 评估结果的公开、比较

(1) 将考评的结果公开、比较的必要性。第一,将考评结果公开、比较是公众的要求。政府工作的结果与公众的生活密切相关。政府的每一项工作相应都会引起公众生活方方面面的变化。公众作为政府工作的最终承受者,政府每一项决策的作出,都会影响其日常生活。因而,只有让政府的工作处于公众的监督之下,其切身利益才能得到保障。将考评的结果进行公布并比较,会对政府形成一种压力,是人民进行监督的有效途径之一。如果一个政府真正的是民有、民治、民享的政府的话,人民必须能够详细地知道政府的活动。没有任何东西比秘密更能损害民主,公众没有了解情况,所谓自治和公民最大限度地参与国家事务只是一句空话。

第二,将考评结果公开、比较是政府自身的要求。长期以来,政府为如何摆脱低效率的工作情况而困扰,改善工作成绩、转变政府的组织文化与氛围是各级政府十分关心的话题。政府要改进工作首先要明白自身是否有不足,不足之处何在。只有将政府绩效评估的结果公开并进行比较,政府才会从心理上根本认识到自身确有不足,才能清楚地看到不足在何处。否则政府并不会真正认识到自身有不足,相反还往往会产生“我们是最好的”的错觉,形成自我满足的心理。通过比较政府才会明白自身的不足在哪里,今后努力的方向在哪里。当政府内所有人员对于自身的不足有了清醒的认识并努力改进时,一个学习进取型的组织文化才能形成。

政府将绩效考评的结果进行公开和比较,表明了政府在工作改善中所付出的努力,也实践了政府向人民负责的观念。还可以使政府更好地和公众进行沟通,有利于公众对政府工作的理解和支持,并且使群众乐于对政府的工作提出建议。只有政府与群众形成一种双方互相信任的关系并产生良好的互动,才能为政府开展好工作提供前提和基础。实践证明政府越主动、积极地公开绩效评估的结果,政府人员和公众对开展绩效管理的支持就越有力。

(2) 考评结果比较、公布的方式与方法。

第一,是如何选择评估结果公布的方式。一般来说将考评的结果进行公布是为了有效地监督政府工作,选择的公布地点应当使能够看到结果的公众人数最大化。从各国的实践来看,评估结果的公布常常采取多样的形式。

第二,向公众公布的形式要易于理解。在对公众公布的过程中要注意公布的形式,要使公众对政府工作有一定的了解,就要使公众明白评估的结果是怎样,这样的结果能否为公众所理解。考虑到我国的现状与公众的文化水平,在向公众公布时要避免使用一些生涩的专业术语,而应采取形象直观的方法来阐述。

第三,对于评估结果比较的方法选择。一般而言,对绩效评估进行比较的途径主要有如下二种。一是与本部门以前的业绩相比较,这种比较的方法侧重于表现同一工作部门的绩效进步,可以清晰地反映出该部门工作的改进程度和努力程度,能够让工作人员信服。二是与同类机构的业绩相比较,这种比较方法侧重于表明政府工作部门在整个系统中所处的地位。此种比较结果使政府工作人员更加明白差距所在,有利于今后在工作中借鉴别人的有益经验,发扬自己的先进精神。可以说,将相似部门的工作绩效进行比较可以形成一种有序竞争,它将所有工作性质相似的部门作为一个整体系统,从而使这个系统的绩效得到全面提高。但由于各部门所处的外部环境千差万别,保证这种比较方法的公正性是关键。

(六) 评估后的总结和奖惩

(1) 评估后的总结是指在对绩效进行评估后,被评估者就评估结果中反映出来的问题进行说明、解释、分析,并提出改进和努力的方向。这一步其实是对年度工作进行的一次小结,也是为下一年的工作提供有益经验,它看似简单,但要真正做好则需要进行认真思考。绩效评估的总结必须是对事物本质的深入分析,而非流于形式的分析总结。在绩效总结报告中,一般包括以下几个方面的情况:

第一,该年度绩效目标完成的成功之处。说明该年度有哪些任务完成得比较好,这些任务达到了什么程度(比如是否为超目标完成任务),政府分析能够达成目标的主要原因是什么。这部分的目的是为成功的目标总结经验,既为该组织以后的工作提供经验,也是为其他组织提供可以借鉴的经验。

第二,解释并说明哪些绩效目标没有完成。从“政府的精力是有限的”观点出发,政府每年不可能完成所有的工作任务,或将所有工作做得尽善尽美,总有些工作任务没有完成或是没有很好地完成。到底哪些工作任务没能完成呢?这是组织最关心的问题。这部分的目的是要让组织明白其是否有不足之处,这些不足之处何在。明确组织自身的不足之处,能使组织成员放弃那种盲目地认为“我已经很好地做完一切工作”的想法,使他们明白自身的缺点。

第三,以上目标没有达成的原因。在说明了没有完成的任务或任务没有很好完成的地方后,接下来的一个很重要的问题是,这些任务为什么没有完成或完成的效果为什么不好。这也是政府总结的重点部分。组织应当描述为完成该项任务做了哪些努力,离目标差距在哪,这些差距的原因是对外部环境了解不够,或自身准备不足,还是原先制定的目标过高。让组织主动寻找任务没有完成或没有很好完成的原因,让组织从中汲取经验,为今后很好地完成任务提供实践经验。

第四,对于这些目标在下一年度将准备采取什么措施来保证其实施。让组织找出任务没有完成或没有很好完成的原因,其最终的目的是为了让组织在遇到相同或类似问题时能够提出相应的对策。这即所谓在挫折中学习,避免犯相同的错误,并积极寻找对策,然后才能解决问题。任何对已经发生的错误不进行反思,不寻找对策解决的组织,注定是一个失败的组织。

(2) 要考虑到是否要采取以及采取什么样的激励手段才能保证绩效评估的目的更好地实现。毫无疑问,在绩效评估制度中激励手段是必不可少的。因为,一种制度没有激励手段也就失去了保持其运作的后续力。绩效优秀者没有得到奖励,那么他会觉得自己辛苦的劳动得不到大家的认同。如果对绩效不佳者没有惩罚,那么他不会深刻意识到自己的不足,更谈不上改进绩效了。

同样,在注重绩效评估制度中的激励手段时要选择适宜绩效评估发展的手段。一种良好的激励手段能够给组织带来活力,提供动力。一种失败的激励手段不仅无法起到激励的作用,反而会伤害大家工作的积极性。

第一,多种激励方法并用。金钱激励在一定的条件下是必要的,也能发挥较好的作用。但是同时也不能忽略表扬、荣誉称号和其他形式的精神奖励所产生的巨大影响。在传统意义上,我国的先进工作者、“五一劳动奖章”获得者等称号在现代仍然有继续发挥作用的必要。在避免以往只注重精神鼓励而忽视物质、职位鼓励的倾向的同时,也要避免走向另一个极端。

第二,奖励与惩罚手段并用。与绩效评估的结果进行挂钩的激励机制主要依靠正激励手段,但是仅凭奖励还难以对工作人员产生心理上的压力。我们不倾向于使用惩罚性的手段,惩罚性的手段容易使员工对绩效评估产生抵触情绪,而这对行政组织刚刚才开始实行的绩效评估是十分不利的。在现阶段,要使绩效评估能够得到大多数人的赞同并支持,就要尽量减少使用惩罚手段,至少这种惩罚程度不能比原来的惩罚力度大。否则政府内的工作人员会产生绩效评估就是上级要对他们的工作进行更严厉监督的错觉。只有对那种长期绩效不佳者,才可以考虑采取惩罚措施,以造成他们的压力,产生更好的绩效。同时为了更好地发挥激励机制的作用,必须对激励机制进行规范,这样有利于保证激励机制按照规范进行并逐步深入,防止激励机制超出必要界限。

六、实施绩效管理的评估方法

由于绩效评估内容——政府工作的范围广、涉及面宽、环境复杂多变,采用的具体绩效评估方法也很多,不可能有适合一切对象的通用的方法。绩效评估如果要保证评估的公正性、科学性就必须对这些不同的对象进行适当的区别,采取不同的方法、综合使用各种评估技术。根据现有的实践,常用的绩效评估方法主要有以下几种。

(1) 实绩记录法。这种评估是以记录被评估者的实际工作情况为评估的手段,通常是由评估主体发放统一形式的表格,按一定的时间限度记录一段时间内的工作情况,定期进行一次正式的评估。实绩评估法的内容通常包括被评估者出勤情况、违纪情况、工作进度、被投诉情况等。

(2) 目标评估法。这种评估方法着重将政府目标的实现情况与其预先设定的目标进行比较,将政府工作人员的个人目标实现情况与行政组织分解至个人的目标进行比较。通过这种评估测量组织绩效目标的完成程度,明晰组织工作实践与目标的差距,向组织及其成员反馈工作信息。目标评估法在政府的评估中得到了广泛的实践。

(3) 因素评估法。该评估法要求对政府的工作主客观条件进行全面的评估。通过调查分析和数据统计,分清哪些是行政组织与工作人员的主观因素,哪些是客观因素,在此基础上形成对应不同分值的标准体系,然后将被评估者纳入该体系中进行评估,得出评估结果。因素评估法要求全面、准确的分析组织的工作绩效,选定各种不同的因素,确定对应的评估分值,统一评估分值的计算方法。该方法是对政府进行全面综合评估的一种有效工具。

(4) 比较评估法。这种方法是将某个行政组织的绩效与相似工作性质和相似工作条件的其他行政组织的绩效逐一进行比较,或是将某个行政组织的绩效与类似的其他组织(并不仅限于行政系统内的组织)的绩效进行比较。后一种比较方法又称作标杆管理,常常采取如下的操作方法:首先分析本组织某一工作领域的性质、特征,然后寻找与其工作性质、特征相似并在这一领域拥有最佳做法的组织,以该组织的做法为参照标准,对本组织特定工作领域的工作绩效进行评估。只要该组织与另一组织在某一工作领域的工作有相似之处,并可对此借鉴就可以采取这种方法,而不论拥有最佳实践的组织是何种性质,它可以是行政组织、公共组织,也可以是私营企业。

(5) 关键事件法。这种方法通过抓住政府工作中的关键事件来了解绩效的目的。在日常工作中由评估主体将被评估者在工作中所表现出的不同寻常的、具有关键作用的行为记录下来。评估主体在一定的时间内,根据所记录的事件与被评估者当面讨论后者的工作绩效。这种评估方法常作为其他评估方法的辅助。

(6) 自由报告法。由特定行政组织的首长对所属工作部门的工作情况做书面的陈述或报告,或由工作人员对自身的工作情况进行报告,总结取得的成绩,指出不足的所在,分析失败的原因,一般作为评估的材料来源。我国的行政组织每年向上级汇报工作、提交工作报告,公务员每年的年终总结等都是这种方法的具体体现。

(7) 行为锚定评价法。该方法通过一种等级评价表,将关于绩效的行为进行等级性量化。综合了传统的“图表评分法”和“关键事件法”的主要元素,形成规范化评分表格。考核者所评估的每个点是实际工作中的具体行为,而不是对工作的普通描述或特征要求。一般按照五个步骤进行:第一,确立关键事件。针对需要考核的工作,请最了解它的人(职位担任者本人或其主管)举例描述出具体的有效行为和无效行为。第二,确定绩效维度。把第一步所列出的行为归纳为若干维度,再确定每个维度名称和内容加以界定。第三,重新排列。由另外一组对被考核工作同样有相当了解的人,根据前两步提供的关键事件和维度,对最好绩效所需的行为排序。第四,确立分值。为每一项具体行为,在它所代表的绩效维度中的有效或无效性确定分值。第五,确立最终评价体系。每个维度确定一组关键描述作为行为锚点。

(8) 360 度评估法。这种评估方法最主要的特点在于:评估主体并不仅仅是被评估者的上级主管,还可以包括被评估者自身、被评估者的服务对象或管理对象、被评估者的同事或是有协作关系的其他行政组织、被评估者的下级行政组织或下属工作人员。换言之,360 度评估法是从不同层面群体的角度来衡量被评估者的绩效。360 度评估方法具有全面性、多维性的优点。对被评估者的了解更加全面,评估的结果也会更加准确、公正。这种评估方法调动了各方对绩效评估的积极性,有利于绩效评估的顺利进行。

七、绩效管理在我国的实践及展望

（一）我国政府绩效管理的实践

随着中国政府机构改革的深入和政府职能的转变，政府绩效问题也成为各地各级政府十分关注的问题。目前全国许多地方都进行了政府绩效评估的试点。如重庆市、福建省厦门市、广东省珠海市等都初步实行了绩效管理。2004年4月20日国务院发布的《全面推进依法行政实施纲要》中强调要"建立公开、公平、公正的评议考核制……评议考核应当听取公众的意见。要积极探索行政执法绩效评估和奖惩办法"。该《纲要》从完善依法行政的角度提出了建立政府绩效管理体系的基本要求。2004年7月，国家人事部《中国政府绩效评估研究》课题组提出了一套拟适用于中国地方政府绩效评估的指标体系，这为各地政府建立绩效管理提供了参考标准，也为我国政府全面开展绩效管理工作创造了重要条件。

（1）主要应用形式和方法。第一种是作为特定管理制度的绩效评估。绩效评估作为特定管理制度中的一个环节，随着这种管理机制的普及而应用于多种行政组织。例如目标责任制、社会服务承诺制、效能监察、干部实绩考核制度。第二种是专项绩效评估。针对政府工作的某一方面或是专项活动开展绩效评估。例如，北京市对国家机关网站政务公开的检查评议，山西省运城市的"办公室机关工作效率标准"等。第三种是普遍的绩效评估。这种绩效评估不同于以上两种方式，它既不是作为特定管理机制中的一个环节而存在的，也不是仅针对某个领域的活动而开展的，它运用于政府工作各方面，综合运用多种管理方法的评估机制。如上海市徐汇区政府实行完整、独立的绩效评估机制，将政府工作的各个方面纳入评估范围。

（二）存在的问题

（1）政府的基本职能、组织结构、运行机制、领导体制都停留在原有行政模式的基础之上，没有与绩效管理制度的建立相配套，绩效管理的作用得不到有效发挥。绩效管理要求政府更新观念，树立结果为本、顾客导向的管理理念，进行分权化管理。如果没有从根本上改变现有的行政管理机制，那么绩效评估中的先进理念，如评估主体的多元化等问题，必将与现有的体制产生矛盾，而导致绩效管理的失败。因而要进行行政改革以建立起适应绩效管理的制度基础。

（2）绩效管理缺乏统一的法律、法规或相关政策作为应用的法定依据。各地政府运用绩效管理多处于一种自发状态，且各自为政。我国国家机构的几次改革都停留于表面，缺少可操作的政策性指导，更没有相关法律、法规作为制度上的保障。在一些地方绩效管理只是一种时髦的标签，在没有对其进行认真研究的情况下就随意建立。

(3) 绩效管理囿于传统的考评思路。在实践中往往是只注重对效率的评估,而忽视了对绩效评估核心要素——质量、效果的评估;只注重对经济发展的评估,而忽视对环境保护、公共服务的评估;只注重对表面化的数字的评估,而忽视实际中真实情况的评估。测量结果也只作为领导干部奖惩的主要依据,而没有与提高组织绩效、改进组织氛围等目的联系在一起。

(三) 对政府绩效管理的展望

尽管政府绩效管理的现状并不尽如人意,但我国未来绩效管理的发展还是充满希望。

(1) 绩效管理已经引起了各地政府的高度重视。温家宝总理在十届人大二次会议上所做的政府工作报告中指出:各级政府要全面履行职能,在继续搞好经济调节、加强市场监管的同时,更加注重履行社会管理和公共服务职能……并适应新形势改进管理方式和方法,提高行政效能和工作效率;树立科学发展观和正确的政绩观。

(2) 国外的实践经验以及我国各级各地政府的绩效管理实践为我们提供了宝贵的经验。西方发达国家的绩效管理已经经过了几十年的实践,积累了一些宝贵的经验。而这些经验中有很大一部分涉及到绩效管理中的共性问题。譬如坚持顾客导向的管理理念及实际操作。我国政府绩效管理适当借鉴他们有益的经验,可以引入新的思路,打破原有的固定思维方式。虽然我国政府绩效管理的建立刚刚起步,在其中遇到的问题为今后实行绩效管理作出了警示,只要对这些问题加以仔细研究、认真对待,政府一定能够避免再犯同样的错误。

(3) 公众对绩效管理的积极参与必将为绩效管理注入新的活力。公众要求增加政府管理过程的民主化、透明化程度。绩效管理是对公众这一要求的回应,其在制度设计中充分体现了公众的参与性与知情性。公众一旦参与到绩效管理过程中,则可以有效地监督政府,更可以为政府工作提供有益的建议,使政府工作更趋合理化。这样也将为绩效管理的实践增加动力,提供支持。

(4) 现代科技和信息技术的发展为政府绩效管理提供了有力的技术支持。计算机技术、统计技术、分析技术的飞快发展,信息网络覆盖面的扩大,使人们的生活环境发生了日新月异的变化。绩效管理利用计算机技术可以得到更为准确的信息,利用统计技术、分析技术可以得出更科学、更快速的分析结果,通过网络可以更好地收集信息。绩效管理的可操作性将不断增强。并且由于资源的共享,公众了解政府工作的途径和渠道将更为宽阔,各国政府间的沟通和交流也将更为便捷。

第九章　行政决策、实施与监督

行政决策、决策实施和决策实施中的监督是国家行政机关为实现其管理国家和社会公共事务的职能而进行的一系列活动。决策科学与否,实施是否到位,监督是否及时,关系到能否有效处理公共行政事务、行政目标能否顺利实现。因此,学习和研究行政决策、实施与监督的基本知识,掌握决策、实施与监督的基本理论和方法,从中找出一般规律,用以指导决策、实施与监督实践,已成为公共行政学的重要研究课题之一。

第一节　行政决策

一、行政决策概述

(一) 行政决策的含义与特点

1. 决策与行政决策

所谓决策,是指人们在社会实践基础上,根据事物发展趋势和规律,在决策主体意志因素的参与下进行的选择未来行动方案的活动。决策有以下特点:(1) 针对性,决策总是针对需要作出决定的问题,没有提到决策日程上的问题就不存在决策;(2) 目标性,决策离不开为行动确定目标,没有确定的目标和方向,就无法作出决策;(3) 实施性,决策总是同实施行为连在一起的,其目的就是为所要采取的行动作出决定,对于不必考虑如何行动的问题,就用不着进行决策;(4) 选择性,决策是行为的选择,对任何一个需要采取行动的问题,总会有各种效果不同的路径和办法,决策就是要研究这些途径和办法并加以比较,从中作出最佳选择;(5) 预测性,决策是决定未来的行动,因而需要对未来行动面临的环境、条件和行动结果进行预测,科学预测是科学决策的基础。

行政决策是决策的一种,是指国家各级行政机关为履行行政职能,在其管辖权限范围内作出处理公共行政事务的决定。它是国家行政机关管理过程中最重要、最基本的工作。

2. 行政决策的特点

行政决策除具有一般决策的特性外,还有以下特点:

(1) 决策主体上的特性。行政决策是处理国家公共事务时作出的决策,因此,只有具有法定行政权力的组织和个人才能成为行政决策的主体,主要是中央和地方各级国家行政机关和行政人员，他们在宪法和有关法律、法规规定的职权范围内进行决策。此外，有些虽不是国家行政机关，但依照宪法、法律、法规或经授权的国家机关和社会组织，具有一定的行政权，也可成为行政决策的主体。

(2) 决策所代表的利益和依据上的特性。任何部门、任何层次的国家行政机关或领导人的决策，都是处理公共行政事务的，需要反映民众的意志和利益，都要从国家全局出发来处理本地区、本部门管辖范围的公务，绝不能只顾本地区、本部门的狭隘利益，更不能以谋私为目的。进行决策时，必须依据国家宪法、法律、法规，只有严格依法办事，才能代表国家和人民的整体利益，决策才会有权威性和普遍约束力。

(3) 决策功能上的特性。行政决策的功能是指决策实施后产生的社会效果。这种效果可能是决策者意料之中的，也可能是预料之外的；可能会产生明显的效果，也可能会产生潜在的、长远的效果。这些社会效果体现了决策功能的多样性。系统论原理告诉人们，社会是一个大系统，政府只是这个大系统中的一个子系统，它与其他子系统之间相互联系、相互作用，经常发生物质和非物质的交换。因此，行政决策所产生的行动会牵涉到社会的各个方面，产生广泛的影响，所发挥的功能具有多样性。比如，我国 20 世纪 70 年代末 80 年代初决定在农村实行家庭联产责任制的土地承包改革时，并没有想到会产生"乡镇企业"异军突起的现象，而乡镇企业的发展，推进了中国现代化的进程。

(4) 决策内容和约束范围上的特性。由于行政决策的内容涉及整个国家和社会范围内的一切公共事务，它牵涉的面广、机构多，动用的人力、物力、财力数量大。同时，行政决策以国家权力为后盾，凡是在行政管辖范围内的一切机关单位、团体、个人，包括政府机关内部成员，都要受行政决策的约束。因此，与企业决策、社团决策等相比，行政决策涉及的内容和范围要广泛得多。

(二) 行政决策的分类

行政现象复杂多变，决策主体的决策过程也错综复杂，因而行政决策具有多样性。根据各种行政决策的特点和进行分析、研究的需要，可从以下几个角度对行政决策作出分类。

(1) 依行政决策主体地位不同，可分为高层决策、中层决策和基层决策。

一般说来，涉及到国计民生或跨省市经济发展的资源开发、企业投资、科技项目等的中央政府决策，就属于高层决策。如经过全国人大八届四次会议审议通过的《国民经济和社会发展"九五"计划和 2010 年远景目标纲要》，是我国跨世纪的总决策、总规划。这类决策具有战略意义，往往与国际、国内的社会环境、国家的长期发展规划以及政府的基本政策相联系。县、乡级政府机构对其管辖范围内的行政事务所作的决策属于基层决策。这类决策基本属于贯彻中央以及上级政府的决策而作出的行为。介于中央政府与县、乡级政府之间的省级、市级政府所作的决策，只涉及各自管辖范围内的公共行政事务的管理，其战略意义和影响范围低于、窄于中央政府的高层决策，又高于、广于县、乡级政府的基层决策，可称为中层决策。

(2) 依行政决策客体范围大小的不同，可分为宏观决策和微观决策。

宏观决策一般指在一个行政体系内部，决策所涉及的客体为全局性、核心性的重大问题的决策。这类决策往往具有涉及问题广、实施时间长等特点。微观决策是指决策者对本部门具体实施，即在宏观决策指导下就其具体实施的步骤、方法和措施等作出的决策。这类决策一般具有具体性、技术性等特点。宏观决策与微观决策的划分是相对的，中央决策与地方决策的关系、政府决策与企业决策的关系，都可看做宏观决策与微观决策的关系。

(3) 依决策内容的性质不同，可分为常规性决策和非常规性决策。

常规性决策又称例行性决策、重复性决策或确定性决策。这类决策涉及的问题是例行性事务，具有方法和程序上重复的特点，决策者可以凭借自己的经验，按照例行规章和程序作出决定。非常规性决策也称非规范性决策，与常规性决策相反，它所处理的问题是一些具有偶然性、随机性的事件。做这类决策时，没有现成的规范和原则可以遵循，也没有既定的方法和程序可以参照，更没有可靠的数据、资料可以运用。总之，无常规可循，必须专门考虑研究进行决策。这类决策具有应变性和不确定性特点。常规性决策与非常规性决策的划分是相对的，因为偶发事件一旦重复出现，处理这类事务也相应产生了一定的规则和程序，就成为常规事务。

(4) 依决策条件和可靠程度的不同，可分为确定型决策、风险型决策和不确定型决策。

确定型决策指信息完备，只存在一个确定的目标，面对一种环境和条件，对各个不同方案的结果均可计算确定，按照要求从中选出最佳方案，就可获得确切无误的结果。风险型决策是指有一个确定的目标，面对两种以上环境和条件，不同方案在不同环境条件下的不同结果可以计算，虽不能完全断定未来出现的是哪一种环境条件，但可预测出现的概率，有一定把握，也要冒一定风险的决策。不确定型决策和风险型决策相似，不同的是其不能预测环境条件出现的概率。因而结果不确定，决策没有把握，一般根据主观判断或推测计算出概率再做决策。这类决策风险性较大。

另外，依决策方式不同，可分为经验决策和科学决策；依决策目标所涉及的规范和影响程度不同，可分为战略决策和战术决策；依决策所要实现的目标多少不同，可分为单目标决策和多目标决策，等等。

(三) 行政决策的作用

行政决策是政府管理的关键，也是管理的一项基本内容。美国著名管理学家西蒙曾经说过:"管理就是决策。"决策水平高低是直接关系到政府管理是否具有生机和活力、能否取得成效的大问题。

(1) 行政决策是政府管理过程的中心环节,是实施各项公共行政活动的基础。

行政决策贯穿于行政管理的始终。整个行政管理活动过程就是进行决策和实施决策的循环往复的不间断过程。无论哪一级行政机构和哪一类行政人员,都要涉及行政决策。行政决策是行政领导人员最根本的任务,是行政人员最经常、最大量的活动。作为下级,要对上级的指示制定贯彻落实的计划措施,同时,又要在执行过程中对出现的各种问题进行决策。行政管理过程中的计划、组织、领导、协调、控制等职能都以决策为基础,为实现决策目标服务。

(2) 行政决策是否科学、合理,直接关系到政府工作的效率和成败。

成功的决策往往是行政管理成功的关键,在社会经济文化发展诸方面起着不可忽视的作用。错误的行政决策则产生错误的行政行为,即使客观条件再好也不会有好结果,执行越坚决对社会危害越大。尤其是国家最高层领导决策失误,必将给国家造成巨大损失,甚至危及政局稳定和政权生存。新中国成立后几次政治经济方面的重大决策失误,使国民经济濒临崩溃的边缘,给人民造成了严重的灾难。党的十一届三中全会后,在一系列重大问题上作出了正确决策,使我国在现代化的道路上迈出了一大步。当前,随着信息经济、全球化经济时代的到来和我国经济体制的转型,行政管理面临的挑战因素越来越多。无论是改革开放政策的实施,还是科学技术的迅猛发展,国际竞争的急速加剧,都极大地突出了决策在各级政府管理中的地位和作用。

(3) 行政决策是行政组织有效运行的导向,是规范自身行为的尺度。

党和国家的路线、方针、政策是通过行政决策贯彻执行的,政府行为正确与否,很大程度上取决于行政决策的正确与否。行政决策为各级政府引航导向、指明目标,通过决策规范政府行为,使社会人力、物力、财力、技术资金和信息等要素达到合理配置以提高管理效率。行政决策科学化还有助于行政机关自身行为的规范化和科学化,从而为政府加强能力建设,塑造良好形象设定规范和尺度,为廉洁高效政府的实现创造条件。

二、行政决策的原则、程序和方法

(一) 行政决策的基本原则

行政决策的基本原则,是指在行政决策过程中必须遵循的准则。它是对行政决策过程中客观规律的反映和要求。其基本原则有以下几点:

1. 民主原则

行政决策的公共性、社会性、全面性决定了决策过程一定要讲民主。科学技术的高速发展、社会变化的日新月异,使得任何个人都难以单独作出完全正确的行政决策,必须充分发扬民主,走群众路线,广泛听取意见,包括专家、民众的意见、正面和反面的意见。西方一些学者甚至提出“没有反对意见不能进行决策”的观点,认为在决策过程中应设计反向决策程序,在讨论“必要性”时也讨论“不必要性”,鼓励相互争论,揭已有方案的短处。美国前总统里根还专门设有对决策方案挑毛病的专职人员,以优化决策。

2. 求是原则

一切从实际出发,实事求是,是马克思主义的基本原则,是政府一切工作的总的指导方针。行政决策同样也应遵循这一原则。这就要求在决策时应深入调查决策对象与决策环境的特性和规律,把握事物的真实面貌,按事物发展的客观规律和人们思维活动的规律作出决策,反对违背客观规律的主观主义和片面性。

3. 系统原则

就是运用系统科学、系统工程的原理指导决策活动的原则。系统论原理告诉人们,客观世界的各种事物都是相互联系和相互制约的,人们的思维也应与之相适应。所以,决策应对整体与局部、主要目标与次要目标、当前利益与长远利益、内部条件与外部环境等问题进行系统分析,充分利用各种有利因素,产生“系统效应”,以提高决策的整体功能。行政决策涵盖范围广泛,涉及相关学科领域众多。越是高层次领导决策,越应坚持系统观点进行多维思考。

4. 创新原则

就是在现代观念指导下,运用现代科技手段和方法,打破陈规旧俗,既充分继承前人的先进经验及优良传统,又不拘泥于前人的做法,通过联想不断变换思维方式,多角度、多侧面对事物进行分析,用现代科学、现代思维求解。美国电话公司总裁贝尔曾说过:决策“不是维护今天,而是摧毁今天,使今天成为过去,创造一个新的明天”。作为决策者,不但要敢于创新,而且要善于创新、努力培养创新精神。

5. 效益原则

一切行政决策都是为了在一定时空内达到某种既定目标。因此,时间和效益就成为制约行政决策质量高低的两大基本因素。在既定的时间和有限的条件下,能取得满意效果,开拓新的局面,改变落后面貌,促进事业发展的决策就是正确决策。在效益就是生命的今天,进行行政决策要把效益放在首位,既要算社会效益,也要算经济效益。那种认为行政决策只要算社会效益不必计较经济效益的观点,以及只计算经济效益、社会效益而不计较时间效益的想法,都是片面的、有害的。

6. 信息原则

行政决策的科学性,在很大程度上依靠准确的信息。在通常情况下,决策的科学性、准确性是与信息成正比例的。信息越全面、准确、及时,决策过程中思维的广度和深度也就越大。决策过程实际上是信息的搜集、加工转换和输出的过程。无论是决策目标的确定,还是备选方案的拟定和抉择,以及方案实施过程中的补充、修正或追踪决策,都必须建立在全面、准确的信息资源的基础上。

7. 预测原则

预测是决策的前提,即在事情尚未发生之前对其预先分析并推测其未来发展的趋势和状况的活动。决策是要消除现状与期望之间的差别,实现一个未见的、人们理想的新局面。因此,决策离不开科学预测,若不以科学预测的结果为依据,就不可能提出具体明确的决策目标,也无法拟定和优选方案。现代社会科技高速发展,社会生活各方面变化急剧,竞争激烈,人们迫切需要掌握和利用科学预测的理论和方法,以便作出正确决策。

8. 可行原则

决策为了实施,要实施就得具备实施条件。决策是否可行,取决于主客观的诸多因素,要认真分析比较,在人力、物力、时间、技术等各方面都使决策实施得到保障。超出现实条件,再完备的决策也无用。如果不顾实际而盲目实施这种方案,就会给社会和民众生活造成损失,甚至造成巨大灾难。

9. 择优原则

决策总是在几个方案中进行抉择。如果只有一个方案,没有选择,无从优化,也难以作出最佳决策。初拟的行动方案越多越好,经过筛选至少留下两至三个方案,本着择优原则,全面分析对比,权衡利弊得失,最后择优确定。

10. 动态原则

行政决策的制定、执行、完善,是一个动态过程,因为行政现象是随着社会、政治、经济的发展而发展变化的,各个因素之间相互有机联系着,所以决策不可能一成不变。为此,决策要富于远见,能适应未来的发展,保持可调节的弹性,并准备应变措施,以便适应环境的变化和意外事变的干扰。在实施过程中,注意信息反馈,随时检查验证,一旦发现决策偏离目标,便要适时调整。

(二) 行政决策的程序

行政决策程序是指行政决策过程中的逻辑顺序和基本步骤。一般说来,可分为四个阶段。如下页图所示。

1. 发现问题,确定目标

行政决策是从提出问题开始的,出现问题是决策的前提。行政管理者的主要责任就是要不断地发现问题,即找出迫切需要缩小或消灭的现实状态与应有状态之间的差距,并弄清差距产生的原因。当问题和原因都弄清楚之后,就可根据客观需要和现实可能初步确定决策目标。目标一旦确定,就为决策指明了方向。在确定决策目标时应注意以下几点:

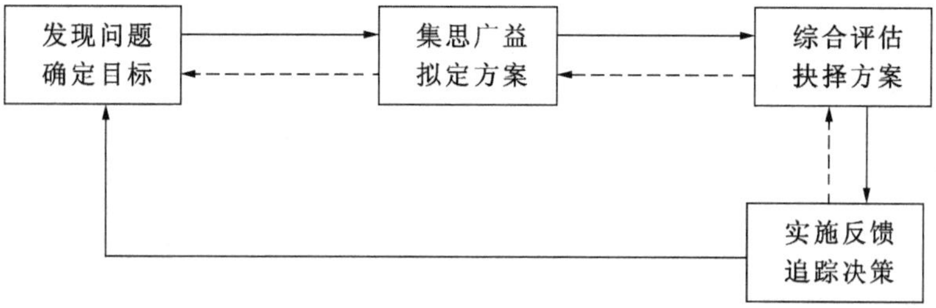

（1）要以国家的法律、方针和政策为指导，体现最大多数人的利益和要求。（2）要根据客观需要和现实可能，全面综合地进行考虑。（3）确立目标要科学，即目标既要先进合理，高于现有水平，但又必须是经过努力可以达到的。因为订得太高会挫伤积极性，订得过低无法发挥潜力。（4）确立目标要保持适当弹性，即要留有余地，不能订得太死。因为，客观环境处于不断变化之中，有些偶然事件无法预测。如果订得过死，毫无余地，一旦情况变化就会陷于被动。在决策目标初步确定后，应组织专家进行论证、检验。在此基础上，研究如何实现决策目标的方案。

2. 集思广益，拟制方案

决策目标确定之后，就得从多方面寻找实现决策目标的各种途径和办法，即拟制各种可供选择的行动方案。决策可行方案由于其内容、作用的不同，可分为积极方案、应变方案和临时方案等。积极方案是从正面保证决策目标实现的方案，它是方案的主要类型，内容包括促使目标实现的各项积极措施。应变方案是在情况发生意外变化时应急用的方案，内容包括各项应急措施和预防措施。其作用常常是和积极方案一道共同保证目标的实现。临时方案是对引起目标偏离的原因尚未查清但又急于处理的问题作出的决策，内容是一些临时性措施，其目的是暂时抑制问题的发展，争取一定时间使决策者能够进一步界定问题，寻找问题的原因，作用是从侧面保证目标的实现。

在拟定各项决策方案时，简单的决策问题可以直接拟定若干备选方案。复杂决策问题拟订方案时可分两步完成：第一步是粗拟，第二步是精心设计。粗拟阶段只要求提出方案的框架。这时应集思广益尽量把所有可能想出的方案都拟出来。把大量的设想先作初步筛选后，就可进入第二步即精心设计阶段。这个阶段要把每个设想的内容具体化，尽可能做到无懈可击，使之成为可行性方案。这一阶段要求细致、冷静、求实，要认真推敲，能经得起怀疑和反对。

3. 综合评估，抉择方案

综合评估就是运用系统理论，对各个备选方案政治的、经济的、法律的、社会的等多方面的效益和可行性进行分析、对比、论证，总体权衡，全面评估，最终选择或者综合成一个最佳方案。方案抉择是决策过程中的关键一环，它直接关系到行动的方向和目标,因此必须慎重。对备选方案的分析,要根据一定的标准,既包括物质的、数量的标准,也包括精神的、非物质的标准。其基本标准就是要切实保证决策目标的实现。为此必须做到以下几点:

(1) 以最小的耗费实现决策目标,即耗费尽可能少的人力、物力、财力和时间,取得满意的结果。(2) 对环境变化和意外事件干扰的适应性要大,风险性要尽可能少些。(3) 尽量减少产生的副作用。行政现象互相之间都有联系和制约,有些是利害关系,因此,必须先要充分估计并采取措施减少副作用。(4) 要利于实现大目标。不顾大局只顾本单位的行政决策方案是不可取的,特别在全国,要上下一盘棋,本位主义是行政决策的大忌。

在进行方案抉择时,无论评估论证有多少专家,最后定夺权均由决策者掌握。抉择者常用的方法:(1) 经验判断法,即根据决策者的直接或间接经验,对各种方案的优劣利弊作出判断;(2) 归并法,即在方案选择中,如发现能够实现目标和令人满意的并不是某一个方案,而是两个或多个方案相互融合的产物,这时可采用归并法,将被淘汰方案中的合理内容、措施都保留下来,使之成为一项新的最佳方案;(3) 筛选法,即把已经确定的各项标准作为"筛子",对方案一一过筛,将达不到要求的方案逐一淘汰,直至找出最可行方案;(4) 数学分析法,即通过决策方案的可控变量计算,得出这些变量与决策目标的函数关系,并以此作为选择方案的依据;(5) 实验法,即通过各种方案的局部实施或模拟实施,以判别其优劣好坏,决定取舍。

4. 实施反馈,追踪决策

行动方案确定之后,还必须在方案的实施过程中,不断地通过信息反馈,发现方案在执行过程中的问题和偏差,并随时对方案作出修正和完善。有些重要决策还需要通过试点,局部试验成功后才可进入全面实施阶段。决策执行完毕要总结经验教训,为新的决策提供资料。有些决策尽管在集中决策阶段进行了可行性论证,但在实施中发现危及目标实现的因素,就需要改变原有决策,进行重新决策,这就是追踪决策。在进行追踪决策时,要吸取原有决策的合理因素,尽量减少损失。追踪决策既要及时,又要慎重,要注意消除有关人员对改变原有决策的消极感情及某些旁观者的干扰。

(三) 行政决策技术方法

行政决策的每个步骤都必须借助于各种技术方法,技术方法是决策任务完成所必须凭借的手段。它是从低级向高级逐步发展的。18 世纪以前,其基本方法是凭借习惯和个人经验。随着经验的积累,决策技术方法也不断进步,特别是近几十年来,科学技术突飞猛进,尤其是计算机网络技术的迅速普及,使决策技术方法有了巨大发展,出现了一系列现代技术方法。现代行政决策技术方法可分为两大类。

1. 行政决策的硬技术

这是指在行政决策中广泛运用数字化、模型化、计算机以及相应的电子数据处理系统和行政信息系统等现代手段。包括数学模型和决策模拟。数学模型要求用数量关系表示出变量之间以及变量同目标之间的关系,并用计算机语言编成程序模型,以便计算机处理使用。一旦决策编成计算机应用程序后,就不必每次重新设计数学模型,只要把参数和条件输入程序,就可由计算机很快求出答案。数学模型是行政决策数字化、模型化和计算机化的核心内容。决策模拟是在决策方案拟定以后,通过试验,以检验其结果,对方案进行分析、评估和修改,最后付诸实施。一般是通过一个或几个方案在局部实际环境中的实施,考察方案的实际效果。数学模型和决策模拟虽大大提高了行政决策科学化程度,但由于社会问题十分复杂,很多问题不可能简单地数量化、具体化,局部模拟也不可能一成不变地反映决策问题的全部情况,所以,其局限性不可忽视。而且无论是数学模型还是模拟实验,都是技术性很强的决策方法,其应用范围是有限的。

2. 行政决策的软技术

它是指在行政决策中遵循政治学、经济学、行政学、法学、心理学等学科的基本理论,并通过一定的组织手段,充分发挥人的智慧和才能,从而使决策尽可能地科学化和合理化。这种决策软技术又被称为“专家创造力”方法,它主要依靠专门人才在决策进程中的分析判断,协助决策者进行决策。在现代行政决策自始至终的各个环节中,专家的意见都是非常重要的。因为专家能够用自己的专业知识和技术,对决策问题作出科学的分析和判断。

如何选择和组织专家对决策问题发表意见,是决策软技术的重要环节。在选择专家的问题上,应注重其对决策问题的知识专长、能力特点,同时还要注意使有意见的专家都能有适当的代表参加,以便充分暴露问题和矛盾,集思广益,进行全面、深入的探讨。为了尽可能发挥专家的作用,国外行政学界发明了一些方法。如列名小组法、德尔菲法、头脑风暴法等等。列名小组法要求小组列名成员不直接接触,即使同桌而坐,也只是用书面方式提意见,然后由小组组织者将每个人的意见综合成一份材料隐名公布,再进行公开讨论。德尔菲法则是先进行函询调查,后综合整理专家意见,再隐名寄给各专家征询意见,再综合整理,如此往复,直至意见趋于集中。头脑风暴法要求适当数目(一般为 10 人左右)的专家以会议的形式发表意见。在专家发表意见时,不准进行反驳,也不作结论,鼓励自由思考,意见越多越好。意见可以联合和修正。国外组织专家对决策问题发表意见的方法很多,我们可以借鉴利用。但由于各国传统习惯、历史条件、意识形态、行政文化等的不同,不能完全照搬套用。

三、行政决策系统

(一) 行政决策系统的含义

所谓行政决策系统,是指承担行政决策的机构和人员所组成的组织体系及其制度的总称。现代行政决策系统在宏观上由三大部分组成,即行政决策中枢系统、咨询参谋系统、情报信息系统,它们之间相互依存,相互制约,形成一个有机整体。研究这个系统的各个部分及其相互关系,对于行政决策的民主化、科学化、合理化,具有重要意义。

1. 行政决策中枢系统

这一系统是现代化行政决策体制的核心,是决策的主体,在决策中自始至终占主导地位。其主要任务是制定决策目标和进行抉择。行政决策中枢系统的核心是拥有行政决策权的领导集体或个人。围绕这个核心,设立工作机构,承担领导核心交办的具体决策任务。决策中枢系统的决策类型分为首长制、委员会制和混合制。首长制指在一个行政系统内,主要负责人具有最终决策权并对这一决策负责的制度。委员会制是指在一个行政体系内部,虽然有一个主要负责人,但其地位与委员会其他成员平等,所有行政决策都需经过委员会会议集体讨论,最后以少数服从多数的原则确定。混合制是指在一个行政系统内部,一部分行政事务的决策权由集体行使,另一部分行政事务的决策权则由行政首长行使,凡属重大行政事务的决策权由集体行使,一般行政事务的决策权由首长个人说了算。三种制度各有利弊,一个行政组织究竟实行哪种决策制度,取决于该国的法律规定以及该部门的性质、任务、层级等多种因素。

2. 咨询参谋系统

这一系统是为中枢系统决策提供参谋咨询服务的,现代行政决策系统中的咨询参谋系统脱胎于古代的智囊制度。严格意义上的决策咨询系统的产生是20世纪40年代的事。由于社会化大生产的发展,促进了社会文明进步和科学化,改变了传统的凭经验决策的模式,使参谋咨询系统成为科学决策的重要组成部分。现在世界上许多国家和越来越多的大企业、大公司都建立了参谋咨询机构,如美国的兰德公司和国际应用系统分析研究所、英国伦敦战略研究所、日本野村综合研究所、巴西瓦加斯基金会等等。这些咨询机构在各国政府的决策中都起到了重要作用。咨询参谋系统在行政决策中的作用在于弥补领导职责与其能力之间的差距,是为领导服务的。现代社会功能复杂,无论哪一方面的行政决策,都得进行科学周密的论证,所涉及的学科多、领域广、不确定因素多,任何个人都无法胜任这一艰巨而复杂的工作,必须借助各种专家学者的创造力。参谋咨询机构不是秘书班子,它要以科学研究成果为领导服务。因此,要让专家学者独立工作,绝不可能只让专家来论证领导者结论之正确。当然,领导者也不能完全依赖专家，还要广泛听取各方面意见，自己加以分析、比较，作出判断。咨询参谋系统在行政决策中的作用虽日益重要，但必须明确这种作用始终只具有“谋”的意义，咨询参谋系统可以帮助领导进行决策，但不能代替领导决策，行政决策的最后取舍权属于领导者，领导者对方案的抉择及实施后果负完全责任。

3. 情报信息系统

这一系统是行政决策组织体系的基础。某一决策问题之所以被提出，是因为社会行政系统提出了某种要求，这种要求被行政体系所吸收，便是行政体系的一种信息输入。而决策一旦作出，要交执行人员贯彻实施，就是一种信息输出。可以说，整个行政决策的过程，就是信息输入、替换和输出的过程。所以，及时获得准确、全面、有用的信息，是行政部门进行科学决策的前提。现代社会情报信息量呈几何级数增加，其处理过程也渐趋复杂。所以，加强情报信息系统的建设就成为行政决策体系中的重要任务。

情报信息系统包括从事情报信息的人员体系和工作体系。就某一个具体单位来说，它可以由专门人员组成组织设置，也可以是非专门人员的工作范围和程序。情报信息系统的工作有四个基本环节，即情报信息的获取、处理、储存和传输。(1) 建立畅通的信息网络，使与行政决策相关的信息及时、全面、准确地被信息系统所吸取。(2) 对所获取的原始信息资料进行分析、研究，然后根据决策的不同需要进行处理。(3) 将已进行处理加工过的信息，无论是当时需要的或不需要的，都可以储存起来，形成信息资料库。(4) 通过一定的信息流程，将各种有用信息，准确及时地传输到使用者手中。

现代社会信息的重要地位日益突出，社会竞争在某种意义上已表现为对信息的竞争。因此，行政决策系统必须采用先进的科学技术设备武装信息系统，建设好精明强干的工作队伍和科学的工作机制，采用先进的方法，以使其功能得以充分发挥。

（二）现代行政决策系统的特点

不同时代的行政决策系统有不同的特点，最近几十年来，因科学技术的发达及其广泛被应用于社会生活的各个方面，使得行政决策的理论、方法、程序都发生了很大变化，从而使行政决策系统也发生了深刻变化。概括起来，有如下特点：

(1) 现代行政决策系统趋向于横向分工化。

其表现主要是在决策中，多谋与善断相对分工，决策的制定与执行相对分工。决策系统中出现了被称为智囊团、思想库的咨询机构，专为决策中枢系统当参谋，其任务就是“多谋”，以供决策中枢系统在多谋基础上“善断”，从而作出满意决策。我国各级政府中的“发展研究中心”就属于这种机构。情报信息系统则为决策中枢系统和参谋咨询系统提供信息资料。以决策中枢系统为核心，各个子系统相互配合。这一分工加强了行政决策系统的整体功能,也大大提高了行政决策的实际效能。与此同时,行政决策的制定与决策的执行等日常行政管理的相对分工也日益明显。行政系统的工作人员也有分工,一般来说,各级政府的主要领导人员都要不同程度地摆脱行政事务,集中主要精力研究涉及全局的重大问题,制定决策。越是高层领导越是如此。至于决策的执行,可由行政系统的其他人员完成。这种决策系统内部的分工以及决策与执行的分工,促进了政府管理功能的加强。

(2) 现代行政决策系统趋向于纵向分层化。

系统理论要求人们在行政管理过程中,要把管理对象当作一个系统来考察,每个决策目标都处于目标系统之中,不是某个决策层次单独在本部门就能顺利实现的。因此,决策系统不仅有如上所说的横向分工,而且还形成了自上而下的纵向关系。它们纵横交错,各有分工,互相配合。高层的战略决策同中下层的策略决策和战术决策,或者说中央的宏观决策与地方的中观和微观决策,紧密配合,形成完整的决策体系。纵向分层的结果促使决策成为高层领导的根本职责,从而大大提高了行政决策在行政管理中的地位与作用。

(3) 现代行政决策系统的日趋科学化。

由于科技的发展、社会的进步、观念的更新、行政人员素质的提高,决策已由过去按个人经验决策为主转变为按科学的理论、程序、方法及手段进行决策。在决策组织体系中,无论是咨询系统、信息系统,还是中枢系统,都是现代化的技术装备同具有较高的科学素养和专门技能人员的结合。这在发达国家十分明显,发展中国家也正向这个方面努力。

行政决策系统科学化取决于多种因素,其中直接因素有下列几个方面:

第一,行政决策系统内的各个分系统在充分发挥各自功能的基础上相互协调配合,是实施决策系统科学化的前提。决策中枢系统、信息系统和咨询系统各有自己相对独立的权利和地位。各系统分别以自身的科学化促使决策系统的总体科学化。假如决策中枢系统独断专行,那么参谋咨询系统、情报信息系统则不起任何作用;假如情报信息系统只是根据决策中枢系统的意图,甚至以其好恶为标准取舍和处理情报信息,参谋咨询系统也只是根据决策中枢系统的旨意行事,投其所好,那么,决策系统的科学化就无从谈起。决策系统是有机统一的整体,各个分系统在相对分工的基础上需要相互之间的密切协调和配合,充分发挥整体功能,才能达到共同的决策目标。

第二,决策中枢系统民主化是决策体系科学化的重要环节。决策中枢系统是决策体系的核心,它在整个行政决策过程中处于关键地位,决策质量的高低取决于它,其科学化程度直接关系到整个决策体系的科学化水平。在我国,由于几千年封建行政文化的厚重积淀,“官本位”和“人治”思想还在影响着各个方面,加上法制的不健全、行政体制的不完善、政治体制改革的不到位,都直接影响和制约决策中枢系统的民主化建设。决策中枢系统独断决策的事例并不鲜见,重大决策失误时有发生,实践已经证明,行政决策中枢系统的民主化对行政决策系统的科学化至关重要。

第三,提高参与决策的所有人员的素质,是决策体系科学化的保障。行政决策体系的科学化离不开参与决策人员自身的现代化和科学化。为此,行政决策体系中所有人员都必须加强学习,不断接受培训,努力提高自己的知识水平和综合素质,使自己具备合理的知识结构和管理能力。从现代决策背景和各种决策思维类型来看,决策中枢系统的人员不仅要有必要的专业理论修养和广博的知识面,同时还要精通管理知识,具有管理能力,这样才可能有效地驾驭全局,作出科学的决策。参谋咨询系统中的人员素质高,知识机构合理,就可以及时提供有效咨询,多维度、多层次地帮助决策中枢系统开阔视野,全面而客观地审时度势。情报信息系统中的人员素质高,则可以广开信息渠道,畅通信息源流,使信息的科学性和有效性大大提高。

第二节 行政实施

一、行政实施的含义和作用

(一) 行政实施的含义

1. 行政实施的概念

所谓行政实施,是指国家行政机关及其工作人员为贯彻实施决策机构制定的决策指令,实现决策目标的全部执行活动或整个过程。行政实施与行政决策都是行政管理的重要环节,缺一不可。行政实施是行政决策的继续,没有实施,再好的决策也只能是"水中之月"、"镜中之花"。行政实施涵盖执行过程中的领导指挥、施行、沟通、协调和监控等各个功能环节。总之,行政实施与行政决策是两个既紧密联系又相互区别的环节。行政决策是行政实施的前提和基础,行政实施是行政决策目标实现的活动过程和保证。

2. 行政实施的特征

行政实施是一个复杂的动态过程。由于行政实施涉及的内容复杂、范围广泛、环节众多,所以,必须把握行政实施的特征。行政实施有以下几个方面的特征:

(1) 目标性。行政实施是一种目的性很强的活动,整个实施过程中的一切活动都是为了如期或提前达到决策目标。(2) 经常性。行政实施是一项经常不断的工作,特别是基层执行操作层,总是处在一个不间断的实施状态中。经常性的另一层含义是指有些常规性决策还得长年重复或阶段重复执行。(3) 强制性。行政决策的制定是以法律法规为依据的,具有强制性。要求下级服从上级,局部服从全局,地方服从中央,不准讨价还价,更不准“惟用”、“惟利”执行,及“无用”、“不利”就不执行的现象发生。(4) 务实性。行政实施是一种执行性质的活动,空谈是不能解决问题的。必须充分发挥能动性,调动一切有利因素,采取最有效的行动来实施决策。

(二) 行政实施的作用

行政实施是行政管理活动中不可缺少的环节。忠实而有效地实施,是实现决策目标的保证。其具体作用有以下几点:

(1) 行政实施是实现行政决策的保证,是检验行政决策的标准。正确的决策无疑十分重要,但是无论何种正确的决策,最后的目标实现还是要靠执行,不执行或者执行得不好,再好的决策也没有实际意义,充其量是“纸上谈兵”。因而,行政决策的实现、决策目标的达到,必须由忠实而有效的实施来保证。不仅如此,行政实施还是检验行政决策的标准。由于现代行政事务复杂,在制定决策时,难以预料一切可变因素和情况,因此,行政决策有时具有不确定性,只有在实际的执行中才能得到检验,并在实践中发现问题再加以修正和完善。

(2) 行政实施是行政体制、运行机制是否科学的度量。行政组织机构设置是否科学、各部门之间的权责划分是否合理、工作运行程序的编制是否合乎规律、工作制度是否健全、设备是否先进实用、与行政执行有关的一切人员的思想状况是否统一,通过实施都能显示出来。任何一处发生问题,都将直接影响行政实施的效果。在执行中如发现问题,则据此进行纠正,就能完善行政体制和运行机制,从而提高行政效率。

(3) 行政实施是否有力,直接影响行政效率的高低。行政效率与行政实施有着直接的关系,一方面行政实施的结果衡量着行政效率的高低,行政管理的最终目的就在于提高行政效率,行政实施中有效活动越多,效益就越高。反之,做的无用功越多,效率就越低。另一方面,在行政实施过程中,各个步骤本身节奏的快慢,也会影响整个行政管理效率的高低。这就要求行政实施每个步骤、阶段、环节都能有效地发挥其作用,以便保证整个政府管理的高效率。

二、行政实施的原则和方法

(一) 行政实施的原则

行政实施是行政管理活动中的一个基本环节,有其自身运行规律,行政实施原则就是对这些规律的反映,行政执行必须遵循这些基本原则。

1. 忠实实施与灵活运用相结合的原则

忠实于决策,贯彻执行不走样,这是行政管理对行政实施环节首要的要求。

行政实施必须严格按照决策本身规定的对象、范围去实现决策目标。最忌那种“上有政策,下有对策”;“有令不行,有禁不止”的行为。要做到忠实于决策就要对决策有全面的了解和深入的分析。正确掌握决策宗旨和要达到的目标。真正在精神实质上忠实地执行决策,保证决策的严肃性和权威性。同时,也要根据行政实施所处的具体环境和条件变化后出现的新情况,灵活执行,强调因时、因地制宜。只有坚持既忠实于决策,又灵活执行的原则,才能使行政决策达到既定目标。

2. 果断迅速与注重效益相结合原则

“谋在于众,行在于断”。行政决策阶段需要集思广益,反复论证,而行政实施则要求迅速果断,在最短的时间内以最快的速度完满地实现决策目标。在我国现实生活中,文牍主义、形式主义时有出现,官僚主义现象严重,工作效率低下,同市场经济要求的效率原则相去甚远。随着改革的深入,竞争机制已逐步引入行政领域,这将会促进行政机关效率的提高。在追求效率的同时,还应注重效益。只有在保证工作质量、达到预期效果的前提下,才能说越快越好。不讲质量和效益,盲目追求高速度是不可取的,会造成人、财、物和时间的巨大浪费,造成严重的不良后果。只有把效率与效益结合起来,既讲效率又讲效益,才是好的行政实施。

3. 发扬民主与强调集中相结合的原则

民主集中制是我国的根本组织原则,在行政执行中同样要贯彻民主集中制的原则。为了保证行政执行的迅速果断,必须强调执行的集中统一领导,协调统一各方面的行动,保证行政决策的有效推行。而集中统—领导是建立在充分民主的基础之上的,要充分发扬民主,调动民众的积极性,让民众参与和充分发表意见。通过这种形式使组织内的矛盾得以充分暴露,然后采取有效措施加以解决,以实现真正的集中统一。在我国现行制度下,行政工作的成败关键在于民众满意不满意、高兴不高兴。行政实施最根本的支持来自于民众,只有让民众知道做什么、为什么做、怎么做,群众才能有真正的积极性,决策也才能真正得以实施。

(二) 行政实施的方法

行政实施是行政机关运用充分必要的资源条件执行决策的过程,它必须采用一些基本手段与方法,这些方法主要包括以下几类。

1. 宣传教育、说服诱导的方法

这是一种非强制性手段,主要依靠宣传、说服、沟通、精神鼓励等,激励人们的积极性,从而实现决策目标。通常的做法是:(1) 制造舆论,即在决策形成之时就大张旗鼓地宣传,使决策的内容深入人心;(2) 说服教育,即对一些不按决策执行或抵触的对象采取做深入细致思想工作的办法,使之心服口服,支持决策的实施;(3) 协商对话,即在决策执行比较困难的情况下,由决策层和执行层团体组织选派的代表就决策问题协商对话,阐述决策的宗旨和目的,并借此征询群众意见,根据必要和可能在补充决策中作适当调整;(4) 扶正压邪,即弘扬正气,压制邪气。

2. 行政干预、强制实施的方法

这是一种普遍使用的、采取行政命令的强制手段要求实施决策对象无条件服从的行政实施方法。它是依靠行政组织采用决议、决定、命令、指令、规定、指示等进行行政管理的一种方法,是上级行政机关或上级领导对下级行政机关或工作人员发出的强制性要求,下级必须无条件地服从,通过这种权威手段,使行政决策准确无误、坚决有力地推行和落实。

3. 经济控制的方法

此种方法是指发挥经济杠杆作用,按照经济规律,开展管理活动,以寻求决策的实施。其方式是通过诸如工资、利润、利息、税收、资金、罚款以及经济责任制、经济合同等来组织、调节和影响管理对象。经济方法将行政执行的目标与物质利益相联系,并以责、权、利相统一的形式固定下来,给人们以内在推动力,间接规范人们的行为,促使人们为实现目标而努力。在市场经济条件下,经济方法将会发挥更大作用。

4. 法律约束方法

这是指行政主体通过法律、法规、规章等来调整行政管理各种关系的方法。一切法律法规和规章的实施,都是依靠国家强制力予以贯彻的,绝不允许任何组织和个人对其执行进行干扰和抵制,行政实施的行动方案是以法律、法规为依据制定的,它与法律具有同等效力,要求所有执行对象必须无条件服从。运用法律方法要求以事实为根据,以法律为准绳,杜绝人治。强化行政实施中的法律方法是推进行政法治化的重要途径。

三、行政实施的基本程序

从行政实施的基本程序看,行政实施中的工作一般可分为行政实施前的准备、具体实施阶段中的指挥、沟通、控制和协调以及实施。

(一) 准备阶段的工作

1. 拟定计划

为了决策实施有条不紊,就必须制定行动计划。所谓行动计划,就是根据决策方案,结合实际条件,及时制定出为达到目标的行动方案。通过方案,明确做什么、怎么做、谁来做以及先做什么、后做什么、采用什么方法和手段等问题。计划的目的就是如何合理地使用人力、物力、财力和时间,以提高工作效率。在拟定计划时,对大的决策目标应合理分解,分期分段完成。同时还要制定执行决策的规章制度、组织纪律。通过制定实施计划,使实施者明白各自所负的责任和各自在实施机构中的位置及应起的作用;明白相互之间的关系及遇到问题应找谁解决;明白可供利用的经费、设备及环境条件,明白整个组织活动程序和步骤,从而有序、快速地实现既定目标。通过拟定执行计划,对决策方案的各个项目设立量化指标,使实施者对实施内容要达到什么标准心中有数,也使监控者检查监控有依据。

2. 组织落实

行政决策方案的贯彻实施,需要一定的组织机构和人员承担任务。因此,实施决策必须建立正常运行的组织机构,配备能干的人员,制定一套科学的管理制度。通常都是依靠现行的政府机构来承担决策实施任务的。在特殊情况下,可赋予某一机构特殊地位,或从各部门抽调人员组成临时机构并赋予特殊权力,负责某项决策任务的实施。不论是常规的机构或特殊机构,均应明确其职、责、权。机构确立后,要合理配备工作人员。执行决策的管理人员应有管理的专业知识技能和实践经验,有较强的理解能力和组织实施活动能力,知人善任,能调动和发挥下属的积极性。一般工作人员则要求积极热情、任劳任怨、作风正派、责任心强,且要有相关的知识和技能。在此基础上制定严密科学的管理制度,做到有章可循,规范管理。

3. 思想动员

行政实施的主体是人,人是有思想的。如果只是让人们去实施决策,完成决策目标规定的任务,而不让人们明确要完成任务的意义和内容,以及实施决策的方法和步骤,那么人们的行动将是被动的、盲目的,其结果可能造成实施走样。因此,行政实施首先必须要进行宣传发动、思想动员,让各方面最大限度地认同决策内容和所要达到的目标,以减少决策实施的阻力,提高行政实施的效率。

4. 物质准备

经济是一切工作的基础,没有一定的财力作保证,再美好的设想也难以实现。因此,行政实施首先要根据计划安排,编制预算,争取必要的财政支持。有了财力应防止浪费,应本着以最小的投入获取最大产出的原则。除了安排实施活动的经费外,对实施活动所必须的物资设备,也应在行动之前做好必要的准备。总之,要“兵马未动,粮草先行”。

(二) 实施阶段中的指挥、沟通、控制与协调

做好准备工作,就为有效实施奠定了坚实基础。具体实施阶段又是一个复杂的系统,它是由若干功能性环节组成的环环相扣的过程。主要包括指挥、沟通、控制与协调。

1. 行政实施中的指挥

行政实施中的指挥是指行政领导者在实施决策过程中,按照既定的目的和计划,发令、指导、调度和协调下属实施行政管理活动的过程。具体说来,行政实施中的领导作用可以概括为如下几点:

(1) 保证作用。因为行政实施活动参与的人员多,分工精细,协作复杂,并且连续性强,各项任务相互联系相互制约。为了保证决策目标的实现,就要求在实施活动中必须有统一的指挥,使实施活动环环相扣,配合协调,执行高效。(2) 推进作用。在决策已经作出,计划、方案已经确立,责、权、利已经明确的情况下,只有强有力的行政指挥,才能把行政执行活动从静态推向动态,使计划变为行为。(3) 激励作用。有效的行政指挥可以使行政管理中的人力、物力、财力以及信息等各种资源得以充分利用,尤其是可以激发人们的士气,挖掘人们的潜能,调动人们的积极性、主动性和创造性,从而为实现决策目标努力奋斗。(4) 预防作用。统一而有效的指挥,可以防止和避免松散混乱及无政府状态的滋生,抵制阳奉阴违、有令不行、有禁不止、各行其是现象的蔓延,杜绝由于缺乏领导核心的有效指挥而导致决策执行不到位或决策走样的局面出现。

要使行政执行中的指挥作用得以充分发挥,行政指挥者必须具备以下几个相应的条件:

(1) 必须拥有指挥权。指挥权来自两个方面,一是由组织机构正式授予或依法授予的法定地位而带来的法定权力。职位越高,这种权力越大。二是指挥者自身具有的威信和影响力。指挥者有了威信和影响力,就会受到被指挥者的爱戴、拥护,被指挥者接受指挥的程度就会大大增加。反之,会产生一种负面影响力。所以,指挥者必须注重自身修养,保证自己足够的权威基础,以便更好地履行指挥功能。

(2) 敢于指挥。一个好的指挥者必须有对民众、对事业、对工作高度负责的精神,要敢于创新,敢于承担风险,大胆指挥,勇于开拓,积极进取,乐于奉献,在困难和挫折面前,不乱方寸,沉着冷静,坚定不移地指挥被领导者取得最大胜利。

(3) 善于指挥。要善于指挥必须做到:首先,指挥者必须有充分的知识和思想准备,要对决策内容、目标和意义有深刻理解,因为这样才能准确把握工作要求,忠实于决策,使贯彻执行不走样;其次,指挥者必须有较高的综合分析能力,有战略眼光,能够综观全局,关心长远,同时也要有战术头脑,能够兼顾各个局部的、眼前的利益;最后,指挥者要善于用人,敢于授权,指挥者在调兵遣将时,一定要注意人的优劣长短,充分发挥每个人的优点和特长,善于发现人才并给予充分信任,与此同时还要善于授权,在决策实施过程中,指挥者必须善于根据形势变化和执行任务的需要,适当授予下级组织和人员一定的权力和责任,并协调好相互之间的职权关系,形成大权集中、小权分散的局面,只有这样才能更加有效地发挥指挥权的作用。

行政指挥主要有以下几种方式：

(1) 口头指挥。这种指挥是指运用口头语言进行的指挥。包括指挥者和被指挥者面对面的直接指挥和利用电话、传呼、录音、广播等工具进行的指挥。口头指挥的特点是简单、及时、方便，是实际工作中广为采用的一种指挥方式。在进行口头指挥时，要充分利用语言表达艺术感染被指挥者，使之对被执行的内容从心理上产生认同感。

(2) 书面指挥。这种指挥是指利用各种公文形式进行的行政指挥。一般在由于地域、时间以及指挥层次等方面的限制，不便口头指挥时采用。使用书面指挥方式时要注意公文的严肃性和规范性，既要按照国家行政机关公文的规范形式进行指挥，又要严格控制书面指挥的质量和数量，应杜绝“文山”现象产生。

(3) 会议指挥。这种指挥是指运用各种会议的形式进行指挥。它是现实中行政机关常用的一种指挥方式。会议指挥的核心问题是提高会议的效率和质量，应防止会议过长过滥，还要杜绝“会海”现象蔓延。

(4) 网络指挥。这是一种通过计算机网络进行的指挥。随着我国电子政府建设的推进，网络指挥将会越来越普及，作用将会越来越大，地位也将越来越重要。网络指挥的最大优势是指挥的成本低，且不受时间、地域、人员等条件的限制，还可以做到灵活多样、互通互动、因人因地制宜地进行指挥。当然，通过网络进行指挥，必须是在建有完善的政府网络的基础上。

2. 行政实施中的沟通

行政实施中的沟通是指在行政执行过程中，行政组织与外界环境之间、行政组织内部各个部门之间、层级之间、人员之间信息的交流与传递过程。其作用可以概括为以下几点：

(1) 行政沟通是提高政府工作透明度，得到公众认同的有效途径。任何一项重大行政决策的实施都必须得到民众的认同和支持，这是我国政府的人民性所决定的。因此，在实施过程中必须通过建立和完善政府与民众之间的沟通渠道，提高政府工作的透明度，畅通民众参政议政的平台，实现政府与民众之间的双向沟通。在沟通中达到政府与民众之间的互相理解、信任、支持与合作，从而实现在和谐与稳定中达到政府的目标。

(2) 行政沟通是提高行政实施有效性的保证。行政实施活动涉及的面广，参与的人多，影响因素广泛，各个环节既相联系又相对独立，如果没有及时的信息沟通，要想取得步调一致的理想效果是不可能的。因此，任何一个行政组织或一级行政机关只有通过有效的行政沟通，才能保证在实施过程中做到内部协调，指挥统一，这既可增强对外部环境的应变能力，又可保证实施效率的提高。

(3) 行政沟通是改善人际关系、增强组织凝聚力的重要手段。通过有效沟通，可以把行政组织的不同层级和部门及其成员从思想上、情感上和心理上联系起来，使人与人之间相互信赖和支持，实现组织的协调和一致，提高组织的效能。同时还能使组织成员及时得到应知信息，提高主人翁责任感，激发出更大的工作积极性和主动性。

行政沟通的类型主要有以下几种：

(1) 正式沟通和非正式沟通。正式沟通是指通过正式组织程序，按照组织规定的线路和渠道所进行的信息传递与交流。如我国政府中的会议制度、汇报制度、文件下达与呈送、组织之间的公函往来以及"政府内网"等。它是行政沟通的主要形式。非正式沟通是指正式沟通渠道之外的信息交流传递。这种沟通是建立在日常人际关系基础上的一种自由沟通，没有明确的规范和系统，不受正式组织体制的约束和时间及场合的限制，也没有固定的传播媒介。如组织成员私下交流等。非正式沟通在任何行政组织中都存在着，它与组织的目标既有正相关作用也有负相关作用，利用得好会促进组织内部良好关系的形成，反之则相反。因此，一定要慎重合理地利用这种方式。

(2) 下行沟通、上行沟通和平行沟通。下行沟通是指上级机关按照隶属关系自上而下进行的沟通，主要用于对下级传达政策，下达任务和目标，提供关于组织程序和行动的情况，即一般所讲的"上情下达"；上行沟通是指自下而上的信息交流，主要用于下级向上级汇报工作，请示问题，反映情况提出建议等，也是下级对上级指示、命令的接受执行情况作出的回馈反应，即一般所讲的"下情上达"；平行沟通是指同级部门和人员之间进行的信息传递和交流，即一般所讲的"横向沟通"，其作用在于加强职能部门之间的联系与了解，增进协调与合作。

(3) 单向沟通和双向沟通。单向沟通是指无反馈的沟通，一方只发出信息，另一方只接受信息，接受方不向发出方反馈信息，如发布公告、通知等；双向沟通是指有反馈的信息沟通，如下达任务后要求汇报任务执行情况等。

(4) 口头沟通、书面沟通、机械沟通和体态沟通。口头沟通是指通过语言进行的信息交流。如会谈、讨论会议等；书面沟通也叫文字沟通，是指以文字形式进行的信息交流；机械沟通是指借助机械设备进行信息交流，如电话、计算机网络等；体态沟通是指以动作、行为、表情等进行的信息交流。除此以外，还有以结构模式进行划分的类型，如链式、轮式、环式、全通道式和 Y 式等。

3. 行政实施中的控制

行政实施中的控制是指行政领导者根据决策目标的要求，对决策执行情况进行监督、检查，及时发现和纠正决策执行中的偏差，以保证决策目标实现的过程。行政控制的目的在于发现决策执行过程中的偏差和失误，并及时采取有效措施加以调整和纠正，以保证实际工作能和决策目标相一致。行政控制的基础是信息，没有及时的信息反馈便无法进行控制。检查监督是实行行政控制的主要手段,只有在行政实施中进行有效的检查和监督,才可能有真正的控制。因此,检查和监督是防止失控的有效方法。

行政实施中的控制主要可以划分为以下两种:

(1) 事先控制、事中控制、事后控制。事先控制是指决策执行前所进行的控制,一般要在预测的基础上,在决策执行的准备阶段即进行,以起到防患于未然的作用;事中控制是指在决策执行过程中所进行的控制,其特点是控制过程与决策执行过程同步,它要求控制人员深入执行现场,进行检查和监督,以便掌握第一手信息,对出现的问题及时加以纠正,以保证执行工作按计划运作;事后控制是指在行政执行计划完成后,根据决策执行结果反馈的情况,找出在决策执行过程中出现的问题和偏差,采取一定的补救措施并认真汲取经验和教训,以有利于下一个环节的工作即新的决策和执行得以顺利进行。

(2) 集中控制和分散控制。集中控制是指在决策执行过程中最高行政机关控制所有问题,各中间层的管理活动都要按照事先预定的程序进行,只起传递信息、监督作用。分散控制是指一种分级控制,中下级行政组织具有较强的独立性,分别承担对不同问题的控制职能。集中控制和分散控制各有优缺点,也各有其适用范围,有效的领导者应视具体情况采用控制手段。

除此以外,还有上下对立控制和上下协调控制的划分。前者指以纪律和制裁为主要手段的控制;后者则指以教育和激励为主要手段的控制。

行政控制方法多种多样,常见的方法如下:

(1) 法律规章控制。这是最有权威和最有约束力的控制手段之一,任何行政组织和人员都必须依法行政,用法律和规章约束行政行为,以保证行政活动的顺利进行。

(2) 组织控制。指通过健全管理机构,配备合格的管理人员、监督人员和具体操作人员进行的控制。在决策执行的过程中,如果执行不力、用人不当造成偏离决策目标的情况,组织部门可通过人事调整等组织手段纠正偏差,以保证决策计划的顺利实现。

(3) 预算控制。政府预算就是政府的财政收支计划,是指通过政府财政经费控制行政活动,根据预算执行情况来评价行政效果。财政预算是行政活动的依据和物质保证,通过预算能直接控制行政机关的各项活动。所以,预算是一种广泛运用的有效控制方法。

(4) 工作程序和行为规范控制。前者是指运用规范性的工作程序对行政活动实施控制,后者则是指运用规范性的行为标准对行政人员的行为实施控制。规范性的工作程序是计划的重要组成部分,是执行计划的有效措施,行为规范是行政人员行为方面的基本要求和准则,行政人员的行为直接关系到行政目标的实现和政府的形象。因此,工作程序和行为规范均是行政执行的基本控制手段。

(5) 自我控制。指行政组织通过对其工作人员加强行政职业伦理教育,并推行岗位责任制和目标管理等方法,使组织的成员能够自觉按照组织目标的要求进行工作。这是一种思想领先,参与管理,充分发挥组织中每个成员积极性、创造性的控制方法。

上述几种常见的控制方法在行政实施中往往被同时运用,以发挥各种控制手段的综合功能,从而达到决策目标的圆满实现。

4. 行政实施中的协调

行政实施中的协调是指行政领导者引导行政组织与外部环境之间、行政组织内部各种关系之间建立分工合作、相互配合、协同一致的和谐关系,以实现行政决策目标的管理活动。通过组织内部的协调,可以把组织与个人之间的力量拧成一股绳,形成步调一致的局面,以实现共同的目标。通过组织与外部关系的协调,可以创造有利于决策实施的宽松环境,促使决策目标的顺利实现。

行政协调在行政实施中与指挥、控制、沟通一起构成完整的行政运行体系,各自发挥着重要作用。行政协调不等同于行政指挥,行政指挥作为一种组织行为意味着服从和强制,而行政协调作为一种组织行为还包含讨论、协商和调整等意思。有些问题单靠指挥是解决不了的,必须经过双方或多方的协调才能解决,特别是组织与外部发生关系时,协调是最有效的方法。行政协调与行政控制也不同,行政控制是针对行政活动中计划的实施与计划标准之间的差异或背离现象而采取的纠正或克服的行为;行政协调则是强调在各个行政组织或部门之间、人员之间的和谐化、合理化、同步化,目的是通过协调将分散的、冲突的、矛盾的行为变为集体的、合作的、协调的行为,达到整体平衡,保证决策目标的实现。行政协调与行政沟通的关系是既有联系又有区别,沟通是协调的手段,协调是沟通的结果,没有沟通便没有协调,但两者的侧重点不同,沟通强调的是实现思想上的统一,而协调则是谋求行动上的一致。

行政实施中的协调贯穿于行政运行的全过程,是行政实施不可缺少的环节,也是提高政府管理整体效能的关键之一,其根本作用在于解决部门之间和人员之间所发生的矛盾和冲突,保证决策目标的实现。具体作用可以概括为以下几个方面:

(1) 凝聚作用。行政组织的凝聚力在很大程度上是通过行政协调形成的,行政协调既能放大组织内部积极因素,又能化解某些部门的消极因素,从而使行政组织部门之间和行政人员之间在思想上达成共识,行动上取得一致,利益上求得均衡,彼此之间相互理解和支持,进而达到政通人和,使组织产生巨大的凝聚力。

(2) 平衡作用。行政系统的整体与部分以及各部分之间保持相对平衡,能使行政管理活动有效进行。而相对平衡状态是通过行政协调来实现的。协调可以平衡各种利益关系，化解各种矛盾。同时，通过协调平衡，可以合理利用资源，使各部门人力、物力、财力形成最佳组合。

(3) 放大效应。行政协调能使纵向的各级行政组织、横向的各个行政部门形成有机整体，产生合力，使行政管理各环节协调配合，克服各自为政、条块分割、互相牵制等弊端，促使行政组织中力量集中和行动一致，整体功能大于部门之和，从而达到放大组织功能和提高行政效率之目的。

行政实施中的协调工作，应遵循一些基本原则和方法：

(1) 统筹兼顾、整体平衡原则。这是行政协调工作中必须遵循的首要原则，领导者在协调中首先要从整体利益出发，全面考虑，统筹兼顾，局部利益服从全体利益，小局服从大局，个人服从集体，当前服从长远。当然，在实现整体、大局和长远利益的同时，要顾及局部、个体和眼前的利益。只有这样，才能从源头上克服某些行政人员急功近利的政绩观以及不顾整体利益和长远利益后果的短期行为的发生。

(2) 原则性与灵活性相结合原则。协调要以实现决策的总体目标为最高原则，但在特定条件下需要做一定妥协，没有必要的退让和妥协，协调是很难进行的。正因为如此，在协调时要有一定的灵活性，在保证政策、法律权威性和严肃性以及决策总体目标实现的前提下，针对特殊情况，照顾特殊利益，作出必要的让步和妥协，以便尽快解决矛盾，保证执行工作的顺利进行。同时，在追求整体效率的过程中，要根据各地区、各部门、各单位之间的实际情况，承认在利益、行为、思想上的差异，因地、因时制宜，灵活权变，以逐步缩小彼此间差距，谋取共同发展。

行政协调常见的方法如下：

(1) 会议协调。在行政执行中，当遇到复杂的问题，涉及到多方面利益，需要研究时，一般都召开有关部门协调会议，以期找到比较好的方案，使问题得到解决。

(2) 组织协调。这是指通过组织关系进行协调。一是通过目标、计划和正确划分职责权限等，对各部门、各单位的活动实行强制性协调。二是通过成立跨部门的领导机构，由各有关单位派代表组成领导小组或协调委员会，来协调相关部门的活动，从而为实现既定的目标共同努力。

(3) 信息协调。即通过传递资料和信息，促使有关各方及全体成员明了真相，互知互谅，精诚合作。同时，加强部门之间、人员之间的信息沟通，交换意见，联络感情，及时消除误会，解除疑虑，以达到在行动上谋取合作之目的。

第三节 行政监督

一、行政监督的含义与特征

（一）行政监督的概念

行政监督有广义和狭义之理解，广义行政监督泛指对国家行政机关及其工作人员为开展国家政府管理活动所进行的监察和督促活动。监督的主体包括政党、有关国家机关以及公众等。狭义的行政监督指以国家行政机关为监督主体，按照法定的权限、程序和方式，对行政机关自身的组织和行为以及行政机关工作人员的公务活动进行监督的活动。从性质上看，行政监督属行政管理的职能范畴，是政府管理的一项内容，它与决策、实施形成相互联系的管理过程，是保证决策科学、实施到位的重要条件。政府要实施有效的行政管理离不开法定的行政职权，而行政职权的正确行使离不开监督和制约。行政监督的目的不是限制行政权，而是控制行政活动的过程，改善政府管理行为，以便更有效地实现行政目标，维护行政机关权威，最终维护民众的根本利益。本章所研究的内容是指狭义上的行政监督。

（二）行政监督的特征

（1）内容的全面性。行政管理内容涉及社会生活各领域，决定了行政监督内容和范围的全面性和复杂性。行政监督的内容和范围主要包括对国家的各项法律、法规的执行和落实情况的监督，以及对行政管理的具体工作状况的监督。它不仅要监督行政主体的抽象行政行为，还要监督行政主体的具体行政行为；既要对行政行为的合法性进行监督，又要对行政行为的合理性予以监督；不仅要监督行政机关及其工作人员的廉政状况，而且要监督其勤政状况。

（2）监督方式的法定性。行政监督是一种法治监督，是行政管理法治化的重要内容。一方面，行政监督各主体所享有的监督权是法律赋予的，所实施的监督活动，都需要依法进行；另一方面，它是针对代表人民管理国家事务的行政机关及其工作人员而实施的，其实质是对其在行政活动中执法情况的监督。因此，无论是监督者的地位，还是被监督的对象、范围、程序、方式，都有法律的具体规定。监督方式的法定性是由政府管理在国家管理中的地位和依法行政的要求所确定的。

（3）监督种类的复杂性。行政监督可从不同角度、不同需要划分为不同的类别。第一，依监督的内容不同，可分为合法性监督和合理性监督。合法性监督是以行政行为是否符合法律为标准所进行的监督；合理性监督是以行政行为在合法基础上，是否公正适当为标准所进行的监督。第二，依行政监督主体的层次不同，可分为职能监督、主管监督和专门监督。第三，依行政监督的层次不同，可分为高层、中层和基层监督，或相应称为宏观、中观、微观监督。第四，依监督所处的阶段不同，可分为事前、事中、事后以及经常性、定期性的监督。第五，按监督主体与对象之间的关系，可分为直接监督、间接监督，以及自上而下、自下而上的监督等。

(4) 监督主体与监督对象的一致性。行政监督是行政系统内部的监督，其监督主体是行政机关，监督对象也是行政机关。这种监督既是一种法定监督，也是一种行政工作监督。正因为如此，行政监督是对政府活动最经常、最直接的监督。

二、行政监督的作用

(一) 行政监督是依法行政的手段

国家行政机关作为国家行政权力的行使者依法可以对其职权范围内的各项事务进行管理，这种管理带有强制性。换句话说，行政机关对行政相对人拥有命令权、指挥权，相对人必须服从。同时，行政主体还享有一定程度的自由裁量权，这些权力虽为行政管理之必要，但绝非随心所欲，而是要受到法律的严格规范。行政监督可以在行政系统内部以行政权制约行政权，对各种违法违纪行为予以纠正、撤销，并追究当事人行政的、法律的责任。只有以权力制衡权力，对行政活动进行有效的监督、控制，才能实现行政管理的最终目的，保证国家各项法律、法规的贯彻执行，杜绝现实生活中出现的“上有政策、下有对策”、“有令不行，有禁不止”的现象。

(二) 行政监督是清廉行政的基础

行政主体掌握着国家人、财、物的支配权。行政权具有权威性、单方性等特点，同时享有行政优先权和行政优益权，如果不受到有效的制约，就会发生利用权力进行权钱交易、以权谋私、权力“寻租”的现象。行政监督能产生巨大的威慑力，可以防止和及时纠正一些不当的行政行为。尤其是在当前体制转轨、社会转型过程中，各种法律规范不完善，对行政权力缺乏有效的规范和制约，给了各类腐败分子可乘之机，也严重损害了政府的形象。强化行政系统内部的行政监督、加大监督的力度，是防止贪污腐败、保证清廉行政的必要措施之一。

(三) 行政监督是高效行政的保证

行政效率是政府管理的核心，行政效率的提高有赖于政府管理的科学化、法治化。行政监督系统是现代行政的重要组成部分，加强和完善行政监督系统是保证行政管理科学化的有力手段。行政监督是政府管理科学化的内在要求。从政府管理的逻辑过程来看，行政决策是根本与前提，行政实施是关键，而行政监督是良好决策能够得以有效、完整、及时实施的根本保证。对前两个环节来说，行政监督有着不可或缺的作用。

三、行政监督体系

这里所说行政监督体系,是指国家行政机关内部的自我约束、制衡的系统。在我国,行政监督体系主要由一般监督、专门监督和特别监督三部分构成。

(一) 一般监督

1. 一般监督的含义

一般监督是指行政系统内部按层级和隶属关系、工作关系、自上而下或自下而上以及横向交错进行的监督。一般监督由于隶属关系和工作关系,情况熟悉,联系密切,容易发现问题并及时处理,有利于提高行政效率和加强行政人员的法治观念,克服官僚腐败习气与不正之风。它是行政监督体系中最基本、最经常、最直接的一种监督形式。根据我国政治体制的特点,行政系统内部实行民主集中制的原则,不仅行政上级可以对行政下级进行监督、平行机关可以互相监督,行政下级也可以向其行政上级提出批评,实行由下而上的监督。因此,一般监督又可分为自上而下的监督、自下而上的监督、职能监督和主管监督。

(1) 自上而下的监督。即各级人民政府对所属各部门和下一级人民政府的监督。上级政府依法有权变更或撤销下级政府不适当的行政行为。由于上级行政机关拥有对下级行政机关的领导和指挥权,并可以运用行政、法律、经济等手段来直接实现其领导意图,上下级之间是领导与被领导、指挥与被指挥、命令与服从的关系。因此,自上而下的监督是最有力、最迅速、最及时的监督。它可以在工作中起到防患于未然、及时纠偏和事后补救三重作用,现代政府管理应该着力加强这一监督形式,并将其纳入法治轨道。

(2) 自下而上的监督。是指下级行政机关对上级行政机关的监督。根据民主集中制的原则和政府管理民主化的要求,仅有自上而下的监督,没有自下而上的监督是不健全的,久而久之,极易导致上级行政机关及其工作人员的官僚主义作风和其他不良行为。所以,不仅上级有权监督、检查下级的工作,而且下级也有向上级提出批评建议的权利和义务。国务院在关于省、自治区、直辖市工作报告制度的规定中明确规定:各地政府对国务院的批评和建议,应随时整理和报送,国务院对这种批评建议应认真处理和答复。下级对上级的监督可以有效防止上级机关及其工作人员的官僚主义作风和其他不良行为。

(3) 职能监督。是指政府各职能部门就其主管的工作,在自己职权范围内对其他部门实行的监督,包括了平行关系和上下级关系的政府职能部门的监督。如财政部就其所主管的国家财政收支对各部委、各地区实施的监督;国家发展和改革委员会就国民经济计划的执行对各部委、各地区实施的监督等。

(4) 主管监督。指国务院各部委和各直属机构对地方各级人民政府相应的工作部门，上级政府工作部门对下级政府相应的工作部门的监督。如国务院各部、委、各直属机关对地方各级政府相应的工作部门、上级地方政府的各工作部门对下级地方政府相应的工作部门进行的监督。这种监督的权限范围因中央和地方上下级部门之间实行领导和业务指导关系的不同而有所区别。

2. 一般监督的方式

一般监督的方式主要有工作报告、工作指导、工作检查、工作考核、专案调查以及审查批准、备案、惩戒等。

(1) 工作报告。听取、审查工作报告是上级政府监督下级政府、各级政府监督其工作部门执行国家法律规范、实施有关决策及大政方针情况的重要方式。这种监督方式在政府工作中被大量使用，其通过监督对象向监督主体主动提供情况、反映意见来实现监督，具有及时、经常、信息量大的特点。为此，我国宪法规定，地方各级人民政府对上一级国家行政机关负责并报告工作。但由于报告是由监督对象作出的，应注意审查其真实性，防止失实、片面、报喜不报忧。报告的形式一般有例行性报告、临时性报告、综合性报告、专题报告等。

(2) 工作指导。即上级行政机关以命令、指示、通报等形式对下级机关进行工作指导，要求下级机关应该做什么以及如何做，并以建议方式规定下级机关应该遵循的准则和对可能出现的情况提出预防措施，从而实现“事前”监督。

(3) 工作检查。上级机关对下级机关，或由主管机关对所属工作部门的工作情况进行了解，以便掌握情况，发现问题，及时采取措施解决问题。检查是行政主体主动了解监督对象活动的行为，具有直接、实地、深入的特点，能够全面、客观地了解情况。检查的方式一般为全面检查和专项检查、联合检查和单独检查、定期检查和临时检查、事中检查和事后检查等。

(4) 工作考核。这是指在工作任务完成以后，上级机关对下级机关、主管人员以及同级工作人员对相关工作人员作出公正的考核评定，根据考核结果，可以提出批评、建议，给予处分、表扬或奖励。下级机关或下级机关的工作人员对上级机关或上级领导人的决策、命令等，认为有违反法律、法规、政策时，有权提出批评或建议，以实现自下而上的监督。

(5) 专案调查。指行政机关对所属部门、单位发生的事故、违法违纪案件所组织的专门调查活动。专案调查通常是针对临时出现的、比较重大和复杂的问题所采取的活动。当前，国家监察部门、审计部门对一些重大的违法乱纪或贪污受贿案件所进行的调查均属此类。

除了上述方式以外，常见的一般监督方式还有：审查批准、备案、惩戒。

审查批准是监督主体对监督对象的抽象或具体行政行为的一种监督。这是一种约束力较强的事先监督方式，实践证明它可以起到预防行政违法的作用。其内容包括要求监督对象报送审批材料、审查、批准（或不批准）三个步骤。

备案是指根据法律规定或上级行政机关的要求,监督对象将其制定的规章制度及其他规范性文件或某些重大行政行为的书面材料报告上级机关供其了解情况的活动。我国《立法法》规定:部门规章和地方规章报国务院备案;较大的市的人民政府制定的规章应当同时报省、自治区的人大常委会和人民政府备案。

惩戒是指上级对下级的违法行为,视其情节轻重作出行政处分。惩戒分为两种:一是对行政机关适用的,如通报批评、限期整改等;另一种是对违法行为的直接责任人和违法机关领导人的行政处分。

(二) 专门监督(行政监察)

1. 专门监督的含义与特点

专门监督是指行政机关内部设立专门机构对行政机关全部管理活动实行的监督。根据《监察法》的规定,监察机关是人民政府行使监察职能的机关,是政府专司行政监督职能的专门机构,负责对政府的行政管理活动进行全面的监督。行政监察在整个行政监督体系中举足轻重。

行政监察与其他监督形式相比,具有以下特征:(1) 监督职能的专门化。监察机关是政府内部专司行政监督职能的机构,其职责是其他任何部门所不能代替的。(2) 监督地位的公正性。监察机关与监察对象之间不存在组织上的直接隶属关系,有利于依法公正地处理问题。(3) 监督内容的全面性。行政监察机关对行政管理的全部内容和整个过程进行监督,既包括事前、事中、事后监督,从预防到纠正,又包括对违纪人员的处分、教育帮助以及表彰奖励有功人员和建立健全制度、采取补救措施等。(4) 监督行为的强制性。行政监察机关的监察行为具有一定的法律效力,监察机关作出的决定和建议,监察对象必须采纳并遵照执行。监察机关为有效履行职责,有权采取一定的行政强制措施。

2. 行政监察权的内容

行政监察机关是政府的职能部门,我国《监察法》在第四章专门设定了其职权。

(1) 检查权。监察机关有权检查或参加检查国家行政机关遵守和执行法律、法规及国家政策的情况;有权检查国家公务员和国家行政机关任命的其他人员遵守行政纪律、履行法定义务的情况。检查权是行政监察机关重要的、常用的一项权力,是监察工作的基础。

(2) 受理控告、检举及申诉权。监察机关有权受理对国家行政机关、国家公务员和国家行政机关任命的其他工作人员违反行政纪律行为的控告、检举;有权受理国家公务员和国家行政机关任命的其他工作人员不服主管行政机关给予行政处分决定的申诉,以及法律、行政法规规定的其他由监察机关受理的申诉。

(3) 调查权。监察机关有权调查处理国家行政机关、国家公务员和国家行政机关任命的其他工作人员违反行政纪律的行为。监察机关应根据检查所得的线索和有关控告、检举和申诉,就监察对象是否违反国家法律、法规和政策以及行政机关的决定和命令的行为进行立案调查。调查的内容是查清被调查对象违反行政纪律的基本事实,广泛收集证据,正确认定案件的性质。监察机关在检查、调查中有权采取下列措施:查阅、复制与监察事项有关的文件、资料;暂予扣留、封存可以证明违反行政纪律行为的文件、资料、财务账目及其他相关材料;按照规定程序查询案件涉嫌单位和涉嫌人员在银行或其他金融机构的存款,并通知银行或其他金融机构暂停支付涉嫌人员的存款;要求被监察部门和有关人员报送与监察事项有关的文件、资料及其他必要材料;责令有关人员在规定的时间、地点就监察事项涉及的问题作出解释和说明;责令被监察的部门和人员停止损害国家利益、集体利益和公民合法权益的行为;建议主管机关暂停有严重违反行政纪律嫌疑的人员执行职务。

(4) 建议权。监察机关对监察对象的行为进行检查、调查之后,有权就涉及的有关问题向监察对象或主管部门提出监察建议,这些问题主要包括:拒不执行法律、法规或者违反法律、法规,应当予以纠正的;违反本级人民政府所属部门和下级人民政府作出的决定、命令、指示,违反法律、法规或者国家的政策,应当予以纠正的;依照有关法律、法规的规定,应当给予行政处罚的;对于忠于职守、清正廉洁、政绩突出的国家公务员依法应当给予奖励的。

(5) 决定权。监察机关根据检查、调查结果,就下列情形可以作出监察决定:违反行政纪律、依法应当给予警告、记过、记大过、降级、撤职、开除行政处分的;违反行政纪律取得的财物,依法应当没收、追缴或者责令退赔的;使国家利益、集体利益和公民合法权益造成损害,需要采取补救措施的;对控告、检举重大违法违纪行为有功人员依法应当给予奖励的。

(三) 特别监督(审计监督)

1. 特别监督的概念

特别监督是指国家审计机关的审计监督。审计监督是国家审计机关依法对各级政府和部门的财政收支,对国家财政金融机构和企事业组织的财务收支以及经济活动进行审计、稽查和独立评价的经济监督活动。审计的对象不仅包括各级国家行政机关,还包括其他各级国家机关、群众团体和企事业单位。审计机关对行政机关的经济活动进行监督是其重要职能之一,有利于严肃财经纪律,维护正常经济秩序,促进政府部门廉洁行政,加强政府宏观调控职能,因此必须大力加强。

2. 特别监督的特征

审计监督与其他行政监督形式相比,具有以下特征:

(1) 监督行为的独立性。宪法规定:各级审计机关依照法律独立行使监督权,不受其他行政机关、社会团体和个人的干涉。审计机关一方面不受任何组织包括行政组织的干预,另一方面其没有介入财产所有者与管理者任何一方活动,与任何一方都没有任何利害关系,因而它能独立地行使审计权力,作出客观、公允的判断和评价。

(2) 监督内容的特定性。审计监督是对各单位、各部门的特定活动即经济活动进行审查,监督范围也仅限于对行政机关财政、财务收支活动进行审查,不涉及行政机关其他方面的行政行为。这一特征有别于行政监察监督。

(3) 监督范围的广泛性。宪法规定:审计机关的任务是对国务院和地方各级政府的财政支出、对国家的财政金融机构和收支进行审计监督。审计监督的对象不仅仅限于政府部门的财政经济活动,其几乎包括国家经济的全部活动。

(4) 监督结论的权威性。审计机关根据法律和财务制度对被审计单位的经济行为进行监督检查是宪法明确规定的,因而作出的审计结论具有法律权威性,被审计单位必须遵照执行。

第十章　公共危机管理

第一节　公共危机概述

一、危机与公共危机

(一) 危机的定义

危机(crisis)一词源于古希腊语中的“分离”(krinein),在当时作为一条医学术语,特指人濒临死亡、游离于生死之间的状态,后来逐渐被引申为“危险”、“紧急状态”等含义。在《现代汉语词典》里,危机是指“危险的根由”,或“严重困难的关头”。但危机情境并非仅仅意味着危险、威胁和损失。《韦氏大字典》(Webster's Definition)将危机定义为“事件转机与恶化间的转折点”(turning point of better or worse)。这与“危机”一词的汉语释义“危险与机遇”相契合,揭示出危机实质上蕴含着“危险与机遇”这种相伴而生的辨证关系。

人类社会的发展过程是一个不断对各类危机挑战作出回应的过程。面对日益增多的危机事件,在20世纪60、70年代,西方国家开始兴起危机研究。美国当代国际政治学家查尔斯·赫尔曼(Charles Hermann)于1972年在其编著的论文集《国际危机:行为研究视角》(International Crisis: Insights from Behavioral Research)中,将危机界定为一种特定的形势,并指出在这种形势中,决策者的根本目标受到威胁,作出决策的时间有限,形势的发生也出乎决策者的预料。①

荷兰莱登大学危机管理专家乌里尔·罗森塔尔(Uriel Rosenthal)在1989年出版的代表作《应对危机:管理灾难、暴乱与恐怖主义》(Coping with Crises: the Management of Disasters, Riots and Terrorism)中,将危机描述为“对一个社会系统的基本价值和行为准则架构产生严重威胁,并且在时间压力和不确定性极高的情况下必须对其作出关键决策的事件”②。

美国危机管理方面的权威顾问、学者劳伦斯·巴顿(Laurence Barton)认为,危机是“一个会引起潜在负面影响的具有不确定性的大事件,这种事件及其后果可能对组织及其员工、产品、服务、资产和声誉造成巨大的损害”③。

---

① 转引自赵志立:《危机传播概论》,清华大学出版社2009年版,第2页。

② 转引自薛澜、张强、钟开斌:《危机管理》,清华大学出版社2005年版,第25页。

③ 转引自〔美〕罗伯特·希斯:《危机管理》,王成等译,中信出版社2001年版,第18—19页。

近年来,随着我国科学技术的进步和生产力的发展,改革与发展中存在的一些问题也日益凸显,各类危机事件频繁发生。国内众多学者对危机事件给予了高度关注,并从不同的角度对危机作出了界定和描述。国内学者在阐释危机的内涵时,比较重视危机可能造成的负面影响力,强调应当采取紧急措施控制危机状态,避免引发系列社会负面效应。例如,“可以将危机界定为一种决策情势,在此情境中,作为决策者的组织(核心单元为政府)所认定的社会基本价值和行为准则架构面临严重威胁,突发紧急事件以及不确定前景造成了高度的紧张和压力,为使组织在危机中得以生存,并将危机所造成的损害降至最低限度,决策者必须在相当有限的时间约束下做出关键性决策和具体的危机应对措施”①。

综上所述,危机在本质上是指由自然或人为的意外事件引发的,对个人或人群产生不利影响的非正常状态。

(一) 公共危机的含义

目前,学术界对“公共危机”这一概念的界定尚未形成普遍共识。

有学者指出,公共危机是“由于内部和外部的高度不确定的变化因素,对社会共同利益和安全产生严重威胁的一种危险境况和紧急状态”②。

也有学者指出:“公共危机特指一个行政区域内出现迫在眉睫的特别紧急情况而亟需公共行政管理者作出重要决断,调动本行政区域内的一切力量作出共同努力并付出很大成本方能摆脱的困境,通常是一种对全体公民和社会生活构成严重威胁的危险局势,也称为公共紧急状态(public emergency)。”③

还有学者指出,公共危机是“来自社会经济运行过程内部的不确定性及由此导致的各种危机。或者说它是这样一种紧急事件或者紧急状态,它的出现和爆发严重影响社会的正常运行,对生命、财产、环境等造成的威胁、损害超出了政府和社会正常状态下的管理能力,要求政府和社会采取特殊的措施加以应对。”④

综合对公共危机的不同角度的理解,可以对公共危机的内涵作如下界定:公共危机是指在社会运行过程中,由自然或人为的意外事件引发社会运行机制失灵,危及社会系统既有的基本价值和行为准则的危险境况和非常事态。公共危机是社会组织在发展过程中面临的重大转折点,要求组织的决策主体能够在高度的时间、空间和心理压力下,迅速作出决断,并采取具体应对措施,以有效防范

① 薛澜、张强、钟开斌:《危机管理》,清华大学出版社2005年版,第26页。
② 王晓成:《论公共危机中的政府公共关系》,载《上海师范大学学报》(哲社版)2003年第11期,第23页。
③ 莫于川:《公共危机管理的行政法治现实课题》,载《法学家》2003年第4期,第115页。
④ 张成福、唐钧、谢一帆:《公共危机管理理论与实务》,中国人民大学出版社2009年版,第2页。

和化解危机可能引发的社会负面效应。

二、公共危机的类型

(1) 按照危机发生的领域,可以将公共危机划分为经济危机、政治危机、社会危机、生态危机等。

经济危机是指因经济系统没有产生足够的消费价值,在经济发展过程中爆发的生产能力相对过剩的危机,如 1997 年的东南亚金融危机、2008 年环球金融危机等。

政治危机是指对政治系统的稳定构成威胁的事由,如战争、暴力冲突、大规模的政治变革、腐败以及其他政治骚乱等。

社会危机是指由社会结构分化、重组引发的社会紧张情势和局面,如社会贫富两极分化、诚信危机、道德危机等。

生态危机是指由于人类盲目和过度的生产活动而引起的生态环境退化和生态系统严重失衡的现象,如自然资源短缺、环境污染加剧等。

(2) 按照危机发生的成因,可以将公共危机划分为内源型危机、外源型危机和混合型危机。

内源型危机是由事物自身内部因素促成的危机。如由于组织内部管理不善引致的企业生存危机。

外源型危机是由事物的外部环境因素引起的危机。如 2008 年美国次级房屋贷款危机引发的全球金融危机,对于美国之外的其他国家而言就是一种外源型危机。

混合型危机是由事物的内外部因素共同促成的。危机的成因往往都不是单一的,大多数危机属于混合型危机。

(3) 按照危机事件的性质、发生机理,可以将公共危机划分为大规模自然灾害、重大事故和重大事件。

大规模自然灾害,包括地震、台风与水灾、火山灾害、雪灾等自然灾害等,大规模感染等公共卫生灾害也可以视为此类。

重大事故,包括船舶、列车、飞机等交通事故及火灾、爆炸、剧毒品和放射性物质等大量泄漏事故。

重大事件,包括暴动、金融等经济恐慌及劫机船和人质事件、大量杀伤性恐怖事件,这一类危机通常危害到国家安全。

(4) 按照公共危机事件的严重程度、影响范围和可控性,可将公共危机分为Ⅰ级(特别重大)、Ⅱ级(重大)、Ⅲ级(较大)和Ⅳ级(一般)四个级别,依次用红色、橙色、黄色和蓝色表示。①

三、公共危机的基本特征

(一) 公共性

公共危机影响特定社会系统的运行、维系和发展,其指向对象涉及大多数人及其利益,而且,在经信息传播后会成为社会公众普遍关注的焦点,使得更多的人成为危机事件的利益相关人,对公共利益产生较大影响。公共危机管理者需要调动公共资源,协调社会力量来积极应对危机事件,公共组织在必要时需要采取强制性措施,及时消除危机的不利影响。

(二) 不确定性

公共危机发生的时间、地点以及影响范围、严重程度等往往都是不确定的、难以预测的。而且,在现代社会,公共危机的成因复杂,发展趋势难以把握,同时,由于信息时代的到来,事物之间的联系越来越呈现多元和共时的特征,资源的有限性也会导致事实上的顾此失彼,人们无法事先确定。②

(三) 突发性

公共危机爆发的预兆往往难以识别和发现,多数情况下,危机是在人们毫无思想准备的情况下突然爆发的。事实上,公共危机的爆发是一个危机因素从量变到质变的积累过程,只是这一积累过程在爆发前并未被人们发现或未引起人们的重视,爆发是危机因素缓慢积累的最终结果。

(四) 破坏性

公共危机的爆发会影响社会的正常运行,甚至导致社会脱离正常轨道而陷入危机的非均衡状态,从而使社会公众产生心理恐惧和严重不安全感,使社会生产力、竞争力下降。在公共危机处理不当时,甚至会引发社会信任危机,导致社会混乱,对社会公众的生产、生活起危害和破坏作用。

(五) 扩散性

公共危机事件发生后,往往会迅速蔓延,扩散波及到其他地区和国家,如2004年的禽流感就蔓延至多达10个亚洲国家及地区。而且,公共危机爆发后还极易扩散辐射到社会各领域,如洪水灾害不仅会影响农业,还会影响交通运输、工业生产、商业流通、教育等行业,甚至有可能引发大面积的流行病疫情爆发。一些学者称之为“涟漪反应”或“连锁反应”。在全球化与信息化的今天,公共危机的扩散性特征更加显著。

---

① 吴江主编:《公共危机管理能力》,国家行政学院出版社2005年版,第4—5页。

② 薛澜、张强、钟开斌:《危机管理——转型期中国面临的挑战》,清华大学出版社2003年版,第28页。

四、公共危机的周期与阶段

（一）危机周期

公共危机有一个孕育、发生、发展、高潮和回落的过程，即危机周期。把握危机的周期是认识与掌控危机的重要途径。

美国学者史蒂文·芬克（Steven Fink）于1986年在《危机管理——为不可避免的危机做计划》（Crisis Management：Planning for the Inevitable）一书中提出危机周期理论，通过四阶段周期模型，用医学术语将危机的周期形象地描述为征兆期、发作期、延续期和痊愈期，以此分别比喻危机的潜伏、爆发、高峰和衰落等不同阶段的发展过程。

第一阶段是征兆期（Portent），线索显示有潜在的危机可能发生；第二阶段是发作期（Breakout or Acute），具有伤害性的事件发生并引发危机；第三阶段是延续期（Chronic），危机的影响持续，同时也是努力清除危机的过程；第四阶段是痊愈期（Resolution），危机事件已经解决。

（二）危机阶段模型

1. 三阶段模型

三阶段模型将公共危机管理分成危机前（Pre-crisis）、危机（Crisis）和危机后（Post-crisis）三个阶段，每一阶段又可以细分为不同的子阶段。

2. 四阶段模型

第一，传统的危机四阶段模型。危机研究学者从危机发生、发展的时间序列出发，将公共危机管理分成危机预防、准备、反应和恢复等四个阶段。

第二，美国联邦安全管理委员会的危机四阶段模型。美国联邦安全管理委员会将传统按时序意义划分的危机四阶段修正为：减缓（mitigation）、预防（preparation）、反应（response）和恢复（recovery）。

第三，美国危机管理专家罗伯特·希斯（Robrt Heath）在《危机管理》一书中率先提出危机管理4R模型，即减少（reduction）、预备（readiness）、反应（response）和恢复（recovery）。4R模型是四阶段模型的代表：

（1）减少阶段：预防和缩减危机的发生及冲击力。危机在这一阶段最易被控制，且控制成本最小，管理者应重视每个细节的不良变化，通过风险评估，减少危机发生的可能性，如发现某一方面存在风险，应及时采取有效的方法对其进行管理。（2）预备阶段：在风险评估的基础上，建立全方位的预警系统，并通过培训与演习，使相关人员在危机发生时能作出快速和必要的反应，从而使损失最小化，确保组织能尽快恢复到常态。（3）反应阶段：在危机爆发后相关人员作出快速反应，策略性地运用组织资源，在尽可能短的时间内，遏制危机发展的趋势，防止引发新的危机。（4）恢复阶段：在危机情境得到控制后，着手进行恢复工作，并对危机处理过程中反映出来的问题进行分析总结,为今后的危机管理提供经验和支持。

3. 五阶段模型

美国南加州大学商学院教授米特罗夫(Ian Mitroff)和皮尔森(Christine Pearson)于1994年提出五阶段模型:

(1) 信号侦测阶段:识别危机发生的警示信号并采取预防措施;(2) 探测和预防阶段:组织成员搜寻已知的危机风险因素并尽力减少潜在损害;(3) 控制损害阶段:危机发生阶段,组织成员努力使其不影响组织运作的其他部分或外部环境;(4) 恢复阶段:尽可能快地让组织运转正常;(5) 学习阶段:组织成员回顾和审视所采取的危机管理措施,并整理使之成为今后的运作基础。①

4. 六阶段模型

美国著名的危机管理大师诺曼·R.奥古斯丁提出了六阶段模型:

(1) 第一阶段:危机的避免;(2) 第二阶段:危机管理的准备;(3) 第三阶段:危机的确认;(4) 第四阶段:危机的控制;(5) 第五阶段:危机的解决;(6) 第六阶段:从危机中获利。

五、公共危机管理的内涵

(一) 危机管理

"危机管理"一词早期主要用于军事和外交领域,后逐渐被引入国际政治和社会经济等领域。但将其作为一门学科来研究始于1962年的古巴导弹危机。古巴导弹危机是冷战时期在美国、苏联与古巴之间爆发的一场极为严重的政治、军事危机,当时美国和苏联两国政府最高决策层采取的危机管理对策引发了世界的广泛关注。此次危机结束后,时任美国国防部长的罗伯特·麦克纳马拉曾在一次国会听证会上非常严肃地指出,"今后不再有什么战略可言,取而代之的将是危机管理"。自此,"危机管理"一词开始流行,成为研究危机应对的习惯用语。危机管理的应用逐渐遍及各类组织,学者们也纷纷展开对危机管理的系统研究。

危机管理专家史蒂文·芬克是较早对危机管理进行比较系统研究的学者之一,在其出版的《危机管理:为不可避免的危机作计划》一书中,他指出,危机管理是指组织对所有危机发生因素的预测、分析、化解、防范等而采取的行动。

学者罗伯特·希斯认为,危机管理包含对危机事前、事中、事后所有方面的管理,并用模型图概括了危机管理的范围及其主要内容。②

---

① 转引自黄顺康:《论公共危机预控》,载《理论界》2006年第5期,第81页。

② 〔美〕罗伯特·希斯:《危机管理》,王成、宋炳辉、金瑛译,中信出版社2001年版,第30页。

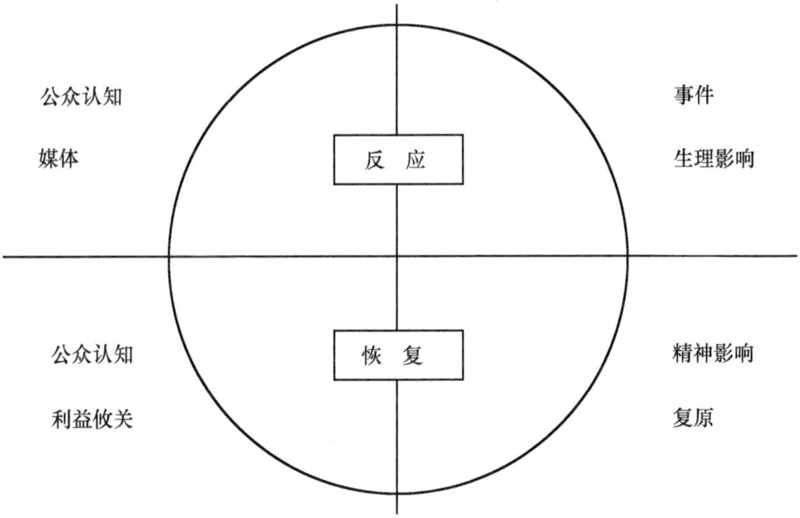

上图表明了危机管理的范围,左边两个象限代表危机管理的沟通活动,右边两个象限表示危机管理的行为构成。上面两个象限反映的是开始处理危机事件的初期阶段,以生理上可见的影响为主,下面两个象限反映的是恢复管理时期,在该阶段以精神影响为主。四格象限图表明,作为管理者,当发生危机事件时,不能仅仅局限于资源管理(如时间、财物、设备等),更应以全面沟通为基础,协调组织内部、组织外部及媒体之间的关系,使精神复原和组织建设成为最高目标。不是临时地处理危机,而要将危机处理视为组织战略管理的重要组成部分,促进组织战略目标的实现。①

(二) 公共危机管理

近年来随着全球经济危机和恐怖袭击事件的频繁发生,危机管理研究在公共行政领域得到了深入发展。公共危机管理是对公共行政领域内危机事件的管理。关于公共危机管理,国内学者的定义主要如下:

第一,公共危机管理是一种有组织、有计划、持续动态的管理过程,政府针对潜在的或者当前的危机,在危机发展的不同阶段采取一系列的控制行动,以期有效地预警、处理和消除危机。②

第二,公共危机管理是对没有预料到的且对公共安全和公共利益形成重大威胁的事件的管理。③

第三,公共危机管理是政府及其他公共组织,在科学的公共管理理念指导

① 胡税根、余潇枫、何文炯、米红:《公共危机管理通论》,浙江大学出版社 2009 年版,第 12 页。
② 张成福:《构建全面整合的公共危机管理模式》,载《中国减灾》2005 年第 4 期,第 35 页。
③ 何志武、贾蓉治:《政府危机管理述评》,载《理论月刊》2004 年第 1 期,第 70 页。

下，通过监测、预警、预防、应急处理、评估、恢复等措施，防止和减轻公共危机灾害的管理活动。①

综上所述，公共危机管理是政府及其他社会组织通过监测、预警、预防、应急处理、评估、恢复等措施，防范潜在的危机，处理已经发生或正在发生的危机，以达到减缓危机危害，乃至将危险转化为机遇的管理过程。

需要指出的是，无论是公共危机管理，还是企业危机管理，二者都建立在危机管理的理论和实践基础之上，但二者在以下两个方面仍存在着较大区别：

第一，管理主体不同。

企业危机管理的主体是企业。而公共危机管理属于公共管理的重要领域之一，因此，其管理主体不仅包括政府部门，还涵盖了非政府组织、企业、公民个人等。不可否认的是，公共危机的管理主体是以政府为主的应对网络，公共危机管理是政府的基本职能之一。在公共危机管理中，政府扮演着主导者和协调者的重要角色，肩负着维护公共安全，保护公民的人身权和财产权的主要责任。

第二，宗旨不同。

企业危机管理的宗旨是在保证企业生存和发展的基础上，考虑公众和消费者的利益。而公共危机管理的宗旨是维护公共安全和社会秩序的稳定。

六、公共危机管理的原则

（一）预防为主

国家和社会应当通过提前规划和采取保护措施来应对具有不确定性的危险或风险，阻止潜在的有害行为，避免环境破坏。长期以来，一些公共部门及其管理者往往由于存在侥幸心理，认为危机不会发生，或习惯于危机事后的被动应对，而忽视了事前的主动预防，导致危机发生后对民众健康和社会秩序产生严重的负面影响。预防原则要求公共部门构建预防为主的常态化公共危机管理体系，相关管理者应以科学分析为基础，衡量风险出现的几率，对风险可能造成的损害的性质、因果关系、规模等做出有效评估，并就风险管理措施提出建议，切实发挥危险预防的作用。

（二）以人为本

以人为本原则首先要求在公共危机管理过程中，管理者要把保障民众的生命安全作为首要任务。尊重人的生命权，在公共危机预警防范阶段，要尽量避免危机的发生；在危机应急处置阶段，则应把确保民众的安危和健康作为第一要求，最大程度地保护和挽救最大多数人的生命安全。

政府在行使应急管理权力时，往往会限制公民的权利，为了防止政府滥用应

① 吴兴军：《公共危机管理的基本特征与机制构建》，载《华东经济管理》2004年第3期，第53页。

急权力,最大限度地保护公民的权利,许多国家的宪法和法律都对此作出了相应规定。我国《突发事件应对法》规定,有关政府及其部门采取的应对突发事件的措施,应与突发事件可能造成的社会危害的性质、程度和范围相适应,有多种措施可供选择的,应选择有利于最大程度地保护公民权益的措施。

(三) 依法管理

公共危机管理是政府的一项重要职能。政府在应对公共危机事件时,必须遵循法治原则。即在遭遇突发事件或出现紧急状态时,政府应积极履行法定职能,依法行政,通过法治权威和强制力加强危机管理。遵循依法管理的原则,首先应重视危机管理法律法规建设,建立健全各类相关法律法规,为各级政府和公民应对危机事件提供法律依据。同时,要依法建立健全政府危机管理体系,规范突发事件应对活动,特别是要在政府的行政紧急权力与公民的基本权利之间寻找一个平衡点,切实维护和保障公众的权利和利益。

(四) 统一领导

危机管理部门工作性质、职责各不相同,统一领导有利于把分散的人力、物力整合起来,使各部门分工协作,发挥出组织的整体优势。特别是在应对跨地域的危机事件时,统一领导,协调有序,能保证组织更高效地完成公共危机管理任务。目前许多国家都成立了专门机构,对危急的、重大的、与国家利益密切相关的突发性事件实施统一领导。例如,美国于 1979 年成立了美国联邦紧急事务管理署,该机构直接受美国总统领导,是美国进行重大突发事件时进行协调指挥的最高领导机构。我国《突发事件应对法》规定,在突发事件应对处理的各项工作中,必须坚持由各级人民政府统一领导,成立应急指挥机构,对应对工作实行统一指挥。

第二节　公共危机管理体制

一、公共危机管理体制的含义

公共危机管理体制是由各级各类公共危机管理机构、管理职责权限、管理制度等有机构成的管理系统。公共危机管理体制的含义有广义和狭义之分。

广义的公共危机管理体制是指在各类公共危机应对和处理过程中,在包括政府、非政府组织、企业、其他社会力量以及公民个体在内的各类主体间所形成的组织模式和关系模式。

狭义的公共危机管理体制是指国家和政府机关为完成法定的应对和处理公共危机的任务,在公共危机管理过程中形成的组织机构、职责权限划分以及运行机制等各种正式制度。当前,在我国,狭义的公共危机管理体制是指各级政府及其部门依法应对、处置突发公共事件(不包括国家紧急状态和战争状态)的应急管理体制。

当前,公共危机呈现出多元化、复杂化和常态化的特点,建立高度组织化的现代公共危机管理体制,使公共危机应对更具专业化、灵活性和高效率,才能有效消除危机。由于政府具有其他社会组织和公民个人所不具备的优势、权威和强制力,因此,无论是在广义的公共危机管理体制下,还是在狭义的应急管理体制下,都需要明确政府在公共危机管理中所处的核心和主导地位,使其充分发挥沟通、组织、协调、指导等职能作用,有效整合利用各类公共危机管理资源,提高在全社会应对公共危机的动员能力。

二、公共危机管理体制的内容

公共危机管理体制主要由组织结构、管理职能与运行机制等三块内容构成。

(一) 组织结构

组织结构表明了组织工作任务的分工及协调,它是管理体制的基础和载体。典型的公共危机管理组织结构由指挥(command)、控制(control)、通讯(communications)三方面组成,包含决策指挥机构、综合协调机构、咨询辅助机构、实际操作机构四个板块。其中危机管理决策指挥机构居于核心位置,负责统一指挥、统一协调各个危机管理操作机构的行动;危机管理实际操作机构是主体,负责应急响应的各项作业,按照职责划分履行各自的职责,并相互配合、相互支持,共同应对公共危机。

组织结构也表明了组织各部分的排列顺序、联系方式以及各要素之间的相互关系,体现了整个管理系统的框架。据此,可以将公共危机管理的组织结构划分为横向结构和纵向结构。

横向结构是指在水平分工的基础上,各公共危机管理部门在职务范围、空间区域、责任、权利等方面所形成的结构体系。行政组织的同一层级包含着职能各不相同的部门,这些部门之间是相互分工合作的平等关系。如在设置一级政府的公共危机管理机构时,可以依据其功能和工作性质的不同,划分为交通部、公安部、水利部等若干职能部门。科学合理的横向结构设计在一定程度上适应了管理现代社会具有复杂性和不确定性等特征的公共危机事件的要求。

纵向结构是指在组织内部上下级之间形成的指挥与服从的关系与结构体系。目前我国的行政组织体系从纵向分为国务院——省/自治区/直辖市——县/区——乡/镇四级。相应地,如为应对洪水灾害,我国在中央一级设置水利部,省级设置水利厅,市县级设置水利局或水务局等机构。在纵向结构中,公共危机管理机构每一层级的职能目标和工作性质均相同,只是对同一性质、职能的权限范围进行了分解。一般而言,不同层次的机构承担着不同的工作与责任,其管辖范围和管理权限随着层次的降低而逐级缩小。换而言之,通常随着公共危机事件性质和规模的升级,管理层级会逐步上移。

公共危机管理组织结构是组织得以持续运转,完成组织管理目标和任务的体制基础。当前,我国已逐步建立起五大类公共危机管理机构,包括预防和处置自然灾害、灾难事故、公共卫生突发事件、社会危机、经济危机的管理机构。

(二) 管理职能

管理体制的核心和基础是管理职能的配置。公共危机管理职能是危机管理活动的基本功能,涉及公共危机管理权力和管理责任的实际构成与配置,体现了公共危机管理的基本方向和具体方法。政府公共危机管理在预防、准备、响应和恢复四个不同阶段的具体职能如下:

1. 预防阶段

(1) 将公共危机管理纳入经济社会发展规划;(2) 加强土地、建筑、工程的标准化管理;(3) 组织实施减灾建设项目;(4) 进行公共安全和风险评估;(5) 监测监控风险源,排查隐患;(6) 进行减灾防灾教育、宣传、培训。

2. 准备阶段

(1) 发布预测、预警信息;(2) 组织演习培训;(3) 编制应对危机的预案;(4) 部门之间订立危机管理联动计划;(5) 准备危机管理人员、装备、物资等。

3. 响应阶段

(1) 启动危机管理预案和措施;(2) 实施紧急处置和救援;(3) 协调危机管理组织和行动;(4) 向社会通报危机状况及政府采取的措施;(5) 恢复关键性公共设施项目。

4. 恢复阶段

(1) 启动恢复计划和措施;(2) 进行重建、修复;(3) 提供补偿、赔偿、社会救助;(4) 进行评估、总结和审计。

也有学者指出,公共危机管理的职责分工与组织机构的设置密切相关,可以将公共危机管理系统划分为危机管理决策指挥系统、危机管理综合协调系统、危机管理咨询辅助系统、危机处理执行系统和危机管理信息系统。各子系统的功能如下:

(1) 危机管理决策指挥系统:危机决策、指挥;

(2) 危机管理综合协调系统:综合协调;

(3) 危机管理咨询辅助系统:提供各领域的技术支持及决策咨询;

(4) 危机处理执行系统:执行落实有关决策、危机控制与解决、危机善后与复原;

(5) 危机管理信息系统:信息收集与分析、危机预警、危机监测、信息发布、信息沟通。①

（三）运行机制

运行机制是公共危机管理过程中各影响要素之间相互联系、发挥功能的作用过程及其运行方式。良性的运行机制是提高危机管理效率的必备条件。公共危机管理的运行机制通常包括危机预警机制、危机决策指挥机制、危机协调机制、信息沟通机制、应急资源保障机制、社会动员与参与机制、善后处理和恢复重建机制、调查评估机制等。

1. 危机预警机制

公共危机预警机制旨在对可能发生的危机进行预警和监控。危机预警处在危机管理的首要阶段，科学完善的危机预警机制有助于将危机消灭在萌芽状态或者将危机损失降至最小化。因此，危机预警既是公共危机管理的第一道防线，也是危机管理的关键所在。

建立公共危机预警机制，首先要求政府对可能发生的公共危机事件进行科学分级，制定分级预案。我国国务院于 2006 年 1 月 8 日发布的《国家突发公共事件总体应急预案》规定，预警级别依据突发公共事件可能造成的危害程度、紧急程度和发展势态，一般划分为四级：Ⅰ级（特别严重）、Ⅱ级（严重）、Ⅲ级（较重）和Ⅳ级（一般），依次用红色、橙色、黄色和蓝色表示。当危机发生时，各级政府须根据突发公共事件的不同等级，启动相应预案，及时做出应急响应。对需要向社会发布预警的突发公共事件，应及时发布预警。

建立危机预警机制，需要着重做好以下几点工作：

第一，建立和完善监测预警网络。各地区、各部门、各行业应树立危机意识，结合实际，因地制宜地设立监测机构，建立上下结合、分工协作、效能统一的公共危机监测体系，并明确专人负责监测工作，坚持定期进行监测分析预警，将危机监测预警工作纳入日常化、规范化、制度化轨道。

第二，建立和完善危机预测信息网络。适时采集、监控和发布重要预测信息，实现信息共享、共用和有效传递。及时整理和发布危机预警信息，并确保信息及时、客观、全面、真实、稳定、连续，为危机决策提供有效数据保障。

第三，规定和明确预警事项处置程序。根据危机性质、波及范围以及可能造成的危害，综合整理确定符合预警条件的事项，建立相应的预警事项处置程序，以提高公众对危机的认识，加强组织的防御能力，确保预警机制启动时，各个环节连贯且顺畅，从而最大限度地减少危机对社会的影响。

第四，制订和完善应急预案。应急预案是为应对突发危机事件制订的应急管理、指挥和救援计划。应急预案的内容一般包括预案制定的目的、依据、适用

① 胡税根、余潇枫、何文炯、米红：《公共危机管理通论》，浙江大学出版社 2009 年版，第 128 页。

范围、突发公共事件的分类分级、工作原则、组织领导体系、应急机制、保障措施、预案管理等相关内容。应依据应急预案对相关人员进行培训,这样一方面可以检验预案是否科学、实用;另一方面也有助于提高相关人员危机管理的实战能力。在预演过程中,如发现问题必须及时修正预案,并送相关部门完善应急响应工作机制。

2. 危机决策指挥机制

危机决策指挥机制的核心是建立危机决策指挥中心,并强化其权威性。该中心负责领导、指挥公共危机应急处理工作,是危机决策所依赖的平台。指挥中心应把握公共危机的性质和程度,成立相应的功能性小组。危机发生后,指挥中心应当对危机进行综合评估,判断危机的性质和类型,提出是否启动应急预案的建议,并报上级主管部门批准。应急预案启动前,有关部门应当根据危机的实际情况,做好应急处理准备,采取必要的应急措施。应急预案启动后,危机发生地的管理部门应当根据预案规定的职责要求,服从危机应急处理指挥部的统一指挥,立即到达规定岗位,采取有关措施控制危机。

3. 信息沟通机制

获取真实、及时的危机信息是一切危机管理工作的前提和基础。构建科学的危机信息沟通机制,成立信息管理中心,可以帮助政府等危机管理部门及时、全面、准确地收集和处理各类危机事件信息。信息管理中心应有目的地组织和完成信息识别、收集、整理、分析、传递、研究、处理、贮存等各项工作,为危机管理的决策和执行提供服务。

构建科学的危机信息沟通机制还要求保障公民的知情权。在危机处置过程中,危机管理部门要做好信息发布工作。我国《国家突发公共事件总体应急预案》规定,突发公共事件的信息发布应当及时、准确、客观、全面。事件发生的第一时间要向社会发布简要信息,随后发布初步核实情况、政府应对措施和公众防范措施等,并根据事件处置情况做好后续发布工作。信息发布形式主要包括授权发布、散发新闻稿、组织报道、接受记者采访、举行新闻发布会等。

4. 危机协调机制

多数危机事件都具有突发性、扩散性及严重的危害性等特征,在这种情形之下的危机应对工作往往会超越单个政府部门的管辖权,需要实现跨部门甚至跨地域的协调治理,因此,构建和完善危机协调机制具有重要意义。危机协调机制由相应的综合协调部门进行协调,主要是协调有关地区和部门提供应急保障,包括协调各方关系和调度各方救援资源等。

在危机事件发生后,由综合协调部门负责各类公共安全机构和社会组织间的沟通协调工作,负责组织相关负责人、专家和应急队伍参与应急救援,确保危机管理参与主体行动统一、步调一致。同时,协调部门还负责统一调度应急资源,为危机管理工作提供应急保障,以有效贯彻危机决策指挥系统作出的决策。

5. 应急资源保障机制

应急保障机制主要涉及人力、物力、财力、交通运输、医疗卫生及通信等方面的保障和支持工作,旨在保证应急救援工作的需要和受难民众的基本生活,以及恢复重建工作的顺利进行。2005 年,国务院颁布的《国家突发公共事件总体应急预案》就人力资源、财力保障、物资保障等方面作出了明确规定。

(1) 人力资源方面规定:公安(消防)、医疗卫生、地震救援、海上搜救、矿山救护、森林消防、防洪抢险、核与辐射、环境监控、危险化学品事故救援、铁路事故、民航事故、基础信息网络和重要信息系统事故处置,以及水、电、油、气等工程抢险救援队伍是应急救援的专业队伍和骨干力量。中国人民解放军和中国人民武装警察部队是处置突发公共事件的骨干和突击力量,按照有关规定参加应急处置工作。

(2) 财力保障方面规定:要保证所需突发公共事件应急准备和救援工作资金。对受突发公共事件影响较大的行业、企事业单位和个人要及时研究提出相应的补偿或救助政策。要对突发公共事件财政应急保障资金的使用和效果进行监管和评估。鼓励自然人、法人或者其他组织(包括国际组织)按照《公益事业捐赠法》等有关法律、法规的规定进行捐赠、援助。

(3) 物资保障方面规定:要建立健全应急物资监测网络、预警体系和应急物资生产、储备、调拨及紧急配送体系,完善应急工作程序,确保应急所需物资和生活用品的及时供应,并加强对物资储备的监督管理,及时予以补充和更新。地方各级人民政府应根据有关法律、法规和应急预案的规定,做好物资储备工作。

(4) 基本生活保障方面规定:要做好受灾群众的基本生活保障工作,确保灾区群众有饭吃、有水喝、有衣穿、有住处、有病能得到及时医治。

(5) 医疗卫生保障方面规定:卫生部门负责组建医疗卫生应急专业技术队伍,根据需要及时赴现场开展医疗救治、疾病预防控制等卫生应急工作。及时为受灾地区提供药品、器械等卫生和医疗设备。必要时,组织动员红十字会等社会卫生力量参与医疗卫生救助工作。

(6) 交通运输保障方面规定:要保证紧急情况下应急交通工具的优先安排、优先调度、优先放行,确保运输安全畅通;要依法建立紧急情况社会交通运输工具的征用程序,确保抢险救灾物资和人员能够及时、安全送达。

根据应急处置需要,对现场及相关通道实行交通管制,开设应急救援“绿色通道”,保证应急救援工作的顺利开展。

(7) 公共设施方面规定:有关部门要按照职责分工,分别负责煤、电、油、气、水的供给,以及废水、废气、固体废弃物等有害物质的监测和处理。

(8) 通信保障方面规定:建立健全应急通信、应急广播电视保障工作体系,完善公用通信网，建立有线和无线相结合、基础电信网络与机动通信系统相配套的应急通信系统，确保通信畅通。

（9）其他涉及治安维护、人员防护、科技支撑等方面的规定。

6. 社会动员与参与机制

公众的参与是整个社会危机管理的基础，应通过公共信息的传播、教育以及多学科的职业训练等途径，增强公众的危机管理意识与能力。应积极动员各类群众组织和社会团体参与危机管理，使社会力量与国家力量在危机应对过程中形成良好的协调互动。要成立吸收各类捐助的民间基金会，必要时可以请相关国际组织或专家为总顾问，寻求国际援助。公益捐赠是社会公众参与公共危机管理的一种重要形式。社会成员在公共危机发生的时候，捐赠款项和物资，能够解决许多困难群体的燃眉之急，对政府社会救助体系是一个有益的补充。另外，各种志愿者团体积极参与危机救助，可以补充公共危机管理中人力财力等方面的不足。

7. 善后处理和恢复重建机制

公共危机结束或紧急情况被控制后，并不意味着危机管理的结束，而是进入了危机善后处理和恢复阶段。在这一阶段，政府等危机管理者要对危机事件造成伤亡的人员及时进行医疗救助或按规定给予抚恤，对造成生产生活困难的群众进行妥善安置，对紧急调集、征用的人力物力按照规定给予补偿。同时，组织开展生产自救，建立健全灾害心理援助制度，及时采取心理咨询、慰问等措施，消除突发公共事件给人们造成的精神创伤，尽力将社会财产、基础设施、社会秩序和社会心理恢复到正常状态。

在我国，善后处理和恢复重建工作通常由危机事件事发地人民政府负责，各相关部门联合行动，落实各自的职责，政府有关部门提供必要支持。例如，民政部门主要负责管理社会救助资金和物资；监察、审计等部门主要担负监督职责，确保政府、社会救助资金和物资的公开、公正和合理使用；保险监管部门主要负责会同各保险企业快速介入，及时做好理赔工作。

8. 调查评估机制

危机后的调查评估是危机管理中的一个关键环节，不应该被忽视。应建立危机事件调查制度，成立危机事件调查组，从多方面、多角度对重大突发公共危机事件的起因、性质、影响、后果、责任和应急措施等问题，进行调查评估，写出危机事件报告和措施建议，总结经验教训，并尽快公布于众。这样一方面可以有效安抚民众的心理情绪，维护社会秩序稳定；另一方面则有利于从技术、管理、组织以及运行程序等方面对危机管理加以改进，提高应急决策水平，提升危机管理能力。

三、我国政府应急管理体系的建立

(一) 建立过程

我国国土幅员辽阔、自然环境复杂、人口众多,且各地经济社会发展极不平衡,再加上处于社会转型期,因此,无论是从历史还是现实的角度来看,中国都是各类灾难和危机出现频率最多的国家之一。

在2003年、2004年,我国分别经历了“非典”和“禽流感”等危机事件的挑战。2008年更是我国重大突发事件频发的一年。据国家统计局发布的《2008年国民经济和社会发展统计公报》显示:全年:(1) 实际发生各类地质灾害2.7万起,直接经济损失183.7亿元,死亡656人。(2) 大陆地区共发生5级以上地震87次,成灾17次,造成直接经济损失8523亿元,死亡近7万人。(3) 生产安全事故死亡91172人。(4) 共发生道路交通事故26.5万起,造成7.3万人死亡,30.5万人受伤,直接财产损失10.1亿元。(5) 农作物受灾面积3999万公顷。(6) 共发生森林火灾1.3万起。(7) 因洪涝灾害造成直接经济损失635亿元,死亡686人。(8) 因旱灾造成直接经济损失307亿元。(9) 因海洋灾害造成直接经济损失206亿元。(10) 低温冷冻和雪灾造成直接经济损失1595亿元,死亡162人。

公共危机事件的频发极大地影响着社会稳定。2003年的“非典”事件不仅使我国面临着前所未有的公共卫生危机,也使政府的公共管理面临着一个新课题,自此应急管理体系建设成为政府管理活动中的一项重要内容。

2003年抗击“非典”成为我国全面推进应急管理体系建设的起点。自抗击“非典”取得胜利以来,我国以“一案三制”(即应急预案、应急体制、应急机制和法制)为核心内容的应急管理体系建设取得了历史性进步,政府的应急能力和应急水平都得到了极大提升。

在2005年7月召开的第一次全国应急管理工作会议上,国务院总理温家宝强调,要加强全国应急体系建设和应急管理工作,必须做好健全组织体系、运行机制、保障制度等工作。2008年3月,温家宝在十一届全国人大一次会议上的政府工作报告中指出,全国应急管理体系基本建立。

(二) 组织体系及职能

1. 领导机构

国务院是突发公共事件应急管理工作的最高行政领导机构。在国务院总理领导下,通过国务院常务会议研究、决定和部署特别重大、重大公共危机事件的应对工作。并针对不同类别的公共危机事件管理,在国务院设置国家相关突发公共事件应急指挥机构,每一类相关应急指挥机构由有关国务院副总理、国务委员主持,其成员为国务院相关部门负责人。国务院常务会议和国家相关突发公共事件应急指挥机构,负责突发公共事件的应急管理工作;必要时,国务院派出工作组指导有关工作。

2. 办事机构

为进一步加强应急管理工作,全面履行政府职能,2006 年 4 月 30 日,国务院办公厅设置国务院应急管理办公室(国务院总值班室),承担国务院应急管理的日常工作和国务院总值班工作,发挥运转枢纽作用。国务院秘书长为办公室主任,直接对总理负责;所有国务院副秘书长均为副主任,各自对应相关应急指挥机构,协助有关领导处理工作。

根据国务院办公厅《关于设置国务院应急管理办公室(国务院总值班室)的通知》规定,国务院应急管理办公室的主要职责如下:

(1) 承担国务院总值班工作,及时掌握和报告国内外相关重大情况和动态,办理向国务院报送的紧急、重要事项,保证国务院与各省(区、市)人民政府、国务院各部门联络畅通,指导全国政府系统值班工作。

(2) 办理国务院有关决定事项,督促落实国务院领导批示、指示,承办国务院应急管理的专题会议、活动和文电等工作。

(3) 负责协调和督促检查各省(区、市)人民政府、国务院各部门应急管理工作,协调、组织有关方面研究,提出国家应急管理的政策、法规和规划建议。

(4) 负责组织编制国家突发公共事件总体应急预案和审核专项应急预案,协调指导应急预案体系和应急体制、机制、法制建设,指导各省(区、市)人民政府、国务院有关部门应急体系、应急信息平台建设等工作。

(5) 协助国务院领导处置特别重大突发公共事件,协调指导特别重大和重大突发公共事件的预防预警、应急演练、应急处置、调查评估、信息发布、应急保障和国际救援等工作。

(6) 组织开展信息调研和宣传培训工作,协调应急管理方面的国际交流合作。

(7) 承办国务院领导交办的其他事项。

国务院应急管理办公室还负责办理各地区、各部门报送国务院涉及下列业务的文电和有关会务、督查工作:

(1) 涉及防汛抗旱、减灾救济、抗震救灾,以及重大地质灾害、重大森林草原火灾及病虫害、沙尘暴及重大生态灾害事件的处置及相关防范业务,重要天气形势和灾害性天气的预警预报等业务。

(2) 涉及安全生产、交通安全、环境安全、消防安全及人员密集场所事故处置和预防等业务。

(3) 涉及重大突发疫情、病情处置,重大动物疫情处置,重大食品药品安全事故处置及相关防范等业务。

(4) 涉及社会治安、反恐怖、群体性事件等重大突发公共事件应急处置和防范业务,涉外重大突发事件的处置等业务。

3. 工作机构

中央政府的公共危机管理专业工作机构设在国务院有关部委,相关部门依据有关法律、行政法规和各自的职责,负责相关类别突发公共事件的应急管理工作。其职能是具体负责相关类别的突发公共事件和部门应急预案的起草与实施,贯彻落实国务院的决定事项;承担相关应急指挥机构办公室的工作;及时向国务院报告重要情况和建议,指导和协助省级政府做好突发公共事件的预防、应急准备、应急处理和恢复重建等工作。

4. 地方机构

地方各级人民政府是本行政区域突发公共事件应急管理工作的行政领导机构,负责本行政区域各类突发公共事件的应对工作。其主要职能是做好本辖区内公共事件预测预警、应急处置和恢复重建的组织领导工作,而大中城市在应急救援工作中应该发挥骨干作用,并协助周边地区开展应急救援工作。

5. 专家组

国务院和各应急管理机构建立各类专业人才库,可以根据实际需要聘请有关专家组成专家组,为应急管理提供决策建议,必要时参加突发公共事件的应急处置工作。

(三) 我国危机管理体系的核心内容

我国危机管理体系的核心内容是“一案三制”。其中,“一案”指制定修订应急预案,“三制”指建立健全应急体制、应急机制和应急法制。“一案三制”构成了当前我国应急管理体系的基本框架。

1. 应急预案

预案是应急管理的龙头,是“一案三制”的起点。应急预案是指针对潜在的或可能发生的突发事件事先制定的应急管理、指挥、救援、综合协调等处置方案。应急预案是应急管理工作的重要内容,当前我国主要以完善和落实应急预案为基础,全面推动应急管理体制、机制和法制建设。

2003 年 11 月,国务院办公厅成立应急预案工作小组。

2004 年国务院针对加快建立健全突发公共事件应急机制,提高政府应对公共危机的能力作出部署,将其作为全面履行政府职能的一项重要任务,并于当年 1 月召开了国务院各部门、各单位制定和完善突发公共事件应急预案工作会议。2004 年 4 月 6 日和 5 月 22 日,国务院办公厅分别印发《国务院有关部门和单位制定和修订突发公共事件应急预案框架指南》和《省(区、市)人民政府突发公共事件总体应急预案框架指南》;6 月 3 日至 12 月 14 日,国务院负责人主持召开专项应急预案审核会,并审阅了 105 件专项预案和部门预案。

2005 年 1 月,《国家突发公共事件总体应急预案》经国务院常务会议讨论通过;2 月 25 日,国务委员兼国务院秘书长华建敏受国务院总理委托,向十届全国人大常委会第十四次会议报告应急预案编制工作;4 月,国务院作出关于实施国家突发公共事件总体应急预案的决定,并于 4 月 17 日印发《国家突发公共事件总体应急预案》。2005 年 5 月至 6 月,国务院印发应对自然灾害、事故灾难、公共卫生事件和社会安全事件四大类 25 件专项应急预案,80 件部门和省级总体应急预案也陆续发布。

据统计,截至 2012 年 4 月,全国已制定各级各类应急预案 240 余万件。[①]省、市、县级政府也基本都已编制了总体应急预案,同时还编制了大量专项预案及部门预案,应急预案体系在全国范围内基本形成。

2. 应急体制

我国应急管理体制按照统一领导、综合协调、分类管理、分级负责、属地管理为主的原则建立。

统一领导是指突发事件应对工作要在各级党委的领导下进行。在中央,国务院是突发事件应急管理工作的最高行政领导机关。在地方,地方各级政府是本地区应急管理工作的行政领导机关,负责本行政区域各类突发事件应急管理工作,是负责此项工作的责任主体。在突发事件应对中,领导权主要表现为以相应责任为前提的指挥权、协调权。

综合协调有两层含义,一是政府对所属各有关部门、上级政府对下级各有关政府、政府与社会各有关组织、团体的协调;二是各级政府突发事件应急管理工作的办事机构进行的日常协调。综合协调的本质和取向是在分工负责的基础上,强化统一指挥、协同联动,以减少运行环节、降低行政成本,提高快速反应能力。

分类管理主要是指突发事件的应对工作要按照自然灾害、事故灾难、公共卫生事件、社会安全事件等四类突发事件的不同特性,确定管理规则,明确分级标准,开展预防和应急准备、监测与预警、应急处置与救援、事后恢复与重建等应对活动。此外,由于一类突发事件往往由一个或者几个相关部门牵头负责,因此分类管理实际上就是分类负责,以充分发挥诸如防汛抗旱、核应急、防震减灾、反恐等指挥机构及其办公室在相关领域应对突发事件中的作用。

分级负责主要根据突发事件的影响范围和突发事件的级别,确定突发事件应对工作由不同层级的政府负责,即属地为主原则。一般来说,一般和较大的自然灾害、事故灾难、公共卫生事件的应急处置工作分别由发生地县级和设区的市

---

① 国际在线:《中国已初步建成国家应急平台体系》,http://gb.cri.cn/27824/2012/04/21/2225s3652232.htm。

级人民政府统一领导;重大和特别重大的,由省级人民政府统一领导,其中影响全国、跨省级行政区域或者超出省级人民政府处置能力的特别重大的突发事件应对工作,由国务院统一领导。

属地为主有两种含义:一是突发事件应急处置工作原则上由地方负责,即由突发事件发生地的县级以上地方人民政府负责;二是法律、行政法规规定由国务院有关部门对特定突发事件的应对工作负责的,应当由国务院有关部门管理为主。例如,《中国人民银行法》规定,商业银行已经或者可能发生信用危机,严重影响存款人的利益时,由中国人民银行对该银行实行接管,采取必要措施,以保护存款人利益,恢复商业银行正常经营能力。

3. 应急机制

应急管理机制是指应对突发事件的各种制度化、程序化、规范化的应急方法与措施,涵盖突发事件事前、事发、事中和事后全过程。主要包括预防准备、监测预警、信息管理、决策指挥、恢复重建、调查评估、应急保障等内容。2003 年 7 月,国务院办公厅专门成立"建立突发公共事件应急预案工作小组"。2006 年 7 月,国务院《关于全面加强应急管理工作的意见》指出,我国要"构建统一指挥、反应灵敏、协调有序、运转高效的应急管理机制"。

应急管理机制可以促进应急管理体制的健全和有效运转,也可以弥补体制存在的不足。目前,我国初步建立了应急监测预警机制、信息沟通机制、应急决策和协调机制、分级负责与响应机制、社会动员机制、奖惩机制、调查评估机制、应急保障机制、社会治安综合治理机制、城乡社区管理机制、政府与公众联动机制、国际协调机制、信息发布机制、志愿者机制、善后恢复机制等一系列机制。

4. 应急法制

应急法制即应急管理法制,是国家法制的重要组成部分,是针对突发事件引起的公共紧急情况所制定的各种法律、法规、规章和标准的总称。应急法制旨在明确紧急状态下的特殊行政程序的规范,明确政府和公民在突发公共事件中的权利和义务,调整和规范紧急状态下的各种社会关系。

应急法制建设是应急预案、体制、机制建设和良好运行的基础和保障,也是开展各项应急活动的依据。应急法制一方面可以确保在突发事件发生时,政府通过行使法律授予的行政紧急权力,迅速消除和化解紧急状态,使危机管理有法可依;另一方面,通过法律手段调整各种社会关系,以有效避免社会经济生活秩序的混乱,保障社会公共利益和公民的合法权益不受侵犯。

第三节 我国公共危机管理法律体系

公共危机管理法律体系的完善,可以使政府对公共危机的管理活动有法可依,是实现公共危机管理法治化、科学化的前提与必然要求。在我国,该体系包括公共危机管理的基本法律和配套的单行法律、法规两个方面。

一、公共危机管理的基本法律

2003 年的“非典”事件是我国公共危机管理的新起点。自此次事件后,我国开始加强公共危机管理立法,2003 年 5 月 9 日国务院公布施行《突发公共卫生事件应急条例》,这是我国第一部有关政府应急管理机制的行政法规。

2003 年 11 月,国务院法制办着手并委托有关单位起草《紧急状态法》。

2003 年 12 月,十届全国人大常委会将《紧急状态法》列入立法规划。

2004 年 3 月十届全国人大二次会议审议通过的第四个宪法修正案,将《宪法》第 67 条中的“戒严”修改为“紧急状态”。这一修改为“紧急状态”的立法和实施提供了根本法依据,促进了我国公共危机管理法治化的具体落实。

2005 年 3 月,国务院常务会议讨论《紧急状态法(草案)》,此后,将该部法律改为《突发事件应对法》。

2005 年 7 月,国务院召开全国应急管理工作会议,标志着中国应急管理纳入了经常化、制度化、法制化的工作轨道。

2007 年 8 月 30 日全国人大常委会通过、2007 年 11 月 1 日正式实行的《中华人民共和国突发事件应对法》成为我国突发公共事件应急管理法治化的标志。该部法律是我国公共危机管理法律体系的核心,是各级政府部门开展公共危机管理工作的法律基础,是动员社会各方参与应急管理工作的法律依据。《突发事件应对法》的颁布实施标志着应对各类突发事件的基本法律制度已确立,对提高全社会应对公共危机事件的能力具有重要意义。

《突发事件应对法》对突发事件的内涵、外延、种类、等级等均作出了界定,从法律上确立了应急管理的组织体系,明确了领导机构和工作结构;确立了国家对突发事件应对工作实行的基本制度、管理体制和工作原则;明确了政府在应急管理工作中的主体地位和作用,同时也明确了政府应急处置权力的限制原则,以及公民、法人和其他组织参与突发事件应对工作的义务和权利。按照《突发事件应对法》的规定,根据突发公共事件的发生过程和性质,可以将突发公共事件分为自然灾害、事故灾难、公共卫生事件、社会安全事件等四类。

二、配套的法律、法规

(一) 与自然灾害管理有关的法律、法规

中国自然灾害种类多,分布地域广,发生频率高,是世界上自然灾害最严重的少数几个国家之一。自20世纪80年代,我国就已经开始了自然灾害的立法应对,专门应对自然灾害类的法律、法规主要有:

(1) 水旱灾害防治法律规范。主要包括《防洪法》、《水法》、《防汛条例》、《河道管理条例》、《水库大坝安全管理条例》。

(2) 气象灾害防治法律规范。我国于1999年颁布了第一部气象法律《气象法》,相关部门的规章和法律性文件的制定工作也不断加强。截至2009年底,共制定和修订19部部门规章,发布459部规范性文件,与其他部门联合发布43部规范性文件和一系列的技术规范,建立气象国家标准20项,行业标准132项。2010年《气象灾害防御条例》施行,进一步推动了政府主导、部门联动、社会参与的全方位气象灾害监测、预警、防御体系的形成。

(3) 地震灾害防治法律规范。为了防御和减轻地震灾害,保护人民生命和财产安全,促进经济社会的可持续发展,我国制定了《发布地震预报的规定》、《地震监测设施和地震观测环境保护条例》和《破坏性地震应急条例》等行政法规。1997年八届全国人大常委会审议通过了《防震减灾法》。2000年中国地震局局务制定了《地震行政法制监督规定》。2004年国务院出台了《地震监测管理条例》。上述法律规范对依法推动地震监测预报、地震灾害预防、地震应急、震后救灾与重建等防震减灾工作,以及加强地震行政法治监督发挥了重要作用。

(4) 地质灾害防治法律规范。地质灾害包括自然因素或者人为活动引发的危害人民生命和财产安全的山体崩塌、滑坡、泥石流、地面塌陷、地裂缝、地面沉降等与地质作用有关的灾害。主要法律规范包括1999年国土资源部制定的《地质灾害防治管理办法》,以及2003年国务院颁布的《地质灾害防治条例》。《地质灾害防治条例》规定,国家实行地质灾害调查制度,并建立地质灾害监测网络和预警信息系统,实行地质灾害预报制度。地质灾害预报由县级以上人民政府国土资源主管部门会同气象主管机构发布。任何单位和个人不得擅自向社会发布地质灾害预报。

(5) 海洋灾害防治法律规范。为加强我国海洋环境预报与海洋灾害预报警报工作的管理,避免多渠道发布海洋环境预报与海洋灾害预报警报给社会活动造成混乱和不良后果,防止和减轻海洋灾害给人民生命财产和经济建设造成的损失,1993年国家海洋局发布《海洋环境预报与海洋灾害预报警报发布管理规定》。之后,为了使公众能够快速、便捷地获得海洋预报和海洋灾害警报信息,更好地服务于公众的生产和生活,2012年国务院颁布《海洋观测预报管理条

例》。该《条例》规定：沿海县级以上地方人民政府指定的媒体要安排固定的时段或者版面，及时刊播海洋预报和海洋灾害警报；沿海县级以上地方人民政府要建立和完善海洋灾害信息发布平台。除海洋主管部门所属的海洋预报机构外，其他任何单位或者个人不得向公众发布海洋预报和海洋灾害警报。

(6) 生物灾害防治法律规范。生物灾害包括农作物病虫害、森林病虫害、蝗灾与鼠害、生物入侵等。法律规范主要包括《森林法》、《种子法》、《进出境动植物检疫法》、《植物检疫条例》、《森林病虫害防治条例》、《农业重大有害生物及外来生物入侵突发事件应急预案》、《国家处置重大外来林业有害生物灾害应急预案》、《农业转基因生物安全管理条例》等。

(7) 森林草原火灾防治法规。我国春季大风天气多，植被干燥，极易引起森林和草场火灾。而且，在清明节等传统节日人为纵火因素也会相对增加。森林草原防火面临着严峻考验。已出台的法律规范包括《森林法》、《草原法》、《森林法实施条例》、《森林防火法》、《草原防火条例》等。

(二) 与事故灾难管理有关的法律、法规

事故灾难主要包括工矿商贸等企业的各类安全事故、交通运输事故、公共设施和设备事故、环境污染和生态破坏事件等。

(1) 安全生产事故防治法律规范。安全生产事故是指生产经营单位在生产经营活动中(包括与生产经营有关的活动)突然发生的，造成人身伤亡或者经济损失的事故。主要法律规范包括《安全生产法》、《劳动法》、《建筑法》、《煤炭法》、《生产安全事故报告调查处理条例》、《工业产品生产许可证管理条例》、《建设工程安全生产管理条例》、《煤炭安全监察条例》、《矿山安全法实施条例》、《生产安全事故应急预案管理办法》等。

(2) 交通运输事故防治法律规范。当前我国的交通运输安全事故处于多发高发期，重特大事故频发易发的势头尚未得到根本遏制。法律规范主要包括《民用航空法》、《通用航空飞行管制条例》、《民用航空安全保卫条例》、《道路安全法》、《公路法》、《道路运输条例》、《内河交通安全管理条例》、《河道管理条例》、《海上交通事故调查处理条例》、《海上交通安全法》、《渔业船舶检验条例》、《铁路法》、《铁路运输安全保护条例》、《铁路行车事故处理规则》等。

(3) 公共设施事故防治法律规范。近年来，我国公共基础设施日渐完备，但"电梯伤人"、"高铁故障"、"动车相撞"、"公路坍塌"等公共设施安全事故的接连发生，使公众的生命财产安全遭受考验。相关法律规范包括《建筑法》、《特种设备安全监察条例》、《城市道路管理条例》、《电力法》、《电力监管条例》、《计算机信息系统安全保护条例》、《电信条例》等。

(4) 环境污染和生态破坏防治法律规范。主要包括《环境保护法》、《海洋环境保护法》、《水污染防治法》、《大气污染防治法》、《防沙治沙法》、《环境噪声污染防治法》、《固体废物污染环境防治法》、《放射性污染防治法》、《矿产资源法》、《土地管理法》、《水土保持法》、《防治陆源污染物污染损害海洋环境管理条例》、《海洋倾废管理条例》、《防治海岸工程建设项目污染损害海洋环境管理条例》、《防止拆船污染环境管理条例》、《核电厂核事故应急管理条例》、《放射性同位素与射线装置安全核防护条例》、《民用核设施安全监督管理条例》、《核事故医学应急管理规定》、《核事故辐射影响越境应急管理规定》等。

(5) 人为火灾,爆炸防治法律规范。为了应对人为火灾爆炸造成的危害,我国不断修改、完善消防法律体系。主要法律规范包括《消防法》、《仓库防火安全管理规则》、《高层居民住宅楼防火管理规则》、《公共娱乐场所消防安全管理规定》等。

(三) 与公共卫生事件管理有关的法律、法规

公共卫生事件主要包括传染病疫情、群体性不明原因疾病、食品安全和职业危害、动物疫情,以及其他严重影响公众健康和生命安全的事件。

(1) 传染病疫情防治法律规范。我国的传染病防治法律制度已经具备规模,比较完整。主要防治法规有《传染病防治法》、《国境卫生检疫法》、《突发公共卫生事件应急条例》、《艾滋病防治条例》、《血吸虫病防治条例》、《传染性非典型肺炎防治管理办法》、《公共场所卫生管理条例》、《急性传染病管理条例》、《国内交通卫生检疫条例》、《国家突发公共卫生事件应急预案》、《突发公共卫生事件与传染病疫情监测信息报告管理办法》等。

(2) 食品安全防治法律规范。为了预防和控制食源性疾病的发生,消除和减少食品有害因素造成的危害,保障公众身体健康和生命安全,我国颁布施行的法律规范主要包括《食品安全法》、《农产品质量安全法》、《食品安全法实施条例》、《产品质量法》、《国务院关于加强食品等产品安全监督管理的特别规定》、《食品添加剂生产监督管理规定》等。

(3) 职业病危害防治法律规范。职业病危害是指对从事职业活动的劳动者可能导致职业病的各种危害。主要法律规范有《职业病防治法》、《使用有毒物品作业场所保护条例》《职业健康监护管理办法》、《职业病危害事故处理办法》、《职业病诊断与鉴定管理办法》等。

(4) 动物疫情防治法律规范。重大动物疫情是指高致病性禽流感等发病率或者死亡率高的动物疫病突然发生,迅速传播,给养殖业生产安全造成严重威胁、危害,以及可能对公众身体健康与生命安全造成危害的情形。主要防治法律规范有《动物防疫法》、《进出境动植物检疫法》、《重大动物疫情应急条例》等。

(四) 与社会安全事件管理有关的法律、法规

社会安全事件主要包括恐怖袭击事件、经济安全事件和涉外突发事件等。

(1) 维护国家安全的法律规范。包括《国家安全法》、《反分裂国家法》、《保

守国家秘密法》、《戒严法》、《民族区域自治法》、《集会游行示威法》、《国防法》、《兵役法》、《人民防空法》、《国防教育法》、《预备役军官法》、《人民警察法》、《治安管理处罚法》、《信访条例》、《民兵工作条例》、《政府信息公开条例》、《行政区域边界争议处理条例》等一批法律、法规。

（2）经济安全法律规范。为保障国民经济全面、协调、可持续发展，及时、科学应对可能出现的突发金融、物价等经济安全事件，我国颁布施行的主要法律规范有《反垄断法》、《中国人民银行法》、《商业银行法》、《银行业监督管理法》、《证券法》、《保险法》、《信托法》、《价格法》、《期货交易管理暂行条例》、《企业国有资产监督管理暂行条例》等。

（3）涉外突发事件防治法律规范。涉外突发事件主要是“境外涉我突发事件”和“境内涉外突发事件”两大类。其中“境外涉我突发事件”主要是指在境外发生的造成我国机构和公民伤亡及财产损失的突发事件。“境内涉外突发事件”主要指在我国境内发生的，造成外国机构、人员以及港澳台同胞伤亡及财产损失的突发事件等。目前，应对涉外突发事件的法律法规相对滞后，立法盲点仍较多。法律规范主要包括《中国公民出国旅游管理办法》、《公民出境入境管理法》、《公民出境入境管理法实施细则》、《因私出入境中介活动管理办法》、《出境入境边防检查条例》等。

三、实施公共危机管理法律规范的重点与目标

（一）进一步完善公共危机管理法律体系

完善各层次、各领域公共危机应对的法律、法规，是实现公共危机管理法治化的重要保障。首先，应深入贯彻实施《突发事件应对法》，依法全面加强应急管理工作。其次，对现有的危机管理法律、法规进行梳理和整合，及时清理和废止已过时和无用的管理规定，解决法律规范之间存在的冲突、越位等不合理现象。再次，地方政府应结合本地区的实际，进一步加强地方性法规、制度的制定和完善工作，为完善全国性公共危机管理法律框架提供落实依据。最后，要认识到现有法律体系仍存在很多空白领域有待立法，在某些情况下，可以考虑针对具体的紧急情况制定单行法，完善由基本法和配套单行法律、法规组成的法律框架。

（二）依法落实、构建科学的公共危机管理机构职能体系

我国的公共危机组织体系正处于不断健全的过程之中。当前，国家已建立了统一领导、综合协调、分类管理、分级负责、属地管理为主的应急管理体制，明确了各级政府的领导责任和相关部门的工作职责，各类机构被赋予不同的职权。

但不可否认的是，公共危机管理部门之间仍然存在着职能交叉、重叠和职责不清的现象，需要理顺和规范。

为此，必须依据公共危机管理相关立法，开展各项应对处理工作。要以职能为平台，明确管理权限与职责，实现权责相称，科学合理地整合、配置危机管理资源，建立信息通畅、反映敏捷、协调有力、运转高效的公共危机管理机构，使公共危机管理机构之间、管理机构与职能部门之间、职能部门与职能部门之间能够实现相互支持、配合、协作，以共同完成公共危机管理任务。从纵向看，包括中央、省（自治区、直辖市）以及市、县地方政府的应急管理体制，实行垂直领导，下级服从上级；从横向看，包括突发事件发生地的政府及各有关部门，形成相互配合、共同服务于指挥中枢的关系。

（三）建立、规范常态化、长效性的公共危机管理机制

实现公共危机管理机制的常态化和长效性是法治化管理的关键。实行公共危机常态化管理有利于规范权力的运行和权利的行使，使科学、民主的危机决策成为一种常态，以减少危机发生、降低危机损失。为此，应从被动应付突发事件的体制，向主动防范和积极应对突发事件的体制转变。要加强危机管理方面的宣传和培训，提高全员的危机管理意识，明确危机管理目标、规划和制度，建立、健全应对突发性灾难的综合性协调机制，完善应急预案合议、信息与资源共享以及行政协助等机制，把危机管理纳入到统一的程序和制度中。同时，要着重提升政府和公众对危机应急预案的认识能力和操作能力。

（四）健全公共危机治理主体多元协作机制，提高社会参与程度

构建和完善公共危机治理主体多元协作机制是实现法治化管理的重要力量支撑，也是促进法治化管理的重要保障。多元化的公共危机必须依赖多元化的主体共同解决。吸纳多元社会主体参与公共危机治理，使政府、公民、非政府组织、媒体、工商企业、国际组织等主体有效合作并参与到危机治理的各个环节，是当今危机管理的世界性趋势。公众参与公共危机管理，有利于及时发现危机隐患，并向政府部门提供专业化的建议，为危机应对提供技术支持和人才支持，从而营造出全民动员、人人负责、全社会共同防灾、减灾的良好局面。

为此，要建立全国性的、系统的危机管理教育体系，把危机管理意识灌输到全社会，培育公民参与危机治理的主动精神，并开展科学合理的危机管理技能训练，提高公民参与危机治理的能力。同时，建立和完善政府与公民的合作治理机制，依法规范和完善危机信息公开制度，积极实现社会公众的知情权，推动公共危机管理过程中各方的良好沟通和合作。

（五）建立、健全重大决策社会稳定风险评估机制

随着我国经济的快速发展和社会利益格局的深刻调整，各种矛盾纠纷凸现。建立重大决策社会稳定风险评估机制，加强对社会矛盾纠纷发生、发展规律的客观评估和认识，把维护社会稳定的关口前移，从源头上预防和化解社会矛盾已势在必行。通过实施重大决策社会稳定风险评估，可以及时发现各种苗头性、倾向

性、潜在性问题,消除不稳定隐患,最大限度地把矛盾解决在基层、化解在萌芽状态,从而维护公众切身利益,保障重大决策顺利实施。

重大决策社会稳定风险评估机制要求按照决策实施后可能对社会稳定造成的影响程度确定包括高风险、中风险、低风险的风险等级。即凡是决策存在高风险的,应当区别情况作出不实施决策,或者调整决策方案、降低风险等级后再行决策的决定。存在中风险的,待采取有效的防范、化解风险措施后,再作出实施的决策。存在低风险的,可以作出实施的决策,但要做好解释说服工作,妥善处理相关群众的合理诉求。

第三编　行政法治与监督

第十一章　行政法治

第一节　行政法治概述

一、行政法治的概念

（一）行政法治的背景与由来

法治这一概念由来已久。在《政治学》里，亚里士多德指出，“若要求由法律来统治，即是说要求由神祇和理智来统治；若要求由一个个人来统治，便无异于引狼入室。因为人类的情欲如同野兽，虽至圣大贤也会让强烈的情感引入歧途。惟法律拥有理智而免除情欲”。[①]

随着理论的不断发展，法治这一概念得到了不断的充实。英国法学家戴雪第一次全面阐述了法治的概念，他在《宪法性法律研究导言》里从三个不同的角度对此进行了分析：首先，法治意味着正规的法律至高无上，并且排除政府方面的专断、特权乃至宽泛的自由裁量权的存在。其次，法治意味着法律面前的平等或者意味着所有的阶层平等地服从法律；排除官员或特权人可以不承担法律义务的观念。最后，法治表述了一个事实：法律不是个人权利的来源，而是其结果，并且由法院来界定和实施。

在资产阶级民主革命胜利之后，法治理论运用于政治实践中，而成为一项基本的政治原则与治国原则。法治理论要求确立法在社会生活中的统治地位，任何阶层都没有超越法律的特权，包括行政组织。因此，法治理论的一个重要内容就是行政法治。所谓行政法治就是指国家行政权的运作必须受到法律的调整，行政机关的一切行政活动都要严格遵守法律的规定，无法律则无行政。国家行政权的运作包括行政权的主体、权限、方式、程序等方面。调整不仅是指对行政

---

① 〔古希腊〕亚里士多德：《政治学》，吴寿彭译，商务印书馆 1965 年版，第 199 页。

权主体法律地位的确认,对行政活动的规范,还包括对行政权的监督。

(二)行政法治的内涵

行政法治是对行政活动的基本要求,要理解行政法治就必须把握其内涵与精神。

1. 行政机关行使行政权必须以法律的授权为前提

行政机关行使的职权只能是法律规定其享有的,超越法律授权范围行使行政权的行为不具有法律效力。这是人民主权和法治原则的必然要求。根据人民主权原则,国家的一切权力是人民将其部分权利让渡给国家而形成的,国家的一切权力属于人民。我国《宪法》第2条也明确规定:中华人民共和国的一切权力属于人民。行政机关行使的行政权是国家权力的一部分。从根本上说行政权来源于人民,归属于人民,也就是说行政机关的行政权力不是其天然享有的。所有行政权力只能由人民通过法律这一途径来授予,法律没有规定授予行政机关的权力,行政机关都不得行使。行政机关行使未经授权的权力或超越授权范围的权力就是非法的,不能产生法律效力。

2. 行政机关运用行政权必须以宪法和法律为最高活动准则

基于行政活动的特殊性,行政机关运用行政权的依据是多种多样的。在我国既有全国人民代表大会及其常务委员会制定的法律,也包括拥有行政立法权的行政机关制定的行政法规、规章,有权的地方人民代表大会、人大常委会和地方政府制定的地方性法规、规章,以及国务院令和其他规范性文件。应当明确的是这些规范的效力等级是不同的,因此,行政机关在运用行政权时对这些依据要加以区别。具体来说,行政机关在行政活动过程中,应当以宪法和法律作为最高行为准则。行政活动的主体资格、权限、方式、程序等方面都要符合宪法和法律的规定。法规、规章、国务院令、其他规范性文件的法律效力低于宪法和法律。只有当法规、规章、国务院令以及其他规范性文件符合宪法和法律时,行政活动才能以其为依据;如果其他法律规范和其他规范性文件违反宪法与法律,就不具有规范行政活动的效力。

3. 行政机关行使行政权的范围、方式、程序等必须严格依照法律的规定

行政活动多是直接对公民的权利义务进行处分,一旦行政活动超过必要限度,就可能对公民权利造成严重的侵犯,所以必须对行政活动进行必要的规范与限制,以确保行政活动不超出必要限度。这需要从行政活动的不同方面进行规范。行政活动有多个要素,包括作出行政行为的主体资格、界限、方法、程度等各个方面。法律规范必须对行政权运作的上述方面都作出相应的规定。如果行政权的运作不严格依照法律而是恣意行使,那么公民的权利和国家的秩序都得不到应有的保障,依法行政不过等同于一句口号。

值得注意的是:(1) 行政机关进行行政活动不仅应当依照法律的具体规定,

而且应当依据法律的基本精神和原则,坚持社会公认的公平、正义等价值观念。(2) 行政机关行使行政权时不但要依照实体法的规定,还要符合法律对行政活动的过程、期限、方法、步骤等程序的规定。(3) 行政机关依照法律规定行使行政权,意味着行政机关必须承担相应的法律后果。即行政机关进行行政活动原则上应当接受司法机关的审查,法律明确规定不受审查的除外。在行政机关的行政活动被依法确认违法后,行政机关应该承担相应的违法责任,比如对被管理者的赔偿、行政行为被确认违法、行政行为被撤销。离开了严格的法律责任,就谈不上对违法行为进行惩戒,也就无法建立预期的社会秩序。

4. 强调依法行政至上

强调依法行政至上必须要把握好依法行政与依政策行政的关系。这里所说的政策是指党与行政机关为了达到行政活动目的而制定的行动准则。"法"与"政策"的关系是十分复杂的。"法"是国家"政策"的体现,"政策"在一定情况下是法律的延伸。

在现实生活中人们常常会碰到这样的问题:在某些行政活动领域,既有法律规范的规定,又有政策的规定。这时政策必须符合法律规范的规定,否则不能作为行政行为的依据。法律的权威高于政策。政策只有在法律规范规定的范围与尺度内,才能作为行政行为的依据。除此之外,在某些领域可能只有政策规定,而无法律规范的规定。此时应该注意:(1) 政策规定的事项必须是其能够规定的。对于某些事项,如对公民权利的限制与克减,政策的规定必须要有明确的法律依据。(2) 政策的规定还必须符合法治精神。当政策的规定没有超过法治限度,符合法治精神时,它才可以作为行政活动的依据。

总而言之,依政策行政也必须满足依法行政的要求。如果政策违反了依法行政的要求,就不能作为行政的依据。依法行政是第一位的,依政策行政是第二位的。

二、行政法治的意义

依法行政是现代社会文明的表现,也是行政发展的必然要求。行政法治在现代社会生活中发挥了巨大的作用,成为公共行政的一项基本原则。依法行政的主要意义在于维护宪法权威、保护民众的合法权益、提高行政管理的效率。

1. 维护宪法权威

宪法是一个国家的根本大法,具有最高权威。宪法的权威体现为任何组织、个人都必须以宪法为最高行动准则,任何组织和个人都没有凌驾于宪法之上的权力。政府作为国家行政权力的具体承担者,也必须遵守宪法的规定,维护宪法的权威。但是宪法的权威不能自行维护,只能通过具体的制度设计来实现。依法行政就是对维护宪法权威这一要求的具体回应。依法行政就是将宪法控制行政权、保护公民权益、确认行政权等规定及精神在实践中加以具体体现，在实践中维护宪法的权威。

（1）依法行政中的行政权界限是宪法规定的。宪法作为国家大法，主要是对国家的基本制度进行规定。我国宪法的第三章就对国家机构的职能进行了规定，明确了国家立法、行政权与司法权的职能分工。依法行政的基础是建立在确认行政权基础上的，依法行政必须遵守宪法、法律对行政权、立法权、司法权职能分工的规定。

（2）依法行政体现了宪法的精神。宪法的精神之一就在于控制行政权，保障公民的合法权益。而控制行政权与保障公民的合法权益是一致的。依法行政要求行政权在行使的过程中必须充分体现行政公开、法治的原则，保证公民的知情权、参与权，从而有效防止行政权的滥用与侵犯公民合法权益现象的发生。

2. 保护民众的合法权益

行政机关实施行政管理，应当依照法律、法规、规章的规定进行；没有法律、法规、规章的规定，行政机关不得作出减损公民、法人和其他组织合法权益或者增加公民、法人和其他组织义务的决定。在现实社会中，行政权涉及社会生活的方方面面，行政权的行使常常对被管理者的基本权利产生直接的影响。例如公安机关实施的行政拘留行为就对当事人的人身权产生直接影响。如果法律不对行政权的运行加以规定，任意行使行政权的情况也就不足为奇。而一旦行政权行使不当，就会严重侵害民众的基本权利。法律通过规定一系列行政活动的基本制度，如行政诉讼制度、国家赔偿制度、行政公开制度，来最大限度地保障公民权利，及时救济公民受损的合法权益。严格依照法律规定来实施行政活动，可以使行政活动侵犯民众合法权益的可能性大大减少。即使行政活动真的违反了法律规定，侵害了当事人的合法权益，也可以通过要求行政机关承担相应的法律责任，来使当事人的损害受到救济。

3. 提高公共行政的效率

行政法治的基本含义就是行政权受法律的调整。这种调整包括对行政权的控制、监督，也包括对行政权的确认与保障。

（1）从对行政权控制与监督的角度来说，行政权严格按照法律规定行使可以避免行政权的运作违背社会公益的目的。行政活动的效率并不是一种机械效率，还包含效能的因素，它必须符合国家与人民的意志。如果行政活动违反法律规定就是违反了国家与人民的意志，也就谈不上效率。要求行政权符合法律的规定与要求行政活动高效率在根本上是一致的。

（2）从行政法治对行政权的确认角度来说，行政权得到了确认，也是得到了法律保障，任何对行政权的违法妨碍都要受到处罚。第一，行政权与立法权、司法权的分工在法律中得到了确认。行政权在法律规定的范围内，不受其他立法权与司法权的非法干扰。如,在法律中就规定了国家的外交与军事行为是不受人民法院审查的。再如人民法院对行政机关的违法行政行为只能在行政处罚显失公正的情况下才能对其变更。从这种意义上说,不同性质权力的分工使得行政活动的效率得到了保证。第二,行政机关之间的职权划分在法律中得到了明确。各行政机关的职权各不相同,用法律对不同行政机关的权力进行划分,能够使行政机关具有明确的方向。如果不同行政机关组织的权力得不到明确,那么就会出现行政机关之间相互推诿,只争权而不负责的现象,必然影响行政活动效率的提高。第三,法律授予行政机关一定的管理权,并对行政机关的自由裁量权给予尊重。行政机关的管理权包括组织权、决定权、处罚权等。法律对这些权力进行了确认,行政机关就可以对公共事务进行有效的管理。对于拒不配合行政活动的当事人,行政机关拥有一定的惩处权。如,公安机关可以对扰乱社会治安管理的人予以一定数额的罚款。对于行政机关的自由裁量权,法律也给予了一定程度的尊重。如,行政机关的自由裁量行为人民法院原则上不能审查。通过法律对行政机关一定管理权的赋予及自由裁量的尊重,行政活动就拥有了法定的权威,拥有了一定的国家强制力,其效率可以得到一定程度的提高。

三、行政法治的构成

(一) 行政组织必须符合法律的规定

行政法治是对行政活动的全面要求,它贯穿于行政活动的始终。行政组织是行政活动的具体实施者,所以依法行政最首要的就是行政组织本身要合乎法律的规定。行政组织合法包括行政组织的成立合法和行政组织的组成合法。

1. 行政组织的成立合法

行政组织的成立合法包括以下几个方面:

(1) 实施行政活动的行政机关要根据法律的规定设立,行政机关的设立要有法律依据。例如《地方各级人民代表大会和地方各级人民政府组织法》第64条规定:自治州、县、自治县、市、市辖区的人民政府的局、科等工作部门的设立、增加、减少或者合并,由本级人民政府报请上一级人民政府批准,并报本级人民代表大会常务委员会备案。又如,该法第68条还规定:省、自治区的人民政府在必要的时候,经国务院批准,可以设立若干派出机关。县、自治县的人民政府在必要的时候,经省、自治区、直辖市的人民政府批准,可以设立若干区公所,作为它的派出机关。市辖区、不设区的市的人民政府,经上一级人民政府批准,可以设立若干街道办事处,作为它的派出机关。

(2) 实施行政活动的其他组织必须是依法成立的,即它们必须是通过法律授权或者合法有效的行政委托获得行政权力、从事行政管理资格的组织。

2. 行政组织的构成必须符合法律的规定

行政组织内的机构设置、行政人员的组成、任期以及人数编制都必须符合相应的法律规定。行政组织不得违法设立内部机构,不得违反法律规定的组成方式、编制规模、任期。例如《地方各级人民代表大会和地方各级人民政府组织法》第56条规定:省、自治区、直辖市、自治州、设区的市的人民政府分别由省长、副省长,自治区主席、副主席,市长、副市长,州长、副州长和秘书长、厅长、局长、委员会主任等组成。县、自治县、不设区的市、市辖区的人民政府分别由县长、副县长,市长、副市长,区长、副区长和局长、科长等组成。乡、民族乡的人民政府设乡长、副乡长。民族乡的乡长由建立民族乡的少数民族公民担任。镇人民政府设镇长、副镇长。同时该法第58条规定:省、自治区、直辖市、自治州、县、自治县、市、市辖区的人民政府每届任期五年。乡、民族乡、镇的人民政府每届任期三年。

(二) 行政行为必须依法进行

行政活动的核心就是行政行为的实施。依法行政的核心就是要使行政行为的实施在法律规定的框架下进行。行政行为的实施过程中既涉及行政行为的实体问题,如行政处罚的内容;又涉及行政行为的程序,如行政许可的期限。依法行政必须从以上两方面着手,才能真正保证行政行为严格依照法律来进行。

1. 行政行为必须符合实体法的规定

行政行为的实施必须符合实体法的规定是指行政活动的内容、范围必须符合法律的规定。行政行为实体问题的合法性与否是依法实施行政行为的一个重要方面。

(1) 行政行为的内容必须符合实体法的规定

每个行政行为都有其特定的、具体的内容,不同的行政行为,其具体内容是不同的。比如,行政处罚的内容与行政奖励的内容不同。内容是一个行政行为区别与其他行政行为的主要特征。依法行政要求行政行为合法,必然要求行政行为的内容合法。

(2) 行政行为的范围必须符合实体法的规定

行政行为的范围,是行政权涉及的广度和深度,这里所指的是每一个具体行政机关的职责范围。任何行政机关拥有的每项职能必须有法律的授权。行政机关不能超越法律行使不属其所有的职权,也不能超越法律规定的职权的限度。比如我国《治安管理处罚法》规定:警告、五百元以下罚款,可以由公安派出所决定。除了该法律规定的两种处罚类型外,派出所不得行使其他行政处罚权。即派出所既不得行使警告及罚款之外的行政处罚措施,也不得对相对人处以超过500元的罚款。行政机关超越职权会导致两方面的后果:对内而言,行政机关超越职权可能侵犯了横向层面上的其他机关的行政职权,也可能破坏了上下级机关之间的职权划分,造成行政系统内部的混乱。对外而言,这种行为可能侵犯了公民的合法权益,使社会管理秩序处于非正常化的状态。通常行政机关的法定职权是由行政机关的组织法或是单行的实体法来规定的。

2. 行政行为必须符合程序法的规定

行政程序主要是指行政行为的步骤、顺序、方式和时限。行政程序法是界定行政活动的方式、步骤、顺序、时限和过程的法律。法律通过对行政程序的规定和限制,可以有效地控制行政权,保护公民的合法权益。

在行政实践中,时常存在着重实体轻程序的观点。行政机关内的工作人员常常认为行政程序不如行政实体重要,或是认为行政程序是可有可无的。还有人认为行政程序妨碍了行政效率的提高,认为"这件事情太重要了,以致没有时间讨论和研究,必须马上决定。"这些想法都没有真正认识到行政程序的价值所在。行政程序的核心价值在于保证行政行为的民主性及有效性。行政程序符合法律的规定,保证了行政权运用的有效性,而并不是行政效率提高的阻碍。行政机关应当严格按照法定程序行使权力、履行职责。行政机关作出对行政管理相对人、利害关系人不利的行政决定之前,应当告知行政管理相对人、利害关系人,并给予其陈述和申辩的机会;作出行政决定后,应当告知行政管理相对人依法享有申请行政复议或者提起行政诉讼的权利;对重大事项,行政管理相对人、利害关系人依法要求听证的,行政机关应当组织听证;行政机关行使自由裁量权的,应当在行政决定中说明理由。行政机关工作人员履行职责,与行政管理相对人存在利害关系时,应当回避。

3. 行政组织应当积极履行法定职责

在法律规定的范围内,行政机关应当积极、主动、有效地行使法定职权。行政法治是用法律对行政权进行调整,对行政权进行控制和确认。法律对行政权进行调整的目的是为了使行政权的行使更加有效,为了更好地保护、增加公共利益,维护国家、社会良好的秩序。法律授予行政机关的行政权力的本意是要求行政机关能够积极地运用这些权力,以有效管理国家、社会。行政机关如果只是享有权力,而不积极、充分行使法律授予的权力,无法实行有效的行政管理,那就违背了法律授权的目的。从这个意义上说,法律授予行政机关行政权不仅是赋予其一定的公共权力,更是为行政机关设定了一种责任与义务。行政机关必须积极、充分地行使法律授予的权力,实现"权责统一",才能真正实现法律预期的目的,真正体现行政法治的精神。

(三) 对行政权的监督要依法进行

对行政权的监督依法进行包括两个层面的含义:一是对行政权要进行必要的监督,同时监督必须要依照法律的规定进行。

(1) 依法行政就意味着要对其进行必要的监督与控制,以限制行政权的自我扩张,保护公众的合法权益不受非法侵害。对行政权进行监督的方式主要包括人大与政协的监督、人民法院与人民检察院的监督、行政系统的内部监督和社会监督。

对行政权的监督不仅必要,同时监督也应当依法进行,也就是说,对行政权的监督要按照法律规定的条件、方法与程序进行,而不能对行政机关的活动任意干涉,破坏行政活动的秩序。行政机关的内部监督属于行政活动的一种方式,其本质就是行政活动,因而要求其依法进行正是依法行政的必要组成部分。行政机关的外部监督是法律规定的对行政权控制的一种途径,这种监督也必须符合法律的规定。对行政机关的监督并不是无限的,而是有限的。特定的监督机关只能在特定的范围内进行监督。比如,我国《行政诉讼法》规定,国防、外交等国家行为,抽象行政行为,行政机关对其工作人员的奖惩、任免等决定以及法律规定由行政机关最终裁决的具体行政行为不属于行政诉讼的受案范围,也就是说人民法院对行政机关的上述行为无权审查。再如,审计机关只能对行政机关的财政、财物收支及经济活动进行监督,而不能对行政机关的其他活动进行监督。如果对行政机关的监督违反法律的规定,不仅难以控制行政权的违法行使,有时甚至还可能对行政机关的正常工作造成困扰,影响行政活动的效率。

对行政权的监督依法进行还意味着监督机关要对行政权进行积极、主动、充分的监督。对行政机关的监督不能流于形式,也不能是突击检查。从依法行政的角度来分析,这主要是针对行政机关的内部监督而言的。行政机关的内部监督一般是监督机关的职责所在,是其义务。而公民和其他组织对行政机关进行监督是其权利,其可以选择放弃他们的权利,而不需要负法律责任。如果行政监督机关怠于履行监督职责,就是怠于履行义务,违反了行政权设定的目的,应当负相应的法律责任。如果行政监督机关没有积极、主动、充分实施监督职能,那么就等于没有将行政行为置于有效的监督之下,造成了“名为有监督,实为无监督”的情形。对这种情况,要引起足够的重视,以防止行政权控制的失灵。

(2) 法治的一个基本精神就是违法的行为必须受到追究,得到相应的处罚。行政法治作为法治原则的一个方面,也必须遵循这一基本精神。行政机关作出的行政行为在被确认违法后,必须就该行政行为承担相应的法律后果。这种法律后果包括确认行政行为违法、撤销行政行为、变更行政行为、给予赔偿等形式。例如,根据我国《行政诉讼法》第 54 条的规定,人民法院经过审理,根据不同情况,分别作出维持、撤销或者部分撤销并重新作出具体行政行为、变更、限期履行的判决。一方面,行政机关对其行政行为承担相应的法律后果体现了“权责统一”。行政机关在法律上拥有一定的行政管理权,根据职能与责任相一致的原则,其必然负有承担由此引起的法律后果的责任。另一方面,行政机关对其作出的行政行为承担法律后果,是依法行政的保证。正由于法律对行政行为的违法后果作出了明确的规定,行政机关也必须依照法律对此承担责任,那么行政机关在作出行政行为时必然会考虑到这种后果,并尽可能使自己的行为符合法律的规定。如果行政机关曾经因为违反了法律而受到制裁,那么该行政机关再次作出行政行为时就不会犯同样的错误了。反之,如果行政机关依法行政与非法行政所导致的法律后果实际上没有差别,行政机关依法行政就失去了后果上有效的约束。

负有监督义务的机关(这里指的是行政机关)对监督对象的监督行为违反了法律的规定也必须承担相应的法律责任。其实负有监督义务的机关对被监督对象的监督行为实际上也是一种行政行为,是行政权运作的方式之一。这里之所以将这个问题突出出来,是因为人们在观念中大多认为依法行政就是要控制行政权,而忽略了监督性质的行政行为同样要得到控制。负有监督义务的机关的监督行为违反法律的规定,从本质上说就是行政权运用的失当。同理,行为的作出者必须承担相应的法律后果,才能保证依法行政的贯彻。如我国《行政复议法》第35条规定:行政复议机关工作人员在行政复议活动中,徇私舞弊或者有其他渎职、失职行为的,依法给予警告、记过、记大过的行政处分;情节严重的,依法给予降级、撤职、开除的行政处分;构成犯罪的,依法追究刑事责任。

四、行政法治的基本原则

(一) 行政法治基本原则的含义

行政法治的基本原则是指贯穿于行政法治的始终,反映行政法治的内涵,指导行政法治活动实践的基本准则。它是普遍适用于行政权力关系的准则,指导行政权力获得、行使及其监督的全过程。

探讨行政法治的基本原则,其实就是将行政法治原则进行分解和细化,以期能够更加清晰地反映行政活动的基本精神与内涵。行政法治从根本上说,是行政活动的基本要求,也是行政活动的基本理念。行政法治的基本原则与之相呼应,从根本上说,应当是对行政活动要求的指导准则。要探讨行政法治的基本原则,应当从对行政活动的基本要求入手。行政法治的基本原则应该能够全面、系统、清晰地反映行政活动的基本要求。从对行政活动要求的不同角度来理解,行政活动首先应该符合法律的规定,其次要符合人类社会的理性要求。行政活动偏离了任何一方,都称不上是善治意义上的行政。因此,本教材将行政法治的基本原则分为行政合法性原则与行政合理性原则。

(二) 行政法治原则的内容

1. 行政合法性原则

行政合法性原则是指行政活动的各个方面、各个阶段都必须符合法律规范的规定。合法行政不仅要符合法律关于实体的规定,还要符合法律关于程序的规定。行政合法性原则是行政法治的根本与核心。

这里所指的“法”不是狭义上的法律,它不仅包括宪法、法律,还包括法规、规章。同时,需要明确的是,行政活动要合法并不是说行政活动就不需要依据其他规范性文件的规定。实践中,由于行政活动范围广、事务多、程度复杂,仅凭“法”的规定可能并不能完全解决问题,还必须依靠其他规范性文件的规定。关键是如何使这些规范性文件符合法律的规定,更好地为行政活动服务,而不是要从根本上取代其他规范性文件对行政活动的指导作用。

行政合法性原则包括主体合法、行政行为合法、依法对行政主体进行监督、行政主体依法承担行政责任等各方面。这些方面共同构成行政合法性的丰富内涵,它们互相联系,缺一不可。关于行政合法性原则的几个方面已经在前文作了比较详细的阐述,在这里就不再赘述。值得注意的是在行政合法性原则中的几个重要问题:

(1) 法律保留原则,就是指宪法、法律规定只能由法律作出规定或有法律明确授权的情况下,行政机关才有权在行政立法中对某些事项予以规定。从实质上说,就是必须依法律规定划定行政立法的界限。现代社会关系复杂而多变,要求国家赋予行政机关更多的决策权,以便使其能够有效地维护社会秩序,保障公共利益。但是由于行政权具有扩张性和侵略性,为了保护人民的基本权利,限制行政权力,所以不能将所有事项的决策权都毫无保留地交给行政机关,某些事项的决策权只能由立法机关制定的法律来规定,即使在法律没有对这些范围内的事项作出规定时,也不能由行政机关来规定;行政机关只有在授权的情况下,才能对这些事项行使立法权。我国《立法法》第 8 条具体规定了只能由法律来规定而不能由行政机关行使立法权的十种事项。

(2) 法律优先原则,是指法律在效力与位阶体系中高于其他形式的法律规范。所谓“位阶”可以理解为基于法律效力层次而产生的地位。这里的其他法律规范包括行政法规、地方性法规、部门规章、地方规章。

从实际出发,法律优先可以分为以下几种情况:

第一,在法律已有规定的情况下,任何其他法律规范,包括我们在前文所界定的各种形式都不得与法律相抵触;第二,在法律尚无规定的情况下,其他法律规范对此作出规定必须有法律的明确授权;第三,在法律尚无规定而其他法律规范已作出规定的情况下,一旦法律对该事项作出规定,则法律具有优先地位,其他法律规范都必须服从。如果两者相抵触,则其他法律规范必须修改或废止;第四,行政机关在实施行政行为时,也必须先适用法律,然后才是其他法律规范。也就是说,行政机关在适用法律规范时,也必须先适用法律。只有其他法律规范不与法律相抵触时,行政机关才能适用其他法律规范。

(3) 权责统一。这里“权责”一词中的“权”是指行政机关的职权,是宪法、法律授予行政机关进行行政管理的权力。这种权力指的是区别于立法权与司法权的行政权。行政机关的职权是行政机关必须履行的,它不同于公民权利,是不可让渡与放弃的。宪法与法律赋予行政机关职权的同时,也明确了行政机关的义务,行政机关必须保证其完成的有效性、及时性与高效性。如果行政机关放弃了职权,则其必须承担相应的法律后果。行政职能与行政责任其实是一个统一体,它们相互联系,不可分割。只谈行政职权不谈行政责任是根本上违反行政合法性要求的。行政职能与行政责任在程度上来说应当是对等的。行政机关拥有多大的行政职能,它就应当承担多大的行政责任。民众赋予行政机关一定的行政职权就是为了其能够承担相应的行政责任。

2. 行政合理性原则

行政合理性原则是指行政行为要适当、公平,合乎人类社会的理性要求。法律不可能也不应当对行政行为的全部作出规定,必须留给行政机关一定的自由裁量的余地,以保证行政活动的正常、有效地进行。对于法律未作规定的行政活动,如何才能保证其行使符合社会、公众的利益呢?这是行政合理性原则产生的基础。

具体来说,正确理解行政合理性原则,应该掌握以下几个方面:

(1)"理"的确定内涵。合理性原则中的"理",是人类社会理性的反映,但是这种界定太过概括与原则。法律是对人类理性的重要反映手段之一。因此,具体说来,这里的"理"应当是表现法律精神的"理",它是与法律密切相关的。离开法律对"理"作无限的扩大解释,必然会导致"理"的模糊性与不可知性,无法将其运用于实践中。"理"反映法律的精神,是指"理"反映法律的根本目的、一般原则、指导思想、精神内涵以及被法律确认的社会道德、符合人类发展客观规律的基本观念与真理。同时,人类理性还体现在道德规范、社会认同的价值体系中。"理"还要反映社会认同的价值、居于主导地位的社会道德伦理等。

(2)合理性要求的全面性。从理论与实践来看,要满足行政合理性要求,不但行政行为的内容要合理,而且行政行为的其他方面也要合理。也就是说行政行为的内容、方法、程序、动机等都必须是合理的。由于行政自由裁量的存在是行政合理的基础,行政自由裁量的行使范围也就决定了行政合理的范围。在实践中,行政裁量的范围是多方面的,它可能是行政活动选择的内容或时间、地点、方法等。由此可以得出,行政合理的要求也是多方面的。第一,行使自由裁量权应当符合法律目的,排除不相关因素的干扰;第二,所采取的措施和手段应当必要、适当,行政机关实施行政管理可以采用多种方式实现行政目的,但却应当避免采用损害当事人权益的方式;第三,行政机关实施行政管理,应当遵循公平、公正的原则,要平等对待行政管理相对人,不偏私、不歧视;第四,行政活动的程序应当正当;第五,行政机关应当做到诚实信用;第六,行政机关的活动应当做到高效便民。

(3) 行政合理是建立在自由裁量权基础上的。行政活动瞬息万变,错综复杂,法律规范不可能对于行政活动中的各种问题给予规定,也不可能考虑到实际生活中的各种具体情境;同时,法律永远也不可能赶上实际中的最新变化。法律规范只能对行政活动作一种框架式的、原则式的规定,它必然留给行政机关自由行使一定权力的空间。行政机关在行使行政权时,可以对行为的方式、方法、幅度进行一定限度内的选择。正是存在自由裁量权,才要求行政机关在没有法律相关规定时,在法律限定的范围内尽可能合理、公正、适当地作出行政决定。

(4) 违反行政合理性原则也需要承担相应的责任。合理行政原则是基于行政裁量权的产生而存在的,它要求行政权力必须合乎理性的要求。人们常误认为违反行政合理性原则是不需要承担责任的。但如果行政活动不公正、不适当,而行政机关又无需对此负责,那么提倡行政合理就失去了意义。行政机关的行政行为不合理,就必须承担相应的后果。若非如此,无法保证行政合理性原则的实施。

3. 行政合法与行政合理的关系

行政合理性原则和行政合法性原则既有区别又有联系。诚然,它们是有一定区别的,但两者更是不可分割,联系紧密的。两者的区别体现了两者存在的不同基础,两者的联系反映了依法行政的精神实质。

(1) 两者的区别在于:第一,两者适用的领域不同。合法性原则适用于一切行政法领域,合理性原则主要适用于自由裁量领域。通常一个行为如果触犯了合法性原则,就不再追究其合理性问题,而一个自由裁量行为,即使没有违反合法性原则,也可能引起合理性问题。第二,两者的表现方式不同。行政合法要求与具体的法律规范相符,而行政合理要求与法律的理念、精神等相符。行政合法表现为遵守具体法律规范的各项规定,行政合理表现为对法律理念、精神的反映与遵从。第三,违反两者产生的后果不同。违反行政合法性原则的行政行为所产生的瑕疵是行政行为违法,违反行政合理性原则的行政行为所产生的瑕疵是行政行为不当。行政机关违反行政合法性原则通常以承担相应的法律责任为主,而违反行政合理性原则既可能承担相应的法律责任,也可能承担的是其他形式的责任。第四,两者的保障机制不同。行政合法性原则保障机制包括行政监督、司法监督、权力机关的监督等;行政合理性原则的保障机制主要依靠行政监督来实现,司法监督及权力机关的监督一般不涉及行政行为的合理性问题。

(2) 两者的联系:第一,两者的最终目标一致。无论是行政合法,还是行政合理都是为行政活动的最终目标服务的。行政合法、行政合理都是为了更加公正、合理、适当地完成行政目标。从追求行政活动最终价值的角度来说,两者都是必要手段。第二,两者不可分割,行政合理是行政合法的延伸和进一步完善。行政合法的衡量尺度是法律规范,侧重于具体的法律规范。行政合理的一个衡量标准为是否合乎于法律精神、理念。两者的衡量标准具有很大的同质性,因此,不能将两者完全分割开来。但是光靠行政合法不能完全实现共同的目标追求,还需要依靠行政合理性原则作为补充。对于法律规范未作规定的行政活动领域或内容,不是说不需要监督,而是需要通过合法性原则之外的途径来监督,有效途径就是合理性原则。第三,行政合理的某些内容可以向行政合法的内容转化。如前文所述,行政合理的前提是法律对于行政机关的行为留有一定空间。但在具体到某一行政活动时,只能说法律现在没有对此作出强制规定,而不能排除法律在以后对此作出强制规定的可能。可能随着形势的发展,条件的成熟等各种因素的成就,法律就会对原来未作规范的某一行政活动作出规定。也就是说,在一定条件下,行政合理的某些内容可以向行政合法的内容转化。

总之,在强调依法行政这一总原则时,不能将行政合法与行政合理割裂。只有将两者联系起来进行考察,才更能反映现代行政对行政机关的全面要求。

第二节 行政法治实践

我国行政法治的真正兴起是在改革开放后。在这一时期国家颁布了一系列法律,包括《行政诉讼法》、《行政复议法》、《行政许可法》、《行政处罚法》、《立法法》、《国家赔偿法》和《行政强制法》,构成了我国行政法治建设的基本框架,涉及政府活动的领域有制定行政规范、行政许可、行政处罚、行政强制等。

一、制定行政规范

(一) 制定行政规范与行政立法

1. 制定行政规范的概念

行政规范是指国家行政机关为了实施法律和基于行政管理的需要,在法定权限内制定的行政法规、规章和其他规范性文件等行为规则的总称。制定行政规范是现代国家行使公权力的重要形式,也是体现现代国家依法行政的重要方面。制定行政规范行为是指国家行政机关针对不特定对象和不特定的事制定具有普遍约束力的行为规则的行为,包括制定行政法规、行政规章和其他规范性文件等。

2. 行政立法的概念

行政立法是指国家行政机关根据法定权限并依照法定程序制定和发布行政法规和规章的活动。行政立法是制定行政规范行为的一个特殊类别,它包含以下几层含义:(1) 行政立法是行政机关的行为。国家权力机关的立法活动,即使是制定行政管理法规的活动,也不属于行政立法。(2) 行政立法是行政机关依照法定权限和程序所为的行为。(3) 行政立法是行政机关制定行政法规、行政规章的行为。

3. 行政立法权限

(1) 行政立法权限的概念

行政立法权限是指不同行政立法主体根据宪法和法律规定,在制定行政法律规范内容和形式上的分工和限制。它的基本含义是:哪些行政机关享有行政立法权,行政机关应该享有多大范围的立法权及其表现在内容和形式上的特点。

(2) 我国行政立法权限的基本划分

第一,行政法规的立法权限。行政法规的制定机关是国务院,国务院作为最高国家行政机关,是最高国家权力机关的执行机关,主要职责是执行和实施法律。但是,基于实际需要,全国人大和人大常委会有时会将其立法权授予国务院行使。

第二,行政规章的立法权限。行政规章是特定的行政机关根据法律和法规,按照法定程序制定的具有普遍约束力的规范性文件的总称。行政规章包括部门规章和地方规章两种。

(3) 行政法规和规章的效力等级

行政法规、规章的效力,同它在我国法律体系中的地位是相对应的。根据我国《宪法》和《立法法》的规定,两者在我国的法律体系中分别处于不同的地位。国务院是最高国家权力机关的执行机关,又是国家最高行政机关,所制定的行政法规的效力等级高于地方性法规和行政规章,低于宪法和法律。部门规章之间、部门规章与地方政府规章之间具有同等效力;地方性法规的效力高于本级和下级地方政府的规章。

4. 行政立法程序

行政立法程序是指国家行政机关依法定权限制定行政法规和行政规章所应遵循的步骤、方式和顺序。具体指行政机关依照法律规定,制定、修改、废止行政法规和规章的活动程序。

根据我国《立法法》、《行政法规制定程序条例》、《规章制定程序条例》的规定,行政立法的一般程序是:立项、起草、审查、决定、公布和备案。

(1) 立项。国务院有关部门认为需要制定行政法规的,应当于每年年初编制国务院年度立法工作计划前向国务院报请立项。国务院部门内设机构或者其他机构认为需要制定部门规章的,应当向该部门报请立项。省、自治区、直辖市和较大的市的人民政府所属工作部门或者下级人民政府认为需要制定地方政府规章的,应当向省、自治区、直辖市和较大的市的人民政府报请立项。

(2) 起草。起草是指对列入立法工作计划的需要制定的行政法规和行政规章，由相应的政府主管部门分别草拟法案。

(3) 审查。审查是指行政法规、规章草案拟定之后，送交政府主管机构进行审议、核查的制度。承担行政法规、行政规章审查职能的是政府法制机构。

(4) 决定。决定是指行政法规、行政规章起草、审查完毕之后，交由主管机关的正式会议决定的制度。行政法规由国务院法制机构审查后，应向国务院提出审查报告，与行政法规草案一并提交国务院审议，由国务院常务会议或国务院全体会议决定是否通过行政法规草案。部门规章应当经部务会议或者委员会会议决定。地方规章应当经政府常务会议或全体会议决定。

(5) 公布和备案。公布是指行政法规和规章在通过上述程序后公开发布。凡是未经公布的行政法规和规章都不能认为已经生效，行政法规、行政规章必须上报法定的机关，使其知晓，并在必要时备查。

(二) 制定其他规范性文件

1. 其他规范性文件的概念

行政机构制定和发布的规范性文件中，除行政法规、规章以外，还有其他规范性文件，这些文件虽然不属于行政立法，但是由于行政规范性文件在我国公共管理中具有重要的地位和作用，行政机关的大量行政行为是直接根据其他规范性文件作出的，因此，对其他规范性文件必须有足够的重视。

所谓其他规范性文件，是指国家行政机关为执行法律、法规和规章，在法定权限内依照法定程序制定的规范公民、法人和其他组织行为的具有普遍约束力的决定、命令及行政措施等。表现形式一般为：命令、令、指令、决定、决议、指示、布告、公告、通知、通告等。

2. 其他规范性文件的法律地位和作用

(1) 法律地位。行政机关制定其他规范性文件，有着宪法、法律上的直接依据，它也是抽象行政行为的一种重要形式。其他规范性文件的法律地位主要体现在行政管理、行政复议和行政诉讼领域。

在行政管理领域，其他规范性文件是抽象行政行为的一种重要形式，并且是一种数量较多较为普遍的表现形式。在其效力所及的范围内，对于任何单位和个人都具有一定程度的普遍约束力，是行政管理法律关系主体必须遵循的行为规则。

在行政复议程序中，其他规范性文件是行政复议机关审理复议案件的依据。我国《行政复议法》规定，复议机关审理复议案件，不仅要以法律、法规、规章为依据，还要以上级行政机关依法制定和发布的具有普遍约束力的决定、命令为依据。

在行政诉讼领域，具有普遍约束力的其他规范性文件，我国《行政诉讼法》既没有确认其可作为法律依据，也没有明确可以列为“参照”标准，但事实上只要经过行政复议机关或人民法院审查确认其他规范性文件的内容不与法律、行政法规、规章相抵触,行政诉讼当事人可以以其他规范性文件作为相应具体行政行为违法或合法的根据。

(2) 作用。行政机关制定其他规范性文件的活动在行政管理实践中大量存在,其数量大大超过行政法规和规章,从加强和健全行政管理和行政法治的角度看有其合理性和必然性。从行政管理的实践看,其他规范性文件已经和正在发挥着不可忽视的作用。其作用主要表现在:

第一,有利于加强和完善各级政府的行政法制工作。其他规范性文件通常是为执行法律、法规、规章而制定的,其内容涉及立法、执法、监督等各个方面,是行政法的重要组成部分。从法律管理手段看,各级政府和各个部门都必须同时运用抽象行政行为与具体行政行为两种手段,缺一不可。第二,有利于提高行政效率,解决行政管理过程中出现的新问题。社会生活的复杂性、特殊性和差异性,使得行政法规和行政规章不能适应行政管理的需要。此时往往需要国家行政机关以制定其他规范性文件的形式予以解决,以使行政法规、行政规章得到有效执行和落实,或者弥补行政管理领域中因缺乏法律、行政法规和行政规章而造成的立法"真空"。第三,由于其他规范性文件是针对一定地域的一定事物而作出的更为详细具体的规定,针对性强,它能使日常行政管理中出现的细微问题得到及时、有效的解决。第四,有利于调动和发挥地方各级人民政府及所属部门的积极性。从全国来看,各地区间的政治、经济、文化、法治发展水平不平衡,各部门各行业都有自己的特殊性。国家行政机关在法定权限范围内制定规范性文件,有利于充分调动其积极性,可以根据实际情况,挖掘潜力,采取灵活、多样的办法进行行政管理。对于突发的意外事件,同样可以采用制定其他规范性文件的形式来应对。

二、行政许可

(一) 行政许可概述

1. 行政许可的含义和特征

行政许可是一项重要的行政权力。它是政府管理社会经济、政治、文化的一种重要的事前控制手段。它涉及政府与市场,政府与社会,行政权力与公民、法人或者其他组织的权利关系,涉及政府权力的配置及运作方式等诸多问题。我国《行政许可法》将行政许可界定为:行政机关根据公民、法人或者其他组织的申请,经依法审查,准予其从事特定活动的行为。据此,行政许可具有以下四个特征:

(1) 行政许可是依申请的行政行为。行政相对人提出申请,是行政机关向其颁发行政许可的前提条件,也是行政相对人从事某种法律行为之前必须履行的法定义务。无申请即无许可。行政机关只能针对行政相对人的申请,依法采取相应的行政行为,而不能主动颁发许可证或者执照。

(2) 行政许可是行政机关管理性的行政行为。管理性主要体现为行政机关作出行政许可的单方面性。不具有管理性特征的行为,即使冠以审批、登记的名称,也不属于行政许可。如产权登记、结婚登记、抵押登记等都不是行政许可。

(3) 行政许可是外部行为。行政许可是行政机关针对行政相对人的一种管理行为,是管理经济和社会事务的外部行为。

(4) 行政许可是准予相对人从事特定活动的行为。实施行政许可的结果是,相对人获得从事特定活动的权利或者资格。

2. 行政许可的作用

各国的实践经验表明,行政许可具有控制危险、配置资源、证明或者提供某种信誉和信息的重要功能。因此,行政许可对于维护公民人身财产安全和公共利益,加强经济宏观管理,保护并合理分配有限资源等方面都发挥着重要作用。但是,行政许可在现代国家中的作用并不限于积极方面,也有消极作用。行政许可的消极作用最主要的表现在以下两个方面:(1) 导致垄断,限制竞争;(2) 导致行政效率低下,滋生腐败。

(二) 行政许可的基本原则

行政许可的基本原则是设定和实施行政许可所必须遵守的法律准则。行政许可的基本原则体现了行政许可法的精神与实质,对许可的设定与实施具有普遍的指导作用,适用于行政许可的设定与实施的全过程,它既是一个立法原则,又是一个执法原则。

1. 法定原则

我国《行政许可法》第 4 条规定:设定和实施行政许可,应当依照法定权限、范围、条件和程序。根据本条规定,依法许可原则具体包括:

(1) 设定法定。设定行政许可属于立法行为,行政许可法对行政许可设定权作了严格的规定:第一,行政许可由法律设定。尚未制定法律的,行政法规可以设定行政许可。即需要全国统一制定和中央统一管理的事项,只能由法律、行政法规设定行政许可。第二,尚未制定法律、行政法规的,地方性法规、地方政府规章可以设定行政许可。第三,法规、规章对实施行政许可作出的具体规定,除上位法有明确具体的授权外,不得增设违反上位法的其他条件。第四,除法律、法规、省、自治区、直辖市人民政府规章外,其他规范性文件不得设定行政许可。

(2) 实施法定。第一,实施许可的机关法定,即被申请许可的机关必须是法律、法规规定的有权颁发许可证的主管机关;第二,行政主体实施的行政许可必须有明确的法律依据,而且是在该行政主体的行政权限范围内;第三,行政主体必须按照法定条件运用行政职权;第四,实施行政许可必须符合法定程序。

2. 公开、公平、公正原则

我国《行政许可法》第 5 条规定：设定和实施行政许可，应当遵循公开、公平、公正的原则。有关行政许可的规定应当公布；未经公布的，不得作为实施行政许可的依据。行政许可的实施和结果，除涉及国家秘密、商业秘密或者个人隐私的外，应当公开。符合法定条件、标准的，申请人依法取得行政许可的平等权利，行政机关不得歧视。

3. 便民、效率原则

根据我国《行政许可法》第 6 条的规定，实施行政许可，应当遵循便民的原则，提高办事效率，提供优质服务。行政许可遵循便民原则，就是要求行政许可要手续简化、方便快捷。具体来说，行政许可的一切规定应尽量考虑便于公民、法人和其他组织申请行政许可，在申请行政许可过程中要尽量为申请人提供方便。在为申请人提供便利的同时，也要考虑到行政机关的行政效率，这同样符合便民原则。行政效率原则要求行政主体在实施行政许可行为的过程中，必须严格遵守法定步骤、顺序和时限，不得违法增加手续，多收费用，也不得拖延耽搁。

4. 信赖保护原则

信赖保护，是指公民、法人或者其他组织因信赖行政机关作出的行政行为而从事活动，应当受到法律保护，没有违法行为不得撤销。通俗地讲，就是行政机关要有信用，作出的行政行为不得随意更改。我国《行政许可法》第 8 条就是在行政许可中确立行政许可信赖保护原则的规定。该条确立的信赖保护原则的基本内涵是：

（1）公民、法人或者其他组织依法取得的行政许可，是正当的合理信赖，应当受到法律保护，除非法律、法规有明确规定的外，行政机关不得撤销或者变更已生效的行政许可。否则，行政机关撤销、变更已生效的行政许可行为就是违法。撤销行政许可可能对公共利益有重大损害的，不得撤销；确需撤销的，被许可人由此造成的损失，行政机关应当依法予以赔偿。

（2）行政机关和申请人、被许可人都没有过错的，而是因客观原因，行政机关为了公共利益的需要，可以依法变更或者撤回已经生效的行政许可。行政机关依法变更或者撤回已经生效的行政许可造成公民、法人或者其他组织财产损失的，应当依法予以补偿。

5. 救济原则

行政许可中的救济原则是指公民、法人或者其他组织认为行政机关实施行政许可致使其合法权益受到损害时，请求国家予以补救的制度。我国《行政许可法》第 7 条规定：公民、法人或者其他组织对行政机关实施行政许可，享有陈述权、申辩权；有权依法申请行政复议或者提起行政诉讼；其合法权益因行政机关违法实施行政许可受到损害的，有权依法要求赔偿。

6. 监督原则

监督原则,是指行政机关应当依法加强对行政机关实施行政许可和从事行政许可事项的监督。这里的监督涉及两方面:(1) 对行政机关实施行政许可行为的监督;(2) 对公民、法人或者其他组织从事行政许可事项活动的监督。

(三) 行政许可的设定

行政许可的设定,是指有关国家机关依照法定权限、原则和范围创设行政许可的行为。它属于立法行为的范畴。我国《行政许可法》针对行政许可实践中存在的行政许可范围不清、设定权限不明确等问题,明确规定了行政许可的事项。

1. 行政许可设定事项

根据我国《行政许可法》第 12 条的规定,下列事项可以设定行政许可:

(1) 直接涉及国家安全、经济宏观调控、生态环境保护以及直接关系人身健康、生命财产安全等特定活动,需要按照法定条件予以批准的事项;

(2) 有限自然资源开发利用、公共资源配置以及直接关系公共利益的特定行业的市场准入等,需要赋予特定权利的事项;

(3) 提供公共服务并且直接关系公共利益的职业、行业,需要确定具备特殊信誉、特殊条件或者特殊技能等资格、资质的事项;

(4) 直接关系公共安全、人身健康、生命财产安全的重要设备、设施、产品、物品,需要按照技术标准、技术规范,通过检验、检测、检疫等方式进行审定的事项;

(5) 企业或者其他组织的设定等,需要确定主体资格的事项;

(6) 法律、行政法规规定可以设定行政许可的其他事项。

2. 行政许可设定权

(1) 法律的行政许可设定权

行政许可作为一项重要的行政权力,与公民、法人和其他组织的合法权益关系密切。我国《行政许可法》一方面规定法律设定行政许可的事项范围,另一方面,又规定法律可以设定其他行政许可。

(2) 行政法规的行政许可设定权

我国《行政许可法》对行政法规在设定行政许可方面的规定体现了《宪法》和《立法法》规定的精神,一方面,行政法规设定行政许可的权限比法律以外的其他法律规范大;另一方面它又受一定限制,即法律已经设定行政许可的,行政法规只能作出具体规定,不能增设行政许可。

(3) 国务院行政决定的行政许可设定权

国务院行政决定是指国务院制定的管理经济、文化、社会事务的行政法规以外的规范性文件。我国《行政许可法》赋予了国务院以采用发布决定的方式设定行政许可的权力,但作了如下限制,即必要时,国务院可以采用发布决定的方式设定行政许可。所谓“必要时”,包括临时、紧急情况,为试点、试验需要,一时难以制定法律、行政法规等情况。

(4) 地方性法规的行政许可设定权

地方性法规享有部分行政许可权。只要法律、行政法规对我国《行政许可法》第12条规定的可以设定行政许可的五类事项没有设定行政许可,地方性法规就可以对这五类事项设定行政许可,在法律、行政法规对某事项已设定行政许可的情况下,地方性法规享有对实施该行政许可事项作出具体规定的权力。

(5) 省级政府规章的行政许可设定权

我国《行政许可法》第15条规定:尚未制定法律、行政法规和地方性法规的,因行政管理的需要,确需立即实施行政许可的,省、自治区、直辖市人民政府规章可以设定临时性行政许可。临时性的行政许可实施满一年需要继续执行的,应当提请本级人大及其常委会制定地方性法规。

(6) 国务院部门规章不得设定行政许可

(7) 其他规范性文件一律不得设定行政许可

(四) 行政许可的实施

行政许可的实施,是指国家行政机关和法律、法规授权的组织依法为公民、法人或者其他组织具体办理行政许可的行为。

1. 行政许可的实施主体

行政许可的实施主体,是指具体办理行政许可的机关或组织。《行政许可法》从我国的实际情况出发,规定行政许可的实施主体包括行政机关、法律、法规授权的组织、受委托的行政机关。另外,为了方便群众,提高行政效率,根据行政管理体制改革的精神,我国《行政许可法》对行政许可的实施还作了三个方面的规定:(1) 相对集中行政许可权;(2) “一个窗口”对外;(3) 统一办理、联合办理或者集中办理。

2. 行政许可实施的程序

行政许可的实施程序是指行政许可的实施机关从受理行政许可申请到作出准予、拒绝、中止、收回、撤销行政许可等决定的步骤、方式、顺序和时限的总称。行政许可的实施程序是规范行政许可行为,防止滥用权力、保证正确行使权力的重要环节。我国《行政许可法》有关实施程序的规定主要涉及行政许可的申请与受理、审查与决定、变更与延续三个领域的程序性问题。

(五) 行政许可中的法律责任

行政许可中的法律责任包括行政机关及其工作人员的法律责任与行政许可申请人及被许可人的法律责任。这里着重讨论行政机关及其工作人员的法律责任。

1. 违法设定行政许可的法律责任

根据我国《行政许可法》的规定,违法设定行政许可主要表现在三个方面:(1) 超越法定许可事项范围设定;(2) 立法越权,即“通过其他规范性文件”设定行政许可;(3) 违反法定程序设定行政许可。对于违法设定行政许可的,我国《行政许可法》规定了两种法律责任形式:(1) 责令改正;(2) 依法予以撤销。

2. 违法实施行政许可的法律责任

(1) 实施许可中的程序违法。根据我国《行政许可法》的规定,实施行政许可的程序违法主要包括以下形式:一是符合法定条件申请行政许可不予受理的;二是不在办公场所公示依法应当公示的材料;三是在受理、审查、决定行政许可过程中,未向申请人、利害关系人履行法定告知义务的;四是申请人提出的申请材料不齐全、不符合法定形式,不一次告知申请人必须补正的全部内容的;五是未依法说明不受理行政许可申请或者不予行政许可理由的;六是依法应当举行听证而不举行听证的。

对于实施行政许可的程序违法,我国《行政许可法》规定两种法律责任:第一,责令改正;第二,情节严重的,对直接负责的主管人员和其他直接责任人员依法给予行政处分。

(2) 实施许可中的实体违法。根据我国《行政许可法》的规定,实施行政许可的实体违法主要有以下几个方面:一是对于不符合法定条件的申请人准予行政许可或者超越法定职权作出准予行政许可决定的;二是对符合法定条件的申请人不予行政许可或不在法定期限内作出准予行政许可决定的;三是不依法根据招标、拍卖结果或者考试成绩择优作出准予行政许可决定。

对于实施行政许可的实体违法,我国《行政许可法》规定了以下法律责任:责令改正;对直接负责的主管人员和其他直接责任人员依法给予行政处分;构成犯罪的,依法追究刑事责任。

三、行政处罚

(一) 行政处罚概述

1. 行政处罚的概念与特征

行政处罚是指法定的行政机关或其他主体为了维护公共利益和社会秩序,维护公民、法人和其他组织的合法权益,对违反行政管理秩序,依法应当给予行政处罚的行政相对人所给予的法律制裁。它具有以下几个明显的特征:

(1) 行政处罚的主体是具有行政处罚权的行政机关和法律法规授权的组织。实施行政处罚的主体主要是行政机关,但又不局限于行政机关。依照我国《行政处罚法》的规定,法律法规授权的组织在授权范围内也可以实施行政处罚,具有行政处罚的主体资格。

(2) 行政处罚是针对行政相对人违反行政法律规范行为的制裁。行政处罚是对违反行政法律规范的行政相对人的人身自由、财产、名誉或其他权益的限制和剥夺,或者对其科以新的义务,体现了制裁性或惩戒性。

(3) 行政处罚的目的是为了保障和监督行政机关有效实施行政管理,维护公共利益和社会秩序,保护公民、法人或者其他组织的合法权益,同时也是为了惩戒和教育违法者,使其以后不再触犯法律。

(4) 行政处罚是对违反行政法律规范尚未构成犯罪的行政相对人的制裁。

2. 行政处罚的基本原则

行政处罚的基本原则是对行政处罚的设定和实施具有普遍指导意义的准则,也就是作出行政处罚的行政机关必须严格遵守的基本行动标准和指南,是行政处罚整体法律精神实质的集中体现。

(1) 处罚法定原则。第一,对公民、法人和其他组织实施行政处罚必须有法定依据,法无明文规定不处罚。第二,行政处罚必须依照法定权限设定并依法定程序制定公布,无权设定行政处罚的国家机关不得设定行政处罚,也不得越权设定。第三,行政处罚必须由具有法定处罚权的行政机关或其他组织按法定程序实施,其他机关和组织无权实施。

(2) 处罚公正、公开原则。我国《行政处罚法》第4条规定:行政处罚遵循公正、公开的原则。设定和实施行政处罚必须以事实为依据,与违法行为的事实、性质、情节以及社会危害程度相当。对违法行为给予行政处罚的规定,必须公布;未经公布的,不得作为行政处罚的依据。

(3) 处罚与教育相结合原则。处罚与教育相结合原则要求对违反行政法律规范的行为人,不仅要给予一定的处罚,让其感到受制裁的痛苦,同时要对违法行为人进行教育,把处罚与教育有机地结合起来。在行政处罚的实践中,应注意避免单纯制裁的"惩办主义",处罚本身不是目的,必须辅之以思想教育。还应当避免的另一个倾向是"教育万能主义"。对于违法行为,行政主体依据相应的法律规定应给予行政处罚的必须给予行政处罚,而不能以教育代替处罚。

(4) 保障行政相对人合法权益原则。我国《行政处罚法》在总则中确立了保障相对人合法权益的原则,并在有关行政处罚的设定、实施及程序规定中体现了这一指导思想。具体地说,就是要保障行政相对人的知情权、陈述权、申辩权、听证权和获得赔偿与救济的权利。

(5) 制约、监督原则。对行政处罚的制约监督,主要体现在:第一,行政机关内部的制约监督。行政处罚的程序贯穿了职能制约的指导思想,如调查与决定职能分离,听证人员与调查、决定人员分离,决定罚款机关与收缴罚款机构分离等程序制度,均从行政机关内部职能的相互制约上作了设置。第二,行政系统内的制约监督。由上级人民政府对下级人民政府,上级政府部门对下级政府部门,以及各级人民政府对所属行政部门的行政处罚情况进行监督检查。第三,司法机关对行政机关的制约监督。包括人民检察院对行政机关及其工作人员履行行政处罚职责中违法犯罪行为的专门监督和人民法院通过行政诉讼进行的审判监督。

(二) 行政处罚的设定

由于行政处罚涉及公民、法人和其他组织的权益,必须采取法定原则,所以,在行政处罚的设定上,也应由法律、行政法规以及法律规定的国家机关在其职权范围内依法规定。根据我国《行政处罚法》的规定,行政处罚的设定权在法律、法规和行政规章之间进行了分配。

1. 法律的设定权

法律可以设定各种行政处罚。限制人身自由的行政处罚只能由法律规定。法律是指全国人大及其常委会制定的规范性文件。

2. 行政法规的设定权

国务院制定的行政法规可以设定除限制人身自由以外的行政处罚。对法律已设定的行政处罚,行政法规可在法律规定的范围内作出具体规定。

3. 地方性法规的设定权

省、自治区、直辖市和较大的市的人大及其常委会制定的地方性法规可以设定除限制人身自由、吊销企业营业执照以外的行政处罚。地方性法规也可以在依据法律、行政法规已设定的行政处罚的行为、种类和幅度的范围内具体规定。

4. 规章的设定权

(1) 国务院部委规章的设定权。尚未制定法律、行政法规的,国务院部委规章可以设定警告或者一定数量罚款的行政处罚。罚款的限额由国务院规定。

(2) 国务院直属机构规范性文件的设定权。在国务院授权的情况下,国务院直属机构的规范性文件具有与部委规章相同的设定权。

(3) 地方政府规章的设定权。省、自治区、直辖市人民政府和较大的市的人民政府制定的规章,可以设定警告或者一定数量罚款的行政处罚。罚款的限额由省、自治区、直辖市人大常委会规定。

此外,我国《行政处罚法》还明确规定,行政机关制定的“其他规范性文件不得设定行政处罚”。

(三) 行政处罚的实施

1. 行政处罚的实施主体

(1) 行政机关。实施行政处罚的行政机关必须具有以下特征:第一,必须具有外部行政管理职能。第二,必须依法取得行政处罚权。第三,行政机关必须在其法定职权范围内实施行政处罚权。

(2) 被授权组织。除了承担外部行政管理的机关可在法定范围内行使行政处罚权外,其他行政机关及社会组织经法律的授权可以行使一定的行政处罚权,成为适用行政处罚的主体。社会组织成为行政处罚适用的主体,必须有法律的授权,符合授权规则。

(3) 被委托组织。行政机关可以将自己拥有的行政处罚权委托给非行政机关的组织行使,但受委托组织必须符合我国《行政处罚法》第19条规定的有关条件。

(4) 综合执法机构。综合执法机构,有时也称联合执法机构,是指在一些综合领域实施行政管理或者行政处罚的跨部门机构,一般隶属于县级以上地方各级人民政府。例如,工商、物价、税收、公安等机关分别由一定的人员组成一个机构进行联合大检查,处罚工商违法案件。

2. 行政处罚的适用规则

(1) 责令改正。行政处罚的目的之一是"纠正违法行为",对行为人实施的违法行为,行政机关应当追究其相应的法律责任,给予必要的行政处罚,但不能"一罚了事",不能允许客观存在的违法状态继续下去。所以我国《行政处罚法》第23条规定:行政机关实施行政处罚时,应当责令当事人改正或者限期改正违法行为。

(2) 一事不再罚。我国《行政处罚法》第24条规定:对当事人的同一个违法行为,不得给予两次以上罚款的行政处罚。这一规则可以从几个方面来把握:第一,同一个违法行为,既包括一个行为违反一个法律、法规规定的情况,也包括一个行为违反几个法律、法规规定的情况。第二,可以处罚两次,但罚款只能适用一次。对行为人的一个行为,同时违反了两个以上法律、法规规定的,可以给予两次处罚,但是罚款只能适用一次。

(3) 减免处罚。行政处罚遵循的公正原则要求"过罚相当",在构成违法行为的要素中有一些情形是作出处罚时必须加以考虑,处罚才能做到公正。为此,我国《行政处罚法》规定了不予处罚和从轻、减轻处罚的规则。

(4) 折抵处罚。当行为人所实施的行为既违反行政法规范,又触犯刑事法律构成犯罪时,行政处罚与刑事处罚会发生竞合问题。为此,我国《行政处罚法》第28条规定:违法行为构成犯罪,人民法院判处拘役或者有期徒刑时,行政机关已经给予当事人行政拘留的,应当依法折抵相应刑期。违法行为构成犯罪,人民法院判处罚金时,行政机关已经给予当事人罚款的,应当折抵相应罚金。

(5) 处罚时效。行政处罚的时效,是指对违反行政管理秩序的行为人追究行政责任,予以行政处罚的有效期限。我国《行政处罚法》明确限定:违法行为在2年内未被发现的,不再给予行政处罚,法律另有规定的除外。

(四) 行政处罚的程序

1. 行政处罚的决定程序

行政处罚的决定程序是整个行政处罚程序的关键环节,是保证正确实施行政处罚的前提。它分为简易程序和一般程序。

(1) 简易程序,又称当场处罚程序,是指在某些条件具备的情况下,行政机关或者法律、法规授权组织(主要是通过执法人员)当场作出行政处罚决定的处罚程序。

(2) 一般程序。行政处罚的一般程序又称普通程序,是行政机关进行行政处罚所遵循的最基本的程序。与一般程序相比较,简易程序和听证程序均属于作出行政处罚决定的特殊程序。关于一般程序的适用范围,根据我国《行政处罚法》第36条的规定,一般程序适用于除依据简易程序作出的行政处罚以外的其他行政案件。

一般程序适用的具体过程应包括立案,调查取证,告知当事人,听取当事人的陈述和申辩或举行听证,作出行政处罚决定,制作行政处罚决定书以及行政处罚决定书的送达。

(3) 听证程序。行政处罚的听证程序是一般程序中的特别程序,是指行政机关为了查明案件事实、公正合理地实施行政处罚,在作出责令停产停业、吊销许可证或者执照、较大数额罚款等行政处罚决定之前,应当事人要求,通过公开举行由有关各方利害关系人参加听证会,广泛听取意见的方式、方法和制度。

2. 行政处罚决定的执行程序

行政处罚决定的执行程序,是指处罚机关及受罚人使所作行政处罚决定的内容得以实现而采取相应行为的方式、步骤等。我国《行政处罚法》对处罚决定的执行原则和当事人逾期不缴纳罚款的强制措施等都作了规定。这里主要介绍行政处罚的执行原则。

执行原则包括如下几项:

(1) 自觉履行原则。行政主体基于行政管理的需要,通过采取损害相对人的某些权益的行为方式,达到惩戒与教育的目的。对受罚者来讲,理应对自己所实施的违法行为承担该种不利后果,自觉履行处罚决定中所设定的义务。

(2) 救济不停止执行原则。为了保护行政相对人的合法权利,法律为其保留救济权利。所以,在行政处罚领域,如果受罚者对行政处罚决定不服的,依法可以申请行政复议或者提起行政诉讼,但复议和诉讼期间,除法律另有规定外,原行政处罚决定所设定的内容不得停止执行。

(3) 罚缴分离原则。即作出处罚决定的行政机关与收缴罚款的机构相分离。我国《行政处罚法》规定除依法当场收缴的罚款外,作出处罚决定的行政机关及其执法人员不得自行收缴罚款;当事人到指定的银行缴纳罚款,银行应将收受的罚款直接上缴国库。

(五) 行政处罚的法律责任

我国《行政处罚法》规定的法律责任,主要是关于行政机关执法人员的法律责任,而不是违法公民、法人或者其他组织的法律责任。归纳起来,行政机关及其公务员在行政处罚过程中违反法律规定所应承担的法律责任主要有以下几种:

1. 行政处分责任

行政处分是国家公务员违反行政法律规范所承担的一种行政纪律责任,是行政机关根据《国家公务员暂行条例》的规定对公务员的违法失职行为给予警告、记过、记大过、降级、撤职、开除等形式的法律制裁。

2. 行政赔偿责任

行政赔偿责任也称行政侵权赔偿责任,指行政机关及其公务人员在行政管理活动中,因违法行使职权侵犯公民、法人或者其他组织的合法权益并造成损害所依法应当由国家行政机关或者法律、法规授权的组织承担的一种赔偿责任。根据我国《行政处罚法》的规定,行政机关在实施行政处罚过程中承担赔偿责任的主要有两种情形:(1) 行政机关使用或者故意损毁扣押的财物,对当事人造成损失的;(2) 行政机关违法实行检查措施或者执行措施,给公民人身或者财产造成损害、给法人或者其他组织造成损失的。行政赔偿责任的承担方式和程序,依照《国家赔偿法》的有关规定执行。

3. 刑事责任

刑事责任是指国家公务员在实施行政处罚过程中,其行为违反刑法有关规定构成犯罪所应受到的刑罚。我国《行政处罚法》规定的国家公务员的刑事责任主要涉及刑法规定的贪污罪、受贿罪、玩忽职守罪、徇私枉法罪、非法拘禁罪等罪名。

四、行政强制

(一) 行政强制概述

1. 行政强制的概念

行政强制是指行政机关为实施行政管理,对违反行政法律规范或者不履行生效的行政决定的行政相对人的人身、行为及财产和其他权利采取特定强制手段以达到约束或处置目的的行为。行政强制权是国家行政权的重要组成部分,是实现公共利益最有影响力的管理手段和行为表现之一。

2. 行政强制的种类及特征

依据我国《行政强制法》的规定,行政强制调整范围包括行政强制措施和行政强制执行两方面的内容。

行政强制措施,是指行政机关在行政管理过程中,为制止违法行为、防止证据损毁、避免危害发生、控制危险扩大等情形,依法对公民的人身自由实施暂时性限制,或者对公民、法人或者其他组织的财物实施暂时性控制的行为。

行政强制措施具有如下几个方面的特征:(1) 法定性:行政机关采取行政强制措施必须有明文规定,法无明文规定不得为;行政强制措施的对象、条件、种类、范围也必须有明确的规定,且必须依照法定程序进行,即实施行政强制措施具有法定性。(2) 行政性:行政强制措施由法律法规规定的行政机关在法定职权范围内实施,不得委托其他机关行使。(3) 暂时性:行政强制措施是对相对人的权利进行暂时性的约束和限制,而不是对相对人权利最终的不利处理。(4) 负担性:行政强制措施是行政主体对特定相对人权益进行的约束和限制,是限权性的,而不是赋权性的行政行为。(5) 强制性:行政机关可依法运用法律赋予的公权力的"合法暴力"采取强迫方式,迫使相对人履行义务,表现在使用手段或方式上的强制性,这是行政强制措施的根本特征。

行政强制执行,是指行政机关或行政机关申请人民法院,对不履行行政决定的自然人、法人或者其他组织依法强制履行义务的行为。按行政强制执行的主体来划分,有两种模式,一是行政机关自行强制执行;二是法院为主体的强制执行。

行政机关强制执行主要有以下特征:(1) 行政机关强制执行只能依据已经成立并产生法律效力的行政决定;(2) 行政机关强制执行只能以相对人不主动履行行政义务为前提;(3) 行政机关强制执行的主体一般是作出行政决定的行政机关;(4) 行政机关强制执行的目的在于以强制的方式迫使相对人履行义务,以实现行政决定所确定的义务的内容;(5) 强制执行中行政机关可以在不损害公共利益和其他人合法权益的情况下,与当事人达成和解协议。

人民法院强制执行有以下特征:

(1) 法院依行政主体的申请而实施强制执行行为;(2) 法院依据行政主体作出的、已生效、且具有执行内容的行政决定实施强制执行;(3) 法院是在义务人不主动履行生效具体行政行为所确定义务的情况,使用强制手段迫使其履行义务;(4) 法院强制执行对象具有广泛性:款、物和行为都可以依法成为强制执行的对象。

3. 概念比较

(1) 行政强制措施与行政强制执行

这两个概念的主要区别有以下几方面:

第一,存在的前提不同。行政强制执行的前提必须是相对人逾期不履行已经生效的行政行为所确定的义务为前提;而行政强制措施不以相对人存在法定义务为前提。

第二,行为的目的不同。行政强制执行的目的是通过国家强制迫使义务人履行其应当履行的义务,或者达到与义务人履行义务相同的状态。而行政强制措施的目的在于预防、制止危害行为或者危险事态的发生或者发展,防止证据毁损等情形。

第三,实施的主体不同。行政强制执行的主体不仅可以是行政机关,也可以是人民法院。而采取行政强制措施的主体仅是行政主体。

第四,程序要求不同。行政强制执行关系到行政义务的履行,因此,执行机关通常要经过催告、当事人陈述、行政机关复核、作出行政强制执行决定、送达行政强制执行决定以及实施行政强制执行等程序化的步骤。而行政强制措施是针对法定的、紧急的情形作出的行为,其程序的法定性要求不高,有灵活的补办性程序。

(2) 行政强制措施与刑事强制措施

行政强制措施是为了维持社会秩序,防止违法犯罪产生、保护他人的利益、维护公共利益,而由行政机关采取的一种行政行为。刑事强制措施是国家为了保障侦查、起诉、审判活动的顺利进行,而授权刑事司法机关依据《刑事诉讼法》对犯罪嫌疑人、被告人采取的限制其一定程度的人身自由的方法。

(二) 行政强制的原则

1. 法定原则

(1) 设定行政强制必须按照法定的权限、范围、条件和程序进行。

法律有权设定所有的行政强制,行政法规有权设定除限制公民人身自由和冻结存款、汇款和其他应当由法律设定的行政强制措施以外的其他行政强制措施,地方性法规有权设定查封、扣押措施。

(2) 实施行政强制必须按照法定权限、范围、条件和程序进行。

有权实施行政强制的只有行政机关或者法律、行政法规授权的组织。行政主体只能在法定职权范围内实施,不得超越职权范围,不得实施其他行政主体的行政强制权。

2. 适当原则

行政强制的适当性原则,要求行政强制的设定和实施都必须符合行政合理的要求,必须对手段和目的进行衡量,准确地把握行政管理目的,充分了解实现该目的所必要的手段以及既有的手段,在确保达到行政管理目的的基础上,尽量做到所选择的行政强制手段与所要达到行政管理目的的需求程度相当。

3. 教育与强制相结合原则

教育与强制相结合是强制法的一项重要原则。由于行政强制是一种损益性行政行为,实施行政强制意味着对相对人的人身、财产或行为等权利的限制和剥夺,因此,绝对不能滥用。法律具有引导、规范和惩罚等功能,而惩罚不是目的,教育和引导守法才是目的。

4. 权利保障原则

我国《行政强制法》规定,公民、法人或者其他组织对行政机关实施行政强制，享有陈述权、申辩权；有权依法申请行政复议或者提起行政诉讼；因行政机关违法实施行政强制受到损害的，有权依法要求赔偿。因人民法院在行政强制执行中有违法行为或者扩大强制执行范围受到损害的，公民、法人或者其他组织有权依法要求赔偿。

5. 禁止滥用原则

行政机关及其工作人员不得利用行政强制权为单位或者个人谋取利益。行政机关依法代表国家行使行政强制权，行政经费统一由财政纳入预算予以保障，因此，行政机关及法律、行政法规授权的组织不应当有自己的利益。

（三）行政强制的形式

1. 行政强制措施的形式

（1）限制公民人身自由

限制公民人身自由的行政强制措施，是指行政机关为实现行政管理目的，依职权采取限制公民人身自由的权利的强制措施。依照法律规定，实施限制人身自由的行政强制措施应有一定的期限，行政机关采取行政强制措施不得超过法定期限。如果实施行政强制措施的目的已经达到或条件已经消失，行政机关应当立即解除对公民人身自由进行限制的强制措施。

我国现行法律中，有《人民警察法》、《治安管理处罚法》、《集会游行示威法》、《禁毒法》、《戒严法》、《海关法》、《传染病防治法》、《国境卫生检疫法》、《铁路法》、《渔业法》等法律规定了限制公民人身自由的行政强制措施。规定限制人身自由的方式有盘问、传唤、强制传唤、留置、约束、扣留、拘留、强制带离现场、强制驱散、紧闭、人身检查、强制检查、强制治疗等。经常使用的主要是：强制戒毒、扣留、强制约束、强制检疫、强制隔离治疗等。

（2）查封场所、设施或财物

查封场所、设施，是指行政机关对行政相对人经营场所或者其所有、使用的设施贴封条，或者通过登记机关对有权属登记的动产或不动产进行权属限定的强制措施。在查封期间，禁止非工作人员进入，或者禁止任何人使用、转移或处理。查封财产，是指行政机关对财产所有人的动产或不动产就地封存，任何人不得擅自转移或处理的强制措施，因查封发生的保管费用由行政机关承担。

我国现行法律、行政法规中，有《税收征管法》、《道路交通安全法》、《食品安全法》、《药品管理法》等十几部法律和《海关稽查条例》、《税收征收管理法实施细则》等三十多部行政法规规定了查封场所、设施或财物的行政强制措施。

（3）扣押财物

扣押财物，是指行政机关为了取证等需要，对财产所有人的财物，限制其继续对之占有、使用和处分的强制措施。扣押应当由法律、法规规定的行政机关实施，其他任何行政机关或组织不得实施。因扣押发生的保管费用由行政机关承担。扣押与查封的主要区别:一是扣押主要针对可移动的财物,查封主要针对不可移动的财物;二是扣押的财物由行政机关保管,查封的财物一般封存在原地,也有异地封存的情形。

我国现行法律、行政法规中,有《枪支管理法》、《海关法》、《产品质量法》等十几部法律和《公安机关督察条例》、《道路交通安全法实施条例》、《禁止传销条例》等三十多部行政法规规定了扣押财物的行政强制措施。

(4) 冻结存款、汇款

冻结存款、汇款,是指金融机构或者邮政局根据行政机关的请求,对行政相对人的存款、股票等有价证券或者汇款暂停支付,未经许可不准其提取或转让的行为。冻结存款、汇款应当由法律规定的行政机关实施,不得委托给其他行政机关或者组织;其他任何行政机关或者组织不得冻结存款、汇款。冻结存款、汇款的数额应当与违法行为涉及的金额相当,不得重复冻结。

我国现行法律、行政法规中,有《海关法》、《税收征管法》等法律和《国家安全法实施细则》、《进出口关税条例》等行政法规规定了冻结存款、汇款的行政强制措施。

(5) 其他行政强制措施

我国现行立法中行政强制措施的具体方式多种多样,名称千差万别。《行政强制法》无法也不可能将众多的行政强制措施逐一列举,故在立法上作了概括性规定,确认其他行政强制措施亦属于行政强制措施的种类。

2. 行政强制执行的方式

(1) 行政机关的行政强制执行

行政机关作出的行政强制执行种类分为两种:直接强制执行和间接强制执行。间接强制执行包括代履行和执行罚两种形式。

① 直接强制执行

直接强制执行是指行政机关通过直接采取强制手段处置相对人的财产或限制相对人的行为,以达到履行行政义务的目的。直接强制分为对人身采取的直接强制和对财产采取的直接强制。对人身的直接强制,是指对违反行政法律规范的行政相对人进行人身的限制或暂时剥夺人身自由,以期达到履行义务的状态。我国《行政强制法》中规定的金钱给付义务的执行就是针对财产采取的直接强制执行方式。对相对人的行为采取的直接强制方式有:排除妨碍、恢复原状。

② 间接强制执行

间接强制执行是行政机关通过间接手段迫使义务人履行其应当履行的法定义务或者达到与履行义务相同状态的强制行为。间接强制执行可以分为代履行和执行罚两种。

代履行,是指在相对人依法负有履行排除妨碍、恢复原状等义务又逾期不履行,其后果已经或者将危害交通安全、造成环境污染或者破坏自然资源的情况下,行政机关代替相对人履行,或者委托没有利害关系的第三人代替相对人履行。如排除妨碍、强制拆除等。对于不能够由他人替代的义务和不作为义务,特别是与人身有关的义务,不能适用代履行。截至 2010 年,我国共有 17 部法律、18 件行政法规规定了代履行,主要涉及维护交通安全,治理环境污染和保护自然资源等事项。

执行罚,是指行政机关通过科以金钱义务而强迫相对人执行义务的方式。执行罚的主要表现形式有加处罚款、滞纳金等。采取这种方式必须以相对人不履行金钱给付义务为前提。加处罚款或者滞纳金的数额不得超出金钱给付义务的数额。行政机关实施加处罚款或者滞纳金超过 30 日,经催告相对人仍然不履行的,具有行政强制执行权的行政机关可以强制执行。

(2) 申请人民法院强制执行

当事人在法定期限内不申请行政复议或者提起行政诉讼,又不履行行政决定的,没有行政强制执行权的行政机关可以自期限届满之日起 3 个月内,依法申请人民法院强制执行。我国《行政强制法》规定,行政机关申请人民法院强制执行前,应当催告当事人履行义务。催告书送达 10 日后当事人仍未履行义务的,行政机关可以向所在地有管辖权的人民法院申请强制执行,执行对象是不动产的,向不动产所在地有管辖权的人民法院申请强制执行。

(四) 行政强制实施程序

1. 行政强制措施实施程序

(1) 一般程序

① 实施前须向行政机关负责人报告并经批准。实施行政强制措施须由行政机关负责人批准。但当情况紧急需要当场实施行政强制措施的,行政执法人员应当在 24 小时内向行政机关负责人报告。

② 由两名以上的行政执法人员实施。行政强制措施应当由两名以上行政机关具备资格的正式执法人员实施,其他人员不得实施。

③ 出示执法身份证件。即表明身份制度。行政执法时,执法人员应主动出示执法身份证件,表明身份。

④ 通知当事人到场。采取行政强制措施时,当事人应在场,并应被告知相关事由。当事人不在场的,邀请见证人在场,由见证人和行政执法人员在现场笔录上签名或者盖章。

⑤ 当场告知当事人采取行政强制措施的理由、依据以及当事人依法享有的权利、救济途径;如遇特殊情况,也应及时告知当事人,并说明理由。如果违法行为涉嫌犯罪应当移送司法机关的,行政机关应当将查封、扣押、冻结的财物一并

移送,并书面告知当事人。

⑥ 听取当事人的陈述和申辩。

⑦ 制作现场笔录。

⑧ 现场笔录由当事人和行政执法人员签名或者盖章,当事人拒绝的,在笔录中予以注明。

⑨ 当事人不到场的,邀请见证人到场,由见证人和行政执法人员在现场笔录上签名或者盖章。

⑩ 法律、法规规定的其他程序。

(2) 特殊程序

① 限制人身自由程序

依照法律规定实施限制公民人身自由的行政强制措施,除应当遵守行政强制措施的一般程序之外,还应当遵守下列规定:当场告知或者实施行政强制后立即通知当事人家属实施行政强制措施的行政机关、地点和期限;在紧急情况下当场实施行政强制措施的,在返回行政机关后,立即向行政机关负责人报告并补办批准手续;严格遵守法定期限,实施限制人身自由的行政强制措施不得超过法定期限,实施行政强制措施的目的已经达到或者条件已经消失,应当立即解除;法律规定的其他程序。

② 查封、扣押程序

行政机关决定实施查封、扣押的,应当履行行政强制措施的一般程序,制作并当场交付查封、扣押决定书和清单。查封、扣押清单一式二份,由当事人和行政机关分别保存。查封、扣押决定书应当载明的事项有:当事人的姓名或者名称、地址;查封、扣押的理由、依据和期限;查封、扣押场所、设施或者财物的名称、数量等;申请行政复议或者提起行政诉讼的途径和期限;行政机关的名称、印章和日期。

查封、扣押的期限不得超过30日;情况复杂的,经行政机关负责人批准,可以延长,但是延长期限不得超过30日。

行政机关采取查封、扣押措施后,可采取如下处理方式:对违法事实清楚,依法应当没收的非法财物予以没收;法律、行政法规规定应当销毁的,依法销毁;应当解除查封、扣押的,作出解除查封、扣押的决定。行政机关解除查封、扣押后应当立即退还财物;已将鲜活物品或者其他不易保管的财物拍卖或者变卖的,退还拍卖或者变卖所得款项。变卖价格明显低于市场价格,给当事人造成损失的,应当给予补偿。

③ 冻结程序

冻结存款、汇款的,作出决定的行政机关应当在3日内向当事人交付冻结决定书。冻结决定书应当载明的事项有:当事人的姓名或者名称、地址;冻结的理由、依据和期限;冻结的账号和数额;申请行政复议或者提起行政诉讼的途径和期限;行政机关的名称、印章和日期。

自冻结存款、汇款之日起30日内,行政机关应当作出处理决定或者作出解除冻结决定;情况复杂的,经行政机关负责人批准,可以延长,但是延长期限不得超过30日。

出现法定情形时,行政机关应当及时作出解除冻结决定。这些情形包括:当事人没有违法行为;冻结的存款、汇款与违法行为无关;行政机关对违法行为已经作出处理决定,不再需要冻结;冻结期限已经届满;其他不再需要采取冻结措施的情形。行政机关作出解除冻结决定的,应当及时通知金融机构和当事人。

2. 行政强制执行程序

(1) 行政机关强制执行的一般程序

① 书面催告或公告。② 听取陈述和申辩。③ 作出行政强制执行决定。④ 文书送达。⑤ 中止执行。⑥ 执行。实施行政强制执行,行政机关可以在不损害公共利益和他人合法权益的情况下,与当事人达成执行协议。⑦ 执行终结。如果发生公民死亡,无遗产可供执行,又无义务承受人的;或者法人或者其他组织终止,无财产可供执行,又无义务承受人;或者据以执行的行政决定被撤销的等情况的,行政机关应终结行政强制执行。

(2) 代履行程序

① 向义务人送达代履行决定书。② 再次催告履行。代履行3日前,行政机关应当再次催告当事人自行履行。③ 自行代履行或者派员到场监督。④ 制作代履行现场笔录。⑤ 合理收费,不得强迫。代履行费用按成本合理确定,不得盈利;不得使用暴力、胁迫及其他非法手段。

(3) 申请人民法院强制执行程序

① 先行催告履行。② 向法院提出执行申请。③ 受理与受理异议。④ 裁定与裁定异议。⑤ 依法强制执行。

五、我国行政法治的完善

我国行政法治建设起步较晚、制度与文化根基薄弱,所以,在许多方面尚需要不断改进、完善。在现阶段,在推动依法行政实践方面应当着力于以下方面:

(1) 理顺行政活动与其他领域之间的关系以及行政系统内部的关系。实行政企分开、政事分开,使政府与市场、政府与社会的关系基本理顺,政府的经济调节、市场监管、社会管理和公共服务职能基本到位。依法界定和规范经济调节、市场监管、社会管理和公共服务的职能。实行政府公共管理职能与政府履行出资人职能分开,充分发挥市场在资源配置中的基础性作用。凡是公民、法人和其他组织能够自主解决的,市场竞争机制能够调节的,行业组织或者中介机构通过自律能够解决的事项,除法律另有规定的外,行政机关不需要通过行政管理去解决。行政机关应当根据经济发展的需要,主要运用经济和法律手段管理经济,依法履行市场监管职能,保证市场监管的公正性和有效性,打破部门保护、地区封锁和行业垄断,建设统一、开放、竞争、有序的现代市场体系。要进一步转变经济调节和市场监管的方式,切实把政府经济管理职能转到主要为市场主体服务和创造良好发展环境上来。

明确划分中央政府和地方政府之间、政府各部门之间的职能和权限。基本形成行为规范、运转协调、公正透明、廉洁高效的行政管理体制。建立权责明确、行为规范、监督有效、保障有力的行政执法体制。合理划分和依法规范各级行政机关的职能和权限。科学合理设置政府机构,核定人员编制,实现政府职责、机构和编制的法定化。加强政府对所属部门职能争议的协调。

(2) 加强行政活动的民主性与透明度,主要是加强行政立法与行政决策工作的民主性与透明度。就行政立法而言,重大或者关系人民群众切身利益的草案,要采取听证会、论证会、座谈会或者向社会公布草案等方式向社会听取意见,尊重多数人的意愿,充分反映最广大人民的根本利益。要建立对听取和采纳意见情况的说明制度。在行政决策方面,涉及全国或者地区经济社会发展的重大决策事项以及专业性较强的决策事项,应当事先组织专家进行必要性和可行性论证。社会涉及面广、与人民群众利益密切相关的决策事项,应当向社会公布,或者通过举行座谈会、听证会、论证会等形式广泛听取意见。重大行政决策在决策过程中要进行合法性论证。

除涉及国家秘密和依法受到保护的商业秘密、个人隐私的事项外,行政机关应当公开政府信息。对公开的政府信息,公众有权查阅。行政机关应当为公众查阅政府信息提供便利条件。例如行政法规、规章和作为行政管理依据的规范性文件通过后,应当在政府公报、普遍发行的报刊和政府网站上公布。政府公报应当便于公民、法人和其他组织获取;除依法应当保密的外,行政决策事项、依据和结果要公开,公众有权查阅。

(3) 维护法制的统一性。提出法律议案、地方性法规草案,制定行政法规、规章、规范性文件等都必须符合宪法和法律规定的权限和程序。建立和完善行政法规、规章修改、废止的工作制度和规章、规范性文件的定期清理制度。要适应完善社会主义市场经济体制、扩大对外开放和社会全面进步的需要,适时对现行行政法规、规章进行修改或者废止,切实解决法律规范之间的矛盾和冲突。规章、规范性文件施行后,制定机关、实施机关应当定期对其实施情况进行评估。实施机关应当将评估意见报告制定机关;制定机关要定期对规章、规范性文件进行清理。

(4) 加强对行政活动的监督。加强政府的层级监督和专门监督，提高行政监督效能。依法明确监督主体、监督内容、监督对象、监督程序和监督方式。具体而言，包括加强人大监督和政协的民主监督、人民法院的司法监督、内部监督、社会监督。加强内部监督主要是指各级行政机关要积极配合监察、审计等专门监督机关的工作，自觉接受监察、审计等专门监督机关的监督决定。拒不履行监督决定的，要依法追究有关机关和责任人员的法律责任。监察、审计等专门监督机关要切实履行职责，依法独立开展专门监督。监察、审计等专门监督机关要与检察机关密切配合，及时通报情况，形成监督合力。加强上级监督则主要指上级行政机关要建立健全经常性的监督制度，探索层级监督的新方式。加强行政复议工作主要通过完善行政复议责任追究制度来实现。对依法应当受理而不受理行政复议申请，应当撤销、变更或者确认具体行政行为违法而不撤销、变更或者确认具体行政行为违法，不在法定期限内作出行政复议决定以及违反行政复议法的其他规定的，应当依法追究其法律责任。

加强社会监督应当从以下方面来完善：各级人民政府及其工作部门要依法保护公民、法人和其他组织对行政行为实施监督的权利，拓宽监督渠道，完善监督机制，为公民、法人和其他组织实施监督创造条件。要完善群众举报违法行为的制度。高度重视新闻舆论监督，对新闻媒体反映的问题要认真调查、核实，并依法及时作出处理。切实保障信访人、举报人的权利和人身安全。任何行政机关和个人不得以任何理由或者借口压制、限制人民群众信访和举报，不得打击报复信访和举报人员，不得将信访、举报材料及有关情况透露或者转送给被举报人。对可以通过复议、诉讼等法律程序解决的信访事项，行政机关应当告知信访人、举报人申请复议、提起诉讼的权利，积极引导当事人通过法律途径解决。

(5) 改革行政管理方式。要认真贯彻实施行政许可法，减少行政许可项目，规范行政许可行为，改革行政许可方式。要充分运用间接管理、动态管理和事后监督管理等手段对经济和社会事务实施管理；充分发挥行政规划、行政指导、行政合同等方式的作用；加快电子政务建设，推进政府上网工程的建设和运用，扩大政府网上办公的范围；政府部门之间应当尽快做到信息互通和资源共享，提高政府办事效率，降低管理成本，创新管理方式，方便人民群众。

(6) 不断强化行政机关工作人员依法行政的观念，培养法治思维，提高用法治方式解决问题的能力。各级人民政府及其工作部门的领导干部要带头学习和掌握宪法、法律和法规的规定，不断增强法律意识，提高法律素养，提高依法行政的能力和水平，把依法行政贯穿于行政管理的各个环节，列入对各级人民政府工作的考核内容。要建立领导干部的学法制度，定期或者不定期对领导干部进行依法行政知识培训。积极探索对领导干部任职前实行法律知识考试的制度。

增强行政机关工作人员法律意识，提高其法律素质，强化其依法行政知识培训。要采取自学与集中培训相结合、以自学为主的方式,组织行政机关工作人员学习通用法律知识以及与本职工作有关的专门法律知识。

建立和完善行政机关工作人员依法行政情况考核制度。要把依法行政情况作为考核行政机关工作人员的重要内容,完善考核制度,制定具体的措施和办法。

(7) 加强对行政活动的程序化规范。严格按照法定程序行使权力、履行职责。行政机关作出对行政管理相对人、利害关系人不利的行政决定之前,应当告知行政管理相对人、利害关系人,并给予其陈述和申辩的机会;作出行政决定后,应当告知行政管理相对人依法享有申请行政复议或者提起行政诉讼的权利。对重大事项,行政管理相对人、利害关系人依法要求听证的,行政机关应当组织听证。行政机关行使自由裁量权的,应当在行政决定中说明理由。要切实解决行政机关违法行使权力侵犯人民群众切身利益的问题。

(8) 建立、健全行政执法主体资格制度。行政执法由行政机关在其法定职权范围内实施,未经法律、法规授权或者行政机关的合法委托,非行政机关的组织未经法律、法规授权或者行政机关的合法委托,不得行使行政执法权;要清理、确认并向社会公告行政执法主体;严格实行行政执法人员资格制度,没有取得执法资格的人员不得从事行政执法工作。

第十二章　行政法治监督

第一节　概　　述

一、行政法治监督的含义和种类

（一）行政法治监督的含义

行政法治监督也称为“监督行政”，一般是指监督主体依法对行政机关及其公务员的公共行政活动是否合法和是否适当进行的监察、督促行为。它是行政法治目标达成的重要推动力和最切实保障。

在现代国家，相对于立法权和司法权而言，行政权更直接和广泛地涉足经济及公民权利，也更易于产生腐败现象及官僚主义等严重违背民主和法治原则的行为。因此，行政法治监督的主要任务是调动各种监督力量，运用各种监督手段，及时发现和纠正国家行政机关及其公务员的一切违反国家行政管理原则和法律规范的行为，保障行政目标准确、合法、及时地实现。

行政法治监督主要有以下特征：

（1）行政法治监督主体的多元化。多元化的监督主体，是监督行政权的有效保证。依照我国现行法律规定，对行政机关及其公务员的行为进行监督的主体主要有：执政党、权力机关、行政机关、司法机关、人民群众团体和组织、公众等。可见，监督行政管理活动主体是非常广泛的。

（2）行政法治监督的对象特定化。行政法治监督的对象就是行使行政权力的主体，主要包括行政机关及其公务员。既然是监督行政，其对象只能是围绕着行政权力的主体进行。在我国，行政权力的主体有：行政机关及其公务员，法律、法规、规章授权的组织，行政机关委托的组织。

（3）行政法治监督的方式多样化。行政法治监督主体的多元化决定了行政法治监督方式的多样性。因为不同的监督主体享有不同的监督权，而不同监督权发挥作用的方式是不一样的，如司法机关的监督具有国家强制力，而公民和舆论的监督则不具有直接的强制力，而是社会影响力。

（二）行政法治监督的种类

行政法治监督可以分为多种类型，如以监督的主体为标准，可划分为立法监督、司法监督、政党监督、社会监督、舆论监督、公民监督等；以各监督主体同行政机关的关系为标准，可分为内部监督和外部监督；以监督的目的和方法为标准，可分为积极性监督和消极性监督；以监督的时间先后为标准，可分为事先监督、事中监督和事后监督等。根据我国法律制度的规定，行政法治监督主要有以下几种：

（1）执政党的监督。中国共产党是执政党，它要对所有的国家机关进行监督和领导，以保证党的方针政策能够得到切实有效的贯彻实施。党的监督主要是通过方针政策的监督，党员和领导干部的监督等形式来实现的。

（2）人大的监督。人大是国家的权力机关，它对行政机关的监督方式，主要是审查备案的行政法规、规章等，对政府组成人员的任免，对政府工作报告和其他报告的审议，对政府工作的提案、质询、询问，对行政机关执法活动的监督检查等。通过这些方式，人大对行政机关实现监督和制约。

（3）政协的监督。政协是中国共产党领导的多党合作和政治协商的重要机构，其主要职能是政治协商和民主监督，组织参加本会的各党派、团体和各族各界人士参政议政。政协主要是通过建议、批评方式，通过反映各方人士意见和要求的方式，通过提出议案和报告的方式，通过委员的视察、调查和检查的方式等，来实现对行政权的监督。

（4）司法监督。司法机关对行政权的监督，主要是通过行政诉讼的途径来实现的。在行政诉讼中，人民法院通过对被诉具体行政行为的合法性审查，来实现对行政权的监督。实践证明，行政诉讼是一种非常有效的监督方式。

（5）行政自我监督。行政系统的自我监督，又称行政监督，在日常监督和法律监督方面，发挥着积极作用。它主要包括上级行政机关对下级行政机关的日常监督，主管机关对其他行政机关的监督，监察、审计机关的专项监督，行政复议监督等。

（6）社会监督。社会监督是指除国家机关以外的社会团体、组织、个人等对行政权进行的监督，包括工会、青年团、妇联、社团、新闻舆论和公众对行政权的监督。

二、行政违法

（一）行政违法的概念和特征

1. 行政违法的概念

行政违法是指行政主体所实施的、违反行政法律规范，侵害受法律保护的行政关系而尚未构成犯罪的有过错的行政行为。从世界各国行政法理论和立法实践看，行政违法并不是一个通用词汇。但在并不直接使用此术语的国家，也都有与之相同或相近似的概念。如英国的“越权”、法国的“越权之诉的撤销理由”等，实际上所指的就是行政违法。

2. 行政违法的特征

(1) 行政违法是行政主体违法,而不是行政相对人即公共行政的服务与管理对象。行政违法的主体是享有国家行政权的行政机关和其他公务组织,只有其以行政主体的身份出现时,其行为才有可能是行政违法。

(2) 行政违法是违反行政法律规范的行为,而不是违纪行为。违反行政法律规范是指行政行为侵害了行政法规范所调整和保护的行政关系,而不是违反刑事法律规范和民事法律规范,也不是违反党纪、团纪和社会团体章程的行为。

(3) 行政违法是尚未构成犯罪的违法行为。行政违法与犯罪有质和量的区别:从质上看,它们由不同的法律规范调整,依法被追究不同的法律责任;从量的方面看,犯罪是严重违法,社会危害性大,而行政违法则属于一般违法行为,比犯罪危害程度小。但某种行政违法若后果严重,危害程度大,则可能上升为犯罪。

(4) 行政违法的法律后果是承担行政责任。

行政机关违法或者不当行使职权,应当依法承担法律责任,实现权力和责任的统一。行政违法主体必须为其行政违法行为承担法律责任。这是行政法治的基本要求之一。

(二) 行政违法的构成要件

行政违法的构成要件,是判断行政主体的行为是否构成违法的标准,同时也是追究行为人行政责任的根据。它是指行政法律规定的构成行政违法的一切主客观条件的总和。一般认为,构成行政违法必须同时具备以下几个要件:

(1) 主体要件:即违法行为主体必须是行政主体,非行政主体的所为不能构成行政违法。

(2) 义务要件:即行为人负有相关的法定义务。行政违法实际上就是违反法定义务(包括作为义务和不作为义务)的行为。因此,要确定行为人的行为是否构成行政违法,就必须弄清行为人是否有这方面的法定义务,不具有这方面的法定义务,就不能构成行政违法。

(3) 行为要件:即行为人有不履行法定义务的行为。仅有法定义务,行政违法还是一种可能性,只有当行政主体不履行、不承担法定义务时,才能构成行政违法。

(三) 我国行政违法的基本形态

根据我国《行政诉讼法》、《行政复议法》、《行政处罚法》、《行政许可法》等相关法律、法规,可以将我国的行政违法基本形态界定为以下几个方面:

1. 行政失职

行政失职是指行政主体未履行法定的作为义务而构成的一种行政违法。在我国的法律、法规中通常使用“不履行或者拖延履行法定职责”、“失职”等概念来概括行政失职所反映的内容，构成行政失职必须以违法主体负有法定职责为前提；其次，它表现为一种不作为，即其行为表现为“不作任何行政决定”的消极状态。具体表现为：拒绝履行法定职责、拖延履行法定职责、不予答复、过失未履行、不适当履行、不完全履行等。

2. 行政越权

行政越权是指行政主体超越法定职权范围而作出的行政行为。在我国，无论在理论上，还是在法律实践上，行政越权都被视为一种严重的行政违法行为。行政越权主要表现为：(1) 行政主体擅自行使其他国家机关的法定权力；(2) 行政主体擅自行使其他行政主体的法定职权。

3. 行政滥用职权

行政滥用职权是指行政主体在自由裁量权限内不正当行使行政权力而达到一定程度的违法行为。一般来说，行政主体滥用职权主要的表现形式有：以权谋私、武断专横、反复无常、不正当的迟延或不作为、不正当的步骤和方式等。

4. 事实依据错误

事实依据错误是指行政主体据以作出行政行为的事实根据不合格的一种行政违法。主要表现为以下几种情况：没有事实根据、主要事实不真实、事实证据不足、证据与案件事实之间缺乏相关性、获取证据的方式和手段不合法。

5. 适用法律法规错误

适用法律法规错误是与事实依据错误相并列的一种行政违法。它是指行政主体实施具体行政行为没有正确地适用法律依据。主要表现如下：应该适用甲法的却适用了乙法、应该适用此条款的却适用了彼条款、适用法律不足、适用法律过度、适用了无效的依据、适用了尚未生效的法律等等。

6. 程序违法

程序违法是指行政主体违反了行政程序法规定的行政行为所必须经过的步骤和必须具备的形式的一种违法行政。主要表现为：步骤违法、方式违法、顺序违法、期限违法等。

7. 行政侵权

行政侵权是指行政主体不法侵害行政相对人合法权益而依法必须承担行政赔偿责任的行政行为。按照不同的标准可将行政侵权分为：侵犯人身权与侵犯财产权、侵犯实体权与侵犯程序权、积极侵权行为与消极侵权行为等。

三、行政责任

(一) 行政责任的概念与特征

行政责任是指行政主体及其公务员因行政违法和行政不当而依法应承担的

法律责任。它是行政违法所引起的法律后果。行政责任既不同于道义责任,也不同于其他的法律责任,其特征如下:

(1) 行政责任是行政主体的责任,而不是行政相对人的责任。

(2) 行政责任是因行政主体行政违法和行政不当引起的法律后果。

(3) 行政责任是一种外部法律责任,它不是道义责任,也不包括内部责任。

(4) 行政责任是一种独立的责任,其他法律责任不能取代行政责任,同样,行政责任也不能代替其他法律责任。

(二) 行政责任的功能和意义

1. 功能

(1) 行政责任是国家强制违法行政主体承担不利后果,因此,它对行政主体的行为具有惩罚功能和制约功能。

(2) 国家规定和确认违法行政主体的行政责任,显然是对违法行政行为的一种否定性评价,因此,它对于行政责任主体之外的其他行政主体就具有了警示功能和教育功能。

(3) 国家追究违法行政主体的行政责任,必然会对保护特定的行政相对人的合法权益产生积极影响,因而对受害人的心理不仅具有安抚的功能,而且对受害人的受损权益还具有补救功能。

(4) 由于对行政违法主体责任的追究都是在一定社会环境中发生和实现的,因而对于公众来说,不仅可以平息因行政违法而产生的不满情绪,还可以从中受到教育,促使其更加自觉地遵纪守法,增强依法保护自己合法权益的能力和利用法律手段维护自身合法权益的勇气。可见,行政责任对社会而言,还具有平息、教育和鼓励的功能。

2. 意义

行政责任的目的是要求行政主体必须对自己的行为负责,不允许行政主体只实施行为而不承担责任,从而使整个行政活动处于一种责任状态,建立起一种符合行政法治原则的责任政府。可见,行政责任制度的确立是我国依法行政原则的必然要求,其意义在于:有利于保护行政相对人的合法权益;有利于促进行政主体合法行政、合理行政;有利于维护法律的尊严和在全社会树立法律至上的法治理念。

(三) 行政责任的承担方式

1. 赔礼道歉、承认错误

这是一种最为轻微的救济性的行政责任,一般适用于行政主体及其工作人员。

2. 恢复名誉、消除影响

这是行政主体承担的一种精神补救性行政责任,这种方式主要适用于行政主体的违法行为已对行政相对人造成了名誉上的损害,产生了不良影响的情况。

3. 返还权益、恢复原状

这是行政主体承担的一种财产上的补救性行政责任形式。主要适用于行政主体的违法行为产生的剥夺行政相对人财产的占有权及其他权益,或变更了行政相对人对财产原状的后果的情况。

4. 停止违法行为

这是行政主体承担的一种惩戒性行政责任的形式。

5. 撤销违法

这是行政主体承担的一种惩戒性行政责任形式。撤销违法有两种情况:一是撤销已经完成了的行为;二是撤销正在进行着的行为。

6. 纠正不当

这是行政主体承担的一种行为上的补救性责任形式。纠正不当的具体方法是变更不当行为,如修改处理决定等。

7. 履行职责

这是行政主体承担的一种行为上的补救性行政责任形式,这种责任是针对行政失职行为的。

8. 行政赔偿

这是行政主体承担的一种财产上的补救性行政责任形式,它是由行政主体及其工作人员的侵权行为所引起的。

以上的责任形式,可以单独使用,也可以合并使用(不是全部)。

(四) 行政责任的追究

行政责任的追究是指在确定行政责任的基础上,有权机关按照法定程序和方式强制负有责任的行政主体履行一定的义务的行为。在我国现行的法律体系中,有权追究行政责任的组织有三个:即国家权力机关、人民法院、行政主体。国家权力机关可以通过改变或撤销形式来追究行政机关的责任;人民法院则在行政诉讼范围内有权追究行政主体的行政责任,包括撤销、责令履行、确认违法、变更和行政赔偿;行政主体追究行政责任的权力较为广泛,从主体上说,它对行政主体、行政工作人员均有权追究;从责任形式上说,所有的责任形式一概适用。

有权机关在追究行政责任时,一般应遵循的原则是:责任法定原则;行政责任与行政违法程度相一致的原则。

第二节 行 政 复 议

一、行政复议概述

（一）行政复议的概念与特征

行政复议是指行政相对人认为行政机关的具体行政行为侵犯了其合法权益，依法向有复议权的行政机关申请复议，行政复议机关依法定程序对被申请的具体行政行为的合法性、适当性，以及作出该行为所依据的行政规定进行审查并作出裁决的活动。

行政复议既是行政相对人行使行政救济的一种有效的法律途径，也是行政机关依法解决行政争议，加强自身监督的法律制度。其特征主要表现在以下几个方面：

（1）行政复议以行政相对人的申请为前提，且必须是与行政机关作出的具体行政行为有利害关系的行政相对人提起。

行政机关受理行政复议申请以及作出行政复议决定，必须基于行政相对人的申请，否则，行政复议无从开始。而行政相对人之所以提出行政复议的申请，是对行政决定不服，是认为行政决定违法或不当，损害了自己的合法权益，请求依法审查和纠正。行政行为与行政相对人之间存在利害关系是行政相对人提出复议申请的基本条件。

（2）行政复议是具有行政复议权的特定国家行政机关依法进行的活动。

第一，主持行政复议的行政机关一般是作出具体行政行为的行政机关所从属的人民政府或上一级行政主管部门，以及其他法定行政机关，这是由行政复议制度的内部救济性决定的。

第二，并不是任何一个行政机关都可以主持行政复议活动，一个行政机关能否主持行政复议活动要看它有无法定的行政复议权。而行政复议权是法律授予的对引起争议的具体行政行为及相关行政规定进行审查并作出裁决的权力。

（3）行政复议的审查对象是引起争议的具体行政行为，同时可以附带对部分抽象行政行为进行审查。根据我国《行政复议法》的规定，行政复议以具体行政行为为主要审查对象，但行政复议在审查具体行政行为时能附带审查抽象行政行为中除行政法规和行政规章以外的其他规范性文件，即行政规定。也就是说，行政相对人认为作为具体行政行为依据的不属行政立法范畴的其他规范性文件违法，可以在对该具体行政行为申请复议时一并请求审查。

（4）行政复议以被复议的具体行政行为的合法性、适当性为审查和裁决的内容。行政复议的审查权限具有广泛性的特点，行政复议可以对被复议的具体行政行为进行全面审查,不仅审查裁决其是否合法,也审查裁决其是否适当。

(5) 行政复议原则上采用书面审查形式,必要时也可以通过听证的方式审查。

行政复议原则上采取书面审查的方式是因为行政复议是对具体行政行为的"第二次"审查行为,因此没有必要采用当事人到场的方式进行。行政复议机关只要认真审查复议申请书、被申请人的书面答复、相关证据与法律依据,即可作出行政复议决定。虽然行政复议原则上采用书面审查的办法,但申请人若提出要求或者行政复议机关认为有必要时,也可以召集当事人到场,听取申请人、被申请人和第三人的意见,以达到合法、顺利、及时审结行政复议案件的目的。

(6) 行政复议是依法定行政程序进行的解决行政争议的行政司法活动。其程序较行政诉讼程序灵活、简便,更经济、更具效率。

(二) 行政复议的作用与意义

我国建立行政复议制度的目的,是为了防止和纠正违法的或者不当的具体行政行为,保护公民、法人和其他组织的合法权利,保障和监督行政机关依法行使职权。从我国十几年行政复议制度的实践看,行政复议对于促进社会稳定,保障依法行政、维护公众的合法权益,从严治政等发挥着重要作用。

(1) 行政复议是促进社会稳定、消除社会矛盾的重要法律制度。

在任何国家里,公民、法人或其他组织与行政主体之间的纠纷不可避免地会发生。如果这种纠纷不及时地予以解决,日积月累将导致矛盾的激化,并造成公众对政府的普遍不满和信任危机,从而发生群体性的社会动乱,不利于社会和经济的持续发展。因此,社会需要一种稳定的状态,这是社会经济发展的基本条件。而采用民主、法治的手段解决纠纷、消除不稳定状态已是当今世界各国的基本选择。行政复议制度则是解决行政纠纷,避免矛盾激化的一种经常性法律机制。行政复议至少在以下几个方面对促进社会稳定起到积极的作用:第一,行政复议通过解决行政纠纷,及时地稳定权利义务关系,因为社会的稳定表现在法律上就是权利义务关系的稳定;第二,行政复议通过一次次、一个个纠纷的及时解决,避免了纠纷的积压和矛盾的激化,从而消除和化解社会风险,实现社会稳定。

(2) 行政复议是保护公民、法人和其他组织的合法权益的重要法律制度。

在行政管理过程中,由于行政违法和行政侵权的不可避免性,决定了必须有某种必要的方式对行政违法或不当行使行政权的行为进行矫正和控制,对公民、法人和其他组织的合法权益给予保护。虽然行政诉讼已成为解决行政争议、保护公民、法人和其他组织合法权益的重要途径,但世界各国的立法与实践表明,只依靠单纯的司法监督来解决行政争议,对行政权的行使予以控制和矫正,仍是不够的。因为司法对行政的监督有一定的限度,远不如行政机关自身监督更直接、全面和及时。因此,通过行政复议方式来实行行政救济,是现代法治国家民主政治的要求。我国《行政复议法》的实施,不仅有助于行政机关加强自身依法行政的自觉性,健全监督机制,及时纠正错误的具体行政行为,同时,也使公民、法人和其他组织的合法权益得到有效的保护,并使遭到侵害的权益得到有效、及时的救济。

(3) 行政复议是保护和监督行政机关依法行政的重要法律制度。

行政复议制度通过行政复议机关接受行政相对人的申请,对行政机关所作出的具体行政行为的合法性和适当性进行审查并作出复议决定,从法律制度上确立了行政机关接受人民监督的原则。同时,行政复议也是上级行政机关对下级行政机关的具体行政行为进行监督的一种活动。因此,复议审查的结论无论是对争议的具体行政行为的肯定或否定,都有利于行政管理的优化。肯定的结论是对合法适当的具体行政行为予以保护和支持,否定的结论则可对违法或不当的具体行政行为进行纠正,因此,行政复议能对行政机关的依法行政起到一种保障和监督的作用。

(三) 行政复议的基本原则

行政复议的基本原则,是指由宪法和法律规定的,反映行政复议特点的,体现行政复议精神实质,对行政复议具有普遍指导意义的,行政复议机关审理行政复议案件必须遵循的基本准则。它包括以下几项:

1. 全面审查原则

全面审查原则是指行政复议机关对申请复议的具体行政行为的合法性与适当性及相关行政规定的合法性进行全面审查。根据我国《行政复议法》的有关规定,行政复议机关不仅可以对具体行政行为进行审查,而且可以根据行政相对人的申请,对具体行政行为所依据的有关规范性文件一并进行审查;行政复议机关可以对具体行政行为的合法性进行审查,还可以对具体行政行为的适当性(合理性)进行审查。

2. 合法原则

合法原则是指履行行政复议职责的行政机关,必须严格地按照宪法和法律所规定的职责、权限和程序,对申请复议的具体行政行为和有关的抽象行政行为进行审查,并严格依照法律规定作出复议决定。具体内容包括:(1) 行政复议机关应当合法;(2) 审理复议案件的依据应当合法;(3) 审理行政复议案件的程序应当合法;(4) 行政复议决定的内容应当合法。

3. 公正、公开原则

公正原则是指行政复议机关在进行复议活动时,应当对复议当事人一视同仁,不得有任何偏袒、歧视;应当正确适用法律、法规和其他规范性文件受理、审理并裁决行政争议和行政侵权行为。

公开是现代行政管理的基本要求之一,行政复议活动同样要贯彻公开性原则。公开原则是指行政复议机关在进行行政复议时要通过一定的方式和方法让申请人和其他利害关系人了解和参与，增加行政复议的透明度，增强人民群众对行政复议制度的信任度。具体表现为：(1) 行政复议的依据要公开；(2) 行政复议案件的材料要公开；(3) 行政复议的过程要公开；(4) 行政复议结果要公开。

4. 便民、及时原则

便民原则是指在行政复议活动中，行政复议机关要尽量采取方便申请人和其他管理相对人进行复议的方式、方法，使其不因行政复议活动而增加过大的负担，在最大限度节省费用、时间、精力的情况下，保证行政复议相对人充分行使复议申请权，保护其合法权益。如申请行政复议，可以书面申请，也可以口头申请；赋予当事人选择复议机关的权利，行政复议不收费等。

及时原则也称效率原则，是指行政复议机关应当在法定期限内受理案件、审理案件和作出复议决定，是对行政复议机关保证行政效率的要求。及时原则具体包括以下几个方面：(1) 受理复议申请要及时；(2) 审理行政复议案件的各项工作应当尽快进行，不能拖延；(3) 作出行政复议决定要及时；(4) 对行政复议当事人不履行行政复议决定的，复议机关要及时处理。

5. 一级复议原则

除法律、行政法规另有规定外，我国行政复议实行一级复议制。一级复议原则是指行政相对人对行政机关作出的具体行政行为可以向该行政机关的上一级行政机关申请复议，对复议决定不服不得申请再复议。《行政复议法》第 5 条规定：公民、法人或者其他组织对行政复议决定不服的，可以依照行政诉讼法的规定向人民法院提起诉讼，但是法律规定行政复议决定为最终裁决的除外。

二、行政复议制度的基本内容

(一) 行政复议的受案范围

行政复议的受案范围是指行政机关依照《行政复议法》的规定可以受理的行政争议案件的范围。对行政相对人而言，行政复议的受案范围则是其在不服行政机关作出的具体行政行为时，对哪些行为可以申请行政复议机关保护其合法权益和提供救济的范围。

1. 可以申请行政复议的事项

根据我国《行政复议法》第 6 条的规定，行政复议机关受理相对人申请的有下列行政案件：

(1) 行政处罚案件。

(2) 行政强制措施案件。

(3) 变更、中止、撤销有关许可证、执照、资质证、资格证等证书的案件。

(4) 确认自然资源的所有权或使用权的案件。

(5) 侵犯合法的经营自主权的案件。

(6) 变更或废止农业承包合同的案件。

(7) 行政主体违法集资、征收财物、摊派费用或违法要求其他义务的案件。

(8) 行政许可案件。

(9) 没有依法履行保护人身权、财产权和受教育权的法定职责的案件。

(10) 没有发放抚恤金、社会保险金或最低生活保障费的案件。

(11) 认为行政机关其他具体行政行为侵犯其合法权益的案件。

2. 行政复议对抽象行政行为的审查

我国《行政复议法》第7条规定,行政相对人认为行政机关的具体行政行为所依据的下列规定不合法,在对具体行政行为申请行政复议时,可以一并向行政复议机关提出对该规定的审查申请。"规定"包括:(1) 国务院部门的规定;(2) 县级以上地方各级人民政府及其工作部门的规定;(3) 乡、镇人民政府的规定。但是这些规定不包括国务院部门规章和地方政府规章。规章的审查依照法律、行政法规办理。将"规定"作为复议的审查对象,这是我国《行政复议法》在受案范围上对原《行政复议条例》的重大发展。"规定"是一种抽象行政行为,将它列入行政复议的审查范围对有效保护公民、法人和其他组织的合法权利具有十分重要的意义。

3. 不能申请复议的事项

(1) 不服行政机关作出的行政处分或者其他人事处理决定的。

(2) 不服行政机关对民事纠纷作出的调解或者其他处理的。

(二) 行政复议的管辖与参与人

1. 行政复议的管辖

行政复议的管辖是指行政机关受理行政复议案件的权限及其分工。它解决的是每一个具体行政争议该由哪一个行政机关复议的问题。确定行政复议的管辖,既要考虑到方便当事人,又要有利于上级行政机关对下级行政机关的监督。此外,还要考虑到各行政机关承担复议工作量的均衡。根据我国《行政复议法》和其他法律、法规的规定,行政复议的一般管辖可以分为以下几种:

(1) 对县级以上地方各级人民政府工作部门的具体行政行为不服的,申请人既可向该部门的本级人民政府也可向上一级主管部门申请行政复议。

(2) 对海关、金融、国税、外汇管理等实行垂直领导的行政机关和国家安全机关的具体行政行为不服的,向上一级主管部门申请复议。

(3) 对地方各级人民政府的具体行政行为不服的,向上一级地方人民政府申请行政复议。

2. 行政复议参与人

行政复议参与人是指与所争议的行政决定有利害关系而参加行政复议,并依法受行政复议决定约束的当事人及与当事人复议地位相似的人,包括申请人、被申请人和第三人等。

(1) 申请人

申请人是指认为具体行政行为侵犯其合法权益,依法以自己的名义向行政复议机关提出申请,要求对具体行政行为复查并依法作出裁决的公民、法人或者其他组织。

(2) 被申请人

行政复议的被申请人是指因其具体行政行为被申请行政复议,并由行政复议机关通知其参加行政复议的行政主体。

(3) 第三人

行政复议中的第三人是指同申请行政复议的具体行政行为有利害关系,依申请或者经复议机关通知而参加到行政复议活动中来的其他公民、法人或者其他组织。

(三) 行政复议程序

行政复议程序是指行政复议机关审理行政复议案件所遵循的步骤。根据我国《行政复议法》的规定,行政复议程序大体上依次经过四个阶段,即申请、受理、审查、决定和执行。

1. 申请

申请必须由认为具体行政行为侵犯其合法权益的行政相对人,向拥有管辖权的复议机关,就属于行政复议范围内的行政行为,在法定期限内提出。

申请人申请复议,可以书面申请,也可以口头申请。

2. 受理

行政复议机关收到复议申请后,应在5日内进行审查,并根据不同情况作出应予受理、不予受理、告知申请人向其他有权机关提出等决定。

行政复议机关没有作出不予受理的决定,也没有告知申请人向有权受理的行政复议机关提出申请,那么,不论行政复议机关是否作出受理决定,行政复议申请自行政复议机关负责法制工作的机构收到之日起即为受理。

3. 审理

行政复议的审理是行政复议的实质审查阶段,是行政复议程序的核心部分。这一阶段是行政复议机关在复议参加人的参与下,按照法定程序对所受理的行政争议案件进行全面审查,并最终作出复议决定的过程。

4. 决定

行政复议决定是行政复议机关在对具体行政行为的合法性和合理性进行审查后所作出的审查结论。复议机关根据不同情况分别作出以下决定:

(1) 维持决定。行政复议机关经过复议审查,认为被申请人作出的具体行政行为事实清楚,适用法律、法规、规章和具有普遍约束力的决定、命令正确,符合法定权限和程序,证据确凿,在法定幅度内行使自由裁量权准确,复议机关作出维持决定。

(2) 履行决定。复议机关经过审查,认为被申请人不履行法定职责的,决定其在一定期限内履行。

(3) 撤销或者变更决定。行政复议机关认为有下列情形之一的,决定撤销、变更或者确认该具体行政行为违法:① 主要事实不清,证据不足的;② 适用依据错误的;③ 违反法定程序的;④ 超越或者滥用职权的;⑤ 具体行政行为明显不当的。如决定撤销或确认该具体行政行为违法,可以责令被申请人在一定期限内重新作出具体行政行为。

(4) 赔偿决定。申请人在申请行政复议时可以一并提出行政赔偿请求,行政复议机关对符合国家赔偿法的有关规定应当给予赔偿的,在决定撤销、变更具体行政行为或确认具体行政行为违法时,应当同时决定被申请人依法给予赔偿。

5. 行政复议决定的执行

复议决定一经送达,即发生法律效力。除法律规定终局的复议外,申请人对复议不服的,可以在收到复议决定书之日起 15 日内,或者法律、法规特别规定的期限内向人民法院提起行政诉讼。

被申请人不履行或者无正当理由拖延履行行政复议决定的,行政复议机关或者有关上级行政机关应当责令其限期履行。申请人逾期不履行行政复议决定的,或者不履行最终裁决的行政复议决定的,按照下列规定分别处理:(1) 维持具体行政行为的行政复议决定,由作出具体行政行为的行政机关依法强制执行,或者申请人民法院强制执行。(2) 变更具体行政行为的行政复议决定,由行政复议机关依法强制执行,或者申请人民法院强制执行。

6. 行政复议的法律责任

行政复议的法律责任是指行政复议机关、行政复议机关工作人员、被申请人违反我国《行政复议法》的有关规定而应当承担的法律责任。

根据我国《行政复议法》的规定,行政复议的法律责任主要有以下几个方面:

(1) 行政复议机关的法律责任

① 行政复议机关违反《行政复议法》的规定,无正当理由不予受理依法提出的行政复议申请,或者不按照规定转送行政复议申请的,或者法定期限内不作出行政复议决定的,对直接负责的主管人员和其他直接责任人员依法给予警告、记过、记大过的行政处分。

② 经责令受理仍然不受理或者不按照规定转送行政复议申请,造成严重后果的,依法给予降级、撤职、开除的行政处分。

(2) 行政复议机关工作人员法律责任

① 行政复议机关工作人员在行政复议活动中,徇私舞弊或者有其他渎职、失职行为的,依法给予警告、记过、记大过的行政处分。

② 行政复议机关工作人员有前述行为且情节严重的,依法给予降级、撤职、开除的行政处分。

③ 行政复议机关工作人员有前述行为构成犯罪的,依法追究刑事责任。

(3) 被申请人的法律责任

① 行政复议被申请人违反《行政复议法》的规定,不提出书面答复或者不提交作出具体行政行为的证据、依据和其他有关材料,或者阻挠、变相阻挠公民、法人或者其他组织依法申请行政复议的,对直接负责的主管人员和其他责任人员依法给予警告、记过、记大过的行政处分。

② 行政复议被申请人有前述行为并进行报复陷害的,依法给予降级、撤职、开除的行政处分。

③ 行政复议被申请人有前述行为且构成犯罪的,依法追究刑事责任。

除上述法律责任事项外,行政复议机关负责法制工作的机构发现有无正当理由不予受理行政复议申请、不按照规定期限作出行政复议决定、徇私舞弊、对申请人打击报复或者不履行行政复议的等情形,应当向有关行政机关提出建议,有关行政机关应当依照《行政复议法》和有关法律、行政法规的规定作出处理。

第三节　行 政 诉 讼

一、行政诉讼概述

(一) 行政诉讼的概念及特征

我国的行政诉讼是指公民、法人或其他组织认为具有行政职权的机关或组织及其工作人员的具体行政行为侵犯自己的合法权益,依法向人民法院起诉,法院依法按司法程序对该起诉和相关行政争议加以审理作出裁判的活动与过程。

行政诉讼作为一项独立的诉讼制度,主要有以下几个特征:

(1) 行政诉讼是发生在身份特定的原被告之间的诉讼活动。

行政诉讼的原告只能是认为行政主体的具体行政行为侵犯了自己合法权益的公民、法人或其他组织,或者其他与具体行政行为有利害关系的个人或组织。而行政诉讼的被告只能是作出争议的具体行政行为的主体。行政主体在行政诉讼中是恒定的被告,离开了行政主体作为被告的行政诉讼是不存在的。

(2) 行政争议是行政主体及其工作人员在行使行政职权过程中与作为相对方的公民、法人或其他组织发生的权利义务纠纷。行政诉讼正是解决行政争议的一种诉讼活动。但行政诉讼并不解决所有的行政争议，如行政机关与其工作人员之间发生的内部行政争议则不属于行政诉讼的解决范围。行政诉讼所解决的行政争议范围受行政诉讼法受案范围的限制。

（3）行政诉讼是对具体行政行为进行合法性审查为核心的诉讼活动。

行政诉讼的活动及其程序过程都是围绕对具体行政行为的合法性审查进行的，这是行政诉讼活动的核心，所谓合法性审查，就是指人民法院只能根据案件的客观事实与证据，依法对争议的具体行政行为是否合法进行审查认定，不包括对具体行政行为的合理性或适当性进行审查。

（4）行政诉讼是依据特定的法律规范对行政争议案件作出处理的诉讼活动。

在行政诉讼活动中，人民法院审理行政案件所依据的法律、法规较为复杂，涉及到大量多层级、多部门的行政法规范。概括起来主要包括两大类：一是人民法院对案件据以作出实体性裁判结果的行政法律规范。这类法律法规既是诉讼当事人针对争议的具体行政行为提出、论证自己的诉讼主张或观点，并反对对方当事人的主张或观点的依据，也是人民法院对具体行政行为进行合法性审查与认定的依据；二是人民法院及诉讼当事人在诉讼过程中必须遵守或执行的诉讼程序法律规范。

（二）行政诉讼法的含义与立法目的

1. 行政诉讼法的概念与特征

行政诉讼法是指调整人民法院和当事人及其诉讼参与人在审理行政案件过程中所进行的各种诉讼活动以及所形成的各种诉讼关系的法律规范的总和。简言之，行政诉讼法就是规范各种行政诉讼或调整行政诉讼关系的法律规范的总称。

行政诉讼法有广义与狭义之分。狭义的行政诉讼法是指我国 1990 年 10 月 1 日开始实施的《行政诉讼法》；广义的行政诉讼法是指以狭义的行政诉讼法为核心的一系列行政诉讼法律、法规的总和。其特征如下：

（1）行政诉讼法是一种司法程序法。所谓程序法，是有关某种活动遵循的步骤、方式、时限和顺序等的法律规范。它是为了保证实体法上权利义务得以实现的法。而行政诉讼的主要任务是解决、裁判公民、法人或者其他组织认为行政机关或者法律、法规授权的组织作出的具体行政行为违法而与作出该具体行政行为的行政机关或法律、法规授权的组织发生的争议。可见，行政诉讼法是一种人民法院审理行政案件、解决行政争议而适用的司法程序法。

（2）行政诉讼法是一种司法监督法。行政诉讼对行政权的监督是通过启动司法审查程序实现的，行政诉讼的监督功能具有外部性、经常性、具体性、最终性等特点，能够有效地制约行政权。行政诉讼对行政权的监督主要表现为：① 监督行政权的设定。② 监督行政权的运作。行政权的运作必须符合法律条件和法律程序。③ 监督行政自由裁量权。

(3) 行政诉讼法是一种救济法。行政诉讼法不只是一种对行政权进行监督的法,也是我国保障人权的主要法律制度。行政诉讼的基本目的在于为公民、法人或其他组织提供一个有效的、公正的司法救济途径,并通过这种救济途径一方面督促行政主体在作出行政行为时尊重和维护公民、法人和其他组织的合法权益,严格依法办事;另一方面制止和否定行政主体侵犯公民、法人和其他组织的权益的具体行政行为,并对他们由此所遭受的损害予以事后的补救,以充分保障和实现人权,实现社会公正。

2. 行政诉讼法的立法目的

我国《行政诉讼法》第 1 条开宗明义地规定:为保证人民法院正确、及时审理案件,保护公民、法人和其他组织的合法权益,维护和监督行政机关依法行使职权,根据宪法制定本法。据此规定,我国行政诉讼法的立法目的即为如下三个方面:

(1) 保证人民法院正确、及时审理行政案件。行政诉讼法对人民法院审理行政案件提出两项要求:一是正确,二是及时。所谓正确,就是事实清楚、证据确凿、定性准确,适用法律得当、权限和程序合法;所谓及时,就是整个诉讼活动过程应当尽可能迅速,应当在法定期限内完成各项诉讼活动。

(2) 保护公民、法人和其他组织的合法权益。保护公民、法人和其他组织的合法权益,是我国行政诉讼法最主要的立法宗旨,也是其根本目的所在。由于各种因素的影响,国家行政机关在行政管理活动中难免会出现因行政权的不良运作而侵犯公民、法人和其他组织合法权益的情况。为了防止行政权可能造成的各种损害,并使受害者在受害时可以获得公正的救济,就需要通过行政诉讼活动来予以实现,这是民主法治的必然要求。

(3) 维护和监督行政机关依法行使职权。行政诉讼法对行政机关行使国家行政职权的行为具有维护和监督的功能,但主要是监督,因为行政诉讼法规定行政诉讼,其主要目的就是通过行政诉讼来监督行政机关依法行使职权,严格依法办事,纠正违法行为。

(三) 行政诉讼的基本原则

行政诉讼的基本原则是指,由行政诉讼法律规范所确立的对行政诉讼具有普遍指导意义,反映行政诉讼规律、属性和宗旨的基本规则。

对具体行政行为的合法性审查原则是我国行政诉讼特有的基本原则。根据我国《行政诉讼法》的规定,合法性审查原则是指人民法院通过审理行政案件,对被诉的具体行政行为是否合法进行审理并作出裁判。该原则指明了人民法院审理行政案件的基本任务,概括了人民法院审理行政案件的基本特点。可以说行政诉讼的一切活动和程序都是以此为核心而进行的，它就如一根主线贯穿于行政审判的始终。合法性审查原则的内涵十分丰富，对该原则可以从以下几个方面加以理解：

(1) 合法性审查的对象

合法性审查的对象是行政机关作出的具体行政行为。它表明人民法院对行政案件的审查，只就具体行政行为进行审查，而不是对其他行政行为进行审查，超出此范围人民法院即无权进行审查。同时行政诉讼的合法性审查，更不是对相对方的行为是否合法进行审查。

(2) 合法性审查的范围

合法性审查的范围仅限于具体行政行为的合法性，而一般不能审查其合理性；只有行政处罚显失公正时，人民法院才能对其合理性进行审查。

(3) 合法性审查的标准

合法性审查的标准包括两大类：第一，合法的具体行政行为的标准：即证据确凿，适用法律、法规正确，符合法定程序。第二，违法具体行政行为的标准：即主要证据不足，适用法律、法规错误，违反法定程序，超越职权，滥用职权，不履行法定职责或拖延履行法定职责。

(4) 合法性审查的依据

根据我国《行政诉讼法》的规定，人民法院审理行政案件，以法律、行政法规、地方性法规为依据，可以“参照”规章。

(5) 合法性审查的方式

对具体行政行为的合法性审查的基本方式是庭审方式。在行政诉讼的二审程序中，对于事实清楚的案件，可以实行书面审理。

(四) 行政诉讼的受案范围

1. 行政诉讼受案范围的含义与意义

(1) 行政诉讼受案范围的含义

行政诉讼受案范围是指人民法院受理行政案件、裁判行政争议的范围，亦即人民法院对行政行为进行司法审查，对行政机关依法行使行政权力进行监督的范围。

行政诉讼的受案范围，对不同的诉讼主体有着不同的意义。对于公民、法人和其他组织而言，受案范围确定着行政相对人的诉权和法律救济的边界。对于行政机关或被授权组织而言，则是受审查的范围，它意味着哪些行政行为要受到人民法院的司法审查和监督。对于人民法院而言，受案范围意味着人民法院的审判权的范围，即人民法院对哪些行政案件享有司法主管权，有权对哪些行政行为进行合法性的判断和裁决。可见，行政诉讼的受案范围是行政诉讼制度中的一个重要的内容。

（2）明确行政诉讼受案范围的意义

① 可以使公民、法人和其他组织了解可行使起诉权的范围，当属于受案范围的行政行为侵犯其合法权益时，便于公众及时进行诉讼，有效地运用行政诉讼这一手段来维护自己的合法权益。

② 可以使行政机关了解可能使自己成为行政诉讼被告的具体行政行为的范围，促使行政机关依法谨慎地根据事实和法律作出具体行政行为，不断提高行政执法质量，从而达到促使行政机关依法行政的目的。

③ 可以使人民法院明确行政案件的司法主管权范围，便于人民法院及时、正确地受理案件，防止和减少因职责范围不清而推诿受案或不当受案现象的发生。

2. 行政诉讼的具体受案范围

根据我国《行政诉讼法》第 11 条第 1 款的规定，人民法院行政诉讼的具体受案范围包括八类案件。

（1）对行政处罚不服的案件

行政处罚是指特定的行政机关基于行政管辖权依法对犯有一般违法行为尚不够刑事处分的相对人所作的行政制裁。行政处罚的种类包括行政拘留、罚款、吊销许可证和执照、责令停产停业、没收非法财物等。

（2）对行政强制措施不服的案件

行政强制措施是指行政主体为实现行政目的，对相对人的财产、身体及自由等予以强制而采取的措施。

（3）认为行政机关侵犯法定经营自主权的案件

经营自主权是指企业或者其他经济组织在遵守国家法律的前提下，享有的自主使用自己的人、财、物，自行组织产、供、销等方面的权利。

（4）认为行政机关在实施行政许可行为时违法的案件

行政许可是指行政机关根据公民、法人或者其他组织的申请，经依法审查，准予其从事特定活动的行为。根据《行政许可法》和《行政诉讼法》的相关规定，行政许可行为是可诉的行政行为，包括行政许可作为和不作为行为都是可以诉讼的。如对行政机关拒绝颁发许可证的行为不服、行政许可内容违法、程序违法、滥用职权等。

（5）认为行政机关不履行保护人身权、财产权的法定职责的案件

人身权是指与自然人的人身和法人或者其他组织实体不可分离的无直接财产内容的权利。财产权是指涉及财产内容的民主权利。当行政相对人申请行政机关履行保护人身权、财产权的法定职责，行政机关拒绝履行或不予答复的，可以向人民法院提起行政诉讼。

(6) 认为行政机关没有依法发放抚恤金的案件

抚恤金是指军人、国家机关工作人员、参战民兵等因公牺牲、病故或者伤残后,由民政部门对死者家属或伤残者本人发给的专项费用。行政机关没有依法发给相关人员抚恤金的,是侵犯其获得物质帮助的权利,也是对公民合法权益的侵犯。若行政机关没有依法发放抚恤金,公民则可依法提起行政诉讼。

(7) 认为行政机关违法要求履行义务的案件

行政机关违法要求履行义务,是指行政机关要求相对人负担法律、法规没有规定的义务。如乱收费、滥摊派等。行政机关在没有法律依据的前提下,要求相对人履行义务,属于行政诉讼的受案范围。

(8) 认为行政机关侵犯其他人身权、财产权的案件

这里所说的其他人身权、财产权,是指前七项规定以外的其他具体行政行为,凡属侵犯人身权、财产权的,都属于受案范围。这些具体行政行为主要包括:行政合同行为、行政确认行为、行政裁决行为、行政奖励行为。

(9) 法定的其他可诉具体行政行为

我国《行政诉讼法》第 11 条第 2 款规定:除前款规定外,人民法院受理法律、法规规定可以提起诉讼的其他行政案件。这款规定表明,只要单行法律、法规规定可以起诉的,相对人也可以向人民法院提起行政诉讼,人民法院应当受理。

3. 人民法院不予受理的事项

根据我国《行政诉讼法》第 12 条及有关司法解释的规定,人民法院不受理公民、法人或者其他组织对下列事项提起的诉讼:

(1) 国防、外交等国家行为

国家行为又称政治行为,是指特定行政机关以国家的名义所实施的一种国家主权行为。国家行为,享受司法豁免权而不受法院管辖。

(2) 抽象行政行为

抽象行政行为是行政机关针对广泛、不特定对象作出的具有普遍约束力的、能反复适用的行政规范性文件的行为。

(3) 内部行为

人民法院不受理公民、法人或者其他组织就行政机关对其工作人员的奖励、任免等决定提起的诉讼。因为这些决定是行政机关管理其内部事务的行政行为,人民法院对此不能通过审判程序加以干涉,以避免用司法权代替行政权。

(4) 法律规定由行政机关最终裁决的行为

我国《行政诉讼法》第 12 条第 4 项规定:法律规定由行政机关最终裁决的具体行政行为不属于行政诉讼的受案范围。这里所称的"法律",根据司法解释,仅限于全国人民代表大会及其常委会制定的规范性法律文件。目前,在我国

只有不多的几部法律根据实际需要，作出了由行政机关行使终局裁决权的规定。如《行政复议法》、《外国人入境管理法》、《公民出入境管理法》等。

(5) 刑事司法行为

根据《刑事诉讼法》的授权，在我国，公安机关和国家安全机关可以实施刑事侦查、刑事拘留、逮捕等刑事司法行为。这类行为不属于行政行为，因此，也就不属于人民法院行政诉讼的受案范围。

(6) 行政调解行为

行政机关的调解行为，是指行政机关居间对双方当事人之间的民事权益争议，经说服教育和劝导后，由双方当事人自愿达成解决纠纷协议的一种行为。由于行政机关的调解行为不是对当事人的实体权利义务作出决定的行为，调解能不能达成协议也不是取决于行政机关的意志，而是取决于纠纷当事人的意志，当事人完全可以不经调解或未达成调解协议而直接起诉，也可以不遵守调解协议而起诉。因此，对行政调解行为不服而引起的争议，不属于人民法院的受案范围。

(7) 行政指导行为

行政指导行为是行政机关在其所管辖事务的范围内，为适应社会和经济生活的需要，在行政相对方的同意或协助下，采用示范、建议、劝告、告诫、引导等非强制手段，促使其自愿或者不为某种活动，实现一定的行政目标的行为。由于行政指导对相对人不具有法律约束力，相对人可以遵守，也可以不遵守。因此，行政指导被排除在行政诉讼受案范围之外。

(8) 对公民、法人或者其他组织权利义务不产生实际影响的行为

所谓实际影响，是指因行政主体的行政行为而使相关公民、法人或者其他组织的权利、义务发生了实际变动，包括有利的变动和不利的变动。行政诉讼的目的就是为了保护公民、法人和其他组织的权利的诉讼制度，如果行政机关的行为对公民等的权利义务并不产生实际的影响，就没有必要发动行政诉讼来解决。相反，如果行政主体的具体行政行为对公民等的权利义务产生了实际影响，不管是有利影响还是不利影响，只要行政相对人认为其合法权益被侵犯，就具备起诉条件，属于行政诉讼的受案范围。

二、行政诉讼被告应诉实务

(一) 深入了解和认识行政诉讼的价值和目的，树立正确的行政诉讼观念

实践表明，行政诉讼法颁布以来，通过行政诉讼不仅解决了大量的行政纠纷，维护了社会稳定，而且强化了行政机关的法治意识和责任心，促进了行政执法水平的提高。但不可否认的是，至今还有相当一部分行政机关及其工作人员不能正确认识行政诉讼，不能理性地面对行政诉讼。如怕当被告，不愿当被告；

将提起行政诉讼的原告视为“刁民”;甚至对原告进行恐吓、威胁、打击报复;利用行政权不当干预司法等现象在各地都有发生。这些不能正确对待行政诉讼现象的发生,不仅会引发新的社会矛盾,而且直接影响着行政机关依法行政水平的提高。所以,面对行政诉讼,行政机关及其工作人员首先要解决的是观念问题。树立正确的行政诉讼观念,是保证行政机关成为被告之后,能以健康的、理性的、符合法治精神的态度面对司法审查的前提条件。而正确的行政诉讼观念的形成,取决于对行政诉讼的宪政价值、文化价值以及目的的深入了解和认识。

(1) 从行政诉讼的宪政价值看,行政诉讼制度的存在和发展,是现代民主与法治社会的必然要求。行政诉讼确认和保障个体自由,其发展有助于推动个人与国家对峙关系的形成。可以说行政诉讼是推动法治发展的基本要素,现代法治社会的形成离不开行政诉讼制度。

(2) 从行政诉讼的文化价值上看,行政诉讼又是现代文明社会生活一个不可或缺的条件。由于行政诉讼强调尊重个人价值、强调对抗、强调平等,强调理性和公正。这种以人为本的文化价值观不仅强烈地冲击着传统文化,而且是构筑现代社会公民意识的基本内容。

(3) 从行政诉讼的目的看,行政诉讼对公民、法人和其他组织而言就是一个权利救济和保障机制;对行政机关而言则是一种外在的权力制约制度;对国家而言,行政诉讼有利于推动中国的法治化进程。

上述分析表明,行政诉讼制度对个人、社会以及国家产生的有益作用十分明显。当发生行政争议、产生行政纠纷之后,行政相对人利用行政诉讼法进行司法救济,将行政机关列为被告,提起行政诉讼是一种正常的社会现象,行政机关及其工作人员应坦然面对原告,应以平常心善待原告,应以平等的行政法治意识积极应诉,配合人民法院完成司法审查。总之,行政主体正确的行政诉讼观念是保证行政诉讼活动顺利进行和健康发展的重要因素。

(二) 全面把握行政诉讼被告胜诉的条件

在行政诉讼中,行政主体成为被告之后,会十分关注行政诉讼审理的结果,期望在诉讼中胜诉是必然的。但如何才能胜诉呢?根据我国《行政诉讼法》所确立的合法行政行为的条件,行政诉讼被告要在诉讼中取胜必须同时满足以下五个要件:

1. 行政行为符合法定权限

行政主体行使行政权力必须有法律依据,必须严格恪守权限范围。职权法定、越权无效是行政法上的一项原则。它是指行政主体行使行政职权必须在法律、法规或规章授权的范围内,不得超出授权范围,否则就是越权行为。在行政诉讼活动中,被告是否有权作出被诉具体行政行为是人民法院审查的重点。为满足这一要件,行政主体必须注意:(1) 任何行政行为均要有合法有效的权力来源;(2) 行使权力必须具有特定行为的执法主体资格;(3) 行使权力必须在合法、有效的法律、法规和规章所规定的范围内。

2. 行政行为具有事实根据

行政机关实施任何一个行政行为都要以一定的事实要件为前提。没有特定的事实要件,行政机关原则上不能作出任何行政行为。在行政诉讼中,如果被告没有满足法定的事实要件,就会被人民法院认定为主要证据不足或事实不清,就会面临败诉的后果。司法实践中,不能满足法定的事实要件的情况主要有:(1) 具体行政行为认定的事实不清,包括行为性质、情节、过程、危害结果、因果关系不清;(2) 缺少构成该行为的事实要件;(3) 行政行为认定的违法行为或事实没有相应的证据支持;(4) 所举证据不具有客观性、合法性、关联性。

3. 行政行为适用法律正确

具体行政行为准确、全面地适用法律规范是依法行政的基本要求。具体行政行为适用法律规范是一个复杂的过程,在实践中经常会出现以下适用法律错误的现象:(1) 应适用此法却适用了彼法;(2) 适用了尚未生效的法律规范;(3) 适用了已经失效的法律规范;(4) 适用了本行政机关无权适用的法律规范;(5) 规避法律、应适用上位法却适用了下位法,应适用特别法而适用了一般法;(6) 适用法律条款错误等。

为了避免适用法律错误,必须注意以下问题:(1) 认真分析所处理事项的法律属性,只有定性准确,才能正确适用法律。(2) 正确把握法律规范的适用范围。任何一项法律都有其特有的适用效力。(3) 正确理解和解释法律规范的含义。(4) 注意相关法律规范的位阶秩序,以及在存在冲突的情况下的法律规范的选择适用规则,如上位法优于下位法、特别法优于普通法、后法优于前法等。(5) 正确表达和完整引用法律规范的条文。

4. 行政行为符合法定程序

实施行政行为不仅要做到实体正确,还要做到程序合法。程序是行政主体实施具体行政行为应遵循的步骤、顺序、方式和时限。程序合法是合法具体行政行为的要素之一。程序违法,具体行政行为就失去了合法性的基础。因此,要保证行政行为能够顺利通过司法审查,行政主体在实施行政行为时必须遵守法定程序,具体要求是:(1) 遵守法定步骤,如法律规定必须举行听证的就必须举行听证。(2) 遵守法定顺序,如法律规定要求先取证、后裁决,就不能先裁决后取证。(3) 遵守法定方式,如在调查取证时必须有两个执法人员在场、必须表明身份,听证制度、说明理由制度等。(4) 遵守法定形式,如行政行为原则上必须采取书面形式,采取非书面形式必须有法律的特别规定。(5) 遵守法定的时间等。

5. 行政行为符合公正原则要求

具体行政行为要公正、合情、合理。不公正的具体行政行为主要包括滥用职权和结果显失公正。滥用职权实质上是乱执法,随意执法,是指行政主体在法定权限范围内出于不合法的动机所作出的违背法律目的的不公平、不合理行为。显失公正主要表现在行政处罚行为中的畸重畸轻现象。司法实践表明,发生滥用职权和显失公正的主要原因是行政主体不能正确使用自由裁量权。因此,要使行政行为符合公正原则的要求,就必须正确行使自由裁量权。而要正确行使自由裁量权就必须注意:(1) 准确地把握法律规范授予特定机关自由裁量权的目的。(2) 全面地考虑相关因素,排除不相关因素的干扰。(3) 坚持平等原则、比例原则和信赖保护原则。

(三) 充分、合理利用行政诉讼赋予被告的程序权利积极应诉

我国《行政诉讼法》第 43 条规定:被告应当在收到起诉状副本之日起 10 日内向人民法院提交作出具体行政行为的有关材料,并提出答辩状。针对原告的诉讼请求及事实与理由进行答辩,是行政诉讼法赋予被告的程序权利,是被告依法享有的为自己进行辩解的机会,被告应在认真分析原告的诉求以及事实和理由的基础上有针对性的答辩。答辩可以从以下几个方面着手:

1. 管辖权的异议

我国《行政诉讼法》第 14 条、第 17 条、第 18 条、第 19 条对人民法院的级别管辖、地域管辖、专属管辖等作出了规定,被告若认为受诉人民法院对本案没有管辖权,可以单独提起异议,要求有管辖权的人民法院受理本案。

2. 对原告起诉期间的异议

原告必须在法定的起诉期间以内提起诉讼,超过起诉期间提起的行政诉讼,人民法院不予受理。我国《行政诉讼法》第 38 条、第 39 条以及最高人民法院的有关司法解释对行政诉讼当事人起诉的期限作了具体规定。被告若认为原告的起诉已超过了法定期间则可依法提出异议。

3. 对受案范围的异议

原告的起诉必须符合行政诉讼法规定的受案范围,不属于法定的受案范围的案件,人民法院无权行使司法审查权。我国《行政诉讼法》第 11 条、第 12 条以及最高人民法院《关于执行〈中华人民共和国行政诉讼法〉若干问题的解释》第 1 条对人民法院可受案范围和不可受案的范围作了规定,被告若认为人民法院受理的案件不符合行政诉讼受案范围的规定,则可通过答辩状提出异议。

4. 对前置程序的异议

我国《行政诉讼法》第 37 条规定:法律、法规规定应当先向行政机关申请复议,对复议不服再向人民法院提起诉讼的,依照法律、法规的规定。据此,法律、法规规定应当先申请复议的当事人未申请复议直接提起诉讼的,人民法院不予受理。若被告认为原告的起诉有前置程序要求,但直接向人民法院起诉的,可以提出异议。

5. 对原告资格的异议

提起行政诉讼的起诉人必须具有合法的原告资格。我国《行政诉讼法》第2条以及有关司法解释对原告的资格作了概括性的规定,依上述条款的内容进行界定,原告资格最本质的特征是与被诉的行政行为具有法律上的利害关系。若被告认为原告与被诉具体行政行为之间并不存在法律上的利害关系,则可向人民法院提出异议,要求人民法院驳回原告的起诉。

6. 对被告资格的异议

原告提起行政诉讼必须有明确的、适格的被告,这是人民法院受理行政案件的条件之一。我国《行政诉讼法》第25条以及有关司法解释对能够成为行政诉讼被告的法定条件作了较为具体的规定。当人民法院通知行政主体应诉时,该行政主体则可根据上述条款的相关规定来判断自己是否是本案适格的被告。若认为原告所起诉的被告不适格,则可向受诉人民法院提出异议。

7. 对原告诉讼请求及事实理由的反驳

行政诉讼原告的诉讼请求是指要求法院作出何种判决的请求,包括对具体行政行为作出合法性评判的请求、对被诉行政行为进行处置的请求、判决被告为一定行为的请求、支持原告诉讼主张的请求,等等。诉讼请求要具体、明确是行政诉讼法的基本要求。若原告的诉讼请求不明确、不具体,不符合我国《行政诉讼法》第41条的规定,被告则可直接要求人民法院驳回原告起诉。

原告在起诉状中必然会陈述事实和理由来支持其诉讼请求。原告的诉讼请求能否成立主要看两点:一是看被告能否证明被诉具体行政行为的合法性;二是要看原告自己的理由是否有事实根据和法律依据。因此,被告的答辩除了反驳原告的理由之外,还要提出能证明被诉具体行政行为合法,应予维持的证据。这是被告进行答辩时必须重点阐述的中心问题。

(四) 正确理解和运用行政诉讼证据规则

行政诉讼被告必须通过证据来证明其具体行政行为的合法性,没有证据支持的行政行为不会得到法律的保护。而行政诉讼证据规则则是为了保证司法公正和查明事实真相的可操作的证据准则。行政诉讼被告参加行政诉讼活动,必须对行政诉讼证据规则有一定的了解,正确地理解和运用证据规则应诉,对于提高行政执法水平和行政诉讼胜诉率会产生积极的影响。

目前,我国行政诉讼证据制度主要是通过《行政诉讼法》和最高人民法院《关于行政诉讼证据若干问题的规定》(以下简称《若干规定》)等加以规定的。内容较多,行政诉讼被告在全面了解证据规则的情况下,至少应对以下几个方面特别注意:

1. 充分了解行政诉讼证据的特点

行政诉讼证据具有多方特点,如证据种类的广泛性、证明对象及证据来源的特殊性等。但作为行政诉讼的被告仅仅把握行政诉讼证据的上述特点是不够的,还必须区别行政诉讼证据与行政证据的异同,还必须了解行政事务和行政执法的特点决定了行政诉讼证据具有技术性和行业性的特点。

(1) 作为行政诉讼的被告一定要注意行政诉讼证据是一种审查性证据,而行政证据主要是形成性证据。所谓审查性是指人民法院对行政机关在行政程序中已经使用过的证据进行复查,以查明行政行为是否合法。而形成性是指在行政程序中形成的,行政机关初次确定权利义务、产生新的行政法律关系的属性。行政诉讼实际上就是人民法院对行政机关的具体行政行为初次所认定的事实的再认定。由此可见,行政证据的质量如何,直接影响着行政诉讼证据的证据效力,直接关系到人民法院对被诉具体行政行为的评价。

(2) 注意行政诉讼证据的技术性和行业性特点,有助于行政机关在处理行政事务或行政执法过程中,根据其管理行政事务的技术特点和行业执法规律,有意识的、高质量的调查收集和审查判断相应的证据。

2. 严格遵守举证责任分配和举证期限的规定

行政诉讼被告应诉首先面临的问题是举证责任和举证期限的问题,这个问题对被告而言是至关重要的,被告对此应高度重视。

《若干规定》第 1 条的规定确立了举证责任分配和举证期限等一些重要规则:

(1) 被告应对作出的具体行政行为负举证责任,但未对被告是否应当对不作为的合法性承担举证责任作出规定。

(2) 被告应当在一定的期限内提供据以作出具体行政行为的全部证据。《若干规定》把被告的举证期限定在收到起诉状副本之日起 10 日之内。

(3) 被告应当提供作出具体行政行为所依据的规范性文件。

(4) 被告不提供或者无正当理由逾期提供证据的,法院应当认定其没有相应的证据。

(5) 被告有正当事由的,其举证期限可以延长。

行政诉讼被告除应对被告的举证责任和期限有比较清楚的了解之外,还有必要对原告的举证责任和期限进行了解。《若干规定》对此作了相应的规定。

3. 被告应提交行政执法程序中收集和调取的证据

行政机关应当遵循先取证后处理的原则,而不能用事后获取的证据去证明已经作出的行政行为的合法性。对此,我国《行政诉讼法》和《若干规定》确立了以下规则:

(1) 在诉讼过程中,被告不得自行向原告和证人收集证据。

(2) 被告应当在获得法院的准许后补充证据。

(3) 即使被告补充证据的申请可以成立,也只能在第一审程序中补充证据。

4. 重视庭审质量,把握人民法院认证和采信证据的基本规则

《若干规定》明确规定,证据应当在法庭上出示,并经庭审质证。未经庭审质证的证据,不能作为定案的依据。这表明所有的一审行政案件均需经过开庭审理;证据在作为定案根据之前,应经过庭审质证;质证的范围包括被告在行政程序中收集的,原告和第三人收集的,也包括人民法院调取的。显然庭审质证是行政诉讼程序的一个核心环节,被告理应高度重视。庭审质证中被告应特别注意以下几点:

(1) 质证的方式

根据《若干规定》第39条的规定,质证的方式可以从以下几个方面理解:

第一,当事人的质证应当围绕着证据的关联性、合法性、真实性以及证明效力四个方面进行。

第二,当事人质证的基本顺序是证据的关联性、合法性、真实性和证明效力。

第三,当事人除了对证据的三性进行质证外,还需要对证据证明力的有无和证明力的大小进行质证。

(2) 明确了解不能作为定案依据的证据范围

根据《若干规定》的规定,下列证据不能作为定案依据;① 严重违反法定程序收集的证据材料;② 以偷拍、偷录、窃听等手段获取侵害他人合法权益的证据材料;③ 以利诱、欺诈、胁迫、暴力等不当手段获取的证据材料;④ 当事人无正当事由超出举证期限提供的证据材料;⑤ 中华人民共和国领域外或者香港、澳门特别行政区形成的未办理法定证明手续的证据材料;⑥ 当事人无正当理由拒不提供原件、原物,又无其他证据印证,且对方当事人不予认可的证据的复制件或者复制品;⑦ 被当事人或者他人进行技术处理而无法辨明真伪的证据材料;⑧ 不能正确表达意志的证人提供的证言;⑨ 不具备合法性和真实性的其他证据材料。

(3) 明确了解不能作为认定被诉具体行政行为合法依据的证据范围

下列证据不能作为认定被诉具体行政行为合法的依据:① 被告及代理人在作出具体行政行为后或者在诉讼程序中自行收集的证据;② 被告在行政程序中非法剥夺公民、法人或者其他组织依法享有的陈述、申辩或者停止权利所采用的证据;③ 原告或者第三人在诉讼程序中提供的、被告在行政程序中未作为具体行政行为依据的证据。

(4) 明确了解法庭可以直接认定的证据范围

下列证据法庭可以直接认定:① 众所周知的事实;② 自然规律及定律;③ 依照法律规定推定的事实;④ 已经依法证明的事实;⑤ 根据日常生活经验法则推定的事实。第①、③、④、⑤项当事人有相反证据足以推翻的除外。

（五）熟悉行政审判程序庭审结构，主动适应行政审判庭审特点，避免出现疏漏和尴尬

行政庭审活动，是行政诉讼程序的核心环节，关于庭审程序和结构，我国《行政诉讼法》并未作出明确的规定。在过去相当长的一段时间里，许多法院在行政案件庭审中都是将民事审判中最具实际意义的阶段照搬过来，如将“法庭调查”、“法庭辩论”作为行政案件开庭的必经阶段，实际表明这种照搬民事诉讼庭审程序的做法不科学、不适当，没有反映行政审判的特点，不利于实现行政诉讼法的立法宗旨。近些年，在司法实践中，逐步形成了行政审判的庭审结构，各地法院基本上都开始采用符合行政审判特点的庭审结构，作为行政诉讼的被告非常有必要对人民法院就行政案件的开庭审理的结构和特点进行了解，只有在熟悉行政审判庭审结构和了解其特点的基础上，被告才能高质量地完成应诉任务。

在司法实践中，庭审大体上分为以下几个阶段：

1. 庭前准备阶段

这一阶段主要是人民法院送达各种法律文书，进行证据交换，处理与诉讼有关的事宜等。作为被告在这一阶段最主要的工作就是在收到起诉状副本之后要在10日之内将答辩状、证据材料和法律依据提交给法院。

2. 正式开庭审理阶段

（1）开庭预备阶段。主要任务是核对当事人及代理人的资格权限，告知诉讼权利和义务。这一阶段被告若对原告或代理人的资格有异议，可向人民法院提出。

（2）审理对象及争议焦点的揭示阶段。主要任务是展示被诉的行政行为或不作为，明确当事人各方的争议焦点，通常通过当事人宣读或叙述行政行为、起诉状、答辩状的主要内容、法官进行必要的归纳以实现。

（3）合法性审查阶段。这一阶段是庭审的核心。主要任务是根据合法行为的法定要件逐一对被诉具体行政行为进行审查。审查的内容因被诉行政行为的类型不同而不同。对于作为的行政行为，法庭一般要依次进行五项审查：① 权限审查（权力来源审），即审查被告作出的被诉具体行政行为是否具有合法的权力来源，或者说是否超越法定权限。此时被告应向法庭出示有关法律、法规的具体条款，证明其有权依法作出被诉具体行政行为，不存在超越法定权限的情况。② 事实审查，即审查被诉的行政行为是否有足够的事实根据。在事实审阶段被告逐一向法庭出示相关证据，以证明其行政行为的作出事实清楚，证据确凿充分。③ 法律适用审查，即审查被诉的行政行为适用法律是否正确。④ 程序审查，即审查被起诉的行政行为是否符合法定的程序。⑤ 目的审查，即审查被起诉的行政行为是否有滥用职权的情况存在。在上述的每一项审查过程中，一般

是由行政机关举证，其后由原告和第三人质证，然后进行交叉质证和辩论，最后由法官进行认定。

对于行政不作为的案件，审查的内容和方式则有所不同。审查的内容主要有四项：① 原告是否提出了一个合法的申请和要求；② 被告有无相应的法定职责和职权；③ 原告是否具备申请的法定条件；④ 被告有没有不履行或拖延履行法定职责的情况。在进行每一项审查的时候，一般应当先由原告举证，其后由被告和第三人质证，然后进行交叉质证和辩论，最后由法官进行认证或认定。

(4) 综合辩论阶段。这一阶段主要由当事人各方最后从整体上评价被诉行政行为或行政不作为的合法性，重新审视各自的诉讼主张，包括撤回、放弃或变更诉讼主张等。

3. 合议庭评议阶段

主要由合议庭成员退庭进行秘密评议，并确定对案件的判决意见。

4. 宣判阶段

由人民法院公开地向当事人各方宣读判决或裁定的主要内容，并向当事人各方送达裁判文书。

(六) 尊重和自觉履行法院生效的判决和裁定

法院的裁判，代表的是法律的权威，服从法院的裁判，就是服从法律和服从法治的秩序。在行政诉讼中，行政机关可以充分行使权利据理力争。但行政诉讼程序一旦结束，法院的判决或裁定发生了法律效力，行政机关就应当尊重、服从和自觉履行生效的裁判，这既是法律的要求，也是行政机关应当履行的责任。具体讲，行政机关应从以下几个方面考虑来应对法院生效的裁判：

(1) 必须履行法院发生法律效力的裁判文书，这是行政机关的义务和责任，作为执法者，没有任何理由和借口拒不履行法院的裁判。

(2) 行政机关对生效裁判，应当自动履行，不应当也没有任何理由要等到法院强制执行时才不得不执行。法院的强制执行，是对拒不履行法院裁判的当事人适用的，行政机关应当是自觉、主动履行法院裁判的模范，而不应当成为抗拒执行的违法者。

(3) 行政机关应当按照生效裁判的要求，及时履行义务，不得拖延履行裁判。

(4) 行政机关应当根据裁判的要求，全面履行义务。完全履行而不是部分履行，这是自觉履行裁判的又一个标准。

(5) 行政机关应当无条件地履行裁判。就是说，行政机关不能在裁判文书以外要求其他任何履行裁判的条件，不能也不应该在法律文书以外进行讨价还价，既不能与对方当事人讨价还价，更不能与法院讨价还价。

参考文献

(中文类)

夏书章:《行政学新论》,中国政法大学出版社 1986 年版。
岳正仁主编:《中国行政管理学》,内蒙古人民出版社 1986 年版。
唐代望编著:《现代行政管理学教程》,湖南科学技术出版社 1988 年版。
黄达强、刘怡昌主编:《行政学》,中国人民大学出版社 1988 年版。
王沪宁、竺乾威主编:《行政学导论》,上海三联书店 1988 年版。
李方、李福玉主编:《行政学管理基础》(上下册),高等教育出版社 1989 年版。
黄安周主编:《文秘办公百事通》,中国经济出版社 1993 年版。
人事部组织编写:《〈国家公务员暂行条例〉释义》,人民出版社 1993 年版。
李文利主编:《行政管理学》,警官教育出版社 1994 年版。
彭和平:《公共行政管理》,中国人民大学出版社 1995 年版。
向国敏编著:《现代秘书学与现代秘书实务》,华东师范大学出版社 1996 年版。
夏书章主编:《行政管理学》,中山大学出版社 1998 年版。
张梦中:《美国联邦政府改革剖析》,《中国行政管理》1999 年第 6 期。
孙荣主编:《办公室管理》,复旦大学出版社 1999 年版。
周三多、陈传明、鲁明泓编著:《管理学——原理与方法》,复旦大学出版社 1999 年版。
刘玲玲等著:《中国公共财政》,经济科学出版社 1999 年版。
竺乾威主编:《公共行政学》,复旦大学出版社 2000 年版。
郑志龙主编:《行政管理学》,中央广播电视大学出版社 2000 年版。
房质文主编:《办公室管理》,辽宁大学出版社 2000 年版。
蒋洪主编:《财政学》,上海财经大学出版社 2000 年版。
姚锐敏等著:《违法行政及其法律责任研究》,中国方正出版社 2000 年版。
孙荣、徐红著:《行政学原理》,复旦大学出版社 2001 年版。
王辉、段华洽等编著:《公共行政学》,安徽大学出版社 2001 年版。
胡庆康等主编:《现代公共财政学》,复旦大学出版社 2001 年版。
项怀诚编著:《中国财政管理》,中国财政经济出版社 2001 年版。
罗豪才主编:《行政法学》,北京大学出版社 2001 年版。
文正邦:《法制政府建构论——依法行政理论与实践研究》,法律出版社 2001 年版。
应松年、袁曙宏主编:《走向法治政府——依法行政理论研究与实证调查》,法律出版社 2001 年版。
马建川、翟校义:《公共行政原理》,河南人民出版社 2002 年版。
张康之、李传军、张璋编著:《公共行政学》,经济科学出版社 2002 年版。

全国干部培训教材编审指导委员会组织编写:《公共行政概论》,人民出版社 2002 年版。
刘丽霞主编:《公共管理学》,中国财政出版社 2002 年版。
曲昭仲主编:《行政管理教程》,经济科学出版社 2002 年版。
娄成武主编:《行政管理学》,东北大学出版社 2002 年版。
张国庆主编:《行政管理学概论》,北京大学出版社 2002 年修订版。
蔡立辉:《政府绩效评估的理念与方法分析》,《中国人民大学学报》2002 年第 5 期。
陈共主编:《财政学》,中国人民大学出版社 2002 年版。
谢秋朝等编著:《公共财政学》(上、下),中国国际广播出版社 2002 年版。
李武好等著:《公共财政框架中的财政监督》,经济科学出版社 2002 年版。
傅思明:《中国依法行政的理论与实践》,检察出版社 2002 年版。
陈振明主编:《公共管理学》,中国人民大学出版社 2003 年版。
董世明、漆国生主编:《行政管理学》,湖南人民出版社 2003 年版。
刘旭涛:《政府绩效管理制度、战略与方法》,机械工业出版社 2003 年版。
国家公务员录用考试教材编写组编:《新编公共基础知识学习指导》,中国铁道出版社 2003 年版。
许正中主编:《公共财政》,中共中央党校出版社 2003 年版。
姜明安主编:《行政法与行政诉讼法》,法律出版社 2003 年版。
胡建淼主编:《行政法学》,复旦大学出版社 2003 年版。
杨寅、吴偕林:《中国行政诉讼制度研究》,人民法院出版社 2003 年版。
周成新等主编:《公务员依法行政教程》,中国法制出版社 2003 年版。
毛昭晖主编:《公共管理法律基础》,中国人民大学出版社 2003 年版。
王晓成:《论公共危机中的政府公共关系》,载《上海师范大学学报》(哲社版)2003 年第 11 期。
莫于川:《公共危机管理的行政法治现实课题》,载《法学家》2003 年第 4 期。
应松年、马庆钰主编:《公共行政学》,中国方正出版社 2004 年版。
张泰峰、〔美〕Eric Reader:《公共部门绩效管理》,郑州大学出版社 2004 年版。
杨蓓蕾编著:《现代秘书工作导引》,同济大学出版社 2004 年版。
应松年主编:《行政法学新论》,中国方正出版社 2004 年版。
汪永清主编:《行政许可法教程》,中国法制出版社 2004 年版。
袁曙宏主编:《全面推进依法行政实施纲要读本》,法律出版社 2004 年版。
石伟光等主编:《行政许可法干部学习读本》,中共中央党校出版社 2004 年版。
丁煌:《西方行政学说史》,武汉大学出版社 2004 年版。
何志武、贾蓉治:《政府危机管理述评》,载《理论月刊》2004 年第 1 期。
吴兴军:《公共危机管理的基本特征与机制构建》,载《华东经济管理》2004 年第 3 期。
吴江主编:《公共危机管理能力》,国家行政学院出版社 2005 年版。
薛澜、张强、钟开斌:《危机管理——转型期中国面临的挑战》,清华大学出版社 2005 年版。
张成福:《构建全面整合的公共危机管理模式》,载《中国减灾》2005 年第 4 期。
黄顺康:《论公共危机预控》,载《理论界》2006 年第 5 期。

陈丽华、王蹇曈、李倩:《公共视角下的危机管理》,中国社会科学出版社 2009 年版。
胡税根、余潇枫、何文炯、米红:《公共危机管理通论》,浙江大学出版社 2009 年版。
赵志立:《危机传播概论》,清华大学出版社 2009 年版。
张成福、唐钧、谢一帆:《公共危机管理理论与实务》,中国人民大学出版社 2009 年版。

(译文类)

〔美〕詹姆斯·威尔逊:《美国官僚政治》,张海涛、魏红伟译,中国社会科学出版社 1995 年版。
〔美〕戴维奥斯本、特德盖布勒:《改革政府——企业精神如何改革着公营部门》,上海东方编译所译,上海译文出版社 1996 年版。
〔美〕C. 巴纳德:《经理人员的职能》,孙耀君等译,中国社会科学出版社 1997 年版。
〔美〕彼得·德鲁克:《后资本主义社会》,张星岩译,上海译文出版社 1998 年版。
〔美〕斯图尔特·克雷纳:《管理必读 50 种》,覃果等译,海南出版社 1999 年版。
〔美〕丹尼尔·雷恩:《管理思想的演变》,赵睿等译,中国社会科学出版社 2000 年版。
〔美〕马克·霍哲:《公共部门业绩评估与改善》,张梦中译,载《中国行政管理》2000 年第 3 期。
〔美〕托马斯·彼得斯、罗伯特·沃特曼:《追求卓越》,龙向东等译,中央编译出版社 2000 年版。
〔美〕罗伯特·希斯:《危机管理》,王成、宋炳辉、金瑛译,中信出版社 2001 年版。
〔澳〕欧文·E. 休斯:《公共管理导论》,彭和平、周名德、金竹青等译,中国人民大学出版社 2001 年版。
〔美〕马克·G. 波波维奇:《创建高绩效政府组织》,孔宪遂、耿洪敏译,中国人民大学出版社 2002 年版。
〔美〕帕特里夏·基利、史蒂文·梅德林、休·麦克布赖德、劳拉·朗迈尔:《公共部门标杆管理——突破政府绩效的瓶颈》,张定淮译校,中国人民大学出版社 2002 年版。
〔美〕戴维·罗森布鲁姆、罗伯特·克拉夫丘克:《公共行政学:管理、政治和法律的途径》,张成福等校译,中国人民大学出版社 2002 年版。
〔美〕罗伯特·丹哈特:《公共组织理论》,项龙、刘俊生译,华夏出版社 2002 年版。

(英文类)

1. A. Hoogenboom, *Outlawing the Spoils: A History of the Civil Service Reform Movement*, Urbana: University of Illinois Press, 1961.
2. A. J. Mills and P. Tancred ed., *Gendering Organizational Analysis*, Newbury Park: Sage, 1992.
3. David Osborne & Ted Gaebler, *Reinventing Government: How the Entrepreneurial Spirit is Transforming the Public Sector*, Reading, Mass.: Addison Wesley Publishers, 1992.
4. David Rosenbloom, *Public Administration: Understanding Management Politics, and Law in the Public Sector*, New York: Random House, 1986.
5. E. S. Savas, *Privatizing the Public Sector*, Chatham, NJ: Chatham House, 1982.
6. F. A. Nigro and L. G. Nigro, *Modern Public Administration*, New York: Harper &

Row, 1984.

7. H. E. McCurdy, *Public Administration: A Bibliography*, Washington, D. C.: American University, School of Government and Public Administration, 1972.
8. Jay Shafritz ed., *Defining Public Administration*, Westview Press, 2000.
9. J. M. Shafritz, A. C. Hyde, *Classics of Public Administration*, Moore Publishing Company, 1978.
10. John M. Donahue, *The Privatization Decision: Public Ends, Private Means*, New York: Basic Books, 1989.
11. *Performance Measurement and Evaluation*, U. S., GAO/GGD-98-26.
12. Ralph Chandler ed., *A Centennial History of the American Administrative State*, New York, London: The Free Press, 1981.
13. *Report On Government Services* 2001, Australia, Steering Committee.
14. *U. S. National Performance Review*, 1993, http://www.acts.poly.edu/cd/npr/npintro.htm.
15. Will Artley, Suzanne Stroh, *The Performance—Based Management Handbook*, Vol. 2, Establishing an Integrated Performance Measurement System, http://www.orau.gov/pbm